本书系作者主持的国家哲学社会科学基金重点课题"权力、资本、劳动的制度伦理考量"（11AZX011）的最终研究成果。

鉴定等级：优秀

本书所考虑的核心问题：如何使当代中国的权力、资本、劳动三大社会阶层，不因深刻性伦理冲突导致混乱分裂，并使各阶层在社会主义市场经济的利益博弈过程中，能够遵守正义性制度伦理规则，实现不同阶层之间的权责一致和公平流动，并最终保持国家、市场、社会三者之间的动态平衡。

追求阶层正义

权力、资本、劳动的制度伦理考量

靳凤林 著

人民出版社

引　言

中国道路：优势、问题与走向

多样性是人类社会的客观存在，是世界进步和发展的活力所在。各种较为成熟的社会道路或发展模式皆是世界各国立足自身国情，并结合其历史传统长期发展的结果。其中较具代表性的西方资本主义社会发展道路或模式包括：自由市场型的美国道路、协调市场型的欧洲道路和政府导向型的日本道路，还有东亚模式、拉美模式、印度模式、非洲模式等，各种道路或模式皆有其利弊得失。在今天人类各种类型的社会发展道路或模式中，中国通过改革开放 30 多年的高速增长，GDP 总量已跃居世界第二，特别是在成功举办奥运会、世博会、APEC 会议基础上，还先后科学应对了 1998 年和 2008 年两次世界范围的经济危机，从而彰显出蓬勃活力，这就使得国内外学术界对中国道路、中国模式的关注与争论愈演愈烈。尤其是中国崛起背后的价值理念、制度设计、行进速度与西方主流政治观点大相径庭，同时也远远超出了西方人的预料，致使国际社会对中国道路出现误读、疑虑、猜忌。其间，捧杀与棒杀者皆有之，中国扩张论、中国崩溃论、霸权道路论、不负责任论等等，诸如此类，不一而足。

究竟如何正确评价中国特色社会主义道路的是与非？无疑关乎中华民族能否真正树立起理论自信、制度自信、道路自信、文化自信这一具有重大历史意义的现实问题。基于此种考量，笔者在本书中试图从政治伦理学的视角，就中国道路的后发优势、根本问题、解决办法、前景展望等问题，进行深入细致的道德检审，从而有效揭示中国未来发展的逻辑大势，其基本结论如下：

（1）中国道路的后发优势在于：其所实行的社会主义市场经济体制，既不同于西方古典的自由放任型市场经济制度，也不同于凯恩斯之后西方的政府干预型市场经济制度，而是一种国家主导型市场经济制度。这种市场经济模式将政府主导作用同市场主体作用有效结合起来，将公有制经济与私有制经济有机统一起来，本着循序渐进的增量改革之路，通过正确处理改革、发展、稳定的关系，实现经济在较长时间内快速增长。

（2）中国道路面临的根本问题在于：伴随社会主义市场经济的深入发展，整个社会日益分化为权力、资本、劳动三大阶层，其中，权力与资本、权力与劳动、资本与劳动三大阶层之间的深刻性伦理冲突，构成了当代中国社会的根本性矛盾。特别是权力阶层与资本阶层中的既得利益群体由良性互动走向赢者通吃，对劳动阶层的利益构成深度侵蚀，从而引发了权力腐败蔓延、资本逻辑盛行、贫富差距拉大、干群关系紧张、劳资冲突升级等突出社会问题。

（3）解决中国问题的基本出路在于：在深刻认识当代中国社会根本矛盾的基础上，以系统复杂性思维方法为指导，深度改革和调整权力、资本、劳动三大阶层的利益格局，通过建构民主政治制度伦理有效制衡公共权力，通过完善市场经济制度伦理合理规范资本运营，通过强化公民社团制度伦理充分保障劳动权益。

（4）中国道路的终极伦理指向在于：以公平正义的社会主义伦理原则为指针，真正实现权力、资本、劳动三大阶层之间的权责一致和公平流动，使国家、市场、社会进入一个动态平衡的良性运行状态。唯其如此，才能真正解决好横亘在中国道路上的各种问题，最终实现国家富强、民族振兴、人民幸福的中国梦。

要真正实现上述目标，就要求中华民族在经济水平不断提高的今天，在主体的道德文化世界，还应拥有"为天地立心，为生民立命，为往圣继绝学，为万世开太平"的远大抱负，在民族国家激烈竞争的过程中，由跟跑、并跑走向领跑时，必须担当起引领世界历史发展趋势的光荣使命。之所以提出这一问题，是因为中国道路不仅关乎中国命运，也关乎世界命运。中国作为一个超大型国家，其任何改变都会在深度、广度和力度上对近三四百年来独霸天下的西方话语体系产生强烈的冲击波，对现行国际秩序和人类已有的文明范式发生罕见的震撼力和影响力，从而形成一系列具有内源性和原创性的新型坐标体系和里程碑式标志物，并重新赋予人类现代化道路以超越西方的崭新意义。

黑格尔在其《历史哲学》中曾对世界各国理念、制度、文化中所蕴含的民族精神和人类历史文化中所体现出的世界精神做过深入研究，他认为，景象万千、事态纷纭的世界历史文化就是世界精神不断取得自由的过程，世界精神作为一种普遍性原则，它主要通过各国历史文化中的民族精神来表现自己。如果一个民族只是留给后代大量的物质财富，但没有在他们身上培养出一种主动成为世界历史运动主体的崇高精神追求，没有培养出有抱负、有理想、有作为、有道德担当和行动勇气的伟大人格，那么，这个民族就不会按照自己的道德意志和价值追求，去为人类多元异质和丰富多彩的文化生活作出应有的贡献，更不会遥契天命（世界精神）进而去完成伟大、神圣而光荣的创造世界历史的使命。而世界精神是一个不断演变和发展的过程，只要人类面临的新问题不断出现，就需要更加丰富的政治伦理来引导和处理，在中国特色社会主义理论、制度、道路、文化中，其所蕴含的中华民族的道德伦理精神，应该为丰富和发展这种世界精神作出自己卓越而伟大的贡献。

第一章

社会分层理论与当代中国的三大阶层

经过改革开放三十多年的全面发展，特别是伴随社会主义市场经济体制的逐步确立和不断完善，中国的经济、政治、文化等各个方面都在发生着翻天覆地的变化。一方面，在经济生活领域，中国的经济总量已跃居世界第二位，人民群众的物质生活水平得到了极大改善；在政治生活领域，伴随废除干部终身制、公务员法颁布、基层民主自治、强化依法治国等政治改革措施的不断出台，中国的民主政治制度建设正在不断推向深入；在文化生活领域，广大人民群众的精神文化生活正在变得日益丰富多彩，各类文化产业也处在蓬勃发展的历史进程之中。另一方面，在取得上述巨大成就的同时，因行业收入差距、阶层收入差距、地区收入差距不断拉大，在大规模的、急剧的、多重的社会转型中，纷繁复杂的社会矛盾也在日积月累。近年来，一些地区的大规模群众性上访事件、群体性政治事件、群团性舆论事件层出不穷，乃至党和政府的执政合法性在一些地区、一些领域、一定时间段、一些事件中面临着巨大考验，在改革、发展、稳定三位一体中，维护社会稳定的压力正在与日俱增。这表明利益主体多元化、利益趋向多极化、利益差别显性化、利益矛盾集中化正在成为当前社会的新常态。面对当代中国光华耀眼的巨大成就与灼人耳目的社会问题齐飞共舞的复杂现状，我们必须深入思考：在中国纷繁复杂的社会矛盾体系中，制约社会发展的根本矛盾是什么？应当通过哪些重点领域的正义制度建设及时有效地化解这些矛盾,从而使中华民族伟大复兴的美好梦想成真而不致中途夭折。正是基于一位知识分子"位卑未敢忘忧国"的道德情怀和殚精竭虑科学回答这些重大问题的担当意识,本书试图站在政治伦理学的视角,以当代中国三大层面的根本转型为切入点,通过深入辨析当前学术界的社会阶级阶层划分理论,提出了权力、资本、劳动三大阶层理论,并对这一理论主张从多维视角予以仔细检审,从而为随后各章深入细致的阶层利益冲突和正义制度建设研究奠定扎实的理论根基。

第一节　深刻体认当代中国思想范式的根本转向

如果对 20 世纪的中国历史进行全面回顾和总结,其最为广泛、最为深刻、最为重大的社会变化就是:中国共产党从无到有、从领导人民开展革命斗争到建设新中国,从长期秉持"以阶级斗争为纲"到以发展国民经济为中心。其中,70 年代末到 80 年代初由阶级斗争向经济建设的根本转型为 21 世纪中华民族的伟大复兴奠定了扎实的历史根基。正如邓小平所指出的那样:"一九七八年我们党的十一届三中全会对过去做了系统的总结,提出了一系列新的方针政策。中心点是从以阶级斗争为纲转到发展生产力为中心,从封闭转到开放,从固守成规到各方面的改革。"[①]然而,必须指出的是,这三个显性转变是以中华民族隐性的思想范式的根本转变为前提条件的。正如库恩在其《科学革命的结构》中强调思想范式转变之于科学革命的价值与意义一样,对中华民族在实现由阶级斗争向发展经济这一深刻转型中,其背后所蕴藏的哲学思维模式、社会分析方法、国家建设思路的根本转变进行系统剖析很有必要。

一、由对立斗争型思维向系统复杂型思维的转变

众所周知,20 世纪 70 年代末围绕"实践是检验真理的唯一标准"的大

---

① 《邓小平文选》(一九七五——一九八二),人民出版社 1983 年版,第 376 页。

讨论开启了中国改革开放的思想大门，但许多人在评价这场讨论的价值与意义时，主要着眼于这场讨论对当代中国政治、经济生活的深远影响。实际上它的影响远不止此，还需要从当代中国马克思主义哲学思维模式继承与创新的视角予以深入挖掘。就这场讨论对马克思主义哲学的继承而言，它彻底恢复了马克思主义哲学"文革"之前的本来面目。我们知道，从中共创立伊始就开始了对马克思主义哲学的广泛译介和宣传，透过中央文献出版社出版的《毛泽东哲学批注集》可以看出，延安时期，西洛可夫、爱森堡等人的《辩证法唯物论教程》、米丁等人的《辩证唯物论和历史唯物论》、河上肇的《马克思主义经济学基础理论》、艾思奇的《哲学与生活》、李达的《社会学大纲》等哲学著作已广泛流传，并成为毛泽东创作《实践论》和《矛盾论》的主要思想来源。而毛泽东本人强烈的现实主义价值取向使其对脱离实践的教条主义和经验主义深恶痛绝，故创立了"实践——认识——再实践——再认识"的《实践论》哲学；生活在社会大动荡和大变革、阶级斗争空前尖锐、与国民党反动派和日本侵略者展开残酷斗争背景下的毛泽东，同列宁和斯大林一样，对马克思主义哲学中的矛盾理论情有独钟，并将对立统一规律视为唯物辩证法的精髓，他说："辩证法的核心是对立统一规律，其他范畴如质量互变、否定之否定、联系、发展等等，都可以在核心规律中予以说明。"[①]不仅如此，在很多时候由于其对对立统一规律中矛盾斗争性的高度赞扬，使其全盘否定中国传统文化中的"中庸""和谐"理论，即使建国之后的《论十大关系》《关于正确处理人民内部矛盾》等讲话和文章仍然深受对立统一思想的深刻影响，直到发动"文化大革命"时，更是把矛盾斗争性的作用发挥到无以复加的地步，对杨献珍等人强调矛盾统一性的"合二而一"理论予以彻底批判。毛泽东的这种哲学偏好深深影响了中国共产党人的哲学思维方式。

改革开放之后，我们党在恢复马克思主义哲学本来面目，并强调科学完整地把握马克思主义哲学体系的同时，大力吸收现代科学技术的最新成果，先后把系统论、控制论、信息论以及网络社会、赛博空间中的复杂性理论引

---

① 《毛泽东著作选读》下册，人民出版社 1986 年版，第 847 页。

入现代哲学之中，经过不断地改造、消化、吸收，使之成为当代马克思主义哲学构成的重要内容。以系统哲学为例，它强调任何事物都是一个复杂的系统。系统由各种要素和层级构成，系统具有整体性、结构性、开放性等特征。它要求人们在思考和处理各种问题时，必须立足系统整体、优化系统结构、注重系统外部影响。而复杂性哲学则强调，在自然、社会和人类思维的各个领域，没有简单的事物，只有被人简化的事物。因为宇宙本身是一个不可分割的整体，每个事物都是由多主体构成的，主体之间通过彼此聚集和相互作用而生成具有高度协调性和适应性的有机整体，整体的演进具有非连续性、不确定性和不可预测性特征，它要求人们必须从多层级、多主体、多进程的多重"变奏"中理解事物的复杂构成和演进脉络，有效避免非此即彼或非黑即白的简单化、两极型、直线性思维模式。上述哲学思想虽然与唯物辩证法所讲的事物运动过程中的联系性与发展性、对立统一规律中的主次矛盾等内容存在着内在的关联，如系统要素之间不是均衡地在发挥作用，而是存在着主次差别。但我们必须清醒地认识到，系统哲学和复杂性哲学是对现代科学技术最新成果的哲学反映，是一种实质性的思想飞跃和哲学创新，其所蕴含的系统复杂性思维模式正在改塑着人们传统的对立统一型思维模式，正是这种崭新的哲学思维方法为人们分析和把握当代中国的社会发展提供着强大的现代性思想支撑。正如维特根斯坦论及哲学思维方式转变的重大意义时指出的那样："洞见和透视隐藏于深处的棘手问题是艰难的，因为如果只是把握这一棘手问题的表层，它就会维持现状，仍然得不到解决。因此，必须把它连根拔起，使它彻底地暴露出来，这就要求我们开始以一种新的方式来思考。……一旦新的思维方式得以确立，旧的问题就会消失；实际上人们很难再意识到这些旧的问题。因为这些问题是与我们的表达方式相伴随的，一旦我们用一种新的方式来表达自己的观点，旧的问题就会连同旧的语言外套一起被抛弃。"①

---

① 转引自邓正来：《国家与社会》，北京大学出版社 2008 年版，第 129 页。

二、由社会阶级分析方法向阶层分析方法的转变

马克思以唯物辩证法为指导，创立了生产力与生产关系、经济基础与上层建筑对立统一的社会基本矛盾理论，并将这一理论具体化为社会阶级分析方法。学界通常将马克思主义社会阶级分析方法的基本支点概括如下[①]：(1)以经济学的深刻分析为着眼点。即伴随生产力水平的提高，出现了劳动分工和私有制，其中一部分人占有另一部分人的剩余劳动产品为阶级的出现创造了条件，如恩格斯所言："只要社会总劳动所提供的产品除了满足社会全体成员最起码的生活需要以外还有少量剩余，就是说，只要劳动还占去社会大多数成员的全部或几乎全部时间，这个社会就必然划分为阶级。"[②]列宁则认为："所谓阶级，就是这样一些集团，由于它们在一定社会经济结构中所处的地位不同，其中一个集团能够占有另一个集团的劳动。"[③](2)以阶级斗争、社会革命以及由此造就的长期性历史发展规律为主要理论支撑。马克思主义经典作家们认为，在阶级社会当中，阶级斗争是历史发展的直接动力，正是由于阶级之间的激烈斗争导致人类社会经历了原始社会、奴隶社会、封建社会、资本主义社会和社会主义社会的主要历史形态。"自从原始公社解体以来，组成为每个社会的各阶级之间的斗争，总是历史发展的伟大动力。"[④](3)以人的全面发展为根本价值取向。马克思主张未来的理想社会应当是："把生产发展到能够满足所有人需要的规模；结束牺牲一些人的利益来满足另一些人的需要的情况；彻底消灭阶级和阶级对立；通过消除旧的分工，进行产业教育、变换工种、所有人共同享受大家创造出来的福利，通过城乡的融合，使社会全体成员的才能得到全面的发展。"[⑤]毛泽东巧妙地运用马克思主义的上述阶级斗争理论，结合20世纪初中国革命的实际，全面分

---

① 参见吴忠民：《从阶级分析到阶层分析》，《学术界》2004年第1期。
② 《马克思恩格斯选集》第3卷，人民出版社1995年版，第632页。
③ 《列宁选集》第4卷，人民出版社1974年版，第10页。
④ 《马克思恩格斯全集》第22卷，人民出版社1974年版，第560页。
⑤ 《马克思恩格斯选集》第1卷，人民出版社1995年版，第243页。

析了中国当时的地主阶级、农民阶级、民族资产阶级、买办资产阶级、无产阶级以及各种小资产阶级状况后，提出了依靠工人阶级和农民阶级、团结民族产阶级和小资产阶级、打倒地主阶级和官僚资产阶级的社会革命理论。中国共产党人正是依靠这一理论取得了新民主主义革命的伟大胜利。但建国之后，特别是 1956 年之后，毛泽东进一步提出无产阶级和资产阶级、社会主义和资本主义的矛盾仍然是中国社会主义建设时期的主要矛盾。1966 年以后，毛泽东更是将阶级分析的作用及适用范围极度夸大，从而形成了完整的"无产阶级专政下继续革命的理论"。"文化大革命"那场内乱的发生，给中国社会带来巨大的经济、政治、文化灾难。可以毫不夸张地说，中国的数代人无论是在观念上还是在行为方式上，都深受这一理论的影响，打上了刻骨铭心的"阶级烙印"和"阶级情结"。

改革开放后，我国理论界基于对国内外社会发展实际的判断，在充分肯定阶级分析方法之于中国革命和建设的合理性与重要性的同时，开始逐步强调阶层分析方法的重要价值，并将其广泛运用于社会生活的各个方面。与阶级分析方法相比，阶层分析方法具有以下几个基本特征：（1）阶层分析方法的基本切入点不同于阶级分析方法。阶级分析方法以生产关系中生产资料的占有状况和现实地位为基本依据，而阶层分析方法并没有固定不变的角度和切入点，而是根据研究需要采用多个角度和多个切入点研究社会的主体结构，从而描述出不同类型的社会阶层，如根据职业特征可将社会划分为工人、农民、军人、教师、管理人员等阶层；根据收入水平可将社会划分为高收入阶层、中等收入阶层、低收入阶层等；根据受教育程度可将社会划分为高学历者、中等学历者、低等学历者、文盲等。（2）阶级分析方法的主要目的是阶级斗争和社会革命，而阶层分析方法的根本目的则是实现各社会阶层之间的分工合作。在马克思生活的时代，资产阶级对无产阶级的剥削十分残酷。马克思、恩格斯认为无产阶级革命之所以必要，就是因为要解放被资本主义制度所压抑的现代生产力，为人类的发展创造一个必要的社会前提。近代中国则处在半殖民地半封建社会，如何争取民族独立和进行新民主主义革命，便成为毛泽东等人所要考虑的首要问题。为此，中国共产党人特别地强调阶级斗争的巨大作用。二战之后，资本主义世界的社会状况发生了巨大变迁，如股份制的大规模发展使生产资料的所有权趋于分散化；合作制企业的发展使得生产关系趋于多样化；政府这只"有形的手"对于市场的干预使得市场经济原本的无序状态得到了有效的控制。经济的迅速发展，极大地增大了社会总财富，为社会进行大面积的调剂提供了可能性。西方发达国家开始高度重视社会政策问题的制定和实施，如为缓解社会矛盾，这些国家制定了工会法、就业法、社会救济法、失业保险法、种族平等法、最低小时工资和最高工时保障法、社会保险法、公共卫生保护法、食品券福利保障法等。这些社会政策极大地改善了无产阶级的生活状况，逐步缩小了两极分化的社会现象，有效缓解了严重对立的阶级斗争形势，大力开展阶层合作已逐步为西方社会广泛认同。而我国改革开放以来，现代化建设已经成为国家的中心任务，相应地，在所有制结构和社会主体多元化的条件下，如何减少社会冲突，如何最大限度地减小不必要的社会代价，如何最大限度地增进不同社会阶层之间的合作，便成为社会分层研究最为重要的目的。(3) 阶层分析方法和阶级分析方法可以有机结合、互为补充。应当承认，当今的社会分层研究在宏观解释力和思想深刻程度方面同阶级分析相比稍逊一筹，但是它具体化和多元化的研究角度，使其不仅注意经济因素对于社会分层的影响，而且注意职业状况、个人或群体的影响力状况以及教育程度状况等多元因素对社会分层所产生的广泛影响，这就使人们可以比较全面地认识整个社会结构的综合布局，可以使人们对于个体及群体的态度和行为能有一定的解释力，从而极大地拓宽了人们的研究视野。① (4) 在许多场所可以将"阶级"和"阶层"概念交替使用。中文里的"阶级"一词对应的英文为 class，阶层对应为 stratum；而英文中的 class 一词既指阶级，也有阶层的含义，stratum 则专指阶层。从马克思主义经典作家的具体用法来看，他们通常把阶级当作大于阶层的"基本的"社会利益群体，而把阶层当作小于并"附属于"阶级的社会利益群体来看待，但有时则将阶级和阶层这两个概念交替使用。就中国理

---

① 贾高建：《阶级分析与阶层分析：两种不同方法的比较》，《新视野》2005 年第 1 期。

论界的具体情况而言，在许多场合将阶级和阶层交替使用，既有助于推动国内社会分层研究的深入发展，也有助于同国际学术界接轨，从而有效消除人们的阶级斗争情结，使人们更加自觉维护社会的安全运行和健康发展。

三、由阶级统治型国家向管理服务型国家的转变

马克思主义以对立统一的哲学思维模式和阶级分析的社会学方法为指导，建立起了无产阶级有关国家性质、职能、作用的国家学说。马克思、恩格斯认为，国家不是从来就有的，而是社会发展到一定阶段，自身分裂为经济利益相互冲突的阶级，其中一个阶级为了镇压和剥削另一个阶级而采取的政治压迫手段，它由军队、警察、监狱、法庭以及掌握征税权和各种社会管理权的国家机器构成，随着社会经济的发展和阶级的消失，国家最终会逐步消亡。列宁则在《国家与革命》中继承和发展了马克思主义的国家观，将资本主义国家视为资本家利益的代言人，具体提出了无产阶级怎样打碎和用何种手段来代替被打碎的资产阶级国家机器，还特别阐述了资本主义向共产主义过渡时期的国家形态及国家消亡的经济基础和社会基础等问题。毛泽东以上述理论为指导，在《新民主主义论》《论联合政府》《论人民民主专政》等文章中提出了一系列有关中国共产党国家政权建设的重要理论。他认为，中国革命胜利后，应当在民主集中制原则的指导下，由各级人民代表大会决定大政方针和选举政府，建立以共产党为主体、多党合作和政治协商的人民民主专政的中华人民共和国，这个国家的实质是对人民实行民主，对敌人实行专政，它与历史上一切只为少数剥削阶级服务的国家存在本质区别，人民在这样的国家里可以通过民主的方式，自己教育自己和改造自己，使自己脱离国内外反动派的影响，向着社会主义和共产主义迈进。

应当说，马克思、列宁、毛泽东等人，在血与火的资本主义原始积累阶段，在阶级斗争和社会变革异常剧烈的时代，高度重视国家的阶级压迫性质是理所当然的。但是，伴随科技发展的日新月异和世界经济的迅速繁荣，一方面人类进入到了一个更加文明的时代，另一方面各种社会冲突又导致世界各国时刻面临恐怖主义的威胁。如何看待当今国家的性质、职能和作用，遂

成为国内外政治学理论探讨的一个焦点问题。改革开放以来，中国理论界通过继承和发展马克思主义的国家理论，提出了各种各样的新型国家学说。如张康之将国家划分为统治型、管理型、服务型三大种类，认为从人类社会的早期直到资本主义前期，国家的主要职能是维护等级秩序和进行阶级压迫，它是凌驾于社会之上的权力机关，但工业革命之后，资本主义国家为了消除统治者与被统治者的两极对立，使整个社会获得秩序与和谐而走向文明发展的健康道路，国家职能开始从以政治统治为主导向以社会管理为主导转换，特别是不断强大的工业资本在占领世界市场的同时，也在将自由与平等、民主与法治、功利与公正、人权与主权辩证统一的现代政治理念传播到世界各国，要求国家的职能从权力的集中代表者转变为社会管理的执行者，从维护阶级统治的以自我为中心向履行社会管理的以社会为中心转移。到了今天的后工业社会，伴随公民社团的蓬勃兴起和日益壮大，公民对自身权利的诉求不断加强，国家的职能开始再一次发生重大置换，即由行政管理型向公共服务型转变，为公民提供更多的公共产品和公共服务成为国家一切工作的中心，国家本位主义逐步让位于社会本位主义。[1] 也有学者如王绍光等人，借鉴西方政治学的观点，将国家权力划分为专断性权力（阶级统治职能）和基础性权力（社会管理与公共服务职能）。前者涉及的是国家性质，后者涉及的是国家能力，现代民主国家的历史应当是国家专断性权力被不断削弱和基础性权力被日渐强化的历史。[2] 透过上述学者对国家性质与职能的各种界说，不难看出，在当代中国人民对国家性质与职能的认识正在逐步超越传统的马克思主义国家学说，向着更高更新的境界迈进。诸如：更加强调国家是社会公共利益的代表，其基本职能应是促进经济增长、实现充分就业、努力改善民生、保障公共安全等；更加主张通过不流血的方式实现社会的各种变革；更加强调国家内部各阶层之间的互利合作；更加淡化国家的阶级统治作用而凸现其社会服务职能；不再主张通过连续不断的群众运动来管理国家，而是

---

① 张康之：《公共行政中的哲学与伦理》，中国人民大学出版社 2004 年版，第 217 页。

② 王绍光：《祛魅与超越》，中信出版社 2010 年版，第 126 页。

强调通过完备的法治手段来建构现代国家治理体系；即使对国家的专政对象也不能残酷斗争和无情打击，而是要本着以人为本的原则，尊重和保障他们的基本人权。与此同时，在国际层面伴随中国国家实力的不断增强，正在缓慢消解传统的受害民族意识，并逐步放弃二战之后形成的根据意识形态划分国际阵线的冷战思维模式，更加重视通过经济、政治、文化等各个层面的不断往来，特别是通过亲、诚、惠、容的外交政策，实现国与国之间的合作共赢与和平发展。

第二节　目前中国学术界阶级阶层划分理论辨析

在中国业已完成的由对立统一型思维模式向系统复杂型思维模式转变、由社会阶级分析方法向阶层分析方法转变、由阶级统治型国家向管理服务型国家转变的三大根本性转型过程中，由社会阶级分析方法向阶层分析方法的转变，具有极端重要的理论探讨意义和实践关怀价值。由之，如何看待当代中国社会的阶级阶层状况就成为研究中国所有其他重大问题的关键与核心所在。在对这一问题展开深入探讨之前，有必要对当前中国学术界有关国内外社会阶级阶层理论的研究现状予以认真辨析。

一、对西方发达国家阶层划分理论的译介

欧美学术界对社会阶级阶层理论的研究可谓流派众多、歧见杂陈，其中被公认为影响深远和作用巨大，且被中国理论界译介较多的思想流派主要有以下三大种类：

一是马克思的阶级划分理论以及建基其上的各类当代西方马克思主义阶级理论。前已备述，马克思的社会分层理论直接源自于他的历史唯物论。他认为：阶级的产生是社会生产力发展到一定阶段之后，出现了社会分工和私有制，其中一个阶级占有了另一个阶级的剩余劳动产品，由于各个阶级占有生产资料的多寡不同，其阶级地位、阶级利益、阶级意识就会存在巨大差别，阶级之间的斗争是推动人类社会形态由原始社会、奴隶社会、封建社会

到资本主义社会不断变革的主要动力。到了资本主义社会，无产阶级和资产阶级的矛盾达致顶点，最终无产阶级会消灭资产阶级私有制，建立社会主义的生产资料公有制，使阶级以及与之密切相关的国家现象逐步消亡，最终步入共产主义社会。然而，到了20世纪之后，伴随生产力的发展和生产关系的多样化，资本主义的阶级系统日益复杂化和多元化，使传统的马克思主义阶级理论陷入困境，一批新的马克思主义者结合资本主义发展实际，提出了一系列新的社会分层主张，其代表人物有达伦多夫、沃勒斯坦、马尔库塞、普兰查斯、赖特等人。① 达伦多夫通过对权力和权威的辨析，认为任何社会都存在着统治与服从的对抗性团体，但通过建立合理的社会调节机制，可以将团体之间的对抗与冲突控制在适度范围，从而避免社会革命的发生。沃勒斯坦则认为，发端于16世纪的欧美资本主义经济体系，已将全世界区分为核心区、半边缘区和边缘区，每个国家都是这个世界体系的一部分，都无法逃脱其所在位置，或者剥削他人或者被他人剥削，要想了解一个国家内部的阶级斗争状况就必须将这个国家置于世界体系之中。赖特则根据美国的社会现实，从马克思的一元性阶级划分标准（是否占有生产资料）转向三元性划分标准（生产资料资产、组织资产和技能资产），提出了基于资本控制、组织控制和技能控制的三种剥削方式，特别是对私营部门和公共部门科层制中的经理阶层和专业人员进行了大量的经验研究，提出了介于资产阶级和无产阶级之间的"中产阶级"概念。他认为，正是这一阶级的不断壮大，弥合了两大对抗阶级之间的鸿沟，构成了社会稳定的调节器，避免了马克思所预言的阶级斗争和社会革命的发生。

二是建立在韦伯社会分层理论基础上的各种新韦伯主义。韦伯与马克思的重要区别在于，马克思不仅是一个社会科学家，同时也是一个政治活动家，而韦伯仅仅是一个社会科学家。马克思不仅关注社会怎么样，更重视社会应该怎么样。因而马克思的阶级分析理论带有强烈的激进性和严厉的批判性特点。与之相反，韦伯只研究社会是怎么样的，强调用价值中立的方法去

_____

① 参见李春玲、吕鹏：《社会分层理论》，中国社会科学出版社2008年版，第五章。

思考各种问题。反映在社会分层研究上，韦伯的思想主要包括：(1) 多元分层论。韦伯在其重要论文《阶级、身份、政党》的开头就区分了三种分层秩序，即以权力分层为核心的法律秩序；以经济分层为中心的阶级秩序；以声望和身份分层为中心的社会秩序。韦伯认为，单凭是否占有生产资料来划分阶级的做法过于简单化，必须用多个层次和多元标准划分阶级阶层。(2) 身份群体论。韦伯特别重视身份群体概念，即由那些分享着共同生活方式和行为模式而且具有类似声望地位的人组成的群体。这一群体可能因种族、宗教、语言等原因具有强烈的自我认同意识和疆界区分，身份群体与阶级之间存在着冲突、共存和重叠三种情况。在社会稳定时，阶级结构有利于身份秩序的巩固；在社会变迁时，阶级结构的变化会促成身份秩序的重构。(3) 社会封闭论。社会封闭是一个社会群体为自身利益最大化而采取的一种行动方式，他们通过语言、种族、性别、宗教等各种方式或标志使自己与其他人区分开来，正是这种排他性的联合行动使一小部分圈内人士享有了最多的特权和机会。当他们发展为带有理性规则的联合体时，就会将其影响扩展到政治领域，并建立起正式的法律秩序，形成合法的特权群体。(4) 科层体系论。资本主义的一些利益集团为了谋求自身利益的不断扩展，通过建立现代科层制度来有效保护其权威。韦伯将合法性权威分成卡里斯玛型、传统型和法理型，而现代社会固定化、法制化、专业化的科层制度在政府、政党、企业和各种社会组织的广泛使用，充分保证了某些利益集团合法性权威的长期存在。①20 世纪 60 年代之后，以帕金、吉登斯、洛克伍德、戈德索普等为代表的一大批学者，在系统研读韦伯著作的基础上发展了韦伯的社会分层理论，被称之为新韦伯主义。其中，帕金发展了韦伯的社会封闭理论。他认为，社会封闭主要通过"排他"和"内固"两种方式促成特定社会结构的生成。帕金特别分析了处在不同阶级阶层之间"缓冲带"上的社会阶层，如在资产阶级和无产阶级之间存在着一个"低层白领职业阶层"，他们的上升流动弱化了无产阶级的"内固"程度，避免了两大阶级分割体系的对抗和崩溃。

---

① 参见李强：《社会分层十讲》，社会科学文献出版社 2005 年版，第四讲。

吉登斯则在韦伯阶级理论基础上提出了他的"阶级结构化理论"。他认为，阶级是根据市场能力来划分的，市场能力包括生产资料占有状况、教育和技能资格状况、体力劳动能力三方面的内容，具有上述不同市场能力的人在一定条件下意识到他们的共同利益时就意味着阶级的生成。此外，阶级的生成还需要"中介结构化"和"临近结构化"两种因素发挥作用。前者涉及代内和代际之间的流动状况和封闭程度，后者涉及劳动分工、管理分工、由消费方式形成的社区居住和聚集状况，在这两种因素共同作用下形成了各国不同的阶级状况。戈德索普则以职业分类为基础，再结合市场状态把各类职业合并成七大阶级：第一阶级包括公共和私营部门的高层专业人员、行政管理人员、中央和地方政府的各级官员、大企业的经理和企业主；第二阶级包括较低层的专业人员、行政管理人员、高级技术人员、小公司的经理；第三阶级包括在行政和商业机构从事非体力劳动的雇员、销售人员；第四阶级包括小企业主、手工艺人员、农场主、小股东；第五阶级主要是低级技术人员和体力劳动的监管人员；第六阶级主要是技术型的体力工人；第七阶级是各行各业的体力劳动工人、农民。以上述阶级划分为基础，戈德索普重点研究了各个阶级之间的流动情况。他的结论是发生在中间阶级（第二、三、四、五阶级）的上升和下降流动最多，而最上层和最下层的流动则较少，从长时段看，经过一系列流动后，很多人又回到了他们家庭出身的阶级地位上去。[①]戈德索普的上述理论被众多国家所采用，产生了极其广泛的社会影响。

三是建立在涂尔干社会有机体理论基础上的各种功能主义理论。涂尔干对社会问题的观察视角与马克思和韦伯有很大不同。他看到的不是人与人、阶级与阶级之间的社会差别和利益冲突，而是建立在共同价值观基础上彼此之间的相互关联和有效整合。涂尔干在其《社会劳动分工论》中把社会看作一个生物有机体，社会各行各业和各个系统就是这个有机体的各个器官和部分，可将社会上存在的不平等分为两种情况：一是由于家庭出身背景导致的外在先赋性不平等；二是由于个人智商和才能获致的内在不平等。外在不平

---

① 李强：《社会分层十讲》，社会科学文献出版社 2005 年版，第 216 页。

等威胁着现代工业社会的劳动分工和社会秩序，必须逐步消除，而内在不平等则为现代社会所必需，它要求把有才能的人放到最合适的位置。在前工业社会，由于社会分工较少，个人意愿从属于所在群体的利益，社会通过集体规则和各种规定实现机械性团结，而现代工业社会出现了高度专业化的社会分工，个人主义开始盛行，要把因人性自私导致的社会冲突控制在合理范围内，就必须充分发挥道德的作用，只有通过职业组织的就业指导，把发达的社会规范、价值系统和合作性法律体系内化到个体的内心世界，才能最终实现社会由机械性团结向有机性团结的转变。[1] 到了 20 世纪 50 年代，涂尔干的功能主义社会分层理论被美国的帕森斯以及他的两个学生戴维斯、摩尔发扬光大，产生了广泛的社会影响。帕森斯认为任何社会要延续下去，必须由四个功能系统构成：环境适应(adaptation of the environment)、目标实现(goal attainment)、整合（integration）、潜模式维持（latent pattern maintenance），简称 AGIL 系统。如经济系统是为了从环境中汲取资源以生产必需品，国家组织是为社会成员制定目标和方向，法律和宗教组织是通过行为规范和道德准则来整合社会，家庭和学校是通过训练个人的社会化使社会得以延续。每个人的声望等级取决于该社会成员依照共同的价值取向对其所在组织的地位的评价，能遵从和体现这些价值的人通常能够在该社会获得较高的声望地位和收入财富。[2] 在这种思想影响下，帕森斯的两个学生戴维斯和摩尔以及之后的众多社会学者，通过系统性的、实证性的、全国性的调查研究和定量分析，开展了职业声望研究、社会经济地位等级测量、地位获得过程研究等等，取得了丰硕的研究成果。

中国学者除了对上述影响巨大的西方社会分层理论进行翻译和介绍外，还对与之相关的其他社会分层理论进行了大量研究，如对帕累托、米歇尔斯等人的社会政治精英、商业精英研究以及各种女性主义社会分层理论研究等。其中，尤其值得一提的是法国社会学家皮埃尔·布迪厄在综合马克思和

---

[1] 参见涂尔干：《社会劳动分工论》，商务印书馆 1934 年版。

[2] 李春玲、吕鹏：《社会分层理论》，中国社会科学出版社 2008 年版，第 67 页。

韦伯思想基础上提出的文化资本理论。他将社会资源区分为不同类型的资本，诸如权力资本、经济资本、文化资本、社会资本等。他重点研究了文化资本问题，他认为文化资本是一种继承下来的语言的和文化的能力，包括精美的语言表述、优雅的行为举止、适度的礼仪方式、高雅的文化品位等内容。他在其著名的《区隔》一书中，通过对生活方式、消费偏好、休闲娱乐、人格评价等因素的综合考察，提出了一整套可操作性的文化资本测量指标体系。之前人们在研究社会阶级阶层理论时，总是把文化现象看成次要的、从属于经济生产和政治权力的附着物，而布迪厄通过赋予文化资本以重要地位，将其整合到社会结构的理解中去，使其成为社会分层研究的热点之一。

二、对当代中国社会分层理论的多元透视

改革开放以后，伴随中国社会主义市场经济的深入发展，在以公有制为主体、多种所有制经济共同发展基础上，权力、资本、劳动等各种要素纷纷参与到社会利益分配中来，使得中国社会的阶级阶层结构发生了重大转变，改革开放前以政治分层为中心的"两个阶级、一个阶层（工人阶级、农民阶级和知识分子阶层）"理论被彻底颠覆，人们开始以经济地位、政治影响、社会声望等多种因素为标准来划分阶级阶层，从而形成了学术界各种各样的社会阶级阶层划分理论，影响较大且具有代表性的理论可概括为以下几种：

一是以马克思主义经典作家阶级理论研究为主导的社会阶级阶层划分理论。在该领域研究的学者分为两种类型：一类强调马克思主义的阶级划分理论是对资本主义初期社会结构状况的分析，特别是其对阶级斗争理论的强调已经无法适应今天资本主义的阶级结构状况，也与改革开放后中国社会结构的巨大变迁不相适应，必须充分吸纳和借鉴当代西方的社会分层理论研究成果，以便更好地研究当代中国的阶级阶层现状。另一类则认为，许多人机械照搬西方社会分层理论来研究当代中国的复杂性阶级阶层状况，其研究成果只是把握了中国社会的表层状况，无法从深层次上解释当代中国社会面临的各种问题，只有重新回到马克思那里，把马克思的阶级划分理论视作核心概念，充分吸收当代西方的阶级阶层理论研究成果，创制出中国特色的阶级阶层划分理论。问题是，时至今日，人们只是强调马克思阶级理论与西方阶层理论的兼容并蓄，但尚未出现真正令学界信服的相关研究成果。

二是由中国社会科学院陆学艺研究员提出的十大阶层理论。他所带领的团队依据组织资源、经济资源、文化资源三大标准，将中国社会划分为"十大阶层"，即国家与社会管理者阶层、经理人员阶层、私营企业主阶层、专业技术人员阶层、办事人员阶层、个体工商户阶层、商业服务业员工阶层、产业工人阶层、农业劳动者阶层、城乡无业失业半失业者阶层。[①] 仔细研究该理论，我们会清晰地看到，它在很大程度上受到了美国新韦伯主义学者戈德索普阶级阶层分类方法的影响，后者以职业分类为基础，结合市场状态把各类职业合并成七大阶级。当然，陆学艺在自己的阶层分类中比较看重组织资源的重要性，因此他把国家与社会管理者阶层视作最高阶层。我们从中不难看出，人们采取哪一种资源作为首要标准来划分阶级阶层，往往与其理论研究目的密切相关。此外，陆学艺在其之后的《当代中国社会流动》《当代中国社会结构》等系列著作中，进一步提出了中国社会从原先的金字塔形结构逐渐向橄榄形结构转变的理论。

三是由清华大学李强教授提出的"倒丁字形"社会结构理论。他根据全国第五次人口普查的相关数据，采用"国际社会经济地位指数"测量，发现了一个巨大的处在很低的社会经济地位上的群体。该群体内部的分值高度一致，在形状上类似于倒过来的汉字"丁"字形的一横，而丁字形的一竖代表一个很长的直柱形群体，该直柱形群体是由一系列的处在不同社会经济地位上的阶层构成的。他认为，由于金字塔形社会结构底层巨大，容易产生社会矛盾，因而是一种很不理想的结构，而倒丁字形社会结构比金字塔形结构更加严峻，这种倒丁字形结构主要是由我国的城乡二元分离制度造成的，改造这种社会结构的难度十分巨大。其中，最大的问题仍然是农民问题。他认为，尽管社会各界都想推进中产和中间部分的发展，但是实际上迄今为止，这个阶层比例很小，算来算去大概在全部就业人口中占12%，而占88%的

---

① 参见陆学艺主编：《当代中国社会阶层研究报告》，社会科学文献出版社 2002 年版。

就业者都不是中产阶级，最终改变这种社会结构尚需几代人的努力。①此外，李强还与沈原、孙立平合作提出了"四大利益集团"理论，该理论根据改革开放以来人们利益获得和利益受损的状况，将中国人分为特殊获益者群体、普通获益者群体、利益相对受损群体和社会底层群体四个利益集团。

四是学界众多学者正在反复讨论的"阶层固化"理论。在我国30多年的改革开放过程中，不同阶层的社会成员由于其资源占有、起点条件、机会际遇各异，而市场机制在决定利益分配时并不考虑上述差异，甚至会通过强化差异来获得效率。加之，因改革滞后导致的城乡二元结构、行业垄断、分配格局不合理、权力腐败等因素的影响，致使贫富分化日益严重，各阶层之间的利益调整愈发艰难，各类权力世袭现象愈演愈烈，阶层边界壁垒不断堆高，跨阶层流动逐步滞缓，富贵绵延和贫困世袭同时并存，特别是网络和媒体对社会上"拼爹""官二代""富二代"现象高度关注，强势阶层与弱势阶层矛盾冲突增多，社会戾气上扬，致使阶层固化和阶层撕裂现象成为学术界近年来研究的重点之一。

除此之外，朱光磊还提出了基本阶层、新兴阶层、复兴阶层、交叉阶层四阶层理论；孙立平提出了"社会断裂"理论，即由于我国社会迅速发生的大规模、多重性社会转型，致使社会出现了结构性断裂，诸如城乡结构断裂、生产与消费断裂、文化传承断裂等等。当然，由于研究目的、学术兴趣、知识结构、理论架构各不相同，还有诸多学者提出了各色各样的社会阶级阶层划分理论，在此不再一一赘述。

三、中国学术界社会分层研究的未来走向

统观中国学术界对外国阶级阶层理论的译介和对国内阶级阶层现状的研究，现阶段的阶级阶层理论研究中存在的主要问题和亟待拓展的创新领域包括：

（1）单一学科研究色彩浓厚，尚需提高理论整合程度。由于中国现阶段

---

① 李强：《社会分层十讲》，社会科学文献出版社2005年版，第239页。

的学科分工所致，目前绝大多数有关阶级阶层理论的研究成果主要局限于中国社会学界。他们所做的众多专题研究和个案研究极其深入，但从整体上看尚处于"单打独斗、各自为战"的阶段。实际上，社会阶级阶层理论与哲学、经济学、政治学、法学、历史学、心理学等诸多学科的基础性问题密不可分。因此，对该问题的研究只有深入到更广泛的学科领域，通过跨学科的交叉协作研究，才能"横看成岭侧成峰，远近高低各不同"，从而有效避免"只见树木不见森林"的一孔之见，从更为全面、更加深入的视角把握阶级阶层变迁的本质规律，为各学科内部相关问题的理论创新奠定扎实的学术根基。

（2）相关问题的比较研究欠缺，应强化古今中外比较研究。中国学界提出的"十大阶层论""倒丁字形结构论""阶层固化论""社会断裂论"等，无疑是建立在学者们长期的实证经验研究和卓有成效的理论创新基础之上，但他们在得出上述结论时，其基本参照物是什么？如果仅是聚焦当下社会现实状况的研究，没有经过历史大纵深和国际宽视域的比较研究过程，那么，其研究结论中存在偏颇和偏激之处将在所难免。因此，这就意味着要全面透视当代中国的阶级阶层状况，决不能就事论事。一方面，要从历史大纵深的角度，将当代中国现阶段的阶级阶层状况与中国历史上不同历史时期出现的类似性阶级阶层状况进行深入的比较研究，厘清其来龙去脉，找出其共同性本质特征，从而更加客观地把握其发展趋势。另一方面，还要进行国际宽视域的横向比较研究，将当代中国的阶级阶层状况与世界各国特别是与美、俄、英、法、德、日等大国在同一历史时期的阶级阶层状况进行比较研究，从而准确定位和考量我国现阶段阶级阶层结构变迁的基本特征、主要动因和未来走向。

（3）既要科学理性地提出问题，更要准确指明求解之道。从一定意义上讲，在任何理论研究过程中，科学理性地提出问题比解决问题更重要。目前有关当代中国阶级阶层状况的不少研究成果提出了一系列重大的社会问题，充满了理论创新意义，但任何理论研究都必须为解决业已存在的社会问题和社会矛盾提供理论指南，否则就会陷入闭门造车、孤芳自赏和好看不好吃的空幻境地。伴随中国改革涉入深水区，冲破各种利益樊篱和敢啃硬骨头，已经成为中国共产党人面临的一项急迫而重大的历史任务。如何激发学界足够的理论创新勇气，使其以当前中国社会的阶级阶层结构研究为基础，通过科学严谨的理论论证，勾勒出优化社会阶层结构和维护制度正义的路线图，为当代中国的政治体制改革、市场经济改革、社会管理改革和现代国家治理体系建设提供切实可行的顶层设计方案，无疑是当代学术研究应予担当的重大社会责任。

第三节 权力、资本、劳动三大阶层理论的提出

前已备述，改革开放 30 多年来，由于中国不同利益群体对社会资源的占有不同、社会地位高低不同、利益诉求目标不同，其生活水平、生存方式、思想特点也不尽相同。因此，中国社会已出现的一系列新的社会阶层是市场经济发展的必然结果，要建构当代中国的现代国家治理体系就必须正视这一现实，重新认识中国社会阶层的变更状况。然而，正如李培林指出的那样："根据不同的分层目的，可以有不同的分层标准。""每种划分方法的后面，实际上都有一整套的理论。""社会分层结构并不是一种固定物，而是一种变化和流动的活体，它处在不断的建构过程中。"①依据政治影响、经济地位、文化水平、社会声望等综合因素，可将中国目前的社会阶层结构划分为权力阶层、资本阶层、劳动阶层三大利益团体。

一、当代中国权力阶层的主要特征

在对权力阶层的基本特征展开深入分析之前，有必要对权力以及权力阶层的概念予以科学界定。"权力"一词在哲学、政治学、法学、经济学等诸多学科中历来是一个歧义纷呈的概念。尼采的权力意志理论将权力视为遍及一切事物的一种准形而上学的宇宙力。福柯在对收容所、监狱、医院等机构

---

① 李培林、李强、孙立平等：《中国社会分层》，社会科学文献出版社 2004 年版，第 6 页。

进行研究的过程中，将权力归结为"在非平等的、活动的关系相互作用中从无数点行使的东西"①。马克斯·韦伯对权力的各种形态进行了研究，将权力界定为处于社会关系之中的行动者排除抗拒其意志的可能性。不难看出，形形色色的理论对权力的解释都离不开强制力、作用、结果等要素。从政治伦理学的角度看，所谓权力就是权力主体依靠一定的政治强制力为实现某种利益而作用于权力客体的一种社会力量，依其性质可将权力划分为强制性权力、操纵性权力、功利性权力、人格性权力等各种类型。在现代社会，政治权力的运作、政策法规的执行、国家机器的运转都离不开掌握权力的人，这些人在社会分层中被称为权力阶层，亦即人们通常所说的官僚队伍。随着现代国家的不断发展，无论在任何类型的政治制度内，在所有承担着复杂和大规模行政职能的组织内（政党、政府、工会等），由受过训练的专职人员组成的文官（公务员）队伍，以及建立在其上的官僚制度，都已占据了现代社会管理的主导地位。阿尔蒙德认为，在所有国家中，由于职业公务人员的人数和任职时间都大大超过了经选举产生的行政官员，他们和行政官员一起，既垄断了设计实际政策所需的技术专长，也垄断了有关现行政策缺点的大部分情报，因而他们获得了拟定决策议事日程的主要影响力，这就决定了现代社会的政治体系本质上是一种官僚化的社会体系。②

如果说，前述内容是对权力及权力阶层的一般分析，那么中国的权力阶层则具有自己突出的个性特征，尤其是经过封建社会两千多年的修炼，中国社会形成了完备而成熟的权力本位的文化体系。权力本位亦即官本位，它以官职大小、官阶高低作为参照系，用以度量人们在政治、经济、文化体系中的社会地位及其身份价值，从而在中国形成了一种官吏与一般平民具有明显地位差异的独特社会个性。加之，受儒家思想的长期熏染，中国社会还形成了"以吏为师"的文化传统——一种理论拥有的真理性成分的大小，取决于

<hr>

① Michel Foucault: *The History of Sexuality*, Volume 1: An Introdution. (New York: Vintage Books,1980), pp.93,94.

② 阿尔蒙德：《比较政治学：体系、过程和政策》，上海译文出版社1987年版，第324—325页。

创造者官阶地位的高低，士农工商阶层无法与作为社会中心的官员阶层相抗衡。由于官僚体系成为全社会的中心，它吸引着社会上各类精英人才争相涌入。只要拥有了官位，各种功名利禄都将应声而至。与这种官本位社会相伴生的一种必然现象是，到了历朝历代的中期，行政机构开始职能重叠，行政环节日趋复杂化，官职冗滥，工作效率日益低下，国家财政负担不断加重，对普通民众的压榨和剥削更加严苛，国家机器加速腐化，最终导致一代王朝的衰亡。

这种在两千多年封建社会基础上形成的官本位传统，对当今中国社会的伦理冲突产生了深远的影响。从本质上讲，当代中国国家机器的运转轨迹依然没有完全摆脱官本位的根本性影响。杨继绳根据《中国统计年鉴》的测算，中国党政机关人数从 1966—1979 年增长 46.4%，1979—1989 年增长 86.1%，1989—2000 年增长 95.3%，到 2005 年止，中国吃财政饭的人数约 7000 万，平均 18 个老百姓供养一个官员。伴随权力阶层人数的增加，行政管理费用支出占国家财政支出的比重逐年增加，权力阶层的基本工资、办公用房、车辆费用、会议开支等随着国家管理规模的扩大也在节节攀升。[①] 周天勇则认为，支配权力阶层行为的真正动机并不是无私地为人民服务，而是自身利益的最大化，包括：谋求稳定工作和工资保障的就业利益、用以审批许可执法的权力利益、下级组织和个人侍奉的进贡利益、部门权力不断膨胀带来的规模利益等。所有这些利益使权力阶层尽可能多地享受和消费人民提供的各种资源，诸如：舒适的办公、愉快的出行、公务旅游观光、豪华奢侈的培训、气派可口的招待餐等。[②] 面对人民群众对党和政府的期待，新中国成立以来已进行了八次行政体制改革，其间，权力阶层的机构设置、职责权限的划分，随着国家不同历史时期设定的经济、政治发展目标而不断调整，但基本上是在精简——膨胀——再精简——再膨胀的恶性循环中运行。特别是随着近年来国家财政收入数额的剧增，政府调控资源能力的大大增强，权力阶层

---

① 杨继绳：《当代中国社会各阶层分析》，甘肃人民出版社 2006 年版，第 288—289 页。
② 周天勇、王长江主编：《攻坚：十七大后中国政治体制改革研究报告》，新疆生产建设兵团出版社 2008 年版，第 163 页。

的吸引力又在不断增强。公务员成为大学毕业生最热门的选择之一,近年来每年都有一百万以上的大学生和研究生报考国家各级公务员岗位,甚至出现了上千人竞争同一个岗位的"千军万马过独木桥"的局面。

当然,也必须看到问题的另一面,伴随中国市场经济的深入发展,市场对权力阶层的冲击也在不断增大。自20世纪90年代以来,权力阶层的基本结构在某些方面也发生着可喜的变化。一是行政体制改革越来越多地具有为市场经济和民主政治开辟道路的指向,政府权力逐步从无限向有限方向发展。特别是伴随《公务员法》的实施,严把权力阶层的进口关,畅通出口关,并在权力阶层内部逐步形成权力制衡机制、勤政廉政机制、竞争激励机制、新陈代谢机制等。二是一大批德才兼备、成绩突出、群众公认的优秀干部走上权力阶层的重要领导岗位。大专以上学历的干部人数已超过干部总数的一半以上。大量熟悉现代宏观经济、财政金融、法律法规和科技知识的高层次人才充实到党政管理部门。可以相信,伴随中国市场经济步伐的不断加快,权力阶层必将走上与市场经济相适应的民主政治的健康发展之路,使中国社会最终冲出官本位牢笼的束缚。

二、当代中国资本阶层的复杂构成

当代中国社会的资本阶层,不完全等同于马克思在《资本论》中所指的依靠剥削工人体力劳动维生的资本家阶层,而是指因拥有各种资本在财富、声誉、名望等方面占据较高社会地位的特殊阶层或群体。要对资本阶层作出深入细致的说明,必须对资本的现代构成获致清晰明确的认识。传统政治经济学意义上的资本主要指以货币、土地、机器、厂房等为主的用以生产商品或服务的物质生产资料。但随着资本主义社会的不断进步,人们对资本的认识逐步从经济学视角扩展至哲学社会科学的多个向度,如法国社会学家布迪厄依据人们占有的资本总量来划分社会阶层。而他所说的资本总量,除了指传统意义上用于生产商品的物质资料外,还包括文化资本(教育文凭、资格证书等)、社会资本(人际关系网络、可调配的社会资源等)、符号资本(体现经济、文化、社会三种资本的象征符号）。① 布迪厄的这种资本划分理论反映了资本主义社会新的资本控制力量对资本经营阶层构成的巨大影响。随着资本主义社会资本占有权、收益权、经营权、管理权的分离，公众股份公司董事会成员的构成已经发生了重大变化，不仅企业总裁、技术专家成为企业资本持有者，而且众多股民也成为资本阶层的一员。

当代资本主义社会资本阶层的变化，在中国市场经济发展过程中也有同样的表现。多种经济成分并存的体制造就了中国社会特有的资本阶层，包括国有企业的董事长、总经理、民营企业家、乡镇企业家、企业承包人、房地产开发商、外企高级雇员等一批经济精英人物。当然，这其中不乏高中级领导干部的子女或亲属直接开办公司或加盟到国有和私营企业中，摇身一变而成为资本阶层的一员。此外，依靠知识技能而获取巨额收入的大学教授、科技研发人员、律师、会计师等，在资本阶层中也为数不少。特别是在歌星、影星、体育明星、文化名流支撑的文化产业，其所形成的文化资本阶层也是中国资本阶层的重要组成部分。而中国股民的迅猛增加更使得资本阶层快速膨胀。当然，我们不能把每一个炒股者都列入资本阶层，但股票市场的发展毕竟为我国资本阶层的壮大开辟了广阔的前景。

在当代中国资本阶层的形成和发展过程中，私营企业主阶层的迅速壮大对阶层和阶级结构产生了巨大影响。到 2006 年底，中国私营企业主人数为 1184 万人，在私营企业从业的人员超过 1 亿人，达到 15072 万人，占包括农民在内的全国从业人员的 19.73%。凡是私营企业发达的地区，也是失业人数较少的地区，私营企业是解决就业问题的重要渠道之一。中国私营企业创造的产值也在高速增长，到 2006 年底，私营经济在中国 GDP 中的比重已经占到 67% 左右。② 中国的私营企业主是由哪些社会角色转换来的呢？据统计，目前私营企业主中，有 43.4% 来源于国家企事业单位干部，17.4% 来源于个体户，14.2% 来源于工业或服务业工人，10.5% 来源于专业技术人员，

---

① 参见李强：《社会分层十讲》，社会科学文献出版社 2008 年版，第 281—282 页。
② 李强：《社会分层十讲》，社会科学文献出版社 2008 年版，第 320 页。

9.3% 来源于农民，还有 5.2% 来源于其他职业人员。而且博士、硕士和大学生创业经商已成为一种时尚，正在逐步影响着中国资本阶层构成的变化。①

在当代中国资本阶层的形成和发展过程中，有一种倾向必须引起我们高度重视，这就是大型垄断资本集团的膨胀和中小资本阶层的举步维艰。一个国家在市场经济的形成和发展过程中，出现一定规模的大型资本集团是一种正常现象，但这种资本集团具有一种天然的倾向，即把自己集团的利益置于其他利益之上，一旦其中的某个或几个集团拥有足够的权力，就会把集团利益置于民族利益之上，最终导致国家整体利益的衰落。之所以如此，是因为这些大型的资本利益集团会阻碍创新型的中小资本阶层的出现，过分蚕食其他阶层的利益。如美国经济学家奥尔森指出的那样：在不稳定的社会中，最大最富有的获利阶层组织得比较好，而他们往往占有该国中比例极高的各种生产要素，他们制定有利于自己的各种政策，并且以各种不同的方式侵占这个社会中无组织的广大群众的利益，从而使收入更加不平等。② 特别是在当前世界金融危机和中国宏观调控过程中，大型国有垄断集团由于资金和资本实力雄厚，其经济活动较少受到影响，而以中小企业为主的民营企业萎缩和倒闭现象十分普遍，因为他们很难从国有商业银行获得大额贷款，只能依赖高息运作的地下金融。有效限制大型垄断资本集团的利益，使其处于适当规模，或在国有垄断企业积极引入战略性民营资本，进而不断鼓励和推动中小资本阶层的崛起和壮大，将是中国社会阶层结构变化的最终发展方向。在这方面，欧美资本主义国家二战后成功的发展经验值得我们借鉴，这些国家都制定了反垄断和鼓励中小企业发展的法规和政策措施，以防社会结构的极端分化。如意大利 95% 以上的企业均是中小企业，正是以中小企业资本为核心的中产阶层的存在，塑造了其稳定的橄榄形社会结构。③

---

① 李培林、李强、孙立平等：《中国社会分层》，社会科学文献出版社2004年版，第10页。

② 曼瑟·奥尔森：《权力与繁荣》，苏长和、嵇飞译，上海世纪出版集团2005年版，第58页。

③ 靳凤林：《政治伦理学视域中的意大利社会治理模式》，李建华主编：《伦理学与公共事务》，湖南人民出版社2008年版。

如何评价以大、中、小型企业家为主的资本阶层在当代中国社会中的地位和作用，无疑是一个十分重大的理论和现实问题。在以阶级斗争为中心的计划经济时代，企业只是社会的一个车间，其一切活动受到国家政治生活的广泛制约，资本阶层既无从生成，更遑论其社会作用。但伴随市场经济的深入发展，以企业经营为主的资本阶层逐步成为中国社会生活中最活跃，因而也是最引人注目的阶层。他们既是社会经济体系不断改组的直接推动者，也是社会经济生活中作出主要决策的人物。他们在长期的市场开拓过程中，持续不断地重组生产要素、更新生产技术、制造新产品，作为沟通生产和消费的联系环节，他们规划和引领着社会经济的发展方向和进步水平。美国著名经济史学家约翰·S.戈登认为，美国作为一个新兴国家，之所以能够迅速超越欧洲列强，根本原因在于资本市场和资本阶层的不断强大。因为资本阶层的发展状况牵动着大国的博弈和兴衰，1929年时，全美国只有2%的人拥有纽约交易所的股票，今天超过50%的美国人拥有股票或共同基金，所以在这个国家，过去几十年中最大的变化是更多的人成为了资本家。① 当代资本主义的发展给马克思主义者的最大启示就是：只有通过精准扶贫尽快消灭我国的贫困阶层，使所有的无产者都变为资本拥有者，才能真正实现社会的可持续发展。只要中国社会沿着市场经济的轨道不断前行，资本阶层必将成为中国社会的核心和主干阶层，从长远的历史发展的角度看，也只有让资本成为经济发展和社会生活的中心，让资本阶层走向中国社会的前台，中华民族的全面复兴才能真正得以实现。

三、当代中国劳动阶层的深度分化

　　在中国权力、资本、劳动三大阶层的构成比例上，劳动阶层无疑占有压倒性优势。所谓劳动阶层，主要是指以农民和工人为主的社会阶层。农民是指在广大农村以从事种植业和养殖业为主的农业生产劳动者，他们占劳动人口的绝大多数，可具体划分为经营大户、兼业户、合作户、小农等类别。农

---

① 约翰·S.戈登：《伟大的博弈》，祁斌译，中信出版社2005年版，第 XXIX 页。

民阶层担负着促进农业这一国民经济基础顺利稳定发展的重要使命，他们是受传统生活方式影响较深的一个利益群体。工人则指在现代工厂、矿山、交通运输、商业、服务业等各类行业或场所从事生产劳动，以工资收入为主要生活来源的劳动者。依据产业性质不同，可分为第一产业工人、第二产业工人和第三产业工人；依据身份性质不同，还可区分为全民工、集体工、合同工、雇佣工、临时工等。工人阶层从事机器生产和集体劳动，富有组织性、纪律性，是先进生产力的承载者和创造者。[①] 其中，特别需要指出的是，在教科文卫等部门从事脑力劳动的绝大多数底层知识分子，也是工人阶层的一个重要构成部分。在知识经济时代，他们是工人阶层中分化较快、变动迅速的利益群体，有人成为权力阶层的一员，有人成为资本阶层的一部分。

改革开放 30 多年来，伴随经济、政治、文化政策的不断调整，中国劳动阶层的职业分化发生了重大变化。在农民阶层中，十一届三中全会之前，中国农村按雇农、贫农、中农、富农、地主等经济成分把农民划分为不同的政治群体。目前，这些身份系列早已被抛弃，代之以新的系列，包括农业劳动者、农民工、农村个体工商户、农村中的企业主、农业经营大户、农村知识分子、乡村干部等。伴随农业劳动者的分化，农村的贫富差距也在急剧拉大。据国家统计局调查，如果按家庭收入将农民分成不同的组别，2006 年最高收入组的年纯收入相当于最低组的 5.08 倍。[②] 在农民阶层，最值得关注的是那些仍然没有解决温饱问题的贫困人口，特别是西北、西南地区集中连片的贫困人口数量依然为数不少，贫困户、赤贫户还占有一定比例。依据《中国农村扶贫开发》白皮书，截至 2007 年，中国贫困人口为 3000 万左右，占农村总人口的 3% 左右，但因病、因灾、因学等多种原因返贫的人口，一直在持续不断地起伏波动之中。

与农民阶层的分化同步进行的是由制度变迁引发的广泛而深刻的工人阶级的巨大变化。在计划经济时代，由于理论上强调劳动者是生产资料的主

---

① 参见彭劲松：《当代中国利益关系分析》，人民出版社 2007 年版，第 80 页。

② 杨继绳：《中国当代社会各阶层分析》，甘肃人民出版社 2006 年版，第 116 页。

人，劳动力不是商品，因而中国实行的是高度集中、统包统配的劳动就业管理模式，用行政力量配置劳动力资源，工资由国家统一定级，就业、分配、保险三者合一。随着市场经济的实施，工人阶级打破了国有、集体身份占绝对优势的格局，呈现出多元发展的特征。一方面，国有、集体职工人数迅速下降，私营企业和港澳台及外资企业职工人数剧增；另一方面，第一产业职工人数递减，第二、第三产业增速加快，特别是伴随由工业经济向知识经济的转型，产业结构进入大规模的升级换代时期，学历较高的知识分子不断补充到工人阶级队伍中来。与此同时，技术工人的数量也在不断增加，从而使得工人阶级内部收入差距日趋拉大。一线产业工人在经济收入、管理参与方面的主人翁地位明显降低，相对丧失感增强。尤其是在企业破产、兼并、重组过程中，大量国有企业的职工付出了沉重的代价，失业率急剧攀升。据官方统计，近年来中国城镇失业人口数量一直徘徊在 1700 万左右。而非官方的估计远远大于这一数字，加之城镇生活费用较高，失业人口的生活质量十分低下，贫富差别的鲜明对比，对贫困群体产生强烈的刺激。

若把农民阶层中的贫困户、赤贫户和工人阶层中的下岗失业人员归并为劳动阶层中的弱势群体，这一群体具有以下几个基本特征：一是经济利益的贫困性；二是生活质量的低层次性；三是政治上的低影响性；四是心理承受力的脆弱性。随着社会改革的不断深化，这一阶层的相对剥夺感愈发强烈，这一阶层中的高失业率必然带来高犯罪率，极易产生对社会的消极报复情绪，引发对社会改革的否定性评价。此外，这一群体具有很强的从众心理，在社会发生小范围的抗议、示威、游行活动时，他们极易生发出过激的非理性的集体行为，成为社会稳定的巨大隐患和社会动荡的火药桶。特别是伴随市场经济的发展，社会财富在向私人积聚的同时，也向某些犯罪分子聚集，加上封建行帮意识回潮，境外黑社会文化的渗透，弱势群体的存在为有组织犯罪提供了充足的人力资源。在今后相当长的时期内，迫于经济和生存压力，走向卖淫、吸毒、抢劫和各种有组织犯罪的弱势群体的人数会不断增加。当然，任何社会都有犯罪的人，而在中国社会转型期，因经济贫困走向犯罪的人太多，必然引发各种深层次的社会问题。

第四节　对三大社会阶层划分理论的多维考量

为什么把纷繁复杂的社会阶层仅仅划分为权力、资本、劳动三大阶层？其理论依据是什么？在层次多样的社会阶层中是否存在不为权力、资本、劳动三大阶层所包含的其他阶层类型？划分权力、资本、劳动三大社会阶层有何理论意义？进行这种阶层划分的实践指向是什么？只有对上述问题作出科学解答，并将其奠定在扎实的理论根基之上，这一划分模式以及与之相关的各种理论主张才能被学界广泛认可，进而得到广大读者的真心悦纳。

一、划分三大社会阶层的理论依据

《周易·系辞上传》中讲："乾以易知，坤以简能。易则易知，简则易从。易知则有亲，易从则有功。有亲则可久，有功则可大。可久则贤人之德，可大则贤人之业。易简则天下之理得矣。天下之理得，而成位乎其中矣。"[1]这里强调的是天道平常，地道简单，贤人之德在适应天道规律，贤人之业在利用地道之功。老子在《道德经》中也讲过"为学日益，为道日损"[2]。这里的"为学"主要指探求外物的知识活动，如对仁义、礼法、教化的追求；而"为道"则指通过冥想和体验的方式参悟事物内在性和必然性的本质与规律。《易经》强调的"易知简能"和《道德经》对"为学"和"为道"所作的区分充分展现了社会科学具体性思维模式和哲学学科抽象性思维模式的重大区别。同《易经》和《道德经》"大道至简"的思想如出一辙，14世纪英国哲学家奥卡姆（Ockham）同样认为，在论证上帝存在与否这类重大宗教问题时，不能把个别的、具体的、经验的现实混同于普遍的、抽象的、超验的原则，反对用烦琐的概念推理和复杂的思辨方式思考上帝存在与否，而是要用简便性的经济思维原则论证上帝存在问题，即"如无必要，不要增设实体"，

---

① 周振甫：《周易译注》，中华书局1991年版，第229页。
② 陈鼓应：《老子译注及评介》，中华书局1984年版，第250页。

这一原则被称为"奥卡姆剃刀"。当然，简便性经济思维原则并不意味着思维内容的浅显易懂，而是强调要用简洁明快的原则说明深奥复杂的问题。就社会阶层研究而言，长期以来，中国社会学界对纷繁复杂的社会阶层现象进行了大量分门别类的实证分析和精确细化的描述研究，但本书研究的侧重点与社会学研究存在重大区别，即主要是从哲学伦理学的视角来研究社会阶层问题。哲学伦理学看重的是社会阶层现象背后所蕴含的普遍性、抽象性内在规律，而社会学看重的是正确描述该现象得以生成的特殊性原因、个性化特征和具体性内容。质言之，本书注重的是中国传统文化中的"易知简能"和"为道日损"原则，试图用"奥卡姆剃刀"式的简便性经济思维方式来研究当代中国的复杂性社会阶层问题。有鉴于此，本书将社会学界纷繁多样的社会分层（如十阶层论、十五阶层论等）以高度浓缩的方式概括为权力、资本、劳动三大社会阶层，通过对三大阶层矛盾关系的系统综合分析，从当代中国众多的社会矛盾中提炼出制约全局发展的三大根本性矛盾，即权力与资本、权力与劳动、资本与劳动这三大阶层之间的利益矛盾、冲突与博弈。

除了遵循"大道至简"和"奥卡姆剃刀"式简便性原则划分当代中国的三大社会阶层外，本书所依据的另一原则是社会分层标准的综合化原则。经过30多年的改革开放，中国社会阶级阶层状况发生了翻天覆地的巨变，各类社会群体的阶级阶层划分标准也在发生重大变迁。无论是普通大众的社会经验和主观感觉，还是学术界的理论剖析和抽象概括皆是如此。普通大众通常依据三个标准：是否有钱（收入高低或财产多少）、是否有权（在政府或企业中担任何种职务）、是否有文化（学历高低）来划分社会阶层和评价一个人的价值高低。他们甚至戏称："依靠特权和垄断牟利的是特权阶级；依靠创造和竞争牟利的是资产阶级；特权无门和竞争无能的是无产阶级。"而社会学界则普遍采取了新韦伯主义的多元分层论和涂尔干的功能主义理论，其共同特征是不再采用单纯的经济标准（在生产关系中的地位）或政治标准（政治立场、政治态度等）来划分社会阶层，而是采用综合性标准从多元化视角研究社会分层问题，包括将经济资源、政治资源、文化资源、社会资源、声望资源、人力资源等要素综合起来划分当代中国的阶级阶层，有时也根据研究需要从性别、种族、宗教、年龄等视角来进行人群分类。正是基于对上述社会现实和学术研究状况的全面考察，本书将马克思主义的阶级分析方法、新韦伯主义的多元分层理论和涂尔干功能主义的社会有机体理论结合起来，提出了当代中国权力、资本、劳动三大社会阶层理论。

最后，本书将当代中国的社会阶层划分为权力、资本、劳动三大类型。一方面，受到了柏拉图、亚里士多德等西方古典思想家的影响，如柏拉图在《理想国》中从国家有机体分工合作的视角，把社会阶层划分为从事生产的工商阶层，监护国家安全的军人阶层，以哲学王为代表的社会管理阶层。另一方面，本书所作的划分更与马克思、葛兰西、哈贝马斯的社会分类方法有着直接性联系。马克思在对黑格尔《法哲学原理》中的"市民社会"概念进行深入剖析的过程中，提出了市民社会与政治社会二分法理论。他认为，在资本主义社会，一切私人利益关系的总和构成社会的经济基础或经济结构，建基其上的是资本主义的政治和思想上层建筑领域，亦即政治社会领域。意大利共产党人安东尼·葛兰西继承并发展了马克思的上述理论，但他看重的不是市民社会的经济意义，而是突出其社会文化意义，并把社团组织看作市民社会的主体，认为谁控制了社团谁就控制了市民社会，谁就控制了资本主义社会。哈贝马斯在马克思、葛兰西思想基础上提出了社会三分法，即政治世界或政治社会、经济世界或经济社会、生活世界或市民社会，这三大社会领域分别形成不同的社会制度体系，并遵循着不同的运行机制和伦理规则。① 任何社会分层理论背后都隐含着与之相配套的理论架构需要，本书之所以将当代中国社会划分为权力、资本、劳动三大阶层，其目的就是与上述社会三分法联系起来，并以此为基础，分别将权力阶层与民主政治制度伦理、资本阶层与市场经济制度伦理、劳动阶层与公民社团制度伦理相对应，从而对当代中国的正义性制度伦理建设作出深层次、系统化剖析。

① 有关社会三分法的详细内容参见本书第七章相关论述。

二、三大社会阶层彼此区隔的极端复杂性

无论是在中央党校各类班次的教学中，还是在各级国家机关和各类企事业单位授课时，当笔者谈及自己的三大阶层划分理论以及与之相关的当代中国社会的根本矛盾时，都获得了学员的广泛赞同。与此同时，他们也会不约而同地对号入座，并且都愿意将自己划归为劳动阶层的一员，如在中央党校"战略思维与领导能力专题"省部班授课时，曾有某省的政协副主席对我说，他是搞文艺创作出身，其主要收入都是靠写作所得，虽然现在当了省部级干部，但感觉自己应当是劳动阶层的一员。而在国家质检总局下属的某事业单位授课时，听课的多名处长都说自己是搞技术出身，应当算是劳动阶层一员。上述现象固然与我们党和国家对劳动阶层政治地位的重视乃至某种程度的拔高有关，也与长期以来我们只是从经济资源视角划分阶级阶层的做法有关，但更与三大阶层彼此区隔的极端复杂性密不可分。

首先，笔者划分的三大社会阶层具有很大的相对性特征。所谓相对性，是指三大阶层之间的区隔并不像俗语所讲的"小葱拌豆腐"那样一青（清）二白，而是存在着一定程度的重叠性和模糊性。如果用形象的数理模型来表示的话，三大阶层之间既不是依次排列的柱形图，也不是自上而下的层构图，而是各有自己中心点又存在少量彼此重叠内容的三圆交叉图。其彼此重叠部分在社会学上被称为阶层缓冲带，恰如新韦伯主义代表人物帕金所指出的那样，在当代资本主义社会，大约有1/4或1/3的体力劳动者上升流动进入非体力的白领职业，但这种流动不是跨越阶级两端的运动，也没有消除阶级之间的壁垒，只是在不同阶级的两端建立起了一个缓冲地带，正是这种缓冲带上的上下流动，为下层阶级提供了一种靠个人努力来改变其不利地位的途径，从而将阶层冲突转化为个人竞争，避免了社会阶层分割体系的崩溃。帕金所指出的阶层缓冲带现象在中国三大阶层之间同样存在，如许多劳动阶层的成员依靠自身技能向资本阶层的流动就是例证。处于这种阶层缓冲带上的人，既有资本阶层的某些要素，又有劳动阶层的部分特征，其阶层定位具有很大的相对性。

其次，在三大阶层内部各自存在着错综复杂的多维结构。就权力阶层而言，其内部既有身处权力核心地带的群体——他们掌握着丰厚的经济、组织、文化等社会资源，拥有重大政策的决策权，具备较高的社会声望，也有处于权力边缘地带的群体——他们手中并不掌握实质性经济、组织、文化资源，只是协助权力核心层发挥其正常的社会管理职能。就资本阶层而言，国有企业管理人员掌控着国家庞大的经济资源，他们是权力阶层发挥其国家管理职能的经济根基，因而具有明显的权力阶层的基本特征。与此同时，他们又是在经济领域摸爬滚打的市场主体，其行为方式与权力阶层存在重大区别，因而又带有明显的资本阶层的主要特征，可将其视为介于权力阶层与资本阶层之间缓冲带上的特殊阶层。就劳动阶层而言，他们的上层与权力阶层和资本阶层存在极其复杂的内在关联，有些人带有明显的资本阶层特征，有些人则处于权力阶层的边缘地带，具有权力阶层和劳动阶层的双重特征。以农村基层"两委"干部为例，他们既是权力阶层最为边缘的构成成分之一，又是劳动阶层的重要一员。当然，在大中城市城乡结合部地带的农村干部也可能拥有巨大的经济资源，但未必具有权力阶层和资本阶层的社会声望。因此，对各阶层内部具体构成成分的分析必须采用综合化标准，而不能采用"文革"时代或之前的单一性经济或政治标准去衡量。

再者，中国不同时空条件下的阶层状况存在重大差别。从纵向的时间纬度上看，自1949年建国以来，中国社会阶级阶层结构经历了三次重大变迁：一是新中国成立初期，资产阶级和地主阶级被消灭，工人阶级和农民阶级的政治经济地位获得极大提高。二是"文化大革命"时期，大批知识分子和部分干部受到巨大冲击，工人阶级和农民阶级的政治经济地位达至空前水平，特别是在一次次造反运动中涌现出的少数工人和农民成为新的政治贵族，并形成了以政治立场和态度为标准来划分社会阶级阶层的新型阶级论，即"两个阶级、一个阶层（工人阶级、农民阶级和知识分子阶层）理论"。三是改革开放后伴随市场经济的发展和私有财产的恢复，除了传统政治精英在吐故纳新的过程中继续保持着社会优势地位外，又出现了一批新的私营企业主精英和知识分子精英，而工人阶级和农民阶级的政治经济地位开始明显下降。① 从横向的空间分布状况看，中国社会的阶级阶层状况存在着明显的区域不均衡现象，越是经济不发达的中西部地区，社会阶层状况越是简单，越具有传统社会的特点，即劳动阶层规模庞大，资本阶层和权力阶层的规模相对较小。越是经济发达的东部地区，社会阶层结构就越加复杂，越具有现代社会阶层结构的特点，即劳动阶层规模在逐步缩小，资本阶层迅速膨胀，权力阶层的规模变化不是太大。

三、划分三大阶层的理论目的和实践指向

本书把当代中国纷繁复杂的社会阶层归纳为权力、资本、劳动三大阶层，并以这三大阶层的划分为依据，来透视制约中国社会发展的三大根本矛盾，进而提出中国三大领域的正义制度建设问题。这样做的理论目的有三：（1）创新制度伦理研究的方法。目前中国伦理学界在研究制度伦理问题时，大都以制度本身的人性论根基、历史文化背景等问题为前提条件，然后开展具体性制度伦理的研究。而从三大社会阶层的划分入手来展开制度伦理研究，就是想充分借鉴社会学的研究方法，在搞清中国社会根本矛盾的前提下，有针对性地强化重点领域的制度伦理建设，从而有效避免在一般意义上泛论制度伦理问题。（2）从跨学科角度强化制度伦理研究。中国现有的制度伦理研究成果，通常侧重于从伦理学的视角研究某类具体性制度问题，如政治制度伦理研究、行政制度伦理研究、法律制度伦理研究等。而本书则以伦理学为出发点，综合社会学、政治学、经济学、法学等多个学科的研究成果，以三大阶层的划分和三大社会矛盾的生成为前提，来探讨政治、经济、社会三大重点领域的制度伦理建设问题，既跨越了多个学科领域，又没有游离于主题之外，真正做到了统筹兼顾和有的放矢的辩证统一。（3）彰显历史大纵深和国际宽视域比较研究的特点。本书在划分社会三大阶层、揭示社会三大矛盾、提出制度建设三大内容、实现三大正义目标等各个环节，都力图从历史大纵深的视角，深入说明相关问题的历史由来和不同历史时期的阶段

---

① 参见陆学艺主编：《当代中国社会流动》，社会科学文献出版社 2004 年版，第 138 页。

性特征。与此同时，又从国际宽视域的比较研究中，辨析当代中国相关问题的特殊性生成背景、个性化处理方式、可能性未来愿景等，从而充分彰显当代中国制度伦理研究不同于欧美发达国家的特异之处和个性魅力。（4）本书在谋篇布局上进行了大胆性理论创新。从提出三大阶层理论到指明三大社会矛盾，再到提出三大制度伦理建设，各章节之间环环相扣，一脉相承，构成一个在逻辑结构上完美和谐的理论框架。特别是在结束语中，笔者对前述各章所追求的价值目标做了全面总结，其中辨析社会各阶层权责一致的目的是为了回应第一章提出的三大阶层划分理论，探讨社会各阶层的公平流动是为了解决第二、三、四章提出的三大阶层之间的利益冲突，提出国家、市场、社会的动态平衡则是为了科学归纳第五、六、七章中有关三大制度伦理建设之间的内在关联。

就研究的实践指向而言，笔者试图在中国改革开放步入深水区和面临啃硬骨头的关键阶段，以足够的理论勇气、大胆的理论创新和严谨的科学论证，就破解改革难题的要害所在提出自己的基本主张，提炼出一系列富有启发意义的基本方略和行动路线。包括：（1）扬弃剖析中国社会矛盾的传统性阶级分析方法，采用综合多元性社会分层标准。（2）将中国纷繁复杂的社会阶层归纳为权力、资本、劳动三大阶层。（3）把制约当代中国社会发展的根本矛盾视作权力阶层与资本阶层、权力阶层与劳动阶层、资本阶层与劳动阶层之间的三大矛盾。（4）解决中国重大社会矛盾的根本出路在于，通过推进民主政治制度伦理制衡公共权力、通过完善市场经济制度伦理规范资本运营、通过强化公民社团制度伦理保障劳动权益。（5）中国道路和中国梦的终极性价值目标是：在公平正义的伦理原则指导下，实现三大阶层的权责一致、公平流动以及国家、市场、社会的动态平衡。

第二章

权力阶层与资本阶层的利益博弈

在中国社会阶层利益深度分化过程中，权力阶层和资本阶层占有最主要的政治、经济、文化等社会资源，这两个阶层之间的利益冲突或利益联盟直接决定着中国社会利益矛盾的基本走势。因此，深入探讨二者之间良性互动的伦理规则，就成为分析当前中国各种社会矛盾运演态势的前提条件和逻辑起点。特别是当代中国的权力腐败现象已经引起海内外各界广泛关注，在此背景下，研究权力阶层和资本阶层的利益博弈就更加具有极其重要的学术理论价值和实践关怀意义。因为权力腐败本质上是权力阶层的个别成员和机构为了私人目的或小集团利益不正当地运用公共权力与资本阶层相互勾结，以便捞取私利的行为。其所涉及的核心问题是公共权力（power）和公众利益（right）的关系问题，亦即权力和权利的对立与统一。只有深入探究权力资本化和资本权力化的内在运作机制，才能厘清权力腐败的深层诱因，并获知求解之道。基于此种认知，本章试图从国家主导型市场经济与权力资本化、资本的道德二重性与资本权力化、权力与资本良性互动的伦理规则三个层面对权力阶层与资本阶层的利益博弈现象予以深度解析。

第一节 国家主导型市场经济与权力资本化

要全面解剖当代中国权力阶层与资本阶层的利益博弈状况，就必须对30多年来中国改革开放的总体成果予以概括。笔者认为，应当将社会主义市场经济体制的生成和确立视为中国实现大规模、急剧化、多重性社会转型的标志性成果。一方面，社会主义市场经济体制的确立为中国社会的发展提供了强大的物质和精神动力；另一方面，也为权力阶层向资本阶层的设租和寻租行为创造了肥沃的社会经济土壤。正是这正反两种因素的共同作用，致使权力资本化的具体表现形态及其诱发的严重后果呈现出中国社会所独有的国别化特征。

一、国家主导型市场经济的制度优势和体制病灶

尽管市场经济的基本结构具有本质上的共同性，但不同国家由于其经济、政治、文化和历史传统存在巨大差别，其所采取的市场经济模式也就殊为不同。学界通常将常见的市场经济模式归结为两类：一是古典的自由放任型。包括亚当·斯密《国富论》在内的古典经济学主张，在自由竞争状态下，人们追求财富的欲望能得到最大的满足，生产资源能得到最充分的利用，政府在经济活动中的作用应该降到最低限度。二是政府干预型。自1929—1933年震撼世界的资本主义经济大危机之后，以凯恩斯《就业、利息和货币通论》和"罗斯福新政"为标志的国家干预主义经济模式开始形成。这种模式强调政府的作用不仅限于维持法律和秩序，还应介入国民经济的生产、分配、交换、消费过程，通过制定货币财政政策、实施私营企业国有化、建立社会保障和福利制度、限制进口、支持出口、制定中长期国民经济计划等措施干预市场的运行。与上述两种模式不同，中国实行的是政府主导型社会主义市场经济模式，其特点是将温和的党政一体化的政治集权主义与市场经济相结合，在确保社会稳定的前提下，大力推动经济的持续高速发展，政府以不同的方式和手段积极干预经济，为促进市场经济运行机制的形成提供强

有力的引导和支持。① 这种国家主导型市场经济模式，就其制度特征而言，具有以下三大优势：

一是中国的市场经济制度将市场这只"看不见的手"同政府这只"看得见的手"有效结合起来，党和政府在努力培育和塑造市场经济"看不见的手"的同时，自始至终在用"看得见的手"间接性地发挥着作用，乃至在危机时刻直接出手发挥计划调节和稳定市场的作用。以 2008 年的金融危机为例，当美欧等自由市场国家"看不见的手"出现严重失灵时，一直发挥间接作用的"看得见的手"短期内很难有效发挥作用。与之相反，由于中国是党政一体化的民主集中制政治制度，在共产党坚强的政治领导下，国家和政府对经济的控制与管理一直发挥着主导性作用，一旦发现市场中出现经济危机的苗头，就通过加大基础设施投入、拉动内需等宏观调控手段积极干预和抑制市场经济运行中不良因素的作用，并且动作迅速，措施有力，见效较快，能够将经济危机的危害降至最低限度。

二是中国实行公有制经济占主导地位，并允许私有制经济在一定范围内发挥较大作用，这为工业化和城市化发展奠定了扎实的制度基础。自建国至今，长期困扰中国工业发展的主要瓶颈就是资本积累匮乏。在计划经济时期，通过工农产品的剪刀差建立了初步的工业化基础体系。改革开放后，又通过廉价劳动力和低价征用国有和集体土地保障了经济持续高速增长。试想，如果中国实行的是土地私有化制度，其城市化发展成本将十分高昂，并且将花费更长的时间。特别是国有经济在政府统筹管理下，发挥着极其重要的宏观稳定战略职能。以金融业为例，中国的金融体系以公有制为主体，以国家信用为支撑，与现代金融业具有的高度公共性和社会性要求相吻合，在这次金融危机中，经营状况普遍良好，经营业绩有大幅增长。与之相反，美欧发达经济体主要以私有制为主体，在 2008 年的金融危机中，许多巨型金融机构纷纷倒闭和破产，引发剧烈社会动荡。

---

① 参见魏杰主编：《社会主义市场经济：理论·制度·体制》，高等教育出版社 1994 年版，第 35 页。

三是中国的市场经济是在党和政府的精心培育下，本着先易后难、循序渐进的增量改革原则逐步生成的，避免了迅猛改革引发的剧烈阵痛。中国的市场经济从不同地区分步推进，先农村后城市，先沿海后内地，先从一个部门开始逐步推向国民经济各个部门，最后达至大中型国有企业。即使农村改革也是遵循家庭联产承包责任制、废除农副产品的统购统销、开放农村集市贸易、农村经济产业化的路线逐步铺开。这种渐进性改革既不同于西欧国家伴随中世纪封建庄园经济衰落，历经数百年自然增长起来的市场经济，也不同于俄罗斯、东欧国家在短期内快速彻底摧毁计划经济体制，通过"休克疗法"走向市场经济。与之相比，国家主导型市场经济能够正确处理改革、发展与稳定的关系，使经济在较长时间内保持快速增长的态势。

　　对中国这种国家主导型市场经济模式好坏与否的评价，不是学理性的论证，而是发展成果的证实。1978 年中国 GDP 只有 1350 亿美元，2007 年达到 34110 亿美元，增长了 25.26 倍。在"金砖四国"（中国、俄罗斯、印度、巴西）中，1990 年中国的 GDP 只有 3546 亿美元，是俄罗斯经济总量的 61.23%，巴西的 76.12%，仅比印度多 377 亿美元，2006 年中国的 GDP 为 26847 亿美元，分别是俄罗斯、巴西、印度的 3.66 倍、4.32 倍和 3.35 倍，同德国并列为第三大经济体。今天中国 GDP 总量达至 80000 亿美元，已超越德国、日本，成为世界第二大经济体，并正在向美国发起冲击。可以骄傲地说，中国经济已经站在崭新的历史起点上。[①] 当然，在为中国取得的经济成就感到由衷自豪的同时，我们也必须深刻而清醒地认识到，这种国家主导型市场经济模式同时也存在着以下三大体制性病灶：

　　一是伴随中国经济力量的增长，政府管理职能被不断强化，这既为权力腐败提供了广阔的活动空间，也为政府职能转变增加了难度。19 世纪 70 年代，德国经济学家瓦格纳发现，在一个国家进入工业化快车道之后，其政府职能在一段时间内会被不断强化，这是因为大规模产业发展要求政府扩大公共基础设施规模，市场竞争激烈要求政府强化市场管理，工业化导致农村破

---

① 参见韩康：《中国市场经济模式探讨》，《理论动态》2008 年 10 月 20 日。

产要求政府增加公共福利项目等。众所周知，中国市场经济的发展不是自下而上自发进行的，而是在党和政府推动下自上而下有组织地展开，致使各级政府利用财政和金融力量建构各种融资平台，介入生产性投资和组织建设各种非生产类公共设施，且规模不断增大，有的地方政府越来越像一个经济组织。许多地方党政一把手把自己当作 CEO，当作资本运作和市场经营的高手，甚至是最大的地产开发商，用老板思维开展工作，动辄就算投资、回报、产出账，模糊了公共权力与资本经营的边界。这就为权力寻租行为提供了充足的机会和肥沃的土壤。与此同时，市场化的深入发展又要求不断加大市场机制在资源配置中的决定性作用，逐步减少政府直接参与市场活动的机会，将政府职能从经济建设转向公共服务，逐步建立起为社会提供公平正义环境并以公共服务为主的政府。当代中国出现的上述政府管理悖论使得政府职能转变的难度越来越大。

二是伴随国有经济的不断发展，国有产业的垄断扩张趋势持续增强，民营经济对市场的吸纳程度明显减弱。在每一轮经济危机和政府宏观调控过程中，国有垄断企业由于资本实力雄厚，经济活动受到的影响相对较小，而民营企业特别是中小企业的日子十分难过，行业萎缩和企业倒闭现象相当普遍，民营企业从国有商业银行获得贷款的总额很小，被迫依赖高息运作的地下金融。如何在垄断行业引入竞争机制，让战略性民营资本占有一定分量，形成国有与民营混合型产权结构和法人治理结构，将是国企改革面临的重大挑战。特别是目前的电力、电信、石油、金融、保险、烟草等国有垄断行业职工收入引起社会各界广泛关注，成为人们有关行业收入差距拉大和社会分配不公的直接攻击对象。不仅如此，由于传统计划经济体制的分配特点是重国家和集体，轻个人和居民，而市场经济体制下开始转向重企业和资本，轻个人和劳动，这使得资本阶层收入和政府财政收入越来越多，个人和居民在社会财富和国民收入分配格局中所占比重不断被挤压，进而引发国内消费需求不足，对经济增长产生的不利影响日益明显。

三是中国在沿着渐进式改革路径走向市场经济的过程中，必然要付出长期的利息。如何用短期取得的成就弥补长期利息带来的损失，将构成未来经济和社会发展面临的重大挑战。中国渐进式改革虽然避免了俄罗斯、东欧"休克疗法"带来的剧烈动荡，但缓慢累积的社会问题解决起来更加艰难。以官僚既得利益集团为例，权力阶层作为利益分配的具体操作和实施者，维护利益分配体系的公平正义是其天职，依靠权力来谋取个人利益显然违背了这一基本要求，但通过权力谋取私利又是比较容易获利的途径。这就导致权力阶层的部分人员在既有社会结构中，凭借制度安排把附着于权力之上的特殊利益当成职业目的来追求，逐步蜕变为拥有比较稳定的合理合法的特殊利益主体，抗拒对之进行任何调整。当他们在态度和行为上以群体形式出现时就成为官僚性既得利益集团。他们通常从个人私利出发，彼此心照不宣地维护着他们所默认的潜规则，互不得罪，相互照应，他们对改革的态度并不是简单地反对，但改革涉及到他们的利益时，他们往往会改变改革路径，使之走调变形，在争取巩固已有利益的同时，进而扩大这种利益，甚至假借改革的名义想法为权力设租，以便扩大寻租空间，掠夺整个社会财富。近年来，大学生报考公务员热和公务员跑官要官热之所以持续升温，说到底是因为这一职业阶层或群体具有诸多可观的既得利益存在，包括谋求稳定工作和工资保障的就业利益，用以审批许可执法的权力利益，下级组织和个人侍奉的进贡利益，部门权力不断膨胀带来的规模利益等。这就为行政和政治体制改革逐步增加和累积了巨大的阻力，要破除在渐进改革道路上存在的这一人为障碍，就必须对其生成机制予以仔细了解。

二、权力阶层的经济人特征与成本收益核算模式

前已备述，国家主导型市场经济既有其制度优势，又有其体制病灶。那么，要让其制度优势充分发挥出正能量，就必须有效抑制其体制病灶所诱发的各种负作用。为此，就有必要对这一体制病灶的生成机制和病理特征进行深入解剖，进而找到克服其弊端的有效途径，因为没有对恶的深度把握，就不会有对善的高度弘扬。基于此种考量，笔者试图借鉴现代西方政治学中公共选择学派的政府官员经济人理论，对当代中国国家主导型市场经济的体制病灶予以学理性解剖。

公共选择理论旨在将市场制度中的人类行为与政治制度中的政府行为纳入同一分析轨道，从而修正传统经济学把政治制度置于经济分析之外的缺陷。公共选择学派用经济学方法分析政治现象基于三个基本假设：经济人假设、交换政治学和个人主义方法论。[①] 其代表人物是美国诺贝尔经济学奖得主布坎南（James M.Buchanan），他以经济人假设为分析武器，探讨经济人行为是怎样决定和支配政府集体选择行为的。经济人假设作为西方经济学大厦的奠基石，最早由斯密在《国富论》中提出，他认为人无论处在何种地位上，其本性都是一样的，即尽一切努力追求自身利益的最大化，它构成了社会生活的基本动力，只要有良好的法律制度保障，经济人追求个人利益的行为会在"看不见的手"的作用下，自动地增进社会利益。斯密之后，西方经济学家在不同程度上对经济人假设进行了多次修正，如杰文斯、帕累托等人将人的自利行为运用于消费者行为分析中，将生产和消费行为结合起来，使经济人成为具有完全充分有序的偏好、享有完备信息、能够使自己偏好最大化的代名词，而现代经济学代表人物贝克尔、诺斯等人则把经济人堪称具备有限理性，除了追求自身的经济利益外，还可能具有社会人、成就人、复杂人的特征等。但无论对之作出何种修正，经济人假设都被视为简单明了且具有最大解释力和预见力的假设，因而被广泛运用于经济、政治、法律、道德、文化、社会诸领域。

公共选择学派从经济人假设出发，运用交换政治学和个人主义方法论，把民主政治生活看成政治市场，它由公共产品的供需双方组成，供给者是政府官员，需求者是选民，二者通过投票选举来讨价还价，每一个政治生活主体（政府官员、选民）都不是传统政治学所认为的追求公共利益的道德圣人，他们在公共选择活动中首先追求的是个人利益，只是比私人市场活动中更加隐蔽和复杂，如政府官员追求的目标包括：本单位和地区的经济实力、个人政绩和升迁、隐形收入增加、对资源的支配权力、子女及亲友的利益等。因此，必须用成本—收益核算模式来衡量政府官员的行为，只有一项政策带给

---

① 参见徐大同主编：《当代西方政治思潮》，天津人民出版社 2001 年版，第 397 页。

个人的收益大于其所需负担的实际成本时，他才会支持该项政策。

政府官员的行为成本包括生产成本、交易成本和心理成本等，如经济人一旦选择了公务员职业就必然失去其他职业机会，为了保证在该职业上获得最大收益，他要花费时间和精力去学习和掌握各种政府运作知识，在一种官职上时间越长，职业积淀成本就越高，流动可能性就越小。政府管理作为劳动密集型职业，需要经常性加班加点延长工作时间，并形成较强的勤政和敬业精神，在等级森严、分工严谨、纪律严密的层级制官僚体系中，要想获得晋升机会，需要具备高水平的综合素质和高强度的劳动投入，才能在激烈竞争中脱颖而出。这同时也导致了政府官员职位越高，掌握信息越多，越是追求稳定，并墨守成规。政府官员的行为收益则包括稳定的薪酬、住房、医疗、养老保障，在日常工作中把玩权力，并恣意支配他人，从中获得精神上的愉悦；优越的工作条件（办公楼、交通工具等）以及与职务待遇相关的特权；由于职务便利而获得各种隐性非法收入等。

通过对政府官员行为的成本—收益核算分析，我们会看到，政府官员在日常工作中会通过夸大社会对公共产品的需求程度来增加政府预算，热衷建设豪华型公共设施，以便彰显政绩；此外，对权力的追求使政府官员热衷于扩大工作机构、提高级别和增加人员；由于政府是公共产品的垄断性供给者，缺乏竞争压力，因而导致公共产品质量低下、奢靡浪费、成本高昂，并诱发大量"搭便车"和腐败现象的发生；为了控制政府官员的行为，需要制定各种规章制度，这又导致了政府官员只关心程序合法，不对结果负责，从而引发工作效率低下，推诿扯皮成风，使政府机关成为不负责任的避风港。

布坎南认为，要有效解决上述政府失败问题，必须从以下三个层面着手：一是创立新的政治技术，提高社会民主程度。由于公共产品的获利方与成本支付方往往是分离的，这导致了公共产品需求的扭曲和膨胀。因此，要通过"需求显示法"来激励参与集体选择的个体，说出他对公共产品的真实需求状况，避免积极性最高和组织性最好的少数利益集团说了算，从而有效制止政府的扩张倾向。二是在公共部门恢复自由竞争，提高政府工作效率。允许若干个机构在某些行政工作上展开竞争，让费用最低者获胜；允许各部门最高行政长官将"节约资金"用于预算外活动；让私营企业承包公用事业运营等。三是改革赋税制度，约束政府财政权力。让公众对税基形式和税率结构进行公共选择，将征税数量限制在特定水平上，从而限制政府税收收入，并将政府的财政开支科学化、透明化，真正实现民主财政，使政府权力得到有效规制。①

如何评价公共选择学派的上述主张及其之于当代中国政府体制改革的价值意义，学界褒贬不一，但必须指出的是，其逻辑前提——经济人假设存在根本性缺陷。因为，在现实生活中有许多人是怀揣强烈的使命感和责任感加入公务员队伍的，他们立志报国，愿意为人民的利益奉献自己的青春和才华，他们廉洁自律，兢兢业业，把公众的满意视为精神上的满足。当然，公共选择理论的出现以及能够被人们日益接受，说明它在一定程度上集中了人类的共同智慧，顺应了经济学和政治学自身逻辑发展的需要，反映了当代政府发展和改革的现实吁求。自中国建立社会主义市场经济体制以来，政府官员的经济人自利动机和政府机构的逐利倾向同样广泛存在。以政府官员的自利动机为例，由于受到现行干部考核机制的鼓励，各级政府官员为了实现自己的顺利升迁，唯 GDP 至上，争当市场经济的运动员而不是裁判员，乃至以发展地方经济和提高公共服务水平为由，大搞政绩工程和形象工程，干出无数劳民伤财的事情。如在城市工业园区建设和旧城拆迁改造过程中，一手以极低的价格从农村集体那里征地，一手以"招、拍、挂"方式将土地独家市场出让，从中获取巨大的差价，致使土地财政成为诸多地方政府的重要经济来源。再以国有资产管理为例，今天中国政府依旧扮演着市场管理者和经济人的双重角色，兼具裁判员和运动员的双重身份。作为市场管理者，它努力按照市场规律改造自身的管理方式，但它又是 30 多万亿国有资本和实业资产的经济人，它在经营如此庞大的资产过程中，不可能不去统筹调度和周详安排国有资本运营所涉及到的煤、电、油、运等资源配置过程。因此，让其做到对所有市场经济人一律平等是根本不可能的事情。除上述两例外，在

---

① 参见丁煌：《西方公共行政管理理论精要》，中国人民大学出版社2005年版，第319页。

政府工作的各个领域都不同程度地存在着公共选择学派所直陈的经济人的成本—收益核算现象。因此，转变政府思想观念，引入竞争机制，完善监督体系，实现政府行为法治化，将是避免公共选择学派提出的"政府失败"现象和深化中国政府体制改革面临的重大挑战。

三、权力资本化的具体表现及其诱发的严重后果

如前所述，中外传统的政治学理论总是假定和宣传政府官员是社会的公仆，具有大公无私和为公众服务的职业道德，但这只是理想的应然状态，在实然的现实社会中远非如此。由之，布坎南将经济人假设引入政治行为分析中，对传统政治学带来了巨大冲击。就当代中国社会而言，在国家主导型市场经济中，政府官员的经济人假设和成本—收益核算模式主要通过权力资本化过程表现出来，亦即在政治行为和经济财富之间，通过政治权力变现经济财富而实现权力自身的不断增值。正如亨廷顿所指出的那样，在欧美发达的社会中，"财富通常是通向政治权势的道路，而想通过当官去发财则找错了门"。因为在这些国家，"反对利用公职谋取私利的规定比反对利用财富获取官职的规定要严厉得多"。相反，在正在实现现代化转型的国家，"可能会认为利用五花八门的手段以公共权力谋取私利的行为是正常的，而同时却对用金钱捞取官职的做法采取较严厉的态度。"①

目前中国社会的权力资本化现象主要呈现为以下四种具体形态：（1）模糊公域与私域的区分，将为公共事务配置的权力私有化。中国是个官本位意识极其浓厚且深入人心的国度，在封建社会一人得道鸡犬升天的现象广泛存在。在确立社会主义市场经济的今天，同样不乏部分官员把个人利益与公共利益混为一谈。一些具有行业管理性质的公共权力机关，假借履行公共管理之责和维护公共利益之名，将权力的公共价值套现为特殊的部门利益和个人利益，通过乱收费、乱摊派、私设小金库等各种手段，使公共权力部门化，

---

① 亨廷顿：《变化社会中的政治秩序》，王冠华等译，上海世纪出版集团 2008 年版，第 50 页。

部门权力利益化，部门利益个体化。据报载，北京市一年的公共场地停车收费接近 100 亿元，但物价和审计部门无法说清巨额收费去向，知情人士告知，这笔钱一是被地方政府当作预算外收入进行各种开支；二是进入部门小金库；三是被相关单位私分。① （2）政府部门和国有企业之间政企不分，凭借行政权力和特殊政策，垄断市场，排斥竞争，聚积资本，把社会财富从非国有部门转移到国有部门，从多数人手中转移到少数人手中。这种行政权力统辖下的市场经济本质上是前市场经济时期官僚资本主义或权贵资本主义。例如：将企业划分为部、局、处、科等不同级别，许多政府官员今天还是国家机关公务员，明天摇身一变就成了某企业的董事长、总经理、党委书记、纪委书记、工会主席等，其工资收入骤增几倍、数十倍，将国有企业变成了安抚和关照个别政府官员的基金库和名利场。据人民网报道，2010 年国内从事高速收费的 19 家路桥上市公司的毛利率为 59.14%，净利率平均为 35.51%，利润惊人，其中有 17 名董事长都曾经担任各交通系统主管领导或主要部门要职，由行政领导摇身变为国企高管，其年薪可想而知。（3）官商不分的两栖人身份使部分政府官员"身在曹营心在汉"，通过各种灰色收入提高权力的含金量。改革开放初期，大量政府官员通过"停薪留职"或"带薪下海"方式变成了官商、官倒和红顶商人。自 1993 年《国家公务员暂行条例》颁布开始，国家反复下文强调公务员禁止经商、办企业以及从事其他营利性活动，但仍有不少干部八小时之内无所事事，积蓄能量，八小时之外拼命钻营，捞取私利，乃至通过身兼数职、一家两制或入干股等各种方式获取不同类型的灰色收入或隐性收入。如在上世纪末和本世纪初，山西、内蒙古的小煤矿开采中有大批干部入干股，最后由中央下发文件明确要求干部退股，否则以违纪论处。（4）行贿受贿或挪用贪污公款。与前述三类权力资本化的具体形态相比，行贿受贿、挪用或贪污公款是非法且露骨的权力资本化形态，也构成了反腐倡廉工作的重点打击对象。尽管如此，仍不乏大量官员在经济人动机推动下，经过成本—收益核算后，凭借权力设租和寻租来捞取

---

① 《中国青年报》2011 年 4 月 22 日。

个人私利，包括积极发现行贿受贿对象；为贿赂金额讨价还价；或者故意制定会使他人获利的政策，诱使他人进贡；或者故意提出使他人受损的政策，迫使对方进贡；乃至挖空心思地挪用和贪污国家和集体财务等等。如杭州市原主抓城建工作的副市长许迈永把经济人的成本—收益核算模式运用到极致，千方百计为公家搞建设，千变万化为个人谋私利，让其权力运作的各个环节（决策、判断、执行）都要蕴藏起无限的商机和具备巨大的创富效应，以致其贪贿和徇私舞弊总计达 2 亿多元，最后被判处死刑。①

当然，对权力资本化的具体形态所作的上述区分只是一种宏观层面的粗浅条剖析，每位研究者可以根据自身理论研究的需要作出完全不同的分类。但无论将权力资本化划分为何种类型，其所诱发的后果都是极其严重的，权力资本化的危害性归纳为以下三个方面：（1）经济方面。在发展中国家，改革的过程既是一个权力和利益再分配的过程，也是新旧经济体制转型的过程。权力资本化所孕育出来的既得利益集团往往是依靠政府对经济的支配权而发财致富，他们会极力阻碍市场经济体制的建立和完善，使资源配置、生产过程和流通领域处于低效和无效状态。同时，权力资本化者通常将非法所得用于个人奢侈性消费或转移至海外，给国家造成巨大损失，其所营造出的恶劣性投资环境还会妨碍国家的对外开放和吸引外资，使政府的经济发展计划难以有效实施。（2）政治方面。权力资本化会使国家政权丧失民众信任的基础，导致政府合法性程度大大降低。此时，统治集团只能使用高压手段和专制独裁的方式维持其统治，并极力阻挠以民主化为目标的政治改革，加剧公职人员向官员裙带关系中素质低下的人群开放，使行政管理系统陷入低效无能状态。当权力资本化程度相当严重时，会进一步引发民众抗议浪潮和暴力反抗，致使军事政变频繁出现，最后是政治动荡不安，直至发生国家内战。（3）社会方面。权力资本化打击了人们通过诚实劳动获得正当收入的积极性，其所造成的奢靡之风大大降低了公众的道德水准和社会凝聚力。在"久闻不知其臭"的社会氛围中，道德虚无主义和极端利己主义思潮在社会

---

① 《瞭望》2011 年第 26 期。

上泛滥成灾，并使人们对高尚人格、法律权威产生怀疑和蔑视，最终整个社会在道德衰陵、纲纪绝纽、上下交侵、诚信扫地的背景下陷入一盘散沙状态。[①] 从这种意义上讲，权力资本化的本质是用个人或小集团的蝇头小利牺牲社会的整体利益，任凭其无限制地蔓延开来，无论何种社会都会走向全面崩溃。

第二节 资本阶层的道德二重性与资本权力化

在社会主义市场经济条件下，权力阶层与资本阶层的利益博弈主要表现为以下两种形式：一方面，国家主导型市场经济模式助长了权力阶层在经济人动机驱使下，通过成本—收益核算，去努力实现权力资本化的目标；另一方面，资本阶层也会在资本边际效益最大化的激励状态下，使出浑身解数去俘获权力阶层使其为之服务，并最终完成资本自身的权力化诉求。权力阶层与资本阶层利益博弈的这种一体两面性特征，要求在深入探讨了国家主导型市场经济与权力资本化问题之后，进一步来解析资本的道德二重性与资本权力化问题，唯其如此，才能全面洞察权力资本化与资本权力化彼此互动的内在运作机理。

一、资本及其资本阶层的道德二重性

一百多年来中西学术界关注的实质问题是现代性问题，学术界几乎动员了各种知识力量来辨识这一现象。时至今日，大家得出一个普遍共识，即现代性问题作为一簇价值观念，涉及市场经济、民主政治、科技理性、多元文化等诸多方面，其中位于根基处并居于主导地位的核心点是市场经济制度的确立，它是探讨与现代性相关的各种其他问题的前提和基础，而市场经济制度得以运转的轴心是资本及其资本的人格化代表——资本阶层。因此，如何评价资本及其资本阶层的道德作用，就成为思想理论界众说纷纭、莫衷一是

---

① 参见拙著:《制度伦理与官员道德》，人民出版社 2011 年版，第 146 页。

的话题，有人对之批判鞭挞，置之地狱而后快，有人对之讴歌赞美，推入天堂而释怀。在这种判若云泥的价值评判背后，隐含着资本及其资本阶层本性中固有的两股力量纠缠难分和相互制约的二元张力结构。因此，只有将之还原到其赖以生成的历史条件或历史背景中，对其实际发挥出的正反两种社会作用作出本真性剖析和评述，才真正符合唯物史观所倡导的客观性原则及要求。

将资本及其资本阶层的本质特性以及它在历史和现实中所发挥出的道德否弃作用可以概括为以下三点：（1）贪婪性。在人类伦理思想史上，对资本阶层的贪婪本性作出最为深刻揭示的著作当属马克思的《资本论》。马克思认为，资本家作为资本的人格化，其本性就是为生产而生产，为发财而发财，绝对的致富欲支配他的一切思想感情和言论行动，在道德观上则表现为极端的利己主义。并概括指出，资本来到世间，从头到脚，每个毛孔都滴着血和肮脏的东西。资本家不惜冲破工作日的道德和自然的界限，摧残工人的肉体、精神和生命，从中榨取剩余价值。其中，被广泛引用的经典用语是马克思在《资本论》中从伦敦 1860 年《评论家季刊》上摘录的一段话："资本害怕没有利润或利润太少，就像自然界害怕真空一样，一旦有适当的利润，资本就胆大起来，如果有 10% 的利润，它就保证到处被使用；有 20% 的利润，它就活跃起来；有 50% 的利润，它就铤而走险；有 100% 的利润，它就践踏一切人间法律；有 300% 的利润，它就敢犯任何罪行，甚至冒绞首的危险。"马克思对资本贪婪性的揭示，在资本主义发展史和当今中国国家主导型市场经济中均有确切的印证。如美国标准石油公司创始人洛克菲勒青年时代就养成了记账的习惯，其一切费用都有记录，在他的炼油厂里，提炼一加仑原油的成本被计算到一分钱的千分之一，乃至将其同胞弟弟——弗兰克的企业视为竞争对手，以冷血无情的方式予以打击，然后吞噬其全部资产。[①]在当代中国，大量外资企业同样以压榨工人血汗和消费欺诈的方式赚取高额利润。新华社记者曾长期跟踪调查家乐福、沃尔玛、乐天马特等跨国零售企

---

① 任学安主编：《公司的力量》，山西教育出版社 2010 年版，第 67 页。

业，对其头顶光环，以低成本抢占优质网点、降低前台毛利和抬高供货商后台费用、虚标原价和低标高结的利润攫取方式进行过仔细剖析。至于中国房地产开发商借助土地政策漏洞大发横财、大量私企煤老板以血腥方式榨取工人血汗、食品药品中以次充好和掺假造假、建筑装饰业的豆腐渣工程等事例，可谓尽人皆知，不胜枚举。

（2）奢侈性。资本贪婪他人劳动和财富的目的是为了自身的奢侈。学界公认桑巴特的《奢侈与资本主义》是集中诠释资本阶层奢侈性的系统性理论著作。桑巴特开篇写道："宫廷的历史就是国家的历史"，随后开始深入探究欧洲中世纪晚期宫廷奢侈消费同近现代城市兴起的关系，他把分析重点放在教皇、国王、宫廷豢养情妇问题上，认为正是由于性爱与超尘世的神圣婚姻秩序的分离，使宫廷里轻佻的女人和情妇们走到宫廷节庆、沙龙、欢迎会、国家庆典的前台，他们使性感、时尚、华丽、挥霍之风在宫廷内铺张开来，从而极大地激发起宫廷中男人们的雄心、炫耀和权力欲，宫廷男女们逐步将其奢侈本性体现到宫廷建筑、家居布置、饮食起居、穿着打扮等生活的各个方面，并将这种风气渗透到社会各个阶层和地区，以致蔓延到最为遥远的偏僻乡村。正是这种奢侈消费推动了传统宫廷贵族财产向早期资本阶层的快速转移，为资本阶层精细化和集成化的生产提供了机会并创造了条件，从而带动了早期资本主义的商业发展、手工业兴盛和工业进步，乃至极大地推动了欧洲本地和殖民地农业经济结构的调整和农业技术水平的提高。这充分证明了曼德维尔在《蜜蜂寓言》中"富人不挥霍，穷人将饿死"这句西方格言的真实合理性。质言之，奢侈对于国家的繁荣不仅是有益的，而且是不可或缺的，它构成了国家财富增长的重要源泉。桑巴特还以糖为例指出，正是由于宫廷女人们对糖的偏爱，"像可可、咖啡、茶这样一些刺激物才被全欧洲接受，这种商品的贸易，海外殖民地对可可、咖啡、糖的生产，以及欧洲对可可的加工和对糖的提纯，这些都是影响资本主义发展的十分明显的因素。"[1]

---

[1]　维尔纳·桑巴特：《奢侈与资本主义》，王燕平等译，上海人民出版社 2000 年版，第 125 页。

最后，桑巴特得出结论说："奢侈，它本身是非法情爱的一个嫡出的孩子，是它产生出了资本主义。"[①]桑巴特所指陈的上述现象在今天西方世界的资本阶层身上同样广泛存在，如：享乐主义盛行；人们对极端刺激的青睐；《花花公子》杂志的畅销；性生活的奢靡放纵等。当代中国的新兴资本阶层亦复如是，如：个别私企老板对"长包女""包二奶"的司空见惯；喜欢出入高级酒店、歌舞厅、美容美发厅；经常光顾高尔夫球场、保龄球馆；不时更换豪宅别墅和高级轿车等。从这种意义上讲，奢侈性既构成了资本及其资本阶层的内在本性，同时也是推动市场经济发展的动力因素之一。

（3）世俗性。资本的贪婪性和奢侈性主要通过其世俗性生活方式表现出来。我们知道，在西方前现代传统文化中，高扬灵魂的支配地位，贬低肉体欲望的作用，构成了其主流意识形态，而中世纪的基督教则发展出一套制度化抑制感性欲求之正当性的生活形态。但伴随市场经济中资本力量的崛起，对肉体感官作用的强调成为现代生活的一个突出特征，现代精神的本质是生活目的的重心由彼岸转移到了此岸，彻底取消了彼岸对此岸的生存规定。以服装表演为例，在前现代社会一套服装代表了一套文化性价值理念系统，某个身体穿上它才禀得一种生存的身份和权利，在现代时装表演中恰恰相反，服饰依附于身体，身体的优位性才是唯一值得赞美的此世在者，服装转变为时装，千变万化，日新月异，关于身体的各种禁忌和戒律都被时装舞台上身体的凯旋式的扭行踩碎，人生的意义不在天堂和来世，重要的是我的身体在此世舞台上行走过。正如丹尼尔·贝尔在《资本主义文化矛盾》中所指出的那样，现代资本主义文化发展的基本态势是日益"媚俗"，它为取得公众的欢心而只是驻足于金钱、买卖、肉欲和暴力等感官刺激中，不断重申占有物质和商品才是人生的唯一追求和真正价值，文化本身具有的超越感、悲剧感、崇高感、自我反思等古典的精神特性日渐消失在形下的肉体感受享乐之中。

---

① 维尔纳·桑巴特：《奢侈与资本主义》，王燕平等译，上海人民出版社 2000 年版，第215 页。

当然，贪婪性、奢侈性、世俗性只是反映了资本及其资本阶层本性的一个方面，它们除了具备这种消极性道德否弃因素外，一定还禀有某种积极的道德重建功能，否则，资本主义市场经济早已崩盘，决不会发展至今天。因此，只有深入揭示这两种力量纠缠难分和彼此制约的本真面相，才能全面透析资本及其资本阶层道德生活的完整图像，笔者将后者归纳为以下三点：

一是对主体自由与创新的不懈追求。在西方中世纪的信仰世界，上帝是一种绝对的力量，具有无限的意志力和至上的任意自由，人必须匍匐于其面前，对其保持绝对的信赖和敬畏。然而，一旦上帝的意志被推向极端，就会走向反面，成为隐遁的上帝，人就被迫建构起以人的理性为基础的主体自由世界。人们通常把笛卡尔的"我思故我在"当作近代资本阶层主体自由话语的始作俑者，康德的"哥白尼革命"则发展出主体自由话语的典型形态，黑格尔把主体与绝对精神结合起来，使主体自由发展至登峰造极的程度。主体自由主要通过资本阶层在市场经济中的创新行动体现出来。熊彼特在其《经济发展理论》中认为，在一种静态性社会里，资本阶层的企业经营总是局限于陈旧的轨道之内，资本家只有冲破静态世界的束缚，打破旧有的思维习惯、生活方式和环境制约，克服各种艰难险阻，建立起一个新天新地新世界，才能推动自身的发展和社会的进步。就资本阶层的企业经营而言，包括创造新产品、采用新工艺、开辟新市场、寻求新的供货来源、创建新的组织制度等。

二是对社会平等与公正的永恒向往。在欧洲中世纪大范围长期性的土地开发过程中，作为封建社会形态基础的土地被严格掌握在封建领主和教会阶级手中，封建领主将其通过战争手段掠夺来的土地以恩赐的形式分封和赠送给他的廷臣、将军、主教和修道院长们，由之形成了世俗社会从国王到公、侯、伯、子、男的一套严格的封建等级制度；在教会内部则形成了从教皇、都主教、总主教、一般主教的阶梯形教阶制。到了中世纪末期，商业贸易和工业生产开始在各类集市城镇中活跃起来，逐步取代农业生产而占据主导地位，与封建领主、教会人员和农民在经济地位、生活方式和精神气质等诸多方面根本不同的资本阶层开始涌现出来，并迅速膨胀。一方面，这一阶层主要在市场经济中摸爬滚打，市场交易本来就是一种互通有无的利益交换，因此，它必然要求市场内的成员在交易过程中平等待人，相互尊重对方的权利和意愿，只有交易双方处在完全平等的地位上，才能避免像封建领主那样通过战争而强取豪夺。另一方面，资本阶层深知社会混乱失序和外部侵扰对本阶层的资本经营会造成巨大的负面影响，因此，他们渴望通过公开、公平、公正的方式分享社会的经济成果、政治权利和精神财富，为之，他们创制出了政党制度、权力制衡制度、代议民主制度、法治制度、宪政制度等多种多样的制度形式来保障社会公正得以实现。

三是对宗教自律与博爱的道德担当。前已备述，贪婪性、奢侈性、世俗性是资本固有的劣质性，它对传统道德文化产生了巨大的消解与否弃作用。但在西方资本主义发展史上，自始至终存在着另一种力量在约束着其运行轨迹，以防其放荡不羁，任意驰骋，这就是基督教所确立的各种道德规范。丹尼尔·贝尔认为，在西方社会宗教一直发挥着两种功能：一是它提供了现在与过去的连续性；二是它一直把守着邪恶的大门。[①] 但需要指出的是，西方基督教是在经历了深刻的蜕变之后，才逐步在近现代社会发挥出强大的道德约束力，因为在中世纪晚期，天主教会内部同样变得腐败奢靡，在基督新教的强烈冲击下，它经过痛苦的革新，才逐步再次走到世人道德生活的前台。马克斯·韦伯在《新教伦理与资本主义精神》中对之进行过深入精细的解说与论证。他认为，正是基督新教所倡导的经济理性主义、神圣天职观、新型的禁欲观、紧迫的时间感、博爱性社会服务意识等，为资本阶层早期的原始积累和后来的发展壮大提供了充足的精神养料，乃至在当代资本主义社会经济生活中，它们依旧在发挥着不可替代的精神支柱作用。

二、资本阶层俘获权力的基本步骤

资本阶层无论是要满足其贪婪性、奢侈性、世俗性的本能要求，还是要实现其自由与创新、平等与公正、自律与博爱的理想愿景，都会受到权力阶

[①] 丹尼尔·贝尔：《资本主义文化矛盾》，赵一凡等译，三联书店 1989 年版，第 208 页。

层的影响与制约，如政府的产业结构调整政策会影响到资本阶层的企业投资走向，政府法律法规的制定会有效规约资本的非法牟利行径，政府对某种社会风尚的引领和提倡会使资本阶层改变消费观念和营销策略，等等。由此，必然引发资本阶层与权力阶层的利益博弈与矛盾冲突，资本阶层要想使政府政策及法律法规的制定、出台、执行等各个环节符合自身的利益要求，就必然会千方百计地去俘获权力阶层，使其为之服务。从历史经验和现实状况看，资本阶层俘获权力阶层的基本步骤包括以下四个阶段：

1. 资本阶层对权力阶层价值观的扭曲蜕变。现代生物进化论证明，人是由动物界演化而来，人与动物一样必然具有吃喝拉撒睡等自然属性，但人与动物又存在本质区别，即人除了具备自然属性外，还具有社会属性和精神属性，正是后两种属性使得人类形成一种巨大的生存悖论：人的活动是局部的，却要受到整体的关联；人的认识是有限的，却要面对无限的宇宙；人的生命是短暂的，却要领悟一种超越生命的永恒意义。为解决这一生存悖论，马克思主义运用唯物辩证的世界观、社会观和历史观，提出了共产党人要牢固树立共产主义理想信念，将消灭人剥削人、人压迫人的现象和实现全人类解放作为自己的终生奋斗目标，把有限的生命投入到无限的为人民服务中去，将自我价值与社会价值统一起来，在为社会奉献和承担社会责任中实现自我价值。中国共产党则强调各级干部要把共产主义的远大目标同中国特色社会主义的共同理想有机地结合起来，自觉地把个人的人生追求和价值目标融入到祖国富强、民族振兴和人民幸福的中国梦之中。然而，在实行社会主义市场经济体制的当代中国，由于资本逻辑的全面扩展，人们对物质、商品、货币的占有欲极度膨胀，使得为数不少的党员干部既不相信过去，也不相信未来，只相信当下的现实结果和实际利益。维护共同理想的超验存在被消解了，精神世界乃至整个生存世界都遭遇到前所未有的市场经济的挑战。以价值虚无为典型特征的信仰危机犹如缠绕着拉奥孔的蛇一样缠绕着每一个共产党人的精神世界。致使部分党员干部由马克思主义信仰者变成了彻底的现实主义和货币主义信仰者，在这些人看来："理想理想，有利就想；前途前途，有钱就图。""政治是虚的，理想是远的，权力是硬的，票子是实的。要丢掉虚的，扔掉远的，抓住硬的，捞到实的。"面对资本对一切崇高和神圣的荡涤、冲击与扭曲，人们必须作出选择，或者给资本漫无边际的扩张以道德规范和文化限制，以保全共产党人完整的生活理想，或者相反，彻底放弃共产党人的崇高追求。但是，只要共产党人乃至整个人类还想保全人性和人道，后者就不能成为基本选项。

2. 资本阶层对权力阶层生活方式的重新改塑。勤俭节约、艰苦奋斗、淡泊名利既是共产党人优良的政治传统和政治优势，也是新形势下端正党风、清理政风、重塑民风的必然要求。各级党员干部只有常思贪欲之害，常怀律己之心，常除非分之念，才能保持健康的道德情操，在新的环境中不断强化学习能力、提高业务素质，始终保持不畏艰苦、迎难而上、勤勉振奋的精神状态。然而，对权力阶层生活方式的上述要求与现代市场经济的消费冲动之间存在着根本性冲突，因为今天的市场经济已经由早期的产能不足走向产能过剩，要搞活经济就必须刺激消费，拉动内需，乃至将消费堂而皇之地宣扬为一种爱国责任。由之，引发了消费主义生活方式的广泛流行，进而使整个经济体制、社会结构和人们的交往方式都在发生根本性变化。因为当消费已不再是满足生活必需的手段，变成资本阶层的获利手段和刺激经济增长的手段时，资本家必然会通过大众传媒对其产品做密集性、诱导性宣传，制造虚假需求，拉动产品销售，人们消费什么、怎么消费、消费到何种程度，都要从电视、网络、广播的广告中找答案，于是带来了消费目的、消费心理、消费观念的全面异化。例如，消费本应从自身的生存发展的客观需要出发，但异化后的消费变成了追赶时尚、显示身份、炫耀阔气、满足虚荣，并且资本阶层还创造出借贷消费、按揭消费、超前消费等各种消费手段来促进消费，以保证对利润的长期占有和最大占有。在消费社会已然出现并在全球迅速蔓延开来的今天，权力阶层如何遵循适度消费、理性消费和可持续消费的道德规范，避免物欲的极度膨胀，避免生活方式的奢靡浪费，避免资本创设的消费陷阱，在浮华、矫饰、躁动的现代市场大潮中，保持住人之为人的质朴、真诚与淡雅，无疑构成了对掌握公共权力的广大党员干部的生活和生存方式的巨大挑战。

3. 资本阶层对权力阶层的直接性金钱腐蚀。如果一名党政官员价值观发生了扭曲，又无法规避资本创设的消费诱惑，其生活方式必然逐步走向奢靡，而要支撑挥霍无度的奢侈生活，只有对金钱保持拜神般的狂热，通过权钱交易拼命聚敛钱财。因为金钱这个纯粹的生活手段过于完美，它可以兑现成任意一种物质的价值。如莎士比亚所言，它可以使黑的变成白的，错的变成对的，卑贱的变成尊贵的，使鸡皮黄脸的寡妇重做新娘，使害着灰白色的癞病的人为众人所敬爱。于是，其所产生的心理效果则是：金钱由绝对的生活手段攀升至绝对的生活目的。从本质上讲，人们的这种心理认识和心理依附的重心偏移，货币替代其他价值上升为生活追求的最终目标，是市场经济条件下资本逻辑无限制地深度渗透和主导社会政治文化的产物，最终，人们精神中最内在、最隐秘的领域也被货币这种绝对目的导致的物化和客观化占领了。正是在资本的强大攻势下，改革开放以来，中国权力腐败的类型和规模在不断扩大，在房地产、土地批租、金融证券、国企改革、政府采购、公共工程、组织人事、公检法司等领域，索贿受贿、贪污渎职、徇私舞弊现象大量增加，致使串案和窝案越来越多，金额越来越大，级别越来越高，外逃资金越来越多。可见，在金钱已成为经济世界统辖者和精神世界流通物的今天，党政干部更要时刻保持清醒的头脑，节制自己的欲望，面对数额巨大的不义之财不失志，面对近在咫尺的非法利益不动心，用坚强的意志和高尚的品格取信于民。

4. 资本阶层对权力阶层决策过程的深度干预。资本阶层无论是要扭曲权力阶层的价值观，改塑其生活方式，还是对其进行直接性金钱腐蚀，其目的都是要俘获权力，使其为之服务。当逐步或同时实现上述目标后，就必然开始对权力阶层的决策过程进行深度干预，无论是在西方社会还是在当代中国的市场经济中，这一现象概莫能外。在西方社会，法律面前人人平等的原则时刻受到金钱的亵渎，因为富人自己选择的高素质的收费律师与给穷人指派的公共辩护人相比，穷人在法庭上明显处于不利地位。为国会议员和总统选举提供大笔竞选基金的人必定会对国会和总统的公共政策决策产生重要影响；组织良好且极具游说能力的既得利益集团会使出浑身解数诱使国会或政府决策为之服务，从而偏离公共利益。在当代中国亦复如是，单纯以经济增长为目标的发展策略，使得资本与权力结成实际联盟，形成一种不可抗拒的权贵资本。资本就是一切，一切为了资本，政府为了发展地方经济，拼命招商引资，努力为资本提供全方位的服务，乃至以是否为资本提供有效服务作为衡量政府官员政绩的重要指标。由于政府官员与资本关系密切，不可能去有效规约资本，这就为资本操纵政府决策的判断、制定和实施创造了充足的机会和条件。例如，按照中国现行法律规定，房产开发商要想开发某一地块，必须与土地所有者签约，然后由土地、规划、城建、房管等政府部门审查，再报主管县市领导审批。但在个别基层政府，竟然出现开发商直接给主要县市领导打报告，领导批示后，政府各相关部门协调办理。由之，政府变成了少数房产开发商获利的有效工具，与公共权力机关应有的根本性质和人民群众对公共权力机关的基本要求背道而驰。

三、资本阶层自身的权力化诉求

资本及其资本阶层的道德二重性会驱使资本在追逐权力的过程中，呈现出两种相辅相成的特征：一方面它会千方百计地去俘获政治权力，使其为之服务；另一方面，资本阶层在其力所能及的范围内，也会努力实现自身的权力化诉求。这种权力化诉求主要表现为以下两种形式：

一是牢固掌控企业的经营管理过程，力争实现垄断经营，充分彰显自己在经济王国中的权力光环。前已备述，由于货币抹掉了财富的物质区别，成为一种抽象的价值符号，在货币形态上财富可以无限累积，这就使得资本阶层从事的生产活动并不是为了满足自身的物质需求，而是要追求货币增值，即为了追逐利润而生产。资本阶层通过创办企业而获得对众多物质财富和人力资源的经营支配权。在这一经济王国里，他们既是企业的行政领导和法律代表，又是企业的精神领袖，通过对企业的经营活动而获得对他人的支配权，取得自己的领导地位，实现自己的意志自由，从而向民众证明他们是人类的精英和民族的脊梁。像美国的钢铁大王卡内基、石油大王洛克菲勒、德国的电器大王西门子、日本的汽车大王丰田佐吉等，以他们非凡的商业智慧控制着富可敌国的企业。不仅如此，在企业规模主导经济的时代，大的就是美的，大的就是力量，许多企业家都力图操控一个或多个行业，实现垄断经营，以防竞争威胁，并获得长期性高额利润。为达到此种目的，资本阶层内部相互之间建立起纷繁复杂的企业权力网络，包括通过家族关系和连锁董事（个人同时具有两家以上公司的董事职务）建立起商业关系网。① 正是借助上述利益星团的经济权力网络，资本阶层实现了对企业所有权、经营权、控股权等各种权力的有效诉求。

二是努力进入政治权力的外围或中心，积极参与公共决策，驱使政治权力按资本意图运作。资本阶层在经营企业的过程中，会受到权力阶层多种多样的限制，包括政府制定的各种法律规范和政策措施，政府官员在执行法规政策时的自由裁量权，各级地方政府的土政策和观念阻碍、个别政府官员的刁难与要挟等。为了摆脱上述种种限制和束缚，资本阶层会千方百计地进入政治权力的外围或中心，以求获得坚强有力的政治庇护，并进而积极参与公共决策。例如：在西欧早期资本主义时代，由于贵族阶层在政治上居于特权地位，成为贵族不仅意味着能获得社会利益，而且可获得可观的经济财富，致使商人、企业主、金融家等资本阶层通过公开购买、子女联姻、国王授予等各种手段去获得公、侯、伯、子、男的爵位头衔，在旧贵族与新商人的结合和流动中，形成了一个全新的社会阶层，即所谓的早期资产阶级，从而加速了传统封建地主阶级的瓦解。在中国建立社会主义市场经济的今天，大量新兴资本阶层成员为了免受权力阶层的规制，同样尽其所能地努力进入政治权力的外围或中心，诸如成立各种商会或加入工商联、妇联、青联等社会组织，特别是一些杰出的工商领袖成为全国和地方人大、政协代表，乃至直接加入中国共产党，从而发展成为当代中国参政议政的一支重要力量。同时，也不乏少数资本阶层成员通过买官方式使本人或亲属子女直接进驻各级党政权力中心。他们在利用和驱使公共权力为自己追逐利润和服务的同时，正在和必将对党和政府的权力运作发挥出正反两种作用：一方面，他们对巩固和

---

① 参见斯科特：《公司经营与资本家阶级》，张峰译，重庆出版社 2002 年版，第 153 页。

扩大中国共产党执政的社会基础、加速政府体制改革和职能转变、推进民主和法治建设等发挥出巨大的正能量；另一方面，也会诱致权钱交易，使公共权力蜕化变质。如何发挥好资本及其资本阶层的正面作用，有效降低其负面作用，将成为中国共产党和各级政府公共权力运作过程中长期面临的巨大挑战。

第三节　权力与资本的对立、结盟与良性互动

在权力、资本、劳动三大阶层中，权力阶层和资本阶层作为社会精英阶层，他们的人数很少，规模很小，但他们的双向循环和彼此互动对整个社会格局产生的影响却十分巨大且极其深远。无论是前文述及的国家主导型市场经济引发的权力资本化，还是由资本的道德二重性诱致的资本权力化，都已引起国内外各界广泛关注。由之，在充分借鉴国内外相关研究成果基础上，进一步探讨当代中国权力阶层和资本阶层良性互动的伦理规则就非常必要。

一、权力阶层与资本阶层的对立冲突

历史是一面镜子。要对当代中国权力阶层与资本阶层对立冲突的现象予以全面理解和把握，就必须对中外历史上两大阶层彼此斗争的历史进行仔细梳理，因为只有认真总结历史经验，才能深刻洞悉当代现实。就西方历史而言，在欧洲中世纪，封建贵族和宗教僧侣对资本阶层的打压尤为突出。众所周知，伴随蛮族入侵和西罗马帝国的崩溃，欧洲从公元5世纪到15世纪进入了开辟山林、利用沼泽、建设河堤、整顿海滨的农业文明阶段。正是这一千多年的土地开发活动，让欧洲文明由原罗马帝国小范围的地中海沿岸扩展到整个西欧、中欧和北欧。其间，以土地为基础的自然经济经营方式使各个生产单位之间像一个个马铃薯一样，处在相互孤立和封闭的状态下，封建地主生产、经营、消费等一切活动几乎完全在彼此隔绝的城堡和庄园里进行，只有少量小货郎游走在不同的庄园之间，兜售一些生活必需品。与此同时，基督教也开始在整个欧洲传播开来，而早期基督教在经济伦理方面，倡

导尊重劳动，憎恶懒惰，追求俭朴生活，反对奢侈享受，认为贸易活动是坏事，因为它会使人们脱离对上帝的祈求，商人永远得不到神的欢心，严厉排斥商品经济，禁止教徒放高利贷和收取利息，崇尚以土地劳动为主的诚实性经济活动。由之，使追逐金钱与财富的早期商人资本阶层既要受到现实封建制度的压迫，又要遭遇基督教的精神折磨，这种肉与灵的双重挤压使得资本阶层在 1500 多年的中世纪，只能蜷缩在封建经济的躯壳中缓慢发育，只有到了 16 世纪文艺复兴和新教改革之后，他们才破茧而出，呼风唤雨，并渐成排山倒海之势。

如同欧洲的中世纪一样，在中国漫长的封建社会，商人资本阶层同样受到封建地主官僚阶层的严重打压。因为中国的封建社会主要以农业经济为基础，农业是立国之本，为保证封建经济的正常运行，它需要一个相对稳定而又十分封闭的自给自足的小农经济结构，这就导致历朝历代都长期推行"重农抑商"的政策，如秦朝时把商人与罪犯看作同类，汉朝则严禁商人阶层购买土地、着丝乘车或为官从政。不仅如此，封建权力阶层还严格控制着商人阶层的经营范围，那些有利可图的大宗买卖，如盐、铁、丝、烟、茶、酒等都垄断在封建政府手中。为了压制商人的求利动机，阻止人们对这种职业的选择，封建统治阶级还创制了鄙视商人，视经商为贱业的道德文化氛围，通过无数次的义利之辩，儒家"君子谋道不谋食"的道德信条广布于社会各阶层之中，致使读书求仕、明理载道、治国平天下成为中国士人阶层的终极奋斗目标。特别是隋唐之后的封建科举制度更是将中国社会的全部精英吸引到了"读书做官""功名至上"的道路上，引无数英雄为之摧眉折腰。此外，这种封建经济政策和官本位文化还导致大量商人致富后，不是将商业资本用于扩大再生产，而是用商业资本购买土地或培养弟子读书求仕，乃至直接通过捐纳等方式跻身士绅阶层，从而极大地挤压和窒息了中国商人资本阶层的生存空间，使之逐步湮灭或消失在土地或仕途之中。

新中国成立后，中国共产党通过对资本主义工商业的社会主义改造和稍后实行的计划经济体制，更是将中国的资本阶层推至几近绝迹的程度。这种生产方式采取的是中央集权下的计划和指令，中央政府处于金字塔的顶点，中间是各级管理部门和地方政府，底层是广大百姓，中央政府自上而下收集自然资源、人力资源、技术资源等各种信息，根据这些信息对生产什么、生产多少、怎样生产制定出长期、中期和短期国民经济计划，再逐级贯彻执行。据《中国统计年鉴1984》公布的数字，1979年我国全民所有制工业占81%，集体所有制工业占19%。没有任何私营企业，国家的各种生产生活资料不能自由买卖，全部按计划调拨，各种企业产品由国家统购统销，任何私自买卖生产生活产品的行为都会被以投机倒把罪论处。在广大农村则实行集体化经济，人民公社按照军队编制将传统的村民划分为生产大队和生产小队，一切生产资料归集体所有，人民公社可以随心所欲地无偿调拨生产队的劳力、资金、土地和财产，农村生产的粮食、棉花、油料等全部由国家统购统销，任何私自种植农产品到市场出售的行为，都会以"割资本主义尾巴"的名义受到惩处。正是上述"一大二公"的计划经济模式极大地压抑了人们的生产积极性，到"文化大革命"后期，中国经济已经接近崩溃的边缘，每一个有良知的人都在渴望和呼唤着商品经济的出现。而商品经济存在的前提是商人、企业主等资本阶层的涌现，伴随十一届三中全会的召开，特别是邓小平南方谈话之后，这一阶层历经磨难终于成为中国市场经济的弄潮儿，再次站到了历史的前台。

二、权力阶层与资本阶层的精英联盟

如果说权力阶层和资本阶层的对立冲突构成了二者关系斗争性的一面，那么，两大阶层的精英联盟则构成了二者关系统一性的一面。要把握两大阶层复杂关系的本真面相，既要透视其斗争性，更要辨析其统一性。对后一问题的探讨，同样要遵循历史主义的原则，先从中外经济史上两大阶层的彼此互动开始。

在西方历史上，重商主义运动的生成集中反映出权力阶层和资本阶层之间的精英联盟现象。重商主义是16—17世纪封建主义解体之后的原始资本积累时期在西欧形成的一种经济理论或经济体系，它本质上反映了以权力阶层为代表的国家和以资本阶层为代表的市场之间互倚互重的关系。对于国家家来说，其财富来源于纳税能力，而发展资本主义工商业是增加人民纳税能力的重要条件；对资本阶层而言，要发展市场经济必须借助强有力的国家权力的支持，诸如：建立没有关卡与关税壁垒的国内统一市场和开拓世界市场；建立统一的货币体系与金融制度；建设与股票、证券、合同、信托等与企业运转相关的法律体系；发展交通运输、港口码头等基础设施。在英国自都铎王朝开始，国家为了积累更多的金银，开始强力推行鼓励资本主义工商业发展的重商主义政策，为了完善资本与劳动力的供给机制，利用暴力手段强制圈占农民用地去发展毛纺业和其他手工业，使大批富裕农民和贵族转变为资本阶层，使大批农民转变为雇佣劳动者，并通过残酷的殖民掠夺和海外扩张，为资本阶层创造海外市场和巨额货币体系。如 1600 年成立的英国东印度公司凭借国家授予的特权，在枪炮的护佑下攻入印度市场，争抢和占有当地资源，在欲望和血腥中开始了权力与资本结合的财富征程。到 1689 年为止，东印度公司已经具备了国家特征，拥有 30 万人的武装力量，享有交战、媾和、司法、行政等诸多权力。但这种特许公司既不属于公共，也不属于私人，而是介于两者之间，短期内它们似乎非常强大，能够得到政府资金的支持，但他们在殖民地内部依靠暴力勒索和行贿受贿等极端腐败的方式去经营，这种官商勾结和利用国家力量经营企业的行为会诱发巨大的危险。到 1770 年，伴随孟加拉爆发大饥荒，英国东印度公司已入不敷出，最终成了政府的巨大包袱，由盛极一时逐步走向衰落覆亡。[①] 1776 年斯密的《国富论》发表，开始深刻批判用国家力量追逐货币财富的重商主义政策，大力倡导通过平等契约来发展经济的自由贸易，强烈要求废除政府的各种特许权、专卖权和限制国内工商业自由发展的落后政策与法规，为英国资本阶层摆脱权力阶层制约去自由独立发展，进而为英国由手工制造向大工业的过渡奠定了思想基础，同时，也为自由资本主义时代的到来吹响了嘹亮的冲锋号。

如果说西欧资本主义早期实施的重商主义政策，既为资本阶层的发展壮大提供了强大的动力，也为官商勾结埋下了巨大隐患。那么，中国近现代资

---

① 参见任学安主编：《公司的力量》，山西教育出版社 2010 年版，第 38 页。

本主义的发展同样经历了一个权力为资本护航，进而引发官商勾结，致使权贵资本主义泛滥，最终导致政权覆亡的历史。1840年鸦片战争之后，伴随国际资本敲开中国大门，中国开明的官僚地主阶层开始利用政治权力攫取社会财富，但他们已不再将攫取的财富投到土地上，而是投到工业、商业、金融、证券等领域，变成对工人和广大民众的剥削，逐步由官僚地主阶层蜕变为官僚资本阶层。中国的官僚资本阶层与西方原始资本积累时期的资本阶层相比，其本质区别在于，西方早期的资本阶层要通过资本的长期积累不断壮大，最终夺取封建贵族的国家政权，而中国的官僚资本投资于工商业或金融证券领域，并不是要获得政治权力，而是要巩固已有的政治权力，因此，他们不会像西方早期资本阶层那样通过推广自由竞争、民主法治原则扩展私人资本的生存空间，相反，他们要依靠传统的官文化要求把各种资本纳入到官僚集权制的轨道。因此，他们反对私人资本的自由竞争，杜绝政治上的民主法治要求，要借助专制统治来攫取全社会的财富，充实和积累官僚资本。①

中国官僚资本阶层的生成过程大致经历了三个阶段：首先是清朝末年的洋务派时期。此时的官僚资本主义主要由在镇压太平天国起义中发迹的汉人官僚集团掌控，如曾国藩、李鸿章、左宗棠、张之洞等人，他们主要以"官办""官督商办""官商合办"的形式控制官僚资本，如盛宣怀、张謇等人几乎参与了晚清所有国营企业的创办，他们主张"非商办不能谋其利，非官督不能防其弊"。然而，他们虽然能够利用官商身份保护企业和商人利益，但当官商利益发生尖锐冲突时，最终结果一定是官夺商权。恰如郑观应在《商务叹》中所言："办有成效悠忽变，官夺商权难自主。""名为保商实剥商，官督商办势如虎。"②其次是袁世凯和北洋军阀时期。清朝灭亡后，这股政治势力挟洋务派之余威，一方面，继续采取官办形式统辖官僚资本或直接转变为官僚私自经营；另一方面，他们对外国资本的依附性和买办性更为明显，

---

① 参见刘永佶：《中国官文化批判》，中国经济出版社2004年版，第363页。
② 任学安主编：《公司的力量》，山西教育出版社2010年版，第232页。

如袁世凯与日本密订"二十一条"，其他军阀也投靠一个或几个外国主子，抢夺对中国资本的控制权，为其经济政治利益服务。三是蒋介石反动集团控制时期。北洋军阀统治为时不到二十年，之后，由于以蒋介石为首的四大家族投靠了新兴的迅速崛起的美国垄断资本阶层，伴随美国在国际社会的崛起，国民党集团逐步获得了中国社会的统治地位，他们作为美国在华的总买办，从中也获得了丰厚的买办利润。蒋氏集团在将整个政权资本化的同时，也使全部资本官僚化，成为中国近现代史上权力与资本联盟的典型代表，他们不仅将国家资本投资于金融、交通、军事、能源等各个领域，而且所有官僚们都以入股形式将私人资本纳入国家公司，或与四大家族掌控的各种公司密切经济往来，从中获取高额收益，并对各种非官僚资本实施严密控制和打压，凡政府可以管辖的各个领域，官僚们都要插手和设置障碍，以便谋取私利，国家主权、民族利益、个人人格都要服务于官僚资本集团的赚钱和掌权两大目的。西方有句格言："上帝让谁灭亡先让其疯狂"，国民党官僚集团最终在其疯狂的投机敛财过程中走向覆亡，败逃台湾。

三、权力阶层和资本阶层的良性互动

通过以上论述可以看出，无论是权力阶层和资本阶层之间的对立冲突，还是两大阶层之间的精英结盟，都会对劳动阶层的利益产生巨大而深远的损害作用。如何通过两大阶层之间的良性互动对劳动阶层乃至社会各个阶层发挥出正能量，无疑构成了两大阶层辩证关系研究的核心问题。就当代中国而言，无论是国家主导型市场经济诱致的权力资本化，还是由资本的道德二重性造就的资本权力化，都已使权力与资本结合生成的权贵资本或官僚资本成为中国社会改革、发展、稳定的最大障碍和风险。怎样既避免小农经济和计划经济时代因权力阶层和资本阶层根本对立而造成经济停滞和崩溃，又有效预防近现代史上因权力阶层与资本阶层精英结盟而导致的政权覆亡现象的发生，无疑构成了中国共产党人在社会主义市场经济条件下长期执政面临的根本性挑战。要有效化解权力与资本的对立冲突或精英结盟，真正实现二者的良性互动，就必须遵循以下三条基本伦理规则。

1.权力对资本运营过程的规制、引导与服务。权力阶层就其本质属性而言，它代表的是公共权力，它必须全力维护公众利益，而资本阶层作为市场主体，其天然本性是追求企业利润的最大化，但资本阶层的个人利益、企业利益与他人利益或社会利益发生冲突时，很可能会损害他人或社会利益以满足自己利润最大化的需要。此时，就必然要求权力阶层来有效规制资本阶层的不当需求。例如：资本阶层个别成员为了追逐超额利润，不惜通过生产"瘦肉精""地沟油"等非法产品而获利，这就必须由公共权力机构中的食品药品安检部门、工商管理部门、公安执法部门等联合执法对其予以严厉打击，以保障广大人民群众的生命安全。再比如：在某些地区，个别私营企业主以经营企业为掩护，藏污纳垢，结交黑恶势力，欺行霸市，横行乡里，非法聚敛钱财，此时，同样需要公共权力机关对其予以有效规约和绳之以法。权力阶层除了依法规制资本阶层的营利行为外，还要对其资本运营的内容与方向予以有效引导。例如：伴随人类环境污染和生态恶化现象日益严重，急需经济结构和发展方式迅速转型，这就要求公共权力机构要有效引导资本阶层的投资内容和方向向新兴产业和高新技术领域转移，以便降低资源能耗，实现人与自然的和谐共存。此外，权力阶层还要为资本阶层的资本经营活动提供必要而高效的公共服务，包括开辟统一的国内外市场、建立统一的货币金融体系、创新和完善与市场经济相适应的法律法规体系、建设与市场繁荣密切相关的公共交通设施等。

2.资本对公共权力运行体制的改革、创新与划界。马克思主义唯物史观认为，经济基础和上层建筑是辩证统一的关系，伴随经济基础的发展变化，上层建筑一定会随之改变。自从中国建立社会主义市场经济体制以来，以私营企业主为代表的资本阶层在发展生产力、创造社会财富、安排劳动就业等方面，所发挥的作用越来越大，他们已经成为经济基础大规模、急剧性转型的促动力量，从而引发了中国上层建筑领域的不断改革。以行政体制改革为例，经济基础的深刻转型要求进一步加强和改进市场监管，创造良好的市场环境，维护公平竞争的市场秩序，进而要求深化行政审批制改革，继续简政放权，有效克服政府体制中机构重叠、职能交叉、权责脱节、推诿扯皮、效率低下的弊端。此外，由于资本阶层在追逐企业利润的过程中，喜欢冒险和创新，不愿充当经验主义的俘虏，乐于向未知领域挺进，不断地去挣脱旧秩序、旧规范和旧习惯，他们的这种创新精神会迫使权力阶层去创新、移植和借鉴全新的行政理念、管理模式、工作方法等。以现代信息技术为例，伴随20世纪后期通讯卫星、计算机网络、传真机等先进通讯手段的出现，全球居民的联系更加即时化和贴近化，资本阶层对上述技术的推广和应用迫使政府机构改变传统的层级管理模式和信息传递方式，进而通过电子政务系统来进行文件交流、信息咨询、公众参与等。不仅如此，资本势力的扩张还会逼使政府由全能型向有限型转变。例如：计划经济时代，社会管理权一直高度集中在国家手中，政府是社会的管理主体，社会团体和普通民众找不到自己参与社会管理的空间和机会，但伴随资本阶层成为市场经济的主体力量，他们要求打破公共权力的封闭性，开放各种渠道，让各种民间组织分享社会管理权，表达自己的利益诉求，并对公共权力进行有效监督。

3. 资本与权力互动的三利三公要求。权力与资本的良性互动除了必须遵循上述两条基本伦理规则外，还必须符合三利三公的道德要求。所谓三利，是指利己、利民、利国，即权力与资本的良性互动，首先要有利于双方自身的正常发展，有利于满足权力与资本的合理性正当需要，如有利于维护公共权力的尊严、有利于提高公共权力的运转效率、有利于权力阶层自我价值的实现等；有利于资本阶层对合理性企业利润的追求、有利于资本阶层的发展壮大、有利于资本运营效率的不断提高等。其次要有利于广大民众合理诉求的满足，权力与资本在互动过程中不仅要考虑本阶层的正当利益，更要考虑广大民众的社会公共利益，包括权力阶层要牢记公共权力服务民众的根本宗旨，真正做到权为民所用，情为民所系，利为民所谋，以人民满意与否、答应与否为标准；资本阶层在考虑短期效益的同时，更要考虑长远利益和他人利益，在充分满足客户要求的过程中实现自我利益的不断增长，不能以损人利己开始，以害人害己为终。再者要有利于国家整体利益的实现，权力与资本的联合必须以国家整体利益为重，不能用权力阶层个别成员的利益和资本阶层少数企业的利益绑架国家利益，最终导致公共资源和国有资产的大量流失，少数既得利益集团的私利无限膨胀，国家整体实力日渐萎缩乃至衰亡。所谓三公，是指公开、公平、公正，即权力与资本的利益互动首先要公开。阳光是最好的防腐剂。权力与资本之间的互动既然具有必然性，那么就必须让这一互动过程在民众的有效监督下进行，如政府委托给资本阶层所属企业的公共建设工程和各种国家开发项目，除按照法律合同开展工作外，在权力阶层相关成员和企业主一方，不能有个人之间的利益粘连、利益勾兑、利益输送以及各种形式的商业贿赂现象的出现。其次要公正，即公共权力机关和企业法人双方都是平等的市场主体，公共权力代表不能挟公权以自重，鄙视、要挟、刁难企业法人，企业法人同样不能寻找借口或投机取巧去损害公共利益，市场主体双方必须用契约来严格规范彼此的交往行为，以实现市场交易活动的公正合理。最后是公平，公权一方要充分正视资本一方对合理利润的追求，不能故意以低于市场价格的要求逼迫企业就范，让其承担力所不能及的任务，资本一方同样不能以获取暴利的心态和方式坑害公众和国家利益，交易双方要以公平原则为基础，充分照顾和满足对方的合理期待。

总之，我们必须看到，一方面，现代社会有机体的日益复杂化，社会分工的高度精细化，需要大批行政管理和企业经营人才，这就必然使权力和资本这两个阶层的人数不断增加。一个社会只有形成一定规模的权力阶层和资本阶层，并且保证这两个阶层在功能上进行合理的社会分工与通力合作，才能实现国家的整体繁荣与进步。如果两个阶层发生激烈冲突，造成国家精英集团内部的重大分裂，那么整个社会就必然陷入混乱不堪的境地。1957年之后的现代中国社会，正是由于权力精英对资本精英的残酷打压，才致使中国经济的发展逐步走向停滞不前的状态。[1] 另一方面，也必须看到，权力阶层与资本阶层在职能分工上的有效合作，虽然能够促进社会的进步与繁荣，但是，如果这两个阶层在既得利益上结成同盟，将权力的公共价值套现为小集团的利益，将必然导致对劳动阶层利益的肆意侵占。因为这两个阶层对社会制度的安排和公共政策的制定拥有巨大的影响力，二者利益的长期结合与

---

① 李强：《社会分层十讲》，社会科学文献出版社 2008 年版，第 305 页。

① 李强：《社会分层十讲》，社会科学文献出版社 2008 年版，第 305 页。

① 李强：《社会分层十讲》，社会科学文献出版社 2008 年版，第 305 页。

过度膨胀必然出现"赢者通吃"的情形，即打着制定公共政策的幌子，扩张两阶层的利益。质言之，权力阶层资本化，资本阶层权力化，权力不再为民生谋福祉，而是成为要挟民众为资本服务的工具，一旦这种状况不被遏制而任其发展，其所造成的后果只能是严重的社会不公，直至爆发巨大的社会动荡。当代部分东南亚和拉美国家社会改革失败的根源，就在于权力阶层和资本阶层由分工合作走向利益结盟，使社会权力结构严重失衡，以普通劳动群众为主的草根阶层完全处于被支配地位，三权分立的权力制衡制度和自由民主制度徒具形式，此种严重的两极分化现象使得这些国家军事政变和政治骚乱持续不断。中国经济、政治、社会体制改革成功与否，取决于能否正确吸取前车之鉴。

第三章

权力阶层与劳动阶层的利益矛盾

在当代中国权力、资本、劳动三大阶层的利益冲突中，权力阶层和劳动阶层的利益矛盾，亦即广为人知的干群利益矛盾，在社会各界人士心目中占有极其显著的位置。之所以如此，是因为干群关系以及由此形成的人心向背是我们党和政府执政合法性的基础所在，它事关执政党的根本宗旨和生死存亡。由之，这一问题也就成为理论界长期关注的焦点和热点问题，相关研究成果可谓汗牛充栋，但由于每位学者的学科定位、理论视角和研究目标各异，其所得出的研究结论和学术观点也就迥然有别。本章试图首先从公共权力委托代理理论的视角，就干群利益矛盾生成的深层诱因予以仔细剖析，然后再对当前我国权力阶层侵蚀劳动阶层利益的基本途径进行综合扫描，最后对我国干群关系的历史流变、现状特征和发展路径作出深入说明。

第一节　公权委托代理理论视角下的干群矛盾

自文艺复兴和启蒙运动以来，伴随中世纪基督教"君权神授"观念的瓦解，"主权在民"的思想被人们广泛接受，马克思主义政治伦理学作为近现代政治文明的继承和发扬光大者，在唯物史观基础上提出了"人民群众是创造历史的真正动力"的观点，进而形成了"从群众中来，到群众中去"的工作方法。笔者在此试图以马克思主义的群众观点为指导，充分借鉴西方近现代公共权力委托代理理论的分析框架，就当代中国权力阶层与劳动阶层利益冲突的深层诱因予以仔细剖析。

一、公权委托代理理论的制度安排

人类为了生存和发展必须通过彼此合作和共同行动组成群体性社会组织。公共权力则源自于社会公众的授予和认可，是社会公共利益的代表，是一种具有合法性和普遍性的强制权力。公共权力的具体行使者是各种形式的政府，政府代表国家表示意志、发布命令和处理事务。现代政府的职能范围十分广泛，择其要者有提供公共产品、界定和维护财产权利、限制垄断并促进竞争、保障收入分配的公正化、调控宏观经济等。按照近代社会契约论代表人物霍布斯、洛克、卢梭等人的说法，在人类原始社会，人们生活在一种无政府、无法律的自然状态下，人们既可能因利己本性而自相残杀，又可能因享有极大自由而无所归依，人们为了消除影响社会安宁与秩序的因素聚集在一起，开始缔结契约和组织政府，从而使国家得以产生。国家公共权力存在的唯一理由就是维护和增进人们的共同利益。由于国家和政府的公共权力源自于人民的授予和认可，因此，一旦政府违背公意或破坏了原初订立的社会契约，人民就有权推翻它。这种主权在民的思想彻底颠覆了主权在君和君权神授的传统性专制观念。

在现代社会，全体人民作为国家主权的拥有者不可能全部直接参与管理国家的各种具体事务，而是将这种公共管理权力交给一个特殊机构——政府，使所有权与管理权分离开来，从而形成国家管理权的委托—代理关系，全体人民是所有者和委托人，政府是代理人。其直接的政治模式就是代议民主制，它由三个基本要素构成：（1）通过普选确定执政者，它掌握国家的执政权；（2）一个拥有重大权力的议会，它掌握国家的立法权；（3）对权力系统进行独立监督的法院，它掌握国家的司法权。在代议制民主政体中，拥有国家主权的全体人民被具体化为一个个选民，他们通过定期或不定期的投票决定国家的各种事项，包括产生政府官员、国会议员等，由他们代表自己管理国家事务。经过长期实践人们发现，这种代议制民主制度能够相对集中地反映民意，缩小了广大公民直接参与社会管理的幅度，在操作上简便易行，从而被广泛地受到采用，成为现实中占主导地位的民主形式。当然，除了上述间接的代议民主制外，还存在一种直接性民主制形式，即让所有公民都参与政治事务的决定和管理，不存在委托—代理关系。在此情况下每个公民都能自由地表达自己的意志，不交由别人代劳，他们在精神和行动上都享有充分的自由，他们是自身利益的唯一判断者。这种直接民主制在古希腊的雅典城邦社会和近代法国巴黎公社时期都曾出现过，但由于近现代国家领土面积辽阔，人口众多，加之社会事务管理是一门非常复杂和精深的学问，需要由具备专门技能的知识精英和管理专家来进行处理，无法随时随地由民众聚会来解决。因此，直接民主虽然是真正意义上的民主，但无法广泛实行，它只能被间接的代议制民主所代替。

在马克思主义指导下的当代无产阶级政党在创建社会主义国家过程中，广泛吸取了近现代西方资产阶级创制的上述政治文明成果，形成了自己独具特色的代议民主制形式，如我国宪法明确规定，我国实行的是无产阶级领导的以工农联盟为基础的人民民主专政的社会主义国家，人民行使国家权力的机关是全国人民代表大会和地方各级人民代表大会，人大代表由各级选区的选民通过层层选举而产生，人民代表大会具有立法权，包括制定和修改宪法以及监督宪法实施的权力，有制定、解释、修改、废止普通法的权力；组织中央政府和其他最高国家机关的权力，包括任命政府、法院、检察院组成人员以及其他国家机关的组成人员等；决定一切国家重大事务的权力和对其他国家机关的活动的监督权。但我国代议制民主不同于西方国家的最大特点是，中国实行的是共产党领导下的多党合作制，各级人大中的中共党组指导或引领人大各项工作的展开。不像西方两党制和多党制国家那样，由各党派组织本党成员操盘议员选举，再组成议会党团影响议会法规政策的出台，从而形成激烈竞争的权力分割局面。由之，也形成了中国政治体制改革的一个争议焦点：人民代表大会必须在共产党领导下开展工作？还是共产党应该自觉地服从人民代表大会的领导？要回答这一问题，必须结合中国实际来思考，一方面，中国共产党正是由于代表了广大人民群众的利益，依靠其先进性和纯洁性赢得了人民的信任，从而获得了执政地位；另一方面，党的执政活动不能高于或游离于宪法和法律之上，而应该同人民代表大会统一起来，并逐步融入到人民代表大会中去活动。质言之，必须真正实现党的领导、人民当家作主和依法治国的有机统一。

二、公共权力委托人的行为倾向

广大人民群众一旦将手中的权力委托给政府之后，公共权力就进入委托—代理的运行轨道中。委托人为了使代理人更好地维护自己的利益，一方面要通过各种激励措施使之更好地为大多数人和国家利益服务；另一方面又要借助各种监督和制约手段降低代理人因行为扭曲而给人民群众造成支出浪费和效率损失。但问题的关键在于，代理人向委托人提供各种公共产品和公共服务时，每个委托人对公共产品和公共服务的偏好迥然有别，要想找到全体委托人偏好的总和，就必须在委托人和代理人之间插入一个技术程序——投票规则，包括一致同意规则、多数票规则和加权投票规则等，出于节约成本考虑，现代社会的公共投票活动通常采用多数票规则。在代议制民主生活中，每一个公共权力委托人具体化为一个个选民，通过各种形式的投票来决定国会议员、政府官员的选举和重大公共事项的决策。

然而，现代西方政治和行政管理学者通过长期的观察和研究发现，公共权力委托人在进行各种形式的投票活动时，其行为倾向存在以下几种重大缺陷：一是选民无法获得候选人或重大决策事项的详细信息，许多竞选宣传活动和媒体报道含有极大的水分和欺骗性成分，并且候选人当选前后的行为会出现重大变化，致使选民无法作出正确判断。二是个体选民虽然是选择的主体，但必须服从多数票决定规则，当个人偏好与集体统计的偏好不一致时，个人投票的结果最终将被集体偏好所否决，从而极大地挫伤个别选民的投票积极性。三是每个选民参与各种各样的投票活动都需要耗费一定的时间和精力，在自己选票无足轻重的情况下，经过经济人式的成本效益核算，很可能不去投票。四是政府在提供公共产品时，无法根据某个选民是否支付了费用来决定其消费资格，这就使得没有承担相应成本的人却能分享到集体行动的收益，从而产生了部分选民"搭便车"的行为。[1] 奥尔森在其《集体行动的逻辑》中明确指出，正是由于上述现象的广泛存在，使得众多精明的选民对集体行动采取一种不负责任的态度，不想积极表达自己的真实愿望，不去主动参与各种投票活动，以"合乎理性地无知"的方式对待公共活动，从而严重影响了大集体的行动效率，使得集体行动难以发挥出应有的规模效应。[2]

西方学者对公共权力委托人行为倾向所作的上述分析，同样适用于中国公民在各类公共政治活动中的行为特征。特别是在两千多年的小农经济基础上形成的封建宗法制度造就了中国传统社会所独有的臣民道德。这种传统道德观念在当代中国社会的公共政治生活中仍然发挥着广泛而深刻的影响，从而使得中国公民，亦即公共权力委托人在行为倾向上呈现出以下几种特殊性缺陷：一是缺乏独立人格。独立人格的本质在于既认识到自己同他人的普遍联系，又能将自己从这种普遍联系中超拔出来，亦即尊敬他人为人，并把自己视为人，人格的高贵之处就在于能够保持这二者的辩证统一，但传统社会按血缘远近和地位高低把国民区分成三六九等，从而造就了国民深厚的尊卑贵贱的等级意识，使得许多人在上级面前奴性十足和在下级面前唯我独尊。二是权利意识淡漠。现代西方政治文明强调，人之为人享有上天赋予的生命权、财产权、自由权等，任何践踏人权的行为都应该受到公众的批判和法律的禁止，但几千年来高度集中的皇权官僚制度，借助强大的政治、经济、军事、文化手段，通过愚民、禁令、隔离、打压等种种所谓"牧民"措施，使得千百万普通个体农民形成了老老实实、服服帖帖、安分守己的绵羊般道德品性，即使受到不公正待遇仍然一忍再忍。三是较少责任担当。人的本质在于他是社会关系的总和，在群体生活中必须依据其情境角色承担起自身的相应责任，包括家庭责任、社会责任、国民责任、世界公民责任等，但数千年来中国以家族为中心的宗法关系伦理，使得无数群众一旦从家庭宗族世界走

---

① 参见文建东：《公共选择学派》，武汉出版社 1996 年版，第 68 页。

② 曼瑟尔·奥尔森：《集体行动的逻辑》，上海三联书店 1995 年版，第 13 页。

向公共生活领域，立即出现一种冷漠他者的非道德情感，亦即"各人自扫门前雪，莫管他人瓦上霜""事不关己，高高挂起"。中国传统道德观念中存在的上述糟粕因子对当代中国公民的行为倾向产生了极其严重的负面作用，致使其作为公共权力的初始委托人，既不懂得如何依照法律程序维护自身的合法权益，又不愿主动承担监督和制约公共权力代理人的非法和缺德行为。

三、公共权力代理人的用权偏好

在公共权力委托代理运行模式中，第一层次的委托代理关系发生在人民与议会之间，全体人民拥有国家主权，是公共权力的所有者和公共利益的享用者，全体人民选举自己的议员组成议会，再由议会掌握国家重大事务的决策权。当然，被选举的议员未必是财富较多者，但他们通常是政治事务的积极参与者和政治资源较多的人。第二层次的委托代理关系发生在议会和政府之间，议会将公共权力行使权委托给政府，政府成为人民群众的直接代理人，政府官员又分为政客和官僚两类人。前者与政党共进退，是职业政治家，是政府的执政者和领导者；后者是常任文官，不参与政党活动，根据政客的命令管理政府的具体事务。无论是议员还是政府官员，都是接受人民委托的公仆，本身并不享有特权，他们行使公共权力的过程也就是在履行向人民承担的义务。

在两党或多党竞争的西方社会，无论是议员还是政府官员作为公共权力代理人，他们为了当选和连任，在用权偏好上都会呈现出某种自利性特征。就议员而言，他为了选票最大化和再次当选，必须仔细体察民意，与选区内大多数选民保持沟通，并及时整合民意提出为大家普遍接受的政策主张。但是，由于议员选举需要巨额竞选经费，一些特殊利益集团会通过提供竞选费用拉拢议员为自己的利益目标服务，加之，与孤立分散和理性无知的普通个体选民相比，特殊利益集团组织良好，具有强大的凝聚力和协调一致性，能够有效操纵立法，从而使议员使用自己的专业知识、从政经验和信息优势说服普通选民，暗中为特殊利益集团服务，从中获取私利。此外，议员来自不同选区和行业，他们代表的是某一地区和行业的利益，为了再次当选，他会采取本位主义立场，竭尽全力为本地区和本行业争取财政拨款和福利项目，从而使政府预算规模不断扩大。就政府官员而言，他们在向议会提出预算案时，会尽力争取最大限额的财政预算，因为政府是公共产品的垄断性生产者，相对于议会具备信息优势，而有些公共产品的生产成本又无法精确衡量，其绩效也难以及时获得评估，这就使其在与议会的博弈中占据一定的优势地位，从而为追求权力增加、机构扩编、在职消费提供了便利。此外，有些政府官员能够利用公共权力强制性地支配普通公民的行为，从而由人民公仆变成人民主宰，乃至以权谋私，贪污受贿。

西方公共权力代理人的用权偏好在中国社会的公共权力代理人身上同样有所体现，但又呈现出中国社会所独有的国别化特征。就人大代表而言，虽然从理论上讲全国人大和各级地方人大是最高权力机关，但由于现行的代表组成和结构、代表选举制度、人大的职能发挥存在一系列亟待改善之处，致使人大变成了养老院和橡皮图章式权力机构。人们戏称人大代表的作用是"与选民见面握握手，人代会上拍拍手，会议结束挥挥手"，人大代表权力和地位的有限性使其很难为选民作出应有的贡献。就政府官员而言，由于其选拔任用、考核评价、监督管理由各级党委说了算，缺乏实质性的群众参与、群众选举、群众监督，决定其进退流转的关键在上级党委的主要领导，而不在广大人民群众和普通党员手中。如民主推荐主要由内部人在小圈子里选干部；考察谈话主要是组织指派考察组展开工作，其结果完全能够预先估计到，干部评议主要是干部之间的相互评议，大家都本着"你不讲我，我不讲你，你若讲我，我讲死你"的原则做事；干部惩戒既软又宽，带病提拔者比比皆是。质言之，政府官员的仕途命运完全掌握在上级党委领导手中，与普通群众关联度极小。之所以如此，从委托代理的角度而言，是因为广大人民群众作为初始委托人，将公共权力委托给中国共产党之后，中国共产党各级组织在第二次委托授权给政府官员时，已较少或不再充分考虑广大人民群众的利益诉求。加之，在党内权力体制中，书记权力大于常委会，常委会大于党委会，党委会大于党代会，特别是个别领导打着"党管干部"的旗号，千方百计剥夺老百姓和普通党员的知情权、参与权等，致使党的声誉不断受到败坏。更为重要的是中国传统文化造就的"官本位""官至上"意识，更是极大地影响着公共权力代理人的用权偏好。中国古代将"官本位"与"天命论"密切结合在一起，在《周礼》中设官分职以"天、地、春、夏、秋、冬"为依据，官的命运和地位源自于天，并由天命所定。官的权力也并非完全取决于其品质和才能，而是取决于封建官僚制度，做了官就可以动用统治阶级政权所拥有的武力和财富，来对付那些胆敢反对自己的人。官自认为是民的父母，民见官则呼"老爷""大人"，并作贱自己是"小民""草民"，民对官不仅要"敬"，更要"畏"，敬其无上权威，畏其随时施暴。而且"官财一体"，有所谓"千里做官只为财""三年清知府，十万雪花银"之说，官越大受到的制约就越少，贪污腐败的机会也就越多。这种传统官本位文化孕育出的封建集权官僚制度虽然已退出历史舞台，但其阴魂不散，如梦魇一般萦绕在各级官员的精神世界，对其用权偏好产生巨大而深远的影响，故而也就无法完全用西方公共权力委托代理理论来进行全面规制和说明中国的干群关系问题。

四、委托代理失灵与干群矛盾激化

在公共权力委托代理关系中，委托人和代理人都是理性人，都要追求自身利益的最大化，但当委托人追求自身利益最大化时，很可能会降低代理人的工作积极性，进而影响到委托人自身的效用；而代理人在追求自身效用最大化时，同样会侵害到委托人的利益。为了有效解决委托人和代理人之间的上述矛盾，就需要从制度层面进行合理设计。一方面，委托人要充分有效地激励代理人的行为，使之在满足委托人效用最大化的同时，尽可能满足代理人的效用最大化，实现委托人与代理人的双赢局面；另一方面，针对委托人和代理人之间存在的信息不对称现象，必须采用强有力的约束措施来规范和监督代理人的行为，避免其用权偏好上的逆向选择和道德风险。

然而，就激励措施而言，由于政府提供给委托人的产品具有垄断性特征，不存在市场经济中的自由竞争，加之许多公共产品的产出效率无法进行有效预测，如政府要建立一座剧院、美术馆或博物馆，其未来效益究竟如何？任何人都无法作出准确评估，政府只能依据其成本进行财政拨款，同时对政府官员日常工作中的工作绩效又无法像企业中职业经理人那样，根据利润高低进行评估，故只能采用平均贡献来确定政府官员的工资报酬，这种政府内部的"大锅饭"现象必然导致激励失灵。就约束措施而言，由于政府官员的行为主要由议会和上级部门进行监督，但由于二者之间的信息不对称和种种制度缺陷，使得这种监督行为很难发挥实际作用，乃至出现内部人利益共同体现象，进而导致约束失灵，即使有政府外部的人民监督和新闻监督，照样会因为信息不对称而引发监督失灵。

伴随激励失灵和约束失灵现象的出现，公共权力代理人的行为开始发生异化。他们由对自身利益的追求诱发出以权谋私的动机，进而通过扩张政府机构、提高执政成本、形成利益集团、进行贪污受贿等手段，来损害公共权力初始委托人的利益。结果是政府财政吃紧、效率低下、职责不清、办事紊乱，公共权力代理人逐步由为人民服务的"公仆"演变为侵蚀和榨取人民群众利益的"主宰"。这种公共权力的局部异化走向全面异化后，必然引发权力阶层和劳动阶层利益矛盾的日渐激化，使权力阶层的执政合法性逐步降低，最终结果必然是社会动荡、民不聊生、政府倒台、政党覆亡。

第二节　权力阶层侵蚀劳动阶层利益的基本途径

按照公共权力委托代理理论的分析框架，一旦公共权力的初始委托人对代理人的激励和约束措施失灵之后，部分公共权力的代理人就会由为人民服务的"公仆"变为一心一意侵蚀人民利益的"主人"，学术界对权力阶层侵蚀劳动阶层利益的手段和类型的研究由来已久且成果丰硕，既有对纷繁复杂现象的归纳分类，也有对现象背后深刻本质的推理演绎。笔者在此对权力阶层个别成员蜕变异化之后，侵蚀劳动阶层利益的常见手段和途径从以下四个层面予以综合扫描。

一、公共权力的违法膨胀

公共权力作为一种具有合法性和普遍性的强制权力，它是由人民群众按照自己的利益和愿望要求授权给从事社会管理的权力阶层的，然而，权力阶层获得这种授权之后，在监督、制约等约束措施失灵的状态下，他们当中的部分蜕化变质分子会按照自己的意愿将其不断膨胀放大，进而变为鱼肉人民群众的强有力的获利工具。

首先是剥夺广大人民群众对各级干部进退留转的知情权和监督权。执政党向各级国家政府机关输送本党干部，以便有效贯彻实施本党的路线、方针、政策，这是世界各国政党政治的普遍惯例，但如何输送？输送什么样的人才？这却直接涉及党的领导方式和执政方式的科学化问题。长期以来在我国不少地方党委中，"少数人选人，在少数人中选人"的任用干部方式普遍存在。各种报刊网络经常有消息称：某书记的公子当了副县长，某市长的女儿当了常委等。问题不在于谁进入官职，而在于进入官职的程序是否科学合法。如果将"党管干部"等同于党委一把手管干部，党委一把手不是将工作重点放在提高干部队伍质量，为公众提供充足的干部资源，而是热衷于在自己熟悉的小圈子里进行具体人头的排列组合，乃至索性将自己的儿子、孙子、亲戚、朋友充斥于干部队伍之中，必然将党的执政合法性逐步降低，将政府的公信力不断消解，使执政党和公众之间产生严重隔阂，最终将执政党送上不归路。

其次是政府在市场经济中的财富吸纳能力日渐强化，且中央政府和地方政府的纵向财力差距不断拉大。以财政收入为例，如果说居民收入、企业所得、政府财税属于国家财富蛋糕的三大块，它们之间保持着一种此消彼长的关系。那么，近年来中国社会的现实是，政府财税占国民可支配收入的比重一直保持强劲的上升趋势，每年以 20% 左右的速度增长。据财政部报告 2012 年全国公共财政收入 11720 亿元，比上年增加 1335 亿元，增长 12.8%，国民收入向政府倾斜极大地挤占了劳动阶层的获利空间。特别是 1994 年分税制度改革后，中央财政大幅度提高，地方财政大幅度下降。据统计 1994

年至 2006 年间中央财权平均为 52%，地方财权平均为 48%，中央事权平均为 30%，地方事权平均为 70%，中央与地方财权与事权严重不匹配的状况，致使地方政府拼命通过大量举债、土地拍卖等各种方式去扩大财源。[①] 更重要的是，有不少地方政府并没有把增加的财政收入用于公共服务，致使本地教育、医疗、社会保障等领域的投入增长十分缓慢。

三是在城镇拆迁改造、公共设施建设、重大经济项目上马等事关国计民生的关键问题上，只讲经济核算，不讲社会效益，更缺乏公众参与。自从中国确立以经济建设为中心的大政方针以来，特别是伴随工业化、城镇化步伐的不断加快，经济发展成为考核地方官员业绩和进退留转的最为重要的指标之一，这就致使各级官员在政治晋升的激烈博弈中，将主要精力用于大上快上新项目，大拆大建，搞形象工程和政绩工程，完全不顾本地市场经济发展的实际状况，进行一轮又一轮的超前发展和过度投资，其所造成的产能过剩、资本债务等各种负面影响，留给下任官员和当地百姓慢慢消化。特别是在上述活动中缺乏公众参与和评估，即使让群众参与，也是通过假问卷、走过场、被参与的方式进行。这与西方发达国家任何重大项目都要进行公开性强制听证、环评调查审核、社会稳定风险评估、必须把反面意见公之于众的做法完全不同，从而导致群众性上访事件、群体性政治事件、群众性舆论事件在个别地区大规模、持续性出现，极大地恶化了当地的干群关系。

四是以宏观经济调控、维护社会稳定等各种名目，设置不被法律认可的各种审批权、许可权、检察权等。市场与政府的关系是经济学和政治学关注的焦点问题。自由经济创始人斯密认为，市场经济制度是一种分散化的决策制度，每个人在"看不见的手"的指导下，在追求自我利益的同时，会不自觉地促进社会整体利益的进步。因而他对政治家企图通过制度设计来指导私人运用资本的行为表示了深度怀疑，但现实世界没有一种经济是完全按照"看不见的手"的原则顺利进行的。为了避免大量失业、贫富差距、过度

---

① 参见李江涛、樊继达:《地方政府投资冲动的三大诱因》,《学习时报》2006 年 10 月 30 日。

污染等现象的发生，政府干预市场成为经济发展的必然现象。然而，由于中国实施的是国家主导型市场经济，在由传统的计划经济向市场经济过渡的过程中，政府自始至终在以不同的方式和手段积极干预市场，致使政府不断以宏观调控之名设置各种类型的审批权、许可权、专卖权，从而使"跑部钱进""进京送宝"成为中国市场经济的独特景观。近年来，随着基层政府维稳压力的增大，政府在各种项目审批上更是不断设置检查内容。如何将政府权力关进制度的笼子里，避免其越位、错位、不到位现象的发生，构成了改善干群关系的焦点问题之一。特别是个别基层政府和党政机关有选择性地执行中央的各项政策。凡是还权与民，让老百姓放手搞活经济的政策，他们假装不知或阳奉阴违；凡是有利于本部门利益膨胀或权力放大的政策，他们则高效执行，乐此不疲。

二、执政成本的不断攀升

如果说公共权力的违法膨胀反映出权力阶层在政治层面对劳动阶层利益的侵蚀，那么，执政成本的不断攀升则反映出权力阶层在经济层面对劳动阶层利益的侵蚀。依照公共权力委托代理理论要求，代理人必须对委托人提供的执政资源倍加珍惜，在执政过程中要大力降低行政消耗，保证执政成本和执政产出之间的平衡，实现执政目标和执政收益的最大化。然而，中国现行的行政体制由于缺乏竞争性，加之，执政行为自身的非利润化、敏感性迟滞等固有特点，许多基层执政主体滥用公共资源，在不计成本、不惜代价、劳民伤财的政绩偏好思想指导下，导致执政成本节节攀升，绩效黑洞深不见底。

首先是机构编制的不断扩张。改革开放三十多年来，曾进行过多次机构改革，但都是在膨胀——精简——再膨胀的螺旋式上升中扩张。据杨继绳依照《中国统计年鉴》的测算，中国党政系统干部人数 1966—1979 年增长 46.4%；1979—1989 年增长 86.1%，1989—2000 年增长 95.3%，远远大于同期人口增长速度。[1] 最近这些年，虽严把公务员进口关和党政机构编制关，

---

① 杨继绳：《中国当代社会各阶层分析》，甘肃人民出版社 2006 年版，第 284 页。

但由财政开支的事业编人数在快速增长，特别是不少地方政府设有自收自支的事业单位，其人数同样呈现持续膨胀的趋势。有专家预测，中国各类吃"皇粮"的人数达 7000 万人，平均 18 个老百姓供养一个吃财政饭的人员。[①]官员增多的直接原因是机构裂变、机构重叠、因神设庙造成的。每一个机构为了增加编制，不断申请提升级别，同时也导致机关内部自我服务和后勤保障人员不断增加。为了保障这部分编外人员的收入，各机关就通过各种方式来创收，诸如乱摊派、乱收费、公共设施出租、私设小金库等。

其次是权力阶层工资收入、各种福利和特权项目的不断增加。新中国成立后，中国政府模仿苏联模式，将战争年代的军事供给制改为职务等级工资制，实施《公务员法》之后，对公务员工资同样按照行政级别进行了详细分类。从表面上看公务员工资收入在社会不同阶层收入中并不算太高，不同级别干部的工资级差也不是太大。但真正拉大官民收入距离的是严格按照官阶差序标准将各种职位行政化，不同级别的干部工资以外的待遇和享受标准极其细致复杂，包括住房面积、医疗保障、用车级别以及什么级别可以配秘书、警卫、勤务、厨师、保姆等等。正是这些官员阶层的特殊化待遇及其与之相关的各种制度规定将权力阶层与劳动阶层的差距拉大开来。更令人不满的是，上述种种规定带有终身制特点，即使官员退休后仍然会保留下来，致使同时参加工作，但由于退休前所在部门性质不同，退休后的各种待遇会有天壤之别。许多西方国家的部长及司局级干部退休后变为一介平民，要靠自己的才能和影响力养活自己，但中国的部长和司局级干部退休后照样享受着各种名目繁多的优厚待遇，这恐怕是中国的青年才俊削尖脑袋往公务员队伍挤拼的真正原因之一。

三是办公条件和楼堂馆所的豪华铺张。与许多发达国家寒酸、简陋的政府办公条件相比，中国超高标准的豪华办公楼、政府宾馆、疗养院所彰显出的铺张浪费行为比比皆是。从中央各部委的豪华办公楼到乡政府修建天安门式办公大楼，其间无不折射出权力扩张导致的极端浪费现象。不仅如此，办

---

① 杨继绳:《中国当代社会各阶层分析》，甘肃人民出版社 2006 年版，第 285 页。

公楼内的门禁系统不断升级换代，传达室变成了警卫室、保安室，普通市民进入办公楼的手续越来越多和越来越难。应该说，办公楼的建筑式样和进出手续在传达着某种意识形态和执政理念，它可以折射出政府的形象状态，它意味着政府将自己比拟成衙门还是公仆，将自己定位为威权还是服务，它象征着威严、尊贵、给人以肃静与回避的暗示，还是象征着普通、平凡、给人以友善与亲民的暗示。

四是政府日常开支和运转费用的奢侈浪费。据统计，中国目前约有350万辆公车，包括司勤人员耗费在内，每年约花掉3000亿元人民币，单是车辆消耗就占到国家财政开支的30%。为什么公车成本这样高，是因为公车私用已成为普遍现象，公车变成了个人财产，司机变成了领导家的服务员。至于办公用品费、文山会海费、出国考察费更是天文数字。以办公费用为例，很多办公室装了空调、电脑、打印机、复印机、传真机、饮水机，除购买费用外，还要支付电费、上网费、耗材费、维修费等。有的办公室台式电脑用了没几天，很快更新为笔记本电脑，办公设备更新速度不断加快。在各种办公费用中，公务接待费更是居高不下，上级和同级对口单位来了人，一定要进行高规格接待，反正是花公家的钱，何不大方一点。不仅如此，上级领导的父母、子女、配偶、秘书来了要吃，表示欢迎要吃，尽地主之谊要吃，化解矛盾要吃，……总之，许多干部对吃的重视程度令世人瞠目结舌。公务消费很多情况下是百姓受了损失，官员也没得到多少好处，形成双输的结果。

三、既得利益集团的缓慢形成

既得利益集团在不同国家和地区的不同历史时代都曾普遍存在。在此所讲的既得利益集团，主要指当代中国的官僚既得利益集团，他们围绕公共权力所拥有的各种好处而形成利益相关者群体，他们处在权力决策的核心地带，按照权力与利益相互交换的游戏规则来获得他人所无法获得的各种好处。这种利益集团小到一个单位，大到一个地区或行业，既有区域性质的，也有全局性质的。目前常见的官僚既得利益集团包括两大类：一是从事行政审批、许可执法的各种权贵官员；二是极易获得国家政策支持并垄断着某类生产要素市场的国有企业。

官僚既得利益集团追求的基本目标是通过维护既有秩序来巩固已经获得的各种利益和好处。这构成了其活动的出发点和基本底线，然后是在此基础上再扩大这种利益和好处。他们谋取利益与好处的方式不是简单的以权谋私或贪污贿赂，而是采用公开合法的途径影响制度安排。在这种冠冕堂皇和貌似公正的理由背后夹杂着私心杂念，一旦将决策付诸实施就产生严重后果，由于是制度安排，他们不会为此承担责任。刘彦昌认为，官僚既得利益集团的活动特点具有以下典型特征：（1）群体的狭隘性。他们时时处处考虑的是小集团的利益得失，心中没有其他群体和广大人民群众的利益。（2）边界的模糊性。他们不是登记在册的正式性组织，其构成人员的身份是动态的、模糊的，没人能够指出其具体人数和刻画出成员与非成员的界限。（3）目光的短浅性。他们只考虑目前的行动对自己能带来哪些现实利益，至于由此引发的长远后果如何，对全局会产生何种影响，他们概不担忧。[①]

既得利益集团的形成通常需要具备三个基本条件：一是官员身份的职业化。即只有保证官僚身份的长期稳定不变，能够把当官作为自己谋生的基本手段。如果他们的身份随时都可能发生变化，职业之间经常换位，某项改革措施的实施只是为了后人做嫁衣，他们就丧失了牟利的动力。二是官僚自身的道德蜕变。由起初努力奋斗去实现自己的政治理想和抱负，进而转向谋取个人私利，开始将附着于权力之上的权益看作是自己做官的报偿，进而丧失掉用公职为公众服务的全部义务和责任。三是制度缺陷为其提供机会。如果制度或体制在社会转轨期发生了重大漏洞和缺陷，丧失了对官员的监督和制约，公共权力就会漫无边际地施展开来，并借助利益结构调整的绝佳契机，实现小集团利益的最大化和固定化。

四、权力腐败现象的广泛蔓延

权力阶层对劳动阶层利益的侵蚀包括公开和隐蔽两种类型。如果说前述

---

① 刘彦昌：《聚焦中国既得利益集团》，中共中央党校出版社 2007 年版，第 61 页。

公共权力的违法膨胀、执政成本的不断攀升、既得利益集团的缓慢生成是权力阶层侵蚀劳动阶层利益的公开化形式，那么公共权力贪污腐败现象的广泛蔓延则是权力阶层侵蚀劳动阶层利益的隐蔽性形式。其中比较典型的类型有以下四种：

一是政治腐败。政治腐败就是国家公职人员以非法或非道德的方式利用公共权力以获取个人私利的社会行为，其本质特点是以权谋私，即利用公共权力来维护和扩大个人权力。最常见的几种表现形式包括：买官卖官，即违反干部选拔任用的各种组织规定和原则，通过权钱交易的方式将不符合条件要求的干部推到特定领导岗位；任人唯亲，即无视党和国家的公共利益，为本家本族谋取私利，营造权力关系网；失职渎职，即丧失对本职工作和对人民群众的责任感和义务感，玩忽职守，使所管辖的工作范围内出现重大责任事故，对党和国家造成重大损失。

二是经济腐败。经济腐败主要是指以经济利益和物质财富为目标的贪腐行为。由于中国实施的是国家主导型市场经济，各级党政官员在物资交易、土地批租、金融证券等领域享有广泛的干预和介入权力，这就为其利用公共权力获取经济利益提供了充足的机会和条件。常见的经济腐败包括贪污型和贿赂型两种。前者是党政官员运用公共权力直接贪污、盗窃、侵占国家资财，不存在市场交易过程。后者是利用权力设租或寻租的方式换取私利。党政官员只是腐败行为的供给方，行贿人是腐败行为的需求方，二者之间形成一个市场交易过程。

三是司法腐败。它主要指公、检、法、司领域的工作人员利用手中所掌握的司法职权违反法律规范和职业道德要求，以非正当手段谋取个人或小集团利益的行为。法律是广大人民群众保障自身权利的最后一道屏障，与诉诸暴力相比，诉诸法律也是付出代价最小的和最好的选择，而司法腐败断绝了广大人民群众最后的救济手段。它消解了法律的权威，破坏了法律的平等性，摧毁了人民对法律的终极信念，其影响也就极其恶劣，最终将危及政权的生死存亡。

四是生活腐败。它主要是指掌握公共权力的个体为满足其本能情欲，个人生活走向全面堕落的行为，包括公款吃喝玩乐、以权换色、公费旅游等。生活腐败的根本原因是理想信念丧失后，个人道德意志逐步松懈薄弱，无法用道德理性战胜本能情欲，面对各种诱惑而无法抵御，陷入声色犬马的万丈深渊之中不能自拔，最终走向政治生命的自我毁灭，并被广大人民群众所唾弃。

第三节　中国干群关系的历史、现状及发展路径

无论是用公共权力委托代理理论分析权力阶层与劳动阶层利益矛盾生成的根本原因，还是综合扫描权力阶层侵蚀劳动阶层利益的基本途径，其终极目的是要找到促进权力阶层与劳动阶层关系（干群关系）和谐发展的合理路径，但要达致这一目的，就必须对两大阶层相互关系的历史以及当前两大阶层利益冲突的现状进行深入剖析，唯其如此，才能真正做到总结历史经验，洞悉现实本质，裨益未来发展。

一、中国干群关系发展的历史回眸

黑格尔曾经指出："思想的活动，最初表现为历史的事实，过去的东西，好像在我们的现实之外。但事实上，我们之所以是我们，乃是由于我们有历史。"[①] 要深刻洞悉中国干群关系的当代现状，就必须对干群关系的历史由来进行深入剖析。

我们今天讲的"干群关系"在古人那里被称作"官民关系"，在漫长的封建社会，官民关系始终处在"官逼民反"的恶性循环之中。就官僚一方而言，中国长期封建官僚给予准备做官的士人、正在做官的政客、从官场退出的赋闲人员以各种各样的好处和无明文规定但又十分实在的特权，除了国家俸禄、占有和买卖土地、官营商业、高利贷等经济来源外，贪污受贿是其重要的额外收入。王亚南的研究表明，自秦汉至明清中国在册官员人数并不

---

① 黑格尔：《哲学史讲演录》第一卷，贺麟、王太庆译，商务印书馆 1997 年版，第 7 页。

太多，所领俸禄也有明账可查。据《大清会典》所载，清代州县总计 1448 个，每个州县平均人口在 20 万左右，配备 2—4 个额定官员，连同分管教育的学官加起来总共有 5526 人，但要靠这些人来管理各个州县的"刑名""钱粮""书记""挂号""征比"等各项事务，纵使他们有天大的本事也无法做到，于是各州县府衙只能在额定人员之外，征聘各种幕僚、杂役。这些人的开销只有通过巧立名目和搜刮民财获得，其中县太爷和普通百姓之间通常靠一批乡绅承上启下，这些人虽不从州县领取俸禄，但他们要找县太爷请托庇护本乡本族之人，会间接将买通县衙的各种费用加在百姓身上。京官虽不能像地方官员那样直接敛财，但各州县对其有所请求，必得拿出"打点""照应""招呼""斡旋"的手续费不可，他们上下联手交互构成一个贪污贿赂的格局。[①] 故中国古代社会从来都将"做官"与"发财"联系在一起，做大官发大财，做小官发小财。在乡村似官非官的士绅也借机发混财，仕子读书的目的也是奔着"书中自有黄金屋，书中自有颜如玉"而来。就普通百姓一方而言，大概每个新王朝的最初几代君主官僚为了收拾人心和保证税源，都会抱持谨慎勤勉的精神，留意人民疾苦和防范土豪劣绅的非法活动，但等时间一长，盛世一来，便安而忘危，贪欲横生，进而开始以"杀鸡取卵"和"竭泽而渔"的方式去榨取民脂民膏。历代中国农民的困苦，与其说是正规租赋过重，还不如说是由于额外的、无限制的、不能预测的苛索过于繁多。中国农民素以极坚强的忍耐性著称，但到了生存难以维持之时，只能个别零散地变为匪盗，当匪盗会合到一定数量时，就会成为"犯上作乱"的农民起义军。从秦末到清末相去两千年，"官逼民反"的恶性循环的社会运行轨迹基本相同。辛亥革命之后发展起来的以蒋介石为首的国民党统治集团先是与金融买办阶级勾结，之后又在打击军阀势力统一全国的战争中，变成了买办资本与变相封建主义相结合的官僚统治形态，而在随后的抗日战争和与共产党的国内战争中，更是打着一切从属于战争、一切贡献给战争的旗号，通过垄断政治和通货膨胀等方式大肆聚敛财富，致使官僚财阀独大，贪污腐败盛行，对

---

① 王亚南：《中国官僚政治研究》，中国社会科学出版社 1981 年版，第 120—121 页。

广大百姓财富的榨取达致敲骨吸髓的程度，最终被共产党领导的人民大众赶出大陆。

中国共产党无论是在领导广大人民群众进行民主革命时期，还是在从事建国后的经济建设时期，都创造出了一派干群关系发展的全新格局。就建国前的民主革命战争年代而言，中国共产党领导的武装部队同广大人民群众建立起了血肉相连、情同鱼水的干群关系。之所以如此，首先是因为中国共产党人的阶级立场使然。马克思和恩格斯在《共产党宣言》中明确指出，过去的一切运动都是少数人或为了少数人谋利益的运动，无产阶级的革命运动则是为绝大多数人谋利益的运动。1921年发表的《中国共产党宣言》更是倡言，要让"劳动群众"的势力"发展和团聚"起来，创造一个新社会。其次是共产党人工作方法的必然要求。早在井冈山时期，毛泽东就提出"群众路线"的要求，在之后的《关于领导方法的若干问题》《实践论》《矛盾论》等著作中，进一步将群众路线系统化，包括全心全意为人民服务的根本宗旨；从群众中来到群众中去的基本方法；密切联系群众的群众路线和实事求是的思想路线等。再者，共产党人为了贯彻自己的群众路线，制定了一系列密切干群关系的规章制度和政策主张。井冈山时期的三大纪律八项注意就使得共产党人领导的军队同一切反动军队的性质彻底区别开来；在各个根据地实行的打土豪分田地的政策更是体现了共产党人为人民服务的根本宗旨。最后，残酷的生存环境也迫使共产党人只有密切联系人民群众，才能取得革命战争的胜利。在共产党人取得全国政权之前，自始至终处在强敌包围和军事封锁的夹缝之中，为了求得生存，共产党人只有深入人民群众之中才能获取生存资源和发展壮大自己，由之，与人民群众形成了同甘共苦、荣辱与共、血肉相连、密不可分的干群关系。

中国共产党取得全国政权之后，更是将群众路线贯彻在干部工作的方方面面，要求各级干部必须不断地发扬党的工作中的群众路线传统，包括树立群众观点，即一切为了人民群众、一切向人民群众负责、相信群众自己解放自己、向人民群众学习等；养成了为人民服务、遇事同群众商量和群众同甘共苦的工作作风；熟练掌握"从群众中来，到群众中去"的工作方法等。最为值得关注的是，中国共产党人掌握国家政权之后，为了防止各级干部蜕化变质，反反复复开展了无数次群众运动。规模较大且影响深远的人民群众运动包括：1951—1952 年的"三反""五反"运动；1957 年的整风运动。1963 年的"四清"运动和社会主义教育运动；1966—1976 年的"文化大革命"运动。每次运动的具体背景和目标各异，但贯彻其中的共同主题就是通过群众运动来反对各级党政机关和公有制经济中大大小小的脱离群众现象和贪污腐败现象。必须指出的是，通过群众运动来反对干部队伍中官僚主义和腐败现象，在短期内收益非常大，发挥出了社会监督的重要作用，但每次运动过后，新的当权派同样无法避免脱离群众并再次走向腐败。特别是用群众运动的方式克服干部队伍中的消极腐败现象，不仅直接成本高昂，包括投入大量的人力、物力和财力，而且间接成本更大，诸如产生大规模的"窝里斗"现象、人人自危、冤假错案丛生、道德水准严重滑坡、正常的社会经济活动无法进行等。

二、中国干群关系紧张的当代特征

改革开放 30 多年来，我们党在新的历史时期，根据新的工作情况和新的形势需要，进一步丰富和发展了党的群众路线理论。邓小平提出了"三个有利于"这个衡量各方面成败的标准，强调要把人民拥护不拥护、赞成不赞成、高兴不高兴、答应不答应作为党制定各项方针政策的出发点和归宿。江泽民提出了"三个代表"重要思想，将其与我党传统的群众路线有机结合起来，把代表广大人民群众利益作为各级干部开展工作的指针。胡锦涛立足于马克思主义群众观，提出了立党为公、执政为民，将实现好、维护好、发展好最广大人民群众的根本利益作为党全部工作的重心，反复强调"权为民所用，情为民所系，利为民所谋"。十八大之后，习近平号召在全党深入开展以为民务实清廉为主要内容的群众路线教育实践活动，为解决形式主义、官僚主义、享乐主义、奢侈之风问题找到了突破口，顺应了人民群众的客观要求和夯实党的执政基础的迫切需要。

但必须指出的是，尽管党在新的历史时期为贯彻和发挥群众路线传统作出了巨大努力，但伴随由计划经济向市场经济的过渡，特别是尚处于社会主义市场经济的初创阶段，在经历大规模、急剧性、多重型社会转型过程中，行业收入差距、阶层收入差距、地区收入差距在不断拉大，利益主体多元化、利益趋向多极化、利益矛盾集中化成为当前中国社会的突出特点。在诸多矛盾中干群矛盾成为全社会广泛关注的焦点之一。2002年中国社会科学院"社会形势分析与预测"课题组对"城市居民对改革开放以来受益最多的群体的判断"表明，有59.2%的被调查者认为，党政干部是改革开放以来受益最多的群体，排名第一；其次是私营企业家；而关于"受益最少群体的判断"，排在第一位的是工人，第二位的是农民。在对"城市主要社会问题的判断"中，有70.4%的被调查者认为，当前城市面临的主要社会问题是失业下岗，54.7%的被调查者认为，腐败问题是城市面临的主要社会问题，其次是收入差距过大，社会贫困等。在对"城市居民关于各阶层利益冲突的判断"中，排在第一位的是私营企业的劳资矛盾，第二位是贫富差距，第三位是干群矛盾，并且东、中、西部地区的社会公众对干群矛盾的判断呈日渐严重的趋势。[1]透过以上调查数据可以看出，干群矛盾，亦即权力阶层和劳动阶层的利益冲突已成为中国社会权力、资本、劳动三大阶层利益博弈过程中的重大问题，这与党代表最广大人民群众利益的根本宗旨和立党为公、执政为民的群众路线要求存在巨大差距，所以必须引起高度重视和警惕。

上述调查结果也迫使我们深入思考，当代中国干群关系的紧张状况具体表现在哪些方面？其主要特征是什么？借鉴于建嵘等人的研究成果[2]，笔者认为，首当其冲的是农民阶层的依法抗争。在中国广大农村，与农民直接打交道的主要是县、乡两级干部，特别是乡级政府要将中央、省、市、县千头万绪的政策措施落实到每位农民身上，繁重任务的存在使其具有增加编外人员的持续动力，然而，目前的国家财税制度又使县乡政府的财权与事权严重不匹配，从而增加了其乱收费、乱摊派和私设小金库的经济压力和动力，加

---

① 参见李培林、张翼等：《社会冲突与阶级意识》，社会科学文献出版社2005年版，第九章相关论述。

② 参见于建嵘：《抗争性政治》，人民出版社2010年版，第二章、第三章相关论述。

之，基层政府个别人员素质低下，工作方法简单粗暴，从而使得改革开放以来基层农村的干群关系呈现出摩擦不断且持续升级的特征。农民维权抗争的主要方式包括：（1）上访告状，即以中央或省市文件为依据，控诉县乡政府违规操作，以便引起上级重视。（2）广泛宣传，即通过集贸市场、高音喇叭、宣传车等各种方式，将中央文件的真相传达到各村各户，指明基层政府违反国家规定的各种行为。（3）阻挠收费，即用拒交的方式阻止乡镇干部乱摊乱派的各种税费。（4）依法诉讼，即根据中央文件和法律规定向法院起诉乡镇政府。（5）逼退收费，即农民联合起来逼迫某些部门或单位将多收农民的钱款退还给农民。（6）静坐示威，即到交通要道或上级党委政府部门前静坐，要求上级领导表态。特别是在广大农民的依法维权过程中，涌现出了一大批上访代表、减负代表，他们或是路见不平类人物，或是逼上梁山式人物，成为为民争利的代言人，中央政策的维护者，贪官污吏的反抗者，并且他们彼此之间互通信息、相互协助、相互激励，具有高度的集体认同感，甚至提出"宣传政策不走样，贯彻政策要坚强，一人有难大家帮，铲除腐败和黑帮，团结一致奔小康，永远忠于共产党"的行动口号，要求建立农会组织，维护广大农民的合法权益。可见，农村利益冲突以及基层党政行为失范造成的传统农村权威结构失衡，对农村政治资源的重新配置提出了重大挑战。

其次是工人阶层的依理维权。在社会主义市场经济体制建立的过程中，权力阶层和资本阶层的经济地位逐步上升，工人阶层的地位明显下降，特别是作为工人阶层主体的产业工人在社会资源分配体制上的弱势地位已是不争的事实。全国总工会的多项调查表明，近十几年来国有企业职工参与的群体性事件不断增多，规模呈扩大趋势，对抗性加强，处理难度增大，地区和行业性特点突出。其中，困难职工是群体性事件的行为主体，他们维权抗争的原因较为复杂，如不经过职代会等法定程序，违背工人意愿强行改制；改制安置不合理；拖欠工人集资款、工资和福利待遇；对企业资产评估不合理导致国有资产流失等。与国有企业职工相比，农民工情况更加严峻，由于受城乡二元结构的限制，大量农民工将青春、汗水甚至生命遗落在城市，但又无法摆脱农民的身份，他们无法像市民那样享受到医疗保险、子女教育、失业保险、住房优惠等各种社会保障。另外，农民工虽然身在城市，但他们的经济资源、社会关系和政治控制都扎根在农村，在乡村选举、计划生育等工作中必须接受家乡政府的管理，农民工在遭遇欠薪时，通常采用要么忍气吞声、要么暴力讨薪、要么自杀维权等踩在法律边缘的手段伸张自己的合法诉求，政府在劳资双方的利益冲突中如何平衡双方的利益矛盾，直接关系到政府与广大农民工阶层的诚信关系以及政府自身的权威性和公信力。

再者是群体性社会泄愤事件的频繁发生。群体性社会泄愤事件主要是指那些在相对自发的、无组织的、不稳定的群体情境中，由成员之间的相互暗示、激发和促进而发生的社会行动。① 这类事件在起因、过程、后果等方面有高度的结构相似性，参与者中除少数人与事件本身有直接利益关系外，绝大多数人与事件本身没有直接性利益关系，事件背后反映出在社会发生剧烈变动过程中，很多人对利益的重新分配存在着广泛的不满情绪，他们普遍具有利益相对被剥夺感，感觉生活压力在不断加大，特别是某些地方政府的不作为和乱作为，造成了社会秩序的紊乱和失控，司法的不公使有些人的正当利益得不到保护，对党和国家所倡导的核心价值体系和价值观没有认同感，传统道德体系和行为规范崩溃。张峰将这类事件区分为暴力型和非暴力型两种，前者如贵州瓮安事件、甘肃陇南事件、云南孟连事件、广东乌坎事件等；后者如江苏启东事件、宁波 PX 事件、大连环境维权事件等。其中，暴力型事件大多发生在农村区域，这主要是由于农村组织化程度较低，相对缺乏公共理性；特别是在城乡结合部的农民，其利益结构严重失衡，失地农民、"三无"人员比较集中，他们生活相对贫困，心理失衡严重，又缺乏有效的利益协调机制，个性化和多元化的利益诉求得不到尊重、重视和回应，一有风吹草动，心中积郁的愤懑情绪就极易爆发。所有这些现象都折射出基层社会干群关系的高度紧张状态，许多基层政府官员与广大人民群众缺乏基本的信任、沟通和互动，要么以压制方式维稳，采取"搞定就是稳定，摆平就是水平"的态度，要么是妥协性维稳，花钱买太平，一味妥协退让，得过

---

① 吴帆：《集体理性下的个体社会行为模式分析》，经济科学出版社 2007 年版，第 90 页。

且过，严重降低了基层党和政府在人民群众心目中的地位和作用。[1]

最后是社会黑恶势力的不断嚣张。中国共产党夺取全国政权后，彻底摧毁了原来由豪强士绅和宗族势力相结合的基层社会控制体系，将旧政权的受害者——贫苦大众扶持为新政权在基层的公共权力代表，同时也让社会黑恶势力失去了生存空间。但伴随改革开放和市场经济的发展，由于乡镇一级基层政府财政困难和治理失灵，社会黑恶势力开始抬头。于建嵘认为，它主要表现在两个层面：一是乡镇官员的黑恶化和黑恶势力的官员化。一方面个别乡镇干部为黑恶势力撑腰打气，引狼入室，依靠他们去施政；另一方面，黑恶势力通过各种途径进入体制内获取合法外衣，然后再运用公共权力从事罪恶勾当，如个别乡镇官员让黑恶势力披上"执法队""工作组"的合法外衣，使其耍蛮施横、为非作歹、欺压百姓，乃至欺行霸市、敲诈勒索、残害无辜。二是黑恶势力采用暴力威胁和贿赂选举相结合的手段侵入农村基层政权，扰乱村民自治。个别地方的村支部和村委会两委班子选举虽然实现了形式上的民主，但实际上是被乡镇领导主导，黑恶势力和家族势力介入和操纵，通过形式民主使社区内黑恶势力合法化。他们一旦当选就竭尽全力控制地方经济资源，甚至以现代企业制度来装扮自己，将村级组织变成了黑公司的附属品。乡镇和村级政权的黑恶化导致施政行为暴力匪化和干部的奢侈腐败，加剧了基层政权的合法性危机，致使社会动员能力严重下降，并引发干群矛盾的持续激化。[2]

三、干群关系和谐发展的路径选择

要全面促进干群关系的和谐发展，首先需要正确认识改革开放30多年来干群矛盾的根本性质。从表面上看当前干群关系与建国前后的干群关系相比发生了重大变化，在少数地区由鱼水关系变成了油水关系，在个别地区和时段乃至变成了水火关系，但必须指出的是，这种现象的发生有其历史必然

---

[1] 参见张峰：《为何农村区域易发暴力型群体性事件》，《学习时报》2013年4月15日。
[2] 参见于建嵘：《抗争性政治》，人民出版社2010年版，第213页。

性。因为在战争年代的军事供给制状态下和计划经济时代国家、集体、个人利益高度一致情况下，干群关系的和谐共存有其坚实的经济、政治、文化基础做支撑，但在实行社会主义市场经济的今天，国家、集体、个人的利益之间已高度分化，人们对共同关注的问题存在不同看法实属正常现象，执政者既不能对社会民众有太高的心理预期，也决不能用"阶级斗争"的思维模式看待今天的阶层冲突现象，只要广大民众的维权抗争活动涉及的是多发性和分散性的具体利益诉求，执政者就应当酌情予以合理处置。因为发达国家的现代化发展史证明，现代化与动乱之间存在着一种二元张力结构，只要这些不稳定因素能够通过根本性制度框架予以吸纳和净化，广大民众能够意识到除了现有制度没有其他制度可以替代他们获得更好的生存方式，那么就应当允许冲突在一定范围内合法存在，因为真正的和谐并非人为的平静，只能在周而复始的矛盾运动中获得。从某种意义上讲，一定范围内的阶层利益冲突的存在，恰恰是阶层和谐共存的前提和标志。

二是领导干部要真正密切联系群众，切实做到为民务实清廉。中国宪法第二十七条规定："一切国家机关和国家工作人员必须依靠人民的支持，经常保持同人民的密切联系，倾听人民的意见和建议，接受人民的监督，努力为人民服务。"《公务员法》第十二条规定，公务员应该履行的义务是"全心全意为人民服务，接受人民监督"。要将上述法律规定落到实处，就要求各级党员干部必须树立和坚持马克思主义的群众观点，尊重人民群众的历史主体地位，坚持以人为本，执政为民，对人民负责，为人民服务，受人民监督，让人民满意，永做人民公仆。要增强对人民群众的深厚感情，保持同人民群众的血肉联系，真正把实现好、维护好、发展好最广大人民的根本利益作为全部工作的出发点和落脚点。要坚持群众路线，尊重群众的首创精神，深入调查研究，问政于民，问需于民，问计于民，积极回应人民群众要求。要提高为人民服务的本领，善于做群众工作，努力提供均等、高效、廉价、优质公共服务，促进科学发展和社会和谐。

三是持续推进中国基层社会的"增量民主"，让广大人民群众逐步树立起自由与责任、民主与法治辩证统一的现代公民意识。几千年的封建文化造就了中国百姓"安分守己"与"造反起义"的双重人格。所谓安分守己就是安于自己等级身份制下的社会地位，恪守儒家三纲五常的道德说教，与之相对应的另一面就是造反起义，因为从顺民到暴民只有一步之遥，顺民由于顺从，其利益最易受到伤害，但这种伤害积累到一定程度时，就会如火山爆发一般喷涌而出。要避免中国基层社会恶性群体事件的频发，就必须大力发展农村和社区基层民主，拓展农村和社区基层民众的利益诉求渠道，逐步提高其利益诉求能力和民主协商能力。同时让民众明白真正的自由就是人为自己立法，为自己的自由选择行为承担起应有的道德和法律责任，而不是为所欲为，真正的民主就是要用多数人的权利制约决策过程中少数人的权力，但只有法治化的民主才是正常健全的民主，完全脱离法治的民主只能走向社会混乱，法治要求任何机构和个人的社会活动必须遵循民主程序制定的各项法律，并使其行为本质上符合宪政精神的要求。

四是强化制度建设应当成为中国现阶段促进干群关系和谐发展的重中之重。制度的作用在于为人们的行为提供规范，建立制度首先要出台各种规定和要求，但这只是制度赖以生成的各种要素，制度要素之间的有机连接才是制度的灵魂所在。因此，在重视制度要素建设的同时，必须更加重视制度体系的建设，否则，制度要素之间的相互矛盾和相互抵消会使制度作用消失殆尽。当前密切干群关系最为重要的制度要素包括：干部选拔任用制度、财政民主制度、重大决策听证制度、民意调查制度、新型的农会和工会制度等。以干部选拔任用制度为例，只要干部的进退留转是少数上级领导说了算，就永远无法避免干部只对上负责不对下负责和跑官要官现象。只有通过各种方式增加人民群众对干部选拔任用的知情权和参与权，才能确保各级干部沉下身段去扎扎实实地密切联系群众，而不是走过场和形式化地联系群众。

第四章

资本阶层与劳动阶层的利益冲突

资本阶层和劳动阶层的利益冲突贯穿在市场经济条件下劳资关系的全部运行过程之中。正因如此，恩格斯在《资本论》第一卷书评中明确指出："资本和劳动的关系是我们全部现代社会体系所围绕旋转的轴心。"[①] 在资本主义市场经济条件下，资本的权利是社会的中心权利，资本控制着社会的主流话语权。二战之后，由于工人运动的不断高涨，资本主义的劳资关系呈现出法治化和规范化的特征，但资本对劳动的宰制并没有发生根本改变。法国著名学者托马斯·皮凯蒂在其新近出版的《21世纪资本论》中，通过对300多年来欧美国家财富收入的丰富历史数据进行详尽探究，再次证明，二战之后发达国家的财富不平等现象虽然没有马克思预言的那样严重，但财富和收入不平等的深层社会结构并没有改变，资本收益率持续高于经济增长率的趋势，将不断加剧收入不平等，并提出通过在全球范围内征收累进资本税的方式来抑制贫富分化和收入不平等。改革开放之后，中国逐步建立起社会主义市场经济体制。社会主义的本质是劳动者的权利处于整个社会的中心地位，但市场经济的规则是资本利益具有至高无上的地位。社会管理层要发展经济就必须招商引资并对资本负责。如何实现社会主义原则与市场经济规则的相

---

① 《马克思恩格斯选集》第二卷，人民出版社1995年版，第589页。

互协调，成为当代中国社会必须面对的重大挑战。中国的现实状况是，以私营企业家为核心的资本阶层不仅其各种权利正在迅速扩张，而且其社会地位也在不断飙升，与之相对的劳动阶层的权利和地位却在不断下降，致使劳资利益冲突已经逐步上升为当代中国社会转型期最为突出的社会矛盾之一。为了构建和谐劳动关系，做到以人为本，促进人的自由全面发展，本章试图从政治伦理学的视角，分别就当代中国劳资冲突现象的个性特征、劳资冲突中的集体协商制度和劳资冲突的法律调整这三个问题予以理论剖析。

第一节　当代中国劳资冲突现象的个性特征

所谓劳资冲突，主要是指劳资双方在涉及与劳动相关的经济利益及其他合法利益时所发生的各种矛盾及其矛盾激化后所表现出来的斗争形式。要对当代中国劳资冲突现象的个性表征予以理论剖析，就必须对资本主义的劳资关系历史及其理论进行宏观扫描，因为个性只有通过比较才能得以彰显。西方市场经济国家的劳资冲突经历了从产业革命到 19 世纪下半叶的自由竞争时期，此时逐步形成了劳资双方直接对立的两大阶级，劳工运动呈现出分散性、局部性、激烈性、放任性特点。从 19 世纪下半叶到 20 世纪初，资本主义市场经济开始由自由竞争走向垄断阶段，工会组织广泛建立，劳资冲突呈现出组织性、规模性特点，集体谈判制度处于萌芽阶段，国家开始通过法治途径干预劳资冲突。自二战至今，西方劳资冲突发生重大变化，时而紧张，时而缓和，总体特征是：工人开始广泛参与民主管理；集体谈判制度进一步被强化，三方协商机制陆续出现，国家调节劳资冲突的立法体系逐步完善。[①] 其间，不同国家的劳资冲突又呈现出独特的国别特征，如美国通过"职工持股"的方式增加职工对企业的参与感和安全感，激励职工为企业作出更大贡献；德国表现为"冲突性伙伴关系"，即在保障劳工权益的同时，也要通过协作促进企业发展；日本则通过"终身雇佣制、年龄序列工资制、企业

---

① 　参见常凯主编：《劳动关系学》，中国劳动社会保障出版社 2005 年版，第 34 页。

利益共享制"等形式，努力形成和谐融洽的劳资关系。自改革开放以来，中国逐步进入劳资冲突高发期，与上述西方市场经济国家的劳资冲突现象相比，目前中国的劳资冲突呈现出以下几种明显的个性化特征。

一、冲突主体的多元性

在由计划经济向市场经济转型的过程中，无论是劳动关系的权利主体——劳动者与工会，还是劳动关系的义务主体——雇主和雇主组织，都在发生着深刻而剧烈的变化，诸如：由国家为全社会利益代表的利益一体化的劳动关系转变为企业主与劳动者各自独立的雇佣劳动关系；由以政府行政控制为主的劳动关系运行机制转变为以企业为主体的市场运行机制。[①]其间，伴随劳资双方利益分化的不断扩大，劳资冲突的主体与类型呈现出明显的多元化特征。从企业产权性质的角度划分，包括国有企业、集体企业、股份企业、联营企业、私营企业、外资企业等，在此仅就国有企业、私营企业和外资企业劳资冲突主体的基本特征分别展开论述。

就国有企业而言，在计划经济时代，国家通过科层制的行政命令掌控着企业工人的招收与辞退、工资制度和奖金发放、社会保险和福利、职工的晋升与惩戒等，且国家、企业和职工三方的利益具有整体一致性。实行市场经济之后，国企改革的重心是政企分离，劳资双方的利益差别逐步加大，不仅经营者与劳动者之间的工资收入相差巨大，而且经营者的法人财产权和自主权空前扩张，特别是企业为了提高经济效益，裁减富余人员成为其必然选择，致使大批下岗职工的工资和福利保障受到严重损害，迫使政府通过再就业和各种社会保障措施来修复和校正企业改制、兼并、减产、破产引发的各种对劳动者的社会不公现象。如何深化分配制度改革，保障国企职工的劳动补偿，维护他们的合法权益，成为国有企业劳资冲突主体必须面对的核心问题。

就私营企业而言，它已由改革开放初期的"拾遗补缺"变成今天社会主

---

① 参见常凯主编：《劳动关系学》，中国劳动社会保障出版社 2005 年版，第 133 页。

义市场经济的重要组成部分。在私营企业中，雇主既是劳动力的支配和使用者，又是雇工剩余价值的占有和受益者。由于在工业化进程中，各地为了发展经济，急需资本力量为之助力，而劳动力市场又长期供大于求，致使在劳资冲突中资方占有绝对的优势地位。在私营企业中不仅劳动标准的执行很不规范，加班加点工作、拖欠工资、安全卫生问题严重、工伤事故频发、劳动合同签订率低等成为一种普遍现象，而且私营企业的劳方大都由农民转化而来，他们不仅自我组织能力低下，且文化水平偏低，法律意识淡漠，维权能力欠缺。要改变当前劳资冲突主体力量对比上存在的巨大差异和不平衡，尚需全社会长时期的艰苦努力。

就外资企业而言，改革开放以来，中国为了吸引外资不仅为之提供了各种优惠条件，而且低廉的劳动力价格也成为外商投资的重要驱动力。在外资企业中，劳资冲突主体的特征因不同国家和地区投资商的雇佣习惯差异而呈现出不同的特点。有些外资企业投资规模大，且技术先进和安全设施完备，职工素质高，工资待遇普遍高于其他企业。但也有一些投资规模较小的劳动密集型企业，不仅安全保护措施差，投保率低，而且工资水平偏低，突发事故频繁，管理极不规范，劳动争议较多，乃至存在采取非法手段任意打骂、侮辱和体罚职工现象。如何有效规范外资企业的经营行为，减少劳资对立，提高其社会责任感，是中国对外开放和利用外资过程中面临的巨大挑战。

二、冲突内容的多维性

前已备述，在不同的社会体制下，劳资冲突主体呈现出不同的个性化特征，就冲突内容而言，亦复如是。中国的劳资冲突内容主要围绕劳动者的个别劳权和集体劳权展开，其中，个别劳权是集体劳权的直接目标，集体劳权是个别劳权的程序保障。

就个别劳权而言，中国《劳动法》第三条规定："劳动者享有平等就业和选择职业的权利，取得劳动报酬的权利、休息休假的权利、获得劳动安全卫生保护的权利、接受职业技能培训的权利、享受社会保险和福利的权利、提请劳动争议处理的权利以及法律规定的其他劳动权利。"其中，劳动就业权是个别劳权赖以生成的前提和基础，劳动报酬权是全部劳动权利的核心，休息休假权和安全卫生权是关系到劳动者健康和生命延续的基本人权，职业培训权是由政府部门和雇主承担的劳动基准权利，社会保险权是社会公平价值在法律上的体现，劳动争议处理权是保障劳动者合法权益的特别诉权。

就集体劳权而言，《劳动法》第 7、8、33 条作出了明确规定，包括团结权、集体谈判权、民主参与权、集体争议权等。其中，团结权是劳动者为实现维持和改善劳动条件的基本目的而结成暂时或永久的团体，并使其运作的权利。它是劳动关系中的一种特定的结社权，是确保集体劳权得以实现的前提和基础。集体谈判权是劳动者集体为保障自己利益，通过工会或其代表与雇主就劳动条件进行协商谈判，并签订集体合同的权利。它本质上是劳资关系的自治权。民主参与权是劳动者参与企业和社会管理的权利。它是对资本领地的介入和分享，是企业民主化的基础和重点。集体争议权则是劳资关系双方在劳动关系中为实现自己的主张和要求，依法采用罢工或闭厂等阻碍企业正常运营手段集体对抗的行为权利，集体争议权的核心是罢工行为。①

当然，《劳动法》在规定劳动者权利的同时，也对劳动者的义务做了明确规定："劳动者应当完成劳动任务，提高职业技能，执行劳动安全卫生规程，遵守劳动纪律和职业道德。"但由于目前劳动力市场供大于求的局面将长期存在，与劳动者的义务相比，"强资本，弱劳动"的社会现实使得资本阶层对劳动阶层权利的侵蚀十分严重，呈现出早期资本主义原始积累时期的劳资冲突特征，如前文提及的拖欠克扣工人工资、超时加班、工作环境恶劣、工伤事故频发、侮辱打骂体罚工人、劳动争议得不到及时解决、劳动阶层收入增长缓慢等。从目前中国劳资冲突的性质上看，绝大多数是由于劳动者的基本经济权益被侵害，且呈现出易发多发并不断升级的特点，个别地区和行业已初显政治诉求的苗头。

---

① 参见常凯主编:《劳动关系学》,中国劳动社会保障出版社 2005 年版,第 163 页。

三、冲突方式的多样性

当劳资之间发生冲突时，在西方市场经济国家，工人或工会采取的常见手段包括罢工、怠工、联合抵制、纠察、占据工厂、自主生产等。与之相比，由于中国在法律上缺少对罢工、纠察、联合抵制等劳资冲突方式的立法，劳动者面对劳资冲突时常见的维权方式包括：（1）劳动争议仲裁和诉讼。即劳资双方因就业条件、就业待遇发生纠纷时，可以选择调解、仲裁、诉讼、协商等方式来解决。（2）跳楼、自杀以及暴力报复等。由于农民工缺少组织化，签订集体合同的人较少，相当一部分劳资冲突是劳动者个人与资方冲突，孤单的个人面对强大的雇主时，自杀威胁、伤害企业负责人也就成了常见方式之一。（3）集体堵厂、堵路、静坐、上访等。在各类企业中，单独的劳动个体无法与强势资本抗衡，当人单势孤的工人利益受损时，他们会借助血缘、乡缘等力量向社会和政府施压，以求自身合法权益得到保护。（4）怠工、旷工、偷懒、破坏企业财物、消极参与企业管理。由于劳动力市场供大于求的现象严重，面对巨大的就业压力，许多农民工被迫接受极低的工作条件，当与资方发生冲突时，就把痛恨隐藏起来，以怠工、旷工、偷懒、破坏企业财产等方式表达不满。（5）对社会宣泄愤恨。当劳方无法向资方发泄不满时，整个社会就成为其宣泄对象。大量研究表明，近年来城市犯罪构成中，外来农民工占有极大比例。[1]

在西方市场经济国家，与工人或工会可能采取的产业行动相适应，雇主或雇主组织通常会采取关闭工厂、停工、雇佣罢工替代者、发动复工运动等方式，来对工会的行动作出反应。而中国的资方或各类雇主组织则通常采用以下方式与工人对抗：（1）解雇。雇主往往利用农民工担心找不到工作，以解雇相威胁。（2）封杀令。即雇主间相互交换一些所谓"闹事分子"名单，相约不雇佣这些人，使他们失去就业机会，这与西方国家的黑名单制度有相似之处。（3）撤资。许多中外企业深知投资所在地政府发展经济的迫切愿望，

---

[1]　参见杨正喜：《中国珠三角劳资冲突问题研究》，西北大学出版社2008年版，第73页。

以撤资闭厂逼迫当地政府对工人施压。

四、冲突根源的复杂性

学术界围绕劳资冲突的根源问题存在多种分析模式，有人从宏观、中观、微观三个层面作出说明，有人从经济、政治、文化、社会等不同角度予以揭示。笔者试图综合相关论述，分别从直接性根本因素和间接性背景因素这两重视角进行剖析。

就直接性根本因素而言：（1）劳动力市场的供求状况是诱发劳资冲突的根本因素。当劳动力供给处于无限状态时，雇主就会不断压低用工条件，提高剥削程度，劳动者只能放弃应有权利和利益，同时也为劳资冲突埋下了隐患。自 20 世纪 90 年代以来，伴随工业化步伐的加快和人口的自然增长，大量农村剩余劳动力和城市下岗职工涌入劳动力市场，就业市场的竞争非常激烈，致使劳资双方的各种不平等交易在所难免。（2）劳动力素质状况制约着劳动者的维权行为。据统计，我国拥有近 4.8 亿农村劳动力，小学以下文化程度者占 37.33%，初中文化程度者占 50.24%，高中文化程度者占 11.79%，大专以上文化程度者占 0.64%。[①] 这种整体素质的低下状况，一方面使其只能处于工资较低，工作条件差、技能要求低下的次级劳动力市场；另一方面其法律观念和自我保护意识薄弱，在正当利益受到侵犯时无法使用合法手段保护自我利益。（3）劳动力的组织化水平影响着劳资冲突的暴力程度。在现代西方国家通常由工会代表劳动者与资方进行集体交涉。由于工会掌握着罢工权这一巨大的威慑力量，使其在集体谈判制度和民主参与制度方面具有一定的权威性，同时也使其劳动关系呈现出法治化的特征。与之相反，中国在经历由计划经济向市场经济转型的过程中，一方面传统的工会组织亟待转变思路，强化与会员的关系，回到劳动者切身利益维护者的身份上来；另一方面许多私营企业主和外资企业，要么其工会组织不健全，要么变成了资方制约工人的"老板工会"，特别是没有与罢工相关的各种配套法规，致使劳资

---

① 杨正喜：《中国珠三角劳资冲突问题研究》，西北大学出版社 2008 年版，第 115 页。

冲突处于自发的、非理性的、破坏性的状态，自杀、报复、上访、静坐、堵路、破坏企业设备等成为工人维权的重要手段。要将劳动者的集体行动纳入组织化、法治化的轨道，就必须在组织结构、职能作用、工作思路等方面，不断完善和改革各类企业中的工会组织。(4)企业社会责任意识的强弱是影响劳资冲突的重要因素之一。众所周知，追求利润最大化是资本的本性，在目前的市场经济条件下，许多私营企业家为了降低雇用成本，不惜以牺牲劳动者的利益、健康甚至生命为代价，从而导致劳资冲突不断升级和恶化。但随着西方发达国家企业社会责任思想的引入，人们逐步认识到，必须把企业的运行与员工的利益及社会责任有机地结合起来，企业在为股东负责并不断创造财富的同时，还必须对全社会负责，包括遵守商业道德、保护劳工权利、保护生态环境等。如何根据基本国情，创制出中国特色的企业社会责任体系，将是影响未来劳资冲突研究水平和实践状况的重要因素之一。

就间接性背景因素而言：(1)目前的经济体制、产业结构、市场状况、技术变革等社会经济环境是影响劳资冲突状况的重要因素。以公有制为基础和多种经济形式并存的经济体制使劳资冲突的类型和内容呈现出多元化的特征；越来越多的劳动力从第一产业向第二、第三产业的转移影响着劳动力的就业规模和容量；市场运行中的通货膨胀、商业周期等因素影响着劳动力的福利水平和岗位转换；技术创新导致的产业结构升级使劳动者的素质构成发生重大变化，进而影响到劳动密集型和技术密集型产业的劳资冲突状况。(2)政治法律环境制约着劳资冲突的基本走向。不同的政治体制对劳资冲突的性质具有重要的影响作用，对应于集权化的政治体制，劳资关系呈现为以雇主为中心的利益一体型，对应于民主化的政治体制，劳资关系呈现为利益协调型。目前我国的劳资关系正在经历着由利益一体型向利益协调型的转换。此外，政府在治理社会过程中出台的货币财政政策、就业政策及教育培训政策更是影响着特定阶段劳资冲突的基本走向，特别是用以调整劳资双方权利义务关系的法律规制体系对劳资冲突双方都会产生巨大的影响作用。与发达国家相比，中国劳资关系领域的法制环境亟待改进。(3)中国的社会文化环境对劳资冲突发挥着潜在的影响作用。其中，社会不同阶层的利益分配不公和收入差距的不断扩大使劳资双方的力量对比愈加不平衡，而社会主流的集体主义价值观和信仰体系又无法适应劳资利益博弈的现实，特别是众多企业的规章制度、行为规范、职工心态和企业精神更是潜移默化地影响着劳资双方权利义务的调整过程。（4）经济全球化进程的不断加速已成为影响我国劳资关系变化的重要因素。经济全球化本质上是资本主义经济体系和规则对于全球的征服和统一，它对中国的劳资关系产生了双重影响。一方面，资本跨国流动能力的增强迫使各级政府为了发展经济，拼命留住资本，出台各种优惠政策，乃至以牺牲劳动阶层的利益为代价，包括削减工人福利、降低工人工资、取消各种管制等；另一方面，各种国际劳工标准对中国的劳动立法也产生了积极影响，促使我国在发展市场经济的同时，不断完善劳动法制体系，逐步与国际劳工标准衔接，使劳动阶层的合法权益在一定程度上得到进一步的保护。①

五、管控模式的多变性

一般来说，世界各国都经历过劳资关系激烈冲突时期，任何国家的政府都不会坐视这种状况长时间存在。为了稳定劳资关系，平息劳资冲突，各国在不同的历史时期，采取了不同的管控模式，由此形成了自由化和分散化的美国模式、劳资协议自治的德国模式和劳资双方信任合作的日本模式等。与之相比，由于中国正处于由计划经济向市场经济转型的过渡期，市场经济制度尚不完善，引发劳资冲突的原因极其复杂，致使劳资冲突的管控模式同样呈现出变动不居的特征。

一是不同产权性质的企业处理劳资冲突的方式各不相同。在各类大中型国有企业中，由于职工与企业的隶属关系呈现为多种形式，包括固定工、合同工、劳务派遣工、临时工等，劳资双方发生冲突时，其管控和处置方式也表现出多样化特征，如对固定工主要通过企业党委、工会等组织协商解决，对合同工、劳务派遣工、临时工主要由企业调解委员会在查明事实和分清是

---

① 参见常凯主编：《劳动关系学》，中国劳动社会保障出版社 2005 年版，第 83 页。

非的基础上，依据相关法规和合同规定协商解决。在各类外资企业中，由于不同国家处理劳资冲突的方式不同，投资商的雇佣习惯不同，其管控劳资冲突的方式也呈现出巨大的差别性。在规模不等、类型各异的私营企业中，处理劳资冲突的方式更是千差万别。从总体上看，劳动者个人与企业雇主之间订立劳动合同的现象占据较大比例。因此，除了双方协商解决外，大多通过法律途径由劳动仲裁部门或各级人民法院解决，而集体劳动争议或团体劳动争议通常需要政府部门介入解决。由于中国没有罢工法来支持劳工权益，劳工走投无路时，就会通过集体上访、围堵政府、堵塞道路等方式引起全社会的广泛关注，从而为维护自身的合法权益进行非法斗争。

二是同一企业在不同的历史时期处理劳资冲突的方式也各不相同。以私营企业为例，由于中国的改革开放事业刚刚走过 30 多个年头，许多私营企业成立的时间较短，其经营理念、规章制度、用工方式极不稳定。有的企业时而采取传统式家族企业管理模式，时而采用欧美企业的绩效管理模式，或者各种管理模式并存。这种飘忽不定的企业经营模式直接影响着劳资双方的利益分配和博弈形式。特别是中国政府在经历多重性、大规模的社会转型过程中，其经济政策、产业结构、法律法规一直处在变动不居的发展过程中，这也极大地影响着国家、社会和企业处理劳资冲突的方式与方法，乃至个别私营企业采用各种或明或暗的非法手段来处理企业内部的劳资冲突。从这种意义上讲，在中国要形成不同于欧、美、日，并具有自身特色的较为固定的劳资冲突管控模式，尚需经历一个漫长的历史过程。

第二节　劳资冲突集体协商制度的道德反思

资本阶层对财富的贪婪和劳动阶层因贫困而发生的暴力，是从不同方向威胁一个国家和谐稳定的两把利刃。在中国，自从 20 世纪 90 年代开始，伴随市场经济改革取向的确立和城市化步伐的加快，在各类产权性质的企业中，劳资纠纷均呈现出大规模急剧攀升的态势。其中，集体争议因涉及人数众多、对抗性强、处理难度大和影响广泛，逐步成为经济发展过程中不可回避的重大而敏感的问题，而国际劳工组织倡导的工作场所三方协商、民主参与和社会对话机制已为国际社会广泛接受。基于国内现实需求和国际必然要求的双重考虑，本节试图站在政治伦理学的视角，在充分借鉴西方发达国家历史经验的基础上，就中国劳资冲突中的集体协商制度进行深层次的道德反思。

一、西方国家集体谈判制度的曲折历程和价值原则

集体谈判制度，是指代表工人一方的工会和代表资本家一方的雇主经过集体谈判后达成一种具有法律约束力的用以稳定劳资关系的合同生成模式。时至今日，这种制度尽管已被西方众多资本主义国家所广泛采纳，但就其历史生成过程看，它都是在经历了纷繁复杂的曲折斗争之后才逐步达至今天的状态。从18世纪末到19世纪中叶，集体谈判制度为所有资本主义国家所禁止。当时的政府认为，工人以团体的方式强迫雇主签订协定，既违背了"契约自由"原则，也抑制了资本家的投资积极性，如1800年英国议会就通过了《禁止结社法》，将三个以上工人与雇主谈判的行为定位"共谋罪"并送进监狱。从19世纪中叶到20世纪初，政府发现通过立法形式禁止工会参加谈判，会导致工会转入地下活动，进而形成更大规模的罢工浪潮。为此，资本家开始同意签订一系列集体合同，在纺织、矿山、冶铁等行业，工会与雇主达成的协议越来越多，但政府认为，这种协议属于"君子协定"，不属于政府法律保护范围，法院不予受理相关案件。自20世纪初至今，伴随工人运动的波澜壮阔，特别是十月革命的爆发，资产阶级逐步意识到通过协商谈判制度，既可以保障自身利益免遭巨大损失，又能缓解劳资矛盾，特别是可以有效约束劳工的随意罢工行为。于是，各国政府开始肯定和接受这种集体合同制度，颁布了一系列相关法律条文，逐步用法治方式保障集体谈判制度的有效落实。① 尤其需要指出的是，1919年在美国劳联的推动下，国际劳工组织成立，二战后它成为联合国的一个专门机构，面对市场经济的不断完善

---

① 参见常凯主编：《劳动关系学》，中国劳动社会保障出版社2005年版，第277页。

和国际社会民主浪潮的加剧，尤其是科技对劳动生产率的贡献不断增大，为避免劳资对立走向恶性循环，保障劳方、资方、政府三方利益的均衡协调，国际劳工组织开始大力倡导通过政府代表、雇主代表和工人代表协商谈判来解决劳资矛盾。1960年和1975年先后通过了《（行业和国家级）协商建议书》《（国际劳工标准）三方协商公约》《（国际劳工组织活动）三方协商建议书》等一系列法律文本，从而极大地促进和推动了世界各国三方协商制度的形成和发展。

面对劳资双方深刻的阶层冲突和利益博弈，西方各资本主义国家由于政治、经济、法律、文化背景的不同，形成了各具特色的集体谈判模式，包括劳资双方激烈斗争模式、多元放任模式、相互制衡模式、经营者或国家统合模式等。而且，西方学者站在不同的学术立场和运用不同的治学理念，也形成了从右倾到左倾不同的理论派别，包括强调市场自由的新保守派，强调员工企业认同的管理主义学派，强调劳资利益均衡的正统多元论学派，强调产业民主和工人自治的自由改革主义学派，强调向资本主导权挑战的西方马克思主义学派等。[①] 透析多种形式的谈判模式和理论主张，可以明显看出西方集体谈判制度主要遵循以下三大价值原则：（1）契约自由原则。市场经济本质上是契约经济，它要求作为劳资双方的市场主体在意志自律的前提下展开彼此之间的交往行为，包括劳资双方独立自主的自由决策并为之承担经济风险，在劳动过程中相互尊重对方的权利和意愿。尽管在资本主义早期的劳动契约中，雇主在劳动条件和劳动标准的确立上占据绝对优势，劳动者个人很难与之抗衡，但劳动者自由辞职和资方自由替换工人仍然为双方所认同。在三方协商机制普遍实施的今天，集体合同这一契约形式仍然体现了谈判双方在法律地位和权利义务上的平等性。无论是工资自治政策，还是劳资共决政策，都以对话和协商双方的契约自由为前提。（2）效率优先原则。劳资关系作为一种自由平等的交换关系，它以追求效率至上的经济理性为前提，即劳资双方通过有效履行各自的权利与义务，最终达至双方各自不同的利益目

---

① 参见程延园：《集体谈判制度研究》，中国人民大学出版社2004年版，第79页。

标。就资方而言，是实现管理效率和生产效率的最大化，以期获取高额利润；就劳方而言，是通过发挥自身的聪明才干，获得高工资、高福利和良好的工作保障，以实现自身的人生价值。在三方协商的今天，政府则希望通过调解劳资矛盾，化解双方冲突，消除社会不满，防止发生动乱，进而保证国家财政税收政策的有效落实。质言之，西方的集体谈判制度自始至终充斥着各方为争取自己利益最大化而展开的矛盾与斗争，制约与反制约。(3) 公平正义原则。在集体谈判过程中实现劳、资、政三方总体利益的基本均衡是该制度的终极追求。当然，这种平衡是通过反复博弈和三方的不断妥协与让步而达成的。有的时期在一个政策或协议中利益受到损害或利益增加不明显的主体，在另一次或下一个政策协议中必须获得补偿，在本轮博弈中获得利益优先的主体，可以对利益受损的主体表示某种承诺，在下一轮博弈中予以回报，否则，各方只追求自身利益最大化，而丝毫不顾及他方利益，必然使整个谈判走向破裂和瓦解。正是通过集体谈判让各方都能够通盘了解彼此面临的困难与问题，依据充分的信息资料作出理性判断，实现劳、资、政之间公平正义的利益分配。

二、中国政府在集体协商中的角色定位与伦理取向

面对当前中国劳资冲突存在的各种问题，各级政府在化解这些矛盾时能够发挥十分广泛的积极作用。诸如：可以通过加强劳动政策和立法工作为构建和谐劳资关系打下坚实的基础；可以通过职业培训、就业服务、失业救济等手段逐步形成完善的劳动力市场；可以通过设立劳动标准、培育并健全劳动条件形成机制以及对劳动条件形成过程和结果的监督来确保劳资双方交涉的核心问题得以有效解决；可以通过劳动监察和劳动争议处理来规范劳动力市场和调处劳资纠纷。

在处理劳资冲突问题时，政府除了发挥上述作用外，在三方协商机制的形成和运行过程中更是不可或缺。一方面，政府作为谈判主体具有独特的发言权和表决权；另一方面，政府在提出自己利益主张的同时，要通过各种手段有效协调劳资双方利益使之获得最大限度的满足，从而化解社会矛盾，促

进社会公平，保持社会稳定，推动和谐社会建设。然而，在经历由计划经济向市场经济转轨的过程中，其三方协商机制和集体合同制度不像发达的资本主义国家那样，是随着劳资矛盾的发展演化而逐步建立起来，并且劳资双方是在自觉自愿的基础上通过自由交涉的方式来谈判。相反，我们是在政府的强力干预下，通过自上而下的方式向前推进，政府劳动部门与全国总工会率先进行集体合同试点工作，然后再联合发文，在极短的时间内就使集体合同覆盖了众多企业和地区。上述做法引发的突出问题是：（1）工会漠视职工权利，在职工毫不知情的前提下，自己确定协商代表和协商内容，自己与企业签订集体合同，致使职工不知集体合同为何物。（2）有代表性的正规雇主组织发育不成熟，致使谈判难以有效进行。其中，国有企业因产权关系和劳动关系不明确，雇主与工会之间不可能权责分明；私营企业和外资企业虽然产权和劳动关系明确，但老板与工会的关系极不规范，工会不能成为劳方的真正谈判代表。（3）三方协商中的主体缺失和不成熟为集体合同的形式化埋下了隐患，致使集体合同没有结合本企业实际状况进行量化和细化，而是避重就轻或照抄法律法规条文，合同质量低劣，缺乏可操作性，许多集体合同文本是统一印制的格式化文本，双方签字后就算完成了上级布置的任务和指标，上报了数字就算大功告成。

所有上述现象表明，政府要想在三方协商机制和集体合同制度中释放出正能量，就必须在以下三个方面完成其经济和政治伦理观念的根本转向：（1）近年来劳动争议的不断增加，劳资关系的日益尖锐，特别是大量国企下岗失业职工的存在已经充分表明：计划经济时代那种国家代表企业，企业代表职工，权利主体界限模糊、利益关系不明的状况正在被彻底改变。政府、企业、劳动者各自成为相对独立的利益主体的市场化差异已是社会现实，政府通过行政干预协调各方利益的老办法已经难以奏效，建构劳、资、政协商谈判机制已势在必行，其中政府要鼓励劳资自治，善于统合双方利益，在劳动法的指导下，多以协调者和仲裁者身份出现，主要为双方搭建协商平台并监督双方切实履行各自职责，不能将自己置于劳资矛盾的一线和前沿，承担本不属于自己的责任，把劳资矛盾转换成劳政矛盾。（2）要实现政府、资方和劳方三者关系的良性循环，政府就必须牢固树立公平正义和中庸和谐的现代经济政治伦理观。因为政府如果为了追求 GDP，一味站在资方这边，劳方就会不满；反之，如果政府一味站在劳方一边，像革命年代一样鼓励罢工，资方就会不满。劳方的不满会导致劳工运动的激进化，而资方的不满会导致投资积极性的迅速下降，特别是随着中国新一代青年产业工人登上历史舞台，他们的自组织能力必然会逐步增强，党和政府如何将他们的呼声纳入制度化表达渠道并予以合理承认，从而在深化改革和协调各方利益的同时，控制各方的暴力倾向，以求在实现经济增长、社会稳定和公平正义中找到中庸和谐的平衡点。① (3) 政府要牢固树立三方协商机制和集体合同制度的道德真实性理念，以防上下串通、联合造假、数字工程出政绩的行政模式的恶性循环。认真反思重签约轻协商的工作态度，彻底改变合同签了就万事大吉的办事作风，深刻体悟集体谈判制度的核心是形成劳、资、政三方沟通、理解和达成共识的制度，它必然要经过反复多次的讨价还价。三方协商的过程本质上是各方求同存异、解决矛盾和弥合分歧的过程，衡量三方协商机制成功与否的标准不是签约率的高低，而是要看是否通过协商化解了劳资纠纷，实现了劳、资、政三方的良性互动。例如：近年来，部分私营和外资企业形成的劳企商谈会就是一种治理劳资关系的新型模式，它包括通过政府的倡导和鼓励，在企业内定期召开职工与企业高管座谈会、企业政策听证会、企业信息发布会、工会与管理方联席会等各种形式，由此让劳、资、政三方通过陈情、说理、商量产生穿透力，通过公理、公议、公论产生影响力，以设身处地和通情达理实现互谅互让，有效避免了对抗性、激烈性的劳资冲突，形成了建设性、和平性和柔韧性的劳资关系治理机制。②

三、劳动者和工会组织的权利应得与人格独立

不同学科由于其研究对象不同，对劳动者的界定也就各不相同，而处于

---

① 参见郑永年：《保卫社会》，浙江人民出版社 2011 年版，第 134 页。

② 参见石秀印：《劳企商谈会：一种新型劳动关系治理机制》，《中国党政干部论坛》2013年第 4 期。

劳资关系中的劳动者主要是指现代市场经济中各类产业受雇于他人，以劳动工资收入为基本生活来源的体力和脑力工作者。劳动者只有被雇用，并在生产资料所有者和经营者的指令或指挥下完成一定的工作，才能获取自己的劳动力价格，由之，决定了自由独立性和受雇佣性是劳动者的主要特征。学界通常将中国劳资关系中的劳动者区分为四类：一是有知识和有文化的技术人员和管理人员，即白领工人；二是利用劳动技能直接操作生产工具或提供劳务的工人，即蓝领工人；三是利用体力操作生产工具或提供劳务，其权益得不到制度保障的工人，即农民工；四是暂时失业或没有工作的下岗工人。虽然《劳动法》对劳动者的个别劳权（就业权、报酬权、休假权、保险权、安全卫生权、培训权、劳动争议处理权）和集体劳权（团结权、集体谈判权、民主参与权、集体争议权）进行了明确规定，但在由计划经济向市场经济转轨的过程中，许多劳动者的权益受到极大损失。如计划经济时代的许多固定工，虽然享受了"铁饭碗"和"大锅饭"的权利，但他们一方面丧失了劳动力的最佳年龄段，另一方面又得不到固定工阶段低收入的经济补偿，从而产生严重的权利失落感。而在工业化和城镇化过程中进入各个经济产业的农民工，由于城乡二元化社会制度结构的制约，使得他们在劳动力市场和企业内部受到不公平的待遇，《劳动法》中规定的各种权利无法得到有效保障。

劳动者权利受损的原因从根本上是由现行政治、经济、法律、社会制度的不完善和严重滞后造成的，但更与劳动者在劳资关系中缺乏独立人格密不可分。由于中国正处在大规模的和急剧的社会转型过程中，整个劳动者阶层尚未形成自己独立的价值观念、思维方式、阶层意识和阶层文化，其主要表现是广大劳动者的权利意识及其权利行为尚未从个别劳权层面上升到集体劳权层面。以集体合同制度为例，许多工人认为，现代用工和就业都是双向选择，在大批廉价劳动力涌入城市和大量下岗职工等待就业的情况下，有份工作就不错了，怎敢奢望派代表与厂长、经理协商，要是得罪了厂长、经理，轻则给你"小鞋"穿，重则"炒你鱿鱼"；还有工人认为，现在都是厂长、经理说了算，协商谈判纯粹是搞形式和走过场，解决不了根本问题。再以企业的民主参与为例，许多工人对自己在企业管理中到底享有哪些权利漠不关心，并且认为要参与企业管理需要花大量时间了解企业的各种信息，既费时又费力，领导让干啥就干啥，懒得操那门闲心，对企业管理中出现的各种违背民主原则的现象淡漠处之或消极应对。所有上述现象的出现：一是由于计划经济时代权力过分集中、官僚主义盛行的企业领导制度、组织方式和工作方式阻碍了职工的民主参与积极性和自我组织能力的提高；二是中国几千年的封建统治和封建文化教育所造成的根深蒂固的"官主民仆"的伦理传统妨碍着劳动者权利意识的生成。因此，要真正实现广大劳动者的权利应得，必须确保他们的人格独立，并逐步提升其与雇主讨价还价的能力和水平。从根本上讲，中国的劳动者能否确立起权利与责任辩证统一的现代道德意识，能否成为真正独立自主和自我拯救的成熟的社会阶层，是决定中国能否进入现代社会劳资关系良性互动状态的关键因素之一。

要让广大劳动者的权利意识和权利行为由目前的个别劳权层面上升到集体劳权层面，就必须进一步探讨目前的工会体制及其运作机制的自我调适与深刻转型问题。伴随中国市场经济制度的确立，计划经济时代受政府和企业控制和制约的附庸性工会面临着诸多挑战：（1）劳资关系开始转向以物质利益为核心，以市场交换为载体，以雇佣性为本质的新型关系，政府、企业、职工一体化的利益关系被打破；（2）工会的职责开始由"吹拉弹唱，打球照相，布置会场，带头鼓掌"转向维护职工合法权益，提高会员工资和改善就业条件；（3）职工中各种类型的非正式组织开始出现，以地缘、血缘、亲缘关系为纽带的"同乡会""兄弟会"以及就业性质相近的"打工仔协会""下岗职工联谊会"等不断涌现，对传统工会体制提出挑战；（4）不受工会领导和制约的自发性、非理性、破坏性、群体性劳资冲突事件愈演愈烈，传统工会无法对其保护对象尽职尽责，逐步失去职工信任，其生存根基正在发生动摇。

所有上述现象的发生均要求传统性行政化的工会必须进行深刻的理论创新、组织变革和形象再造。首先，工会组织要深刻体认自己是作为与资本对抗的组织和力量而逐步生成并存在至今的，其首要职能是为会员谋取工资、就业、安全保障等经济利益，以此为基础再通过集体谈判、民主参与、三方协商等途径促进职工的产业民主，并在特定条件下发挥阶级动员的政治职能。其次，工会组织要进行深刻变革，包括实行基层工会干部直选、引入竞争机制、建立工会干部问责制度、惩戒工会不作为等，特别是要结合中国实际，合理借鉴西方发达国家的工会运作机制，如西方许多工会管理人员的工资由会员会费支付，他们聘用企业研究员、律师、财经专家和谈判专家，这些人熟悉各个公司的情况、对不同工种的工资状况、最新通货膨胀率等了如指掌，能代表会员与资方进行有效谈判。最后，必须大力加强工会代表工人利益的合法性基础，使其真正成为与政府和资方具有同等权利和义务的独立代表。目前，中国许多国有企业的工会主席都是由副经理、纪委书记或党委副书记兼任，职工代表大会中管理方代表占有极大比例，而私营和外资企业的工会主席则多由雇主的亲信担当，致使工会成了"老板工会"和雇主的傀儡组织。这种角色错位和定位混乱的状况，使工会难以保持应有的代表性和独立性，无法承担维护职工合法权益的职责。因此，建立符合市场经济多元利益要求的真正代表员工利益的独立性工会已是迫在眉睫的事情。

四、雇主和雇主组织的道德责任与管理伦理

保证集体谈判制度和三方协商机制良性运行的另一关键因素是雇主和雇主组织。在探讨了政府、劳动者和工会在集体谈判制度和三方协商机制中的角色定位和伦理作用后，进一步深入剖析雇主和雇主组织的道德责任和管理伦理就成为题中应有之义。雇主（employer）是对劳动力使用者的一个统称，在中国又被称为资本家、企业家、企业主、经营者等，在产权归国家和集体所有的公有制企业中，企业经营者行使着雇主的职权并享有雇主的经济待遇，但由于目前政治体制和人事管理制度的限制，他们并没有根本改变其国家干部的身份，真正意义上的雇主主要由私营企业主和外商投资企业的业主和经营者构成。而雇主组织则主要由综合性的全国性企业团体（中国企业联合会、中国企业家协会）、各类商会、行业协会、全国工商联、民营企业家协会等构成，与一元化工会组织相比，各类雇主组织呈现多元化、分散化特点。如何使雇主组织的成立和活动规范化和法制化，明确其为雇主利益说话的根本职能是当前雇主组织建设面临的重大问题。就各类雇主和雇主组织对待集体合同制度和三方协商机制的态度而言，他们尚未形成基本的社会共识。如某些公有制企业的经营者认为，企业与劳动者的利益是完全一致的，没有必要人为地划分为两个对立面，去搞集体协商与谈判；也有经营者认为，生存是企业的根本任务，企业效益好了不签集体协议，工人也没意见，企业效益不好，签了也难兑现；而个别私营企业主则认为，企业是自己的，自己说了算，对平等谈判采取或明或暗的抵触态度。①

要使各类雇主和雇主组织在处理劳资关系时，正确认识集体合同制度和三方协商机制的作用，从企业伦理学的视角看，必须使其完成三个层面的转变：(1) 树立企业法人人格意识，实现企业由守法经营向信誉经营的转变。自然人之间的交往注重的是每个人的人格品行和德性。企业作为法人也应该像自然人一样，做一个具有高尚人格的法人。要实现这一目标，企业除了强调竭尽全力避免不法行为的发生，依靠相关法律规范、规章制度和监控措施来保护和维持企业员工的行为标准外，更要强调信誉经营的重要性。后者不把查处和惩罚员工错误行为当作企业管理的最终目标，而是通过明确企业一系列组织理想来指导员工的行为，激发其不断进步的动力，使其献身于企业的理想追求，尽责、守约、公平地处理劳资纠纷。(2) 企业家应当将信誉经营的基本理念渗透和积淀到自身的道德品质中去。质言之，企业家在永恒追求企业利润、勇敢承担市场风险和积极开展创新实践的过程中，努力培育自身的道德责任意识、公平正义情感和诚实守信德性。就道德责任意识而言，它要求企业家在为自己的决策和行为承担经济责任和法律责任的同时，还要承担起更多的道德责任和社会责任，诸如遵守企业道德、维护劳工权利、保障公共安全、保护生态环境、帮助弱势群体等。就公平正义情感而言，它要求企业家在处理劳资纠纷时要具备公平正义的契约意识和平等意识，应以企业与员工签订的契约合同来规范自己与员工的交往行为，真正满足员工对契约中公平利益的期待，对合理条款的认可，并以平等待人的态度处理劳资矛

---

① 参见程延园：《集体谈判制度研究》，中国人民大学出版社 2004 年版，第 100 页。

盾，尊重对方的权利和意愿，不能以居高临下和强取豪夺的方式对待员工诉求。就诚实守信的德性而言，它集中体现在劳资纠纷中的诚实谈判和善意谈判问题上，它要求资方必须把资本的冲动与诚信的建构结合起来，以迅速、有效、诚恳的方式就工资、工时和其他条件进行谈判，达成协议，不能以自相矛盾的方式进行表面谈判或通过拖延策略、强加条件、拒绝提供信息等不道德方式误导谈判和拒绝谈判。（3）在企业管理的各个环节强化道德资本意识，发挥伦理软实力的功用。企业管理涉及生产、交换、分配、消费各个环节。雇主和雇主组织要充分意识到企业不仅需要依赖实物资本、金融资本来发展壮大，更要以道德资本为基础，并使之成为企业各种资本相互结合和各个环节彼此衔接的润滑剂，特别是在企业人力资源管理过程中，要充分发挥管理伦理的软实力作用，包括以经营绩效为导向实现薪酬结构、形式、支付方式的公平正义；以企业的感情承诺、义务承诺、发展承诺为基础，保障员工对企业和组织的内在忠诚；通过合理培训有效开发员工的各种潜能，使之在合适的岗位上最大限度地实现自我价值；重视核心人才、辅助人才、独特人才和通用人才的个体差异，通过有效沟通与合作，增强不同人才在不同管理环节和领域的主动参与感和心灵归属感等。

总之，要保证中国劳资冲突中集体合同制度和三方协商机制的良性运行，就必须合理借鉴西方发达国家的经验、教训和价值原则，使劳、资、政三方都具备独立的人格力量，并能够对各自的行为后果担负起相应的道德责任。在三方协商的过程中，相互制衡只是其外在表现形式，通过制衡达到利益均衡并实现和谐相处才是最终的伦理目的；反之，放弃中庸和谐与妥协让步的道德理念，一味地追求力量摊派，必将引爆深层的社会伦理冲突，最终使各方都要蒙受巨大的乃至无法承受的物质和精神损失。

第三节　劳资冲突法律调整内容的伦理基础

美国早期制度经济学派的代表人物康芒斯认为，既然劳资双方处在永不停顿的竞争之中，那么社会就应该通过建立规则制度的方式来有效缓和双方的冲突，而制度的实质就在于通过集体行动控制个体行动，这种控制一般通过道德、经济、法律三种形式来实现，其中，保证劳资双方由冲突、依存、制约走向和谐共存的最主要手段是法律制度。① 就目前中国劳资冲突的协调和处理而言，凡是无视劳资矛盾的客观存在或对其采取放任主义政策，其实质是偏袒和纵容资本所有者，使劳资冲突更加激烈，并引发劳动者的自发抗争。一个最现实的选择是实施劳资冲突治理的法治化，逐步建构起市场经济条件下的劳动法律体系，通过合理的劳权立法和有效的劳动执法来维护劳动者的基本权利，最终实现平衡劳资力量和保障劳资合作这一终极目标。基于上述考虑，本节试图站在法律伦理学的视角，就中国劳动法治建设的价值取向、劳权立法内容的道德意旨和劳动争议处理中的程序正义这三个问题予以深入剖析。

一、中国劳动法治建设的价值取向

伴随中国由计划经济向市场经济的转型，劳资矛盾的性质、运行机制和利益差别均发生了根本性转变。计划经济时代国家、企业、职工的利益一体化转变为利益主体多元化，国家追求税收的不断增加，企业追求利润的最大化，劳动者要求收入最大化；由政府通过行政手段配置劳动力资源和规范劳动就业条件转变为以企业为主体的市场机制调节；国企中经营管理者的地位和权力不断增长，劳动者的地位和收入却不断下降，非公有制企业中劳资双方的利益差别和分化更为巨大。② 由之引发了劳动立法价值取向的本质性转变。计划经济时代我们大力强调义务本位的集体主义伦理原则，当个人利益与集体利益发生冲突时，要求个人利益要无条件服从国家和集体利益；在实行市场经济体制的今天，当二者发生矛盾时首先要检审和辨析集体利益的真实性或虚假性，其次要充分肯定个人利益的合理性和正当性，最后要在权利平等、机会均等、制度公正和分配公平的前提下，实现二者的有效结合与协

---

① 康芒斯：《制度经济学》（上册），商务印书馆1983年版，第96页。

② 参见谭泓：《劳动关系：社会和谐发展的风向标》，人民出版社2011年版，第30页。

调。上述价值取向的转变要求劳动立法原则开始以人格平等、所有权保护和契约自由为基础来构建，从计划经济条件下忽视私权的状态过渡到市场经济条件下承认私权并以私权为社会利益关系处理的基石。因为真正的人格平等不是一个纯粹的主观性概念，它必须以财产所有权为前提条件，只有取得了对物的占有、使用和受益权，才能具备现实意义上的意志自由和契约自由。

此外，中国通过确立社会主义市场经济体制，社会财富的增长取得了举世瞩目的成就。其间，以权力阶层为代表的改革政策的制定者们和以资本阶层为代表的改革创新的实践者们无疑作出了巨大的贡献。然而，一个无可争辩的事实是，数千万的工农劳动阶层为改革付出了巨大的牺牲和代价，并且资本阶层地位不断上升和劳动阶层地位持续下降，社会财富差距迅速拉大的趋势仍在加剧。这与确立社会主义市场经济的初衷背道而驰。因为，我们之所以要在"市场经济"前冠以"社会主义"这一定语，其目的就是要把共同富裕和保障劳动者的权益放在首位。此外，即使在资本主义市场经济中，劳动者也同样享有明确的社会经济权利，并有一整套劳工权利保障机制。基于上述"强资本，弱劳动"的现实状况，就要求中国的劳动法治建设必须牢固确立"劳权优位"的价值取向。正如常凯教授指出的那样，劳权优位本质上是以社会利益为出发点，为保障一部分人的权利而限制另一部分人的权利，是对权利本位法治的调整，它优位于民法中的财产绝对私有和自由契约原则。① 之所以确立"劳权优位"的法治原则，是因为在市场经济条件下，一方面劳动者的劳动在经济上、人格上和组织上都必须从属于雇主的雇佣劳动。用法律手段调整劳资冲突的目的就是要救济处于弱势地位的劳动者，平衡劳资双方的能力差异，缓解劳资冲突的紧张程度，促进社会正义，维持社会稳定。②

当然，在中国劳动法治建设中，除了倡导劳资双方人格平等和劳权优位的价值取向外，还要确立和坚持"劳资两利与合作共赢"的价值原则。洛克

---

① 参见常凯主编：《劳动关系学》，中国劳动社会保障出版社 2005 年版，第 63 页。
② 参见常凯主编：《劳动关系学》，中国劳动社会保障出版社 2005 年版，第 249 页。

曾经指出："法律按其真正的含义而言，与其说是限制，还不如说是指导一个自由而有智慧的人去追求他的正当利益，它并不在这受法律约束的人们的一般福利范围之外作出规定。"[1] 质言之，良好的法律应该是一种体现在和谐利益关系中的客观化的交往范型，它自觉地扬弃了社会各阶层自身需要和利益的杂多性和偶然性，呈现出一种各阶层自身利益的诉求与社会必然性利益要求相一致的合目的性与合规律性的道德化了的利益关系。[2] 站在上述法律伦理学的视角检审中国的劳动法治建设，它要求立法者在从事劳动立法的过程中，既要看到企业主投资的直接动机是追求利润最大化，劳动者就业的直接目的是获取最大限度的工资报酬，二者存在着根本性利益对立和差异；但又要看到，从企业长远发展出发，劳资双方只有相互协商与合作，才能在共赢基础上实现各自利益最大化。就企业主而言，只有充分尊重和满足劳动者的合法权益和正当利益，才能充分调动他们的劳动积极性；就劳动者而言，只有不断提高自身的素质和能力，遵守劳动纪律和职业道德，保质保量完成劳动任务，才能更好地在企业和社会发展进程中维护好自身的合法权益。与此同时，劳资双方在解决冲突和矛盾的过程中，要采取合法的和规范的非暴力手段，要以保持劳资关系正常和稳定运转作为终极目标，不得采用革命年代的暴力造反与阶级斗争的方式去处理市场经济条件下复杂性的劳资博弈关系。

二、中国劳权立法内容的道德意旨

经过改革开放 30 多年的发展，中国已经初步确立了一套调整劳资冲突的法律制度体系。既有规定劳资双方权利义务的实体性规则，也有规定为实现实体性权利义务而设定的程序性规则；既有层次较高的宪法和基本法律规范，又有中间层次的一般性法律规范，更有大量层次相对较低的行政规章类的规则。其中，为大家所熟知的法律包括：宪法、劳动法、工会法、工资

---

① 洛克：《政府论》下卷，商务印书馆 1964 年版，第 35 页。
② 参见曹刚：《法律的道德批判》，江西人民出版社 2001 年版，第 40 页。

法、劳动合同法、就业促进法、社会保险法、矿山安全法等。在此仅从法律伦理学的视角，就我国劳权立法内容的道德意旨从以下三个层面作出理论辨析。

首先，在个别劳权立法中要将社会主义伦理原则贯彻始终。社会主义的人道主义伦理原则的基础性要求是保障人权，即人不是动植物，人有作为人类一员所具有的一切权利，社会主义要把关心并保障人的需要的满足和利益的实现作为根本目的，每个社会成员都应得到公正的评价，彼此之间要相互尊重，建立起团结、互助、诚信、友爱的新型人际关系，要坚决反对和制止各种形式的反人道行为。为此，《劳动法》第三条将劳动就业权、劳动报酬权、休息休假权、社会保险权、安全卫生权、职业培训权、劳动争议提请处理权作为劳动阶层应有的基本人权而予以保护，但在实际的劳资冲突处理过程中，上述劳权并未得到有效保障。如：个别企业随意变更劳动合同，在职工不明原因的情况下，强行逼迫其下岗失业；资本要素、管理要素和土地要素在企业经济分配中所占比重不断增加，劳动要素所占比重日渐下降，乃至长期拖欠工人工资；随意加班加点和超时劳动，导致过劳死现象时有发生；劳动条件恶劣，职工长期在有毒有害的危险环境中工作，职业病高发，职工的生命健康权受到严重侵害等。可见，要使《劳动法》中规定的劳动阶层的基本权利得以实现，必须在劳权立法过程中持之以恒地贯彻和执行社会主义的人道主义伦理原则。

其次，在集体劳权的立法中要大力加强公民社团制度伦理建设的力度。所谓公民社团，是指在以权力阶层为代表的国家和以资本阶层为代表的市场之外，独立存在的一个以劳动阶层为主体的"第三部门"，它是联系国家、市场与个人的纽带。中国传统社会主要是家庭与国家的同质同构，没有严格意义上的"社会"。计划经济时代国家权力干预到社会生活的方方面面，社会自治组织消失殆尽。伴随改革开放后市场经济体制的建立和发展，公民社团作为利益分化的必然产物而得以蓬勃发展，其主要标志是人们开始依照个人意愿加入到各种非政府性民间社会中来，诸如各种维权组织、慈善组织、兴趣组织、行业协会等。如何让每一个人在上述民间组织中逐步树立起权利主张与责任担当辩证统一的公民道德意识，是目前中国公民社团制度伦理建设面临的重大挑战。就集体劳权立法与公民社团制度伦理的关系而言，《宪法》明确规定公民具有言论、出版、结社、集会、游行、示威的自由，《劳动法》也规定劳动者有权依法参加和组织工会，享有团结权、集体谈判权、集体争议权和民主参与权等集体劳权。然而，现实状况是，在众多私营企业和外资企业中，国家工会委托雇主成立的代表资本阶层利益的"老板工会"大量存在，真正代表工人利益的"自发工会"却无法依照法定程序注册成立。当工人与资方发生冲突时，只能以亲缘、乡缘、地缘的方式将相关人员组织起来与之抗争，被称为"野猫工会"。特别是自1982年新宪法取消"罢工自由"规定后，再没有出台与罢工相关的任何法律。但尽人皆知的是，罢工权是保障集体劳权得以实现的前提条件，是逼迫雇主让步并最终解决劳资冲突的重要手段。面对目前劳资冲突引发的大量罢工事件(官方称之为"闹事""突发事件""群体性事件"等)，亟须出台一部罢工法来有效规范和调处这一重大社会问题。在罢工立法过程中要特别注意以下几个策略问题：(1)要由目前的政治、经济、社会等混合性权利诉求型罢工转向纯利益性劳资冲突型罢工，避免和禁止政治罢工，允许利益诉求型经济罢工，实现罢工保障与罢工规则的辩证统一，以防"难罢工"和"滥罢工"这两种不利后果的出现。(2)要灵活处理集体合同立法与罢工立法的关系。只有完善集体合同运行机制才能有效避免罢工现象的发生，正常的劳动争议应当主要通过调解、仲裁立法来解决，罢工只是劳动争议激化后的短暂行为，无论是谈判前罢工，还是谈判中罢工，都要以切合实际的谈判目标的实现为终极目标。(3)政府相关部门要及时介入，迅速展开斡旋、调解和实情调查，促使罢工代表和雇主展开真实性协商谈判。目标是在保护劳动者合法权益的同时，让彼此作出让步、妥协并及时复工，实现劳资两利。政府特别要有效保护罢工的组织者，将罢工行为与政治上的游行示威行为严格区别开来，不能以《治安管理条例》或《刑法》为由去严惩组织者。这不仅会加剧劳资矛盾，还会使劳资矛盾转变为劳政矛盾，引发更大的社会动荡。(4)罢工组织机构要配合政府公安执法部门，要通过设立罢工纠察组织和警戒线等方式，严防社会不法分子混如罢工队伍，借机制造打砸抢烧等严重违法犯罪事件，主动担当起维护社会稳定和保障公民安全的道德与法律责任。

最后，用普世伦理精神迎接经济全球化的国际劳权挑战。普世伦理强调，在政治、经济、文化、科技风险日益全球化的今天，不同民族与国家在相互交往的过程中，在保持自身伦理传统的同时，通过对话逐步达成某种道德共识，并以此为基础推动各自道德文化的不断进步，最终形成全球伦理"和而不同""多元并存"的繁荣局面。就经济全球化时代的国际劳权而言，一方面，世界经济一体化和贸易自由化极大地推动了资本的跨国界流动，导致了全球范围内劳资关系的失衡，以资本阶层为代表的富人成为全球化的受益者，发达国家工人的失业率上升，成为全球化的受害者和反对者，而不发达国家的政府与国际资本相联合，以牺牲本国劳工利益为代价追求经济发展，使劳资矛盾不断加剧。另一方面，伴随资本的跨国流动，发达国家将国际贸易与社会保护条款捆绑在一起，迫使不发达国家加入各项国际劳工公约，接受各类国际劳工标准，以便使不发达国家生产成本低廉的相对价格优势逐步丧失，实现其贸易保护的目的，但与此同时，这种做法也客观上推动了不发达国家劳权立法的不断进步。中国作为发展中国家代表和工人阶级领导的社会主义国家，为了发展本国经济，必须大力吸纳和接受国际资本，其间，既要反对发达国家将国际贸易与劳工标准挂钩的做法，又要大力关心劳工权益，这就要求政府必须合理平衡国际国内的劳资利益冲突，既要借助国际资本力量大力发展本国经济，又要结合历史传统、基本国情、法律环境和当前劳资矛盾的具体情况，参照国际劳工标准，将国际社会如劳联、产联等组织普遍认可的人权、自由、平等、公正、法治等普世伦理精神贯穿在劳权立法之中，逐步推进和完善劳工标准立法。

三、中国劳资冲突处理的程序正义

程序正义和分配正义、矫正正义一起构成了法治正义的三大基本理念，它所强调的是从法律产生到实现的整个过程中必须保障每一个公民应有的权利和义务得到实现。程序正义无论是在西方古代社会，还是在中国古今历史上都未曾获得人们应有的重视，只是到了文艺复兴之后，才逐步进入现代思想家的理论视野。罗尔斯的《正义论》则是最终奠定了程序正义的重要地位。首先，罗尔斯认为，程序正义并非完全依附于实质正义，只是一种附着于其上的形式正义，相反，它是与实质正义、形式正义并列的一种过程正义。实质正义强调法律内容的正义性，形式正义侧重法律适用的公平一致性，而程序正义则要求法律规则从制定到适用中的每一步骤和程序的正当性。其次，程序正义并非仅仅指手段正义，它本身含有目的正义的内容。长期以来，程序仅仅被视作实现目的的手段，本身并无独立的价值，因为善恶评价的标准要看起初动机和最终结果，但罗尔斯认为，程序正义不但将实质正义分解成一个个具体的环节和过程，它还会弥补实质正义的不足，并在心理和实践层面使人们真正信服在程序正义基础上作出的决定。因此，它本身内含着某种独立的人性追求。①

依照法律伦理学对程序正义的要求，反观中国的劳资冲突处理过程，其突出问题表现在以下几个方面：(1) 在 2008 年 5 月 1 日新的《劳动争议调解仲裁法》实施前，长期实行"一调一裁两审"的劳动争议处理程序，即先有企业调解委员会调解，调解不成再由劳动争议仲裁委员会裁决，当事人不服裁决，再进入法院诉讼程序，法院两审终结。这一冗长的处理程序既不利于维护劳动者的权益，也不利于节约司法资源，特别是"仲裁前置"原则明显违背了劳动争议处理便捷、灵活和快速的原则，严重影响了劳动关系的和谐。(2) 劳动争议仲裁制度缺乏人员保障和有效监督，相关法规要求劳动争议仲裁委员会由劳动保障行政部门、工会和企业三方代表组成，但劳动仲裁员的素质普遍不高，数量无法保障，加之，有后面的诉讼程序存在，造成许多仲裁员工作态度马虎，引发的上诉率升高。(3) 劳动争议诉讼主要由各级人民法院民庭受理，程序复杂，诉讼成本过高。②

为了保障劳动者的合法权益，提高劳动争议的处理效率，在新的《劳动

---

① 参见曹刚:《法律的道德批判》，江西人民出版社 2001 年版，第 55 页。

② 参见谭泓:《劳动关系:社会和谐发展的风向标》，人民出版社 2011 年版，第 249 页。

争议调解仲裁法》实施后，（1）必须更加重视调解作用的发挥，不断调整和充实劳动争议调解组织，提高调解水平和调解协议的效力。(2) 大力落实"裁审分轨、各自终局"的新程序，当事人只能就仲裁和诉讼两种形式选择其中之一，同时还要逐步建立仲裁员资格制度，提高仲裁员队伍的综合素质。(3) 在劳动争议案件迅速攀升的今天，有必要借鉴西方发达国家经验，建立专门的劳动法庭或工业法庭，培养一批熟悉劳动和社会保障的职业法官，使劳动争议案件能够真正贯彻程序正义原则，得到及时、高效、公正的处理。

第五章

民主政治制度伦理与制衡公共权力

在当代中国权力、资本、劳动三大社会阶层的利益博弈过程中，权力阶层占有举足轻重的地位。之所以如此，这是历史与现实两种因素共同作用的结果。就历史因素而言，由于中国是一个具有数千年官本位文化的社会，官僚阶层从来都处于中国社会的核心位置，其一言一行都对整个社会发挥着引领和示范作用；就现实因素而言，经过改革开放 30 多年的发展，计划经济时代形成的党和政府统领一切的官本位意识还远未彻底消减，政治体制改革已成为制约中国社会一切改革的主要瓶颈，没有政治体制改革的不断深入展开，以往取得的经济成就很可能得而复失，通过政治体制改革逐步建设现代国家治理体系和提高国家治理能力，已成为当务之急。基于历史与现实两种因素的考虑，在全面分析了三大社会阶层的利益冲突后，必然以民主政治制度伦理与制衡公共权力为突破口，来全面探讨当代中国的各项制度伦理建设问题。

第一节　民主政治制度伦理的多维镜像

在对当代中国社会的民主政治制度伦理具体内容展开讨论之前，有必要对国际社会民主政治制度伦理的发展历史、基本路径和多元特征等问题，从宏观层面做一综合扫描，包括：欧美原生态的民主政治制度伦理、拉美发展中国家的民主政治制度伦理和苏联东欧转型国家的民主政治制度伦理等。之所以如此，是因为只知道自己不了解别人，就等于对自己一无所知。质言之，它山之石，可以攻玉，只有深刻借鉴他人的成功经验和失败教训，才能在深度本土化和高度国际化的循环互动中找到建构中国民主政治制度伦理的理想路径。

一、西方国家民主政治制度伦理的多元化特征

每当人们谈到民主政治制度伦理时，首先想到的是英、法、德、美等西方发达国家原生态的民主政治制度模式。之所以如此，是因为这些国家在近现代世界历史上率先从中世纪的迷雾中踯躅而出，经历了近三四百年的改良、革命、战争等艰难历程，最终形成了一整套在今天看来相对稳定的民主政治制度模式，且这种模式对包括中国在内的发展中国家有着巨大的引领和示范作用。然而，一旦深入到西方民主政治制度内部进行深层次的仔细探究时，就会惊奇地发现，这些发达国家的民主政治制度模式千差万别，君主立宪的英国不同于总统制的法国，强调大一统思想的德国又不同于近二百年来迅猛崛起的美国，这就要求我们在学习西方民主政治制度模式时，决不能概而论之，必须在仔细梳理其异同的基础上区别对待。基于此种考量，笔者试图先就西方民主政治制度伦理生成的地理环境与经济根源作出综合分析，再对其政治基因和流变历程进行深入说明，然后，分别就英、法、德、美四国民主政治制度的多元化特征予以全面探究，最后对西方民主政治制度伦理的共同特征、普世意义及价值限度作出分析。

（一）西方民主政治制度伦理生成的地理环境和经济根源

在西方思想史上从古希腊到近现代有大批学者深入探讨过地理环境对一个民族的气质性格和文化精神的深刻影响。亚里士多德在《政治学》中深入探讨了古希腊不同城邦的地理特征与城邦政体的关系；孟德斯鸠在《论法的精神》中仔细分析过地理环境与民族精神的关系，提出了其著名的"地理环境决定论"思想主张；黑格尔在其《历史哲学》中更是独辟蹊径，专门探讨了"历史的地理基础"问题,他认为人类觉醒的意识是完全在自然界影响的包围中诞生的,助成民族精神产生的那种自然的联系就是地理的基础。从地图上看,整个欧洲大陆的轮廓恰似亚欧大陆向西伸出的一个巨大半岛,它南、西、北三面环海,这块半岛大陆的边缘还有不少向海中延伸出去的大大小小的半岛和岛屿,它们约占据全欧总面积的34%,可谓是陆海交错,港湾林立。作为西方文化滥觞的古希腊罗马文明就诞生在地中海内的希腊半岛和亚平宁半岛上。地中海是一个地形封闭的陆间海,它位于北纬30—40度之间,北、东、南三面分别与欧、亚、非三大陆相邻,由于出口海峡较浅,水流不能与外洋自由流通,地中海内潮汐较小,海面较为平静,对于航海技术尚未成熟的人类先辈,即便不开帆,仅用桨橹即可渡过平静的水域,遇到突然风暴,随处都可就近找到避风的港湾。难怪黑格尔在讨论古希腊罗马文明的地理基础时,曾自豪地宣称:"大海给了我们茫茫无定、浩浩无际和渺渺无限的观念,人类在大海的无限里感到自己的无限的时候,他们就被激起了勇气,要去超越那有限的一切,大海邀请人类从事征服,从事掠夺,但是同时也鼓励人类追求利润,从事商业。平凡的土地、平凡的平原流域把人类束缚在土壤上,把他们卷入无限的依赖性里面,但是大海却裹挟着人类超越了那些思想和行动的有限的圈子。"[①]

无独有偶,英国历史学家汤因比在《历史研究》中也提出了古代文明起源于困难环境对人类的刺激,即挑战与应战之间的交互作用的假说。他认为古希腊罗马文明由于处于地中海的半岛上,地域有限且多山,单靠农业无法满足不断繁衍的人口的生存需求,于是人们被迫转向山林和大海去寻找生活资源,发展畜牧业、渔业、手工业以及向海外的掠夺、迁移和征服,都成了希腊罗马先民谋求生存的重要途径。早期希腊人对外的商品主要是橄榄油、葡萄酒、毛织品、布匹、金属制品和各种精美的细陶,他们通过地中海的各条商路运往沿岸其他经济发达地区,换回本地人生存所需的粮食和商品。到马其顿王国称霸地中海世界的希腊化时期,希腊人建立的商业据点和移民城

---

① 黑格尔:《历史哲学》,王造时译,上海世纪出版集团2006年版,第93页。

邦已经遍布地中海周围大部分地区，当时工业和商业的主要控制权都集中到国家手中，并出现了近乎现代性质的大规模生产活动，只是没有电力推动的机械，其中最著名的港口城市是尼罗河口的亚历山大利亚，它已拥有近百万人口，具备发达的工商业和完善的城市设施，成为地中海地区与东方各国进行贸易交往和文化交流的中心，商业经济的对外开拓必然带来兼容并蓄的开放型文化性格，一个熔古代东西方文化精华于一炉的希腊式的工商业文明达至鼎盛期。之后，用武力征服希腊化世界的罗马帝国不仅全面继承了希腊的经济模式和文化模式，而且将这种模式扩散到其所统辖的欧洲大陆中部、西部广大地区，直到不列颠群岛，正是古希腊罗马文明为近代西方工商业文明的崛起奠定了坚实历史基础。

特别需要指出的是，伴随 1453 年土耳其人攻陷君士坦丁堡和伊斯兰教的兴盛，切断了欧洲人通往东方的商道，迫使欧洲人到大西洋的西方去寻找通往东方的商道，这才有了葡萄牙和西班牙人为先驱的海外探险，进而把西方人的商业贸易与海外殖民活动扩展到全世界范围内，随之而来的新型工商业组织的建立和早期资本主义生产关系的萌芽，开启了人类由农业社会进入工业社会的大门，18 世纪发生的工业革命则将人类社会进行了一次彻底的翻转，在陈旧的瓦砾上建立起崭新的大厦。然而，所有这些现代经济文明的生成都可以说是西方世界海洋地理环境和古希腊罗马的工商业文明长期孕育的果实。

（二）西方民主政治制度伦理的主要基因与历史流变

如果说海洋型地理环境塑造了西方人开拓进取型民族性格和发达的工商业文明，那么在此基础上形成的多元化政治结构则为其率先走向现代化提供了可靠的制度保障。这里牵涉到地理环境、经济发展和政治结构的关系问题，同时也是马克思唯物史观经常讨论的一个问题，笔者并非环境决定论的赞同者，但承认海洋型地理环境生成的工商业文明对西方多元化政治体制的形成的确产生了极其深远的影响。因为绝大部分国际政治学者均把国家主权伦理模式分为两大类型——海洋式国家主权伦理模式和大陆式国家主权伦理模式。由于海岛国家与大陆国家的地理形态存在巨大差别，使其对国家主权伦理提出的要求呈现出明显的差异性。通常情况下，海洋式国家由于其国家疆域被海洋分割，无法连成完整一块儿的整体，主权拥有者只能思考如何通过建立富有弹性的主权将这些领土碎片连接起来。因此，它更看重主权国家的多样性和差异性。反映在政治伦理层面，通常是高举个人主义旗帜，强调个人权利的合理性和正当性。当个人利益和国家利益发生矛盾时，更多的是倡导通过改变不合理的国家分配制度，以有效维护和满足各种各样的个人利益。与之相反，大陆国家由于经常面对领土被邻国吞并或被辖区居民分裂的可能性，为保证领土和国家主权的完整统一，主权拥有者会特别强化主权的绝对性，以便能够有效控制每一寸领土。因此，它在意识形态领域十分强调国家内部的同一性和统一性，反映在政治伦理层面，就是高举爱国主义旗帜，强调国家利益的优先性和首要性，鼓励人们将个人利益同国家利益相协调并彼此结合，当二者发生矛盾时，更多的是提倡宁可牺牲个人利益也要维护国家利益。①

上述看法可以从古希腊罗马的政治体制中得到证实。以古希腊为例，由于它是由数量众多、大小不一的岛屿构成，不同岛屿上的城邦社会治理体系存在巨大差别。雅典城邦长期实行民主制政体，斯巴达则长期实行贵族寡头制政体。从长时段的历史过程看，古希腊不同地区政治制度发展的一般情况是，最初由君主制过渡到贵族制，然后又过渡到僭主制与民主制的交替出现。但无论是君主或僭主均不像中国的皇帝和埃及的法老那样拥有绝对的权力。因为君主或僭主的权力要受到公民大会、元老院、监察委员会等相关机构的监督和掣肘。正因如此，柏拉图的《理想国》和亚里士多德的《政治学》均花费大量篇幅探讨不同政体的利弊得失，特别是亚里士多德对极端民主制和极端寡头制进行了深入分析和批判。他认为，切实可行的最优国家体制应该是混合型政体，它用一种明智的方式将寡头政体与民主政体结合在一起，它的社会基础是由那些既非富又非穷的人所构成的庞大中产阶级，他们既没有穷到道德堕落的地步，也没有富到拉帮结派的程度。只要存在这样一批公

---

① 参见拙著：《制度伦理与官员道德——当代中国政治伦理结构性转型研究》，人民出版社 2011 年版，第 303 页。

民，他们便会给国家提供一个广泛的社会基础，使行政官员负起责任，充分保障社会公平正义的实现。继古希腊而起的罗马帝国先后经历了王政时代、共和时代和帝制时代，但从整体上看古罗马的政治文明很大程度上继承了古希腊政治文化的核心内容，并对之进行了卓有成效的改造和实践，在长期的政治斗争中培育了罗马公民以平等和自由为核心的共和精神，并以共和精神为动力源泉创造了复杂精妙的共和制度。古罗马时代的著名思想家波利比阿和西塞罗均认为，罗马人之所以成功，就在于他们将君主制、贵族制和民主制的因素相混合，使之得到了精确的调整并处于恰好平衡的状态。①

如果说古希腊罗马的政治文明为现代西方民主政治制度伦理奠定了历史根基，那么，中世纪1500年的基督教神学政治理论和实践则为现代西方民主政治制度的脱颖而出起到了十月怀胎的孕育作用。在学术界长期以来占主导地位的观点是，现代西方民主政治制度同中世纪黑暗的封建专制制度存在本质区别，是在批判封建独裁和教会专制基础上建立起来的，实际上这只是看到了问题的表面。从深层本质上看，近现代西方的民主政治制度同中世纪封建教会制度存在着千丝万缕的关联。(1) 正是基督教个人主义政治伦理观孕育了近现代西方政治自由主义理念。政治自由主义认为，在个人与国家的关系问题上，个人具有本源性和至上性地位，个人权利是初始性权利，国家权利是派生性权利，个体具有最高的价值，应当免受一切统治者的干预。然而，需要指出的是，在自由主义政治理论背后存在着一个个人权利的来源问题，而这一问题在自由主义内部无法获得说明。政治伦理史研究表明，早期基督教神学中"上帝面前人人平等的个人主义思想"是近现代西方政治自由主义主流传统得以形成和发展的根本动力。如果说马丁·路德的新教改革考虑的是人在摆脱天主教会控制后怎样孤立地面对上帝，那么近代政治自由主义考虑的则是人怎样离开上帝，转过身来自己成为上帝，然后再独立地面对他的同伴和国家，最终个人取代教会和上帝，站在了国家权力的对立面，开始大力伸张个人的生命权、自由权和财产权。可以毫不夸张地说，近现代西

---

① 参见丛日云：《西方政治文化传统》，吉林出版集团有限公司2007年版，第259页。

方长期占据主导地位的政治自由主义理念，只不过是基督教神学个人主义理念在世俗国家领域的最终实现和完成。（2）基督教二元对立的政治伦理观造就了近现代西方社会的权力制衡制度。众所周知，基督教兴起的初始阶段，多次受到罗马帝国的迫害，基督徒极端仇视罗马帝国，自认为自己是"新人类"，将自己的精神世界从现世的国家生活中撤离出来，转向遥远的天国。奥古斯丁的《上帝之城》集中反映了基督徒对"上帝之城"的向往，强烈表达了对"人间之城"的悲观、厌恶、冷漠和疏离的情绪，这种"双城论"反映在中世纪的现实政治生活中，就是教权与王权二元对立型社会治理模式的长期存在，二者受到权力本能的驱使，不断地进行着激烈的斗争，在很长一段时间内，教皇和教廷凭借其强大的经济和政治实力，成了欧洲政治生活的中心。在这种理论与实践的双重影响下，基督徒逐步形成了一种极端消极的世俗国家观，认为世俗国家是人性恶的产物，国家官员皆是"无赖之徒"，政府机构是以恶治恶的工具，上帝设立国家的目的是遏止人的罪性，帮助人类获得救赎，从而达到理想的彼岸世界。西方近现代政治自由主义完全继承了基督教的上述国家观，只是赋予其全新的内容：将上帝约束国家的使命转换为民意和代表民意的法律约束国家；将教会对国家的外部监督转换为公民社团对政府的监督，进而发展出国家内部权力的分割、制约和均衡理论。[①]不仅如此，今天西方社会之所以被称为"法治社会"，其核心性法律信仰精神和众多具体法律条文皆可以从中世纪的教会法中追溯到其思想渊源。对此，美国著名法律思想史家伯尔曼在其《法律与革命》《信仰与秩序》等著名论著中均有十分精准客观的深入诠释。

（三）现代西方政治制度伦理生成路径的多元化特征

如果说欧洲先天性地理环境、经济结构以及古希腊罗马的政治文明和中世纪圣俗对立的政治实践为现代西方民主政治制度伦理的生成提供了充分必要的条件，那么欧洲不同民族国家具体经济政治状况存在的巨大差别致使各

[①]　靳凤林主编：《领导干部伦理课十三讲》，中共中央党校出版社 2011 年版。第九章"基督教伦理与现代西方文明"中，全面系统地介绍了基督教伦理对当代西方个人生存方式及经济、政治、文化等制度伦理的深远影响。

国的民主政治制度表现形式凸显出深刻的民族烙印，在此仅以英、法、德、美四国为例作出说明。

1. 英国。近代英国之所以率先步入现代国家之列，最早建立起较为完备的民主政治制度模式，原因很多，但最为重要的因素可归结为以下几点：一是商人阶层在英国的社会生活中占有举足轻重的地位。在欧洲各国中，英国是典型的海洋型岛屿国家，中世纪后期的英国贵族除了经营有限的庄园土地外，为了解决生计问题，通常让孩子到政府、教会、部队任职，再就是学习贸易业务，贵族绅士参与商业活动在英国有其历史传统。正因如此，国内政策上历代统治者都会对商人阶层的要求作出较快的反应，努力实现商人的私人利益与国家利益的共存。亚当·斯密在《国富论》中提出的自由放任型贸易政策更是为英国工业革命的展开提供了理论基础。① 二是英国是一个典型的社会中心论的国家。英国崇尚个人自由，从很早开始，英国的地方事务都是由地方乡绅自治管理。作为最高统治者的国王和地方贵族之间不是单向的主从关系，而是双向契约关系。早在 1215 年就颁布了《大宪章》来有效保护贵族利益，分割和制约国王权力，确立了法律至上、王在法下的宪政精神。三是英国是一个崇尚渐进改革的国家。最早的贵族阶层发动的"光荣革命"奠定了议会制的基础，有效限制了王权；之后，伴随工商业资产阶级的崛起，迫使议会中的贵族阶层不断让步进行议会改革，使资产阶级获得了进入议会的政治权利；工业革命后此起彼伏的工人运动，迫使议会反复改革，实现了选举权的全民所有。正是人民的不懈斗争和统治者的适时让步，让英国完成了从专制王权向多元贵族寡头政治的转化，进而又完成了由多元贵族寡头政治向现代民主政治的过渡。从表面上看英国至今仍是君主国，但其国家的实质性政治权力结构已经发生了翻天覆地的变化。②

2. 法国。与英国民主政治制度模式的形成过程相比，法国则经历了更为艰难曲折的复杂历程。首先，法国在民族国家生成过程中经历了一系列战火

---

① 参见杨光斌：《政治变迁中的国家与制度》，中央编译出版社 2011 年版，第 191 页。

② 参见钱乘旦：《走向现代国家之路》，四川人民出版社 1987 年版，第 160 页。

的洗礼，而战争造就的专制王权不仅高度集中且体系庞大。法国的中世纪史是一部国家破碎史，为了夺回失地，法国1337—1453年同英国进行了100多年的战争，且全部在法国本土上进行，国王在民族战争中成为团结整个民族的精神象征，但由于地方贵族在战争中作出过巨大贡献且力量强大，致使国王战后为了克服地方贵族分离势力以保证国家统一而变得高度专制。凡尔赛宫就是为了收拢地方贵族和扩大王权而修建的供王室和贵族们尽享荣华富贵的地方，而专制达至顶峰时期的"太阳王"路易十四在位54年，为了争夺欧洲霸主有32年在打仗，为了支持因穷兵黩武而建立的官僚集团体系，他不惜通过增设大量官职和卖官鬻爵的方式搜刮民财，进而引发法国大革命。但在大革命中涌现出的资产阶级革命领袖们同样用暴力、政变等血腥的方式相互倾轧，在应对支持国王复辟势力的外国干涉中涌现出的革命领袖拿破仑，更是把整个法国变成一支军队，把战争引向欧洲全境，在保持革命的同时，最后他又变成了实行独裁的皇帝。之后，法国又在复辟与反复辟的斗争中挣扎多年，直到无产阶级通过革命手段建立巴黎公社并被残酷镇压为止。其次，正如马克思在《路易·波拿巴的雾月十八日》中所分析的那样，在法国大革命前的政治舞台上，各阶级的政治力量对比极其复杂，既有强大的保皇派反动势力和数量庞大的农民阶级，又有新兴的资产阶级和无产阶级，在专制王权各种落后势力影响下，各阶级内部彼此之间相互分裂，难以联合。分裂的各阶级既不能提供国家权力所需的政治支持，又不能联合起来对付国家权力，致使议会权力十分脆弱，不堪一击，而国家行政权力则高度集中，具有独立于社会并无法得到制约的极端自主性。[1]最后，法国在向民主法制型现代国家迈进的过程中，虽然广大人民群众热衷自由、民主、平等的价值理念，但他们通常是否定一切、批判一切，总是试图以暴力、血腥和恐怖的方式去建构新社会，旧势力及其灵魂在新的形式下不断复活，从而使革命发生质变，在革命与反革命的反复较量中缓慢前行，每一次革命前都曾有过改革的机会，但统治者总是顽固抵抗，拒不妥协，直到革命群众被逼上

---

[1]　参见《马克思恩格斯文集》第二卷，人民出版社2009年版，第565页。

梁山。质言之，法国模式的本质特征就是在阶级对抗和民族革命中逐步建构起现代国家治理体系。

3. 德国。与英国和法国相比，由于其独特的内陆型国家特征和历史传统，使其在迈向现代民主法治型国家的过程中，呈现出其所独有的民族特色。德国人的先祖是日耳曼人，在罗马帝国崩溃时，日耳曼人已经分布在从波罗的海到地中海的广大区域。他们通过骑士团的方式劫掠罗马人和其他民族的财富，每一个骑士入团的先决条件是绝对服从集体，将自己融入骑士团的整体之中。这一历史传统造就了德意志民族精神中遵守纪律、服从命令和虔敬主义、禁欲主义的气质性格。一方面，德意志民族崇尚权威，决不反抗权威；另一方面，他们会在权威的指导和引领下奋勇献身，所向披靡。这种服从权威的精神特质反映在政治层面，就是以国家利益为核心的军国主义政治体制。德国在民族国家生成的初始阶段，曾经分裂为 314 个邦国和 1475 个骑士庄园领。各个邦国和庄园领之间度量衡不统一，关卡林立，各自为政，弱肉强食。到 17—18 世纪时，在德国数百个王公中，由霍亨索伦家族统治的普鲁士王国迅猛崛起，在疯狂扩张中逐步完成国家统一任务。其间，1862 年任普鲁士首相的俾斯麦通过实施"铁血政策"统一德国，为德国走上军国主义扩张道路作出了巨大贡献，他建立了一整套以军国主义为核心的官僚权贵专制制度。为了赶超英法工业革命的步伐，普鲁士国家尽一切可能干预经济，并优先发展与军事相关的重工业，钢铁、电气、化工工业成为德国军火工业的柱石。在 1835—1860 年的 25 年间，德国重工业比轻工业增长速度快三倍，其中 1850—1870 年间英国工业增长率为 5.2%，法国为 6.7%，德国则是 10.2%，到 19 世纪 80 年代，德国基本完成了工业革命。① 但由于德国是依靠容克地主贵族和工业寡头发展起来的军事帝国，人民没有真正接受过民主启蒙的教化，因此，不可能对旧社会进行彻底改造，致使资产阶级的民主力量十分弱小，即使有完整的资产阶级宪政理论和宪法条文，各种传统性专制势力总能够借用合法的民主手段达至独裁的目的，一战和二战前的

---

① 参见钱乘旦：《走向现代国家之路》，四川人民出版社 1987 年版，第 157 页。

德国皆是如此。二战前以希特勒为代表的纳粹民族社会主义党就是通过合法的民主选举走上德国政治舞台，之后，他通过国会大厦纵火案、排斥犹太人、种族神话论、生存空间论等反动理论和政策措施，在容克地主和工业资本家的支持下，逐步修改宪法，取消民主，走向独裁，在复兴德国的呐喊声中把德国带向万劫不复的深渊。二战后在美英法苏占领军的威逼下割裂为东德和西德，被迫接受资本主义和社会主义的民主改造，苏联解体后最终统一在资本主义民主政治制度之中。

4. 美国。伴随苏东剧变和冷战结束，美国成为世界头号强国，在其价值观外交的影响下，美国民主政治制度模式成为众多人眼里的普世模式。但美国民主政治制度模式恰恰是最具唯一性和不可复制性的模式。（1）美国的地理环境和历史传统具有其他国家不可比拟的天然优势。美国被太平洋和大西洋环绕形成两道天然保护屏障，其北方加拿大和南方墨西哥的国力对美国无法构成领土威胁；美国最发达的东北部和东部海岸是欧洲移民开发最早的地区，这些移民当年皆是在欧洲受到封建势力迫害打压的下层百姓，他们具有追求自由、平等、民主的天然倾向，摆脱了欧洲大陆封建传统的沉重包袱。如果说悠久的历史对一个民族既是宝贵的财富，又是沉重的包袱，那么，就美国而言完全不受后者的影响。（2）美国是一个由具备公共服务精神的实业家和各行各业成功者治理的国家。正是工商业资产阶级在美国最早的东部和东北部十三州奠定了美国经济的根基，独立之后的 100 多年里，无论是西部大开发和南北战争皆是美国工商业阶层主导着美国的命运，他们身上具有的冒险精神、契约意识、实用理性构成了美国文化的灵魂，在国际关系史上没有哪一个国家比美国更注重战争与和平的商业意义。（3）美国是一个比其母国英国更注重个人权利的社会中心论的国家。因为美国的生成史就是一个先有成熟的社会，后有代表国家的政府，无论古老的波士顿，还是西部大开发时代在密西西比河周围形成的新型城市，都是实业家们组织人们建设起供水系统、排污系统、道路桥梁、休闲公园等公共设施，他们还兴办医院、大学、博物馆、剧院等设施，然后自己建立起市镇政府。因此，美国各级政府，特别是州县政府决没有大陆国家神圣不可侵犯的专制味道，而是纯粹为个人发迹和社会繁荣提供服务的工具。(4) 在上述诸种因素共同作用下，美国各州精英们通过谈判造就了今天美国的联邦制国家。宪法对各州赋予了高度的自治权；国家机构之间立法、司法、行政三权分立，相互制衡；在建国之初围绕联邦、邦联、共和及各种制度和法律政策的激烈论争形成了独特的两党制。其他党派很难再发挥实质性政治作用。正是从上述意义上讲，美国的民主政治制度模式和社会治理体系具有自身的独特气质，并非其他国家能够完全仿效。当然，在充分强调美国模式的起源、发展、运作及内在精神特殊性的同时，并不能否认它蕴含着多种多样的普世因子。

（四）西方民主政治制度伦理的共同特征及价值意义

通过以上论述可以看出，英、法、德、美在建构现代民主政治制度伦理的过程中，分别走过了不同的历史道路，但撇开其各自具有的独特个性，它们又存在着一些共同的政治特征。国内外学界有不少人根据不同标准对之进行了深入细致的分类，相比之下，美国学者亨廷顿在其《变化社会中的政治秩序》中的研究成果最具权威性。他从政治变动与社会发展这一更为广阔的视角，深入研究了现代民主政治中政治参与和政治制度改革之间的深层关联，笔者在此借鉴其主要观点并做一延伸，将英、法、德、美民主政治制度模式的共同特征概括为以下三点：

（1）政治权力来源的理性化。亨廷顿继承了欧洲启蒙运动以来的政治理性主义传统，认为现代与传统之间最大的区别在于，"在传统社会中，人们将其所处的自然与社会环境看作是给定的，认为环境是奉神的旨意缔造的，改变永恒不变的自然和社会秩序，不仅是渎神的而且是徒劳的"[①]。但是到了近现代社会，人们经过启蒙之后开始坚信人有能力通过自己的理性行为去改变自然和社会环境，国家的权力结构完全是人为的结果，是不同阶级和阶层利益斗争的产物，是人们在社会契约基础上创制出来的，只要它不合乎理性标准，人们有权推翻它，并按照人类自身的意志去重建。(2) 国家和政府机

---

① 亨廷顿：《变化社会中的政治秩序》，王冠华等译，上海世纪出版集团 2008 年版，第 82 页。

构的复杂化和职能划分的专业化。在传统社会里，国家和政府中有限的几个机构就可以包揽一切社会管理事务，如中国古代的县衙只有几个人就可以管理全县的诸多事务，在现代社会伴随日益增长的社会复杂性和大众对政府不断增多的各种需求，迫使国家和政府的职能不断专业化，行政、立法、司法、军事部门的机构日益增多，并严格按照程序行使着自己高度专业化的职能。（3）全社会各个阶层广泛深入地参与到政治生活中来。在传统的君主制和寡头制社会，权力逐级向上负责，最后集到一个人或一批人手中。而现代民主政治制度则是一种权力对下负责的结构，而且民主的范围越来越大，如欧洲各国选举议会的权利先后经历了从封建贵族逐步扩大到上层资产阶级和下层资产阶级，进而扩大到城市工人和乡村农民。不仅如此，大众拥有的权利也由虚假的形式转向真实的内容，他们对政府的制约能力也越来越强。

前已备述，英、法、德、美各国由于自然地理环境、历史文化传统、阶级力量对比存在重大差别，他们在建构各自的现代民主政治制度时采取了不同的途径和方法，形成了各自的民族和国别特色，同时又存在一系列共同特征。那么，它们给发展中国家的重要启示是什么呢？（1）一个国家在由专制走向民主的过程中，完全有可能出现不同派别和政党之间的残酷斗争、同一国家不同族群之间的严重撕裂、社会暴力冲突持续不断、经济短期或长期下滑等一系列负面现象，法国大革命之后所经历的一百多年的复辟反复辟斗争及社会长期性动荡就是典型例证。但我们必须清醒地认识到，这不是民主本身的问题，而是由封建专制向现代民主转型过程中必然产生的分娩痛苦，是民主由低质量不完善走向高质量并日益完善的必经历程。世界上任何打着"民主危险论""民主有害论""国情特殊论"等旗号反对民主，主张威权统治的人士皆是出于一己之私或一党之私对民主本意的歪曲和抹黑。正如英国前首相丘吉尔所言："没有人声称民主是完美无缺的或是万能的，民主是个不好的制度，但是还没有发现比它更好的制度，所以我们不得不用它。"正因如此，民主制度已经成为世界范围内不可动摇的核心价值理念和基本国家制度。（2）总结自古希腊至今民主制度的发展历程，它经历了直接民主、街头民主、代议民主、选举民主，进而发展到近几十年来的公众参与民主、协商民主等，从生成机制上根本改变了简单多数决定论，而演化为遵循多数人决定和保护少数人权利并重的并把形成一整套由民意影响决定的程序作为建设重点。在现代各国实行的民主形式中，尽管选举民主占有很大比例，但并非唯一性民主形式，还有抽签式民主、电子式民主、经济民主等，以及非政府组织的广泛参与、现代媒体无所不在的监督。（3）任何国家在建设自己的民主政治制度和现代国家治理体系时，只能因地制宜，因时制宜，具体情况具体分析，不可纯粹照搬和一味模仿他国现成的经验模式。总之，以人民主权为宗旨的民主已经成为现代人类的基本生活方式，它的内容和形式正在向日益发达、广泛多样的方向大踏步前进，任何保守和落后势力都无法阻挡这一浩浩荡荡的现代性历史洪流。从长时段的历史过程看，其基本规律是：主动顺之并结合国情进行创新性选择者不断走向兴旺发达，被动逆之且顽固不化者日渐式微直至覆亡。

二、发展中国家的民主政治制度伦理何以难产

伴随英、法、德、美等西方发达国家民主政治制度伦理的日渐成熟和稳定，民主政治比以前任何时候更具有普遍吸引力，因为没有任何其他选择能与之抗衡。然而，绝大多数发展中国家，特别是二战之后从西方殖民地或半殖民地状态下挣脱出来走向独立的国家，在建构现代国家治理体系的过程中，面临一系列不可克服的天然劣势。首先，它们皆是在外力刺激下被迫走向现代化，而不是自发地走向现代国家之路；其次，这些国家建构现代民主政治的初始条件与西方发达国家相比存在巨大差距。上述因素致使这些国家的民主政治理想与现实政治生活之间形成巨大反差。他们追求的是一种美好目标，但本国的现实状况却是：政党斗争无尽无休、政策僵局无限持续、政治腐败无处不在、官僚机构效率低下、经济发展持续低迷、生态环境不断恶化、贫富差距日益加剧、暴力犯罪愈演愈烈、宗教冲突不断升级、民族矛盾无法解决、军事政变随时发生，可谓"播下的是龙种，收获的是跳蚤"。于是，人们开始对自由选举、多党竞争、三权分立的西方民主政治模式产生深刻质疑。当相当多的人怀疑民主的内在价值时，当国家的治理危机演化为民

主危机时，就需要我们深入思考发展中国家的民主政治制度伦理何以如此难产？笔者试图从以下三个层面对之作出尝试性解答。

（一）专制与民主的经济根源

人们在谈到传统与现代的区别时，不管有意或无意，在其脑海中存在着历史连续性的两端，处在前端的传统主要指自原始社会之后至工业化之前，以耕种、游牧等经济生产方式为主的广义性农业社会，处在后端的现代主要指工业化和城市化以来的当代世界。工业化和城市化造就的当代世界，其最大特点是伴随生产力的不断变革，一切社会关系和社会制度都处在永不安定的运动之中，传统的小农经济承受不了工业化的压力，固定的等级制度承受不了社会成员的快速流动。现代民主政治制度的确立首先要求消除的是传统的农业经济结构，美国学者阿塞莫格鲁（Daren Acemoglu）和罗滨逊（James A. Robmson）曾专门对专制与民主的经济起源进行了深入剖析。他们认为，要理解什么样的社会经济力量推动一些社会走向更高程度的民主，什么样的社会经济力量鼓励更加专制的政治体系的发展，必须对该社会不同个人和集团的政策偏好进行深入研究。因为政治本质上是一种利益的分配性冲突，一项政策对一个团体有利，对另一个团体就不利。正是穷人和富人相互冲突的政策偏好造就了 20 世纪上半叶亚、非、拉发展中国家民主政治历程的艰难曲折。通常情况下，如果一个社会的权贵阶层将其财富主要投资于土地，那么，他们对民主政治就会更加厌恶并十分恐惧，会希望用武力和镇压等专制手段来捍卫自己的财富；相反，如果一个社会的权贵阶层将财富投资于商业贸易、金融证券和人力资本领域，他们会更倾向于用平等契约、妥协折中的民主方式去捍卫自己的财富，因为社会的激烈动荡和政治冲突对流动性极强的资本运作影响更大。这就足以说明，只有资产阶级足够强大的社会才会转变为民主社会，而土地所有者过于强大的社会，会迫使弱小的资产阶级被迫与地主阶级联盟，使社会政治逐步走向专制体制。[①]

---

①　参见阿塞莫格鲁、罗滨逊：《政治发展的经济分析》，马春文译，上海财经大学出版社 2008 年版，第 223 页。

除了经济结构和经济制度影响社会权贵对民主与专制的权衡以外，武力镇压和军事政变的成本也是影响权贵阶层选择民主与专制的重要因素。如果武力镇压的成本取决于土地和流动资本，那么，当土地对权贵重要时，他们更愿意承担镇压的成本来规避民主，反之，权贵们更倾向于把民主给予不满的民众而不使用武力镇压。同样，军事政变引起的社会动荡对流动资本比对土地资本更有破坏性，因为流动资本会使买者和卖者建立起稳定而复杂的经济关系，而政变引发的动荡会使这种复杂关系走向瓦解。相反，由于农业经济中形成的土地关系较为简单，政变对土地的危害小于对流动资本的危害。因此，在土地密集型的社会土地所有者自然比工商业者更倾向于发动军事政变。[①] 更为重要的是，对民主政治来说，土地改革经常是最具吸引力的政策工具，因为土地改革相对于复杂的工商业经济关系的改革而言，最容易改变社会财富分配不均现象，有效缓解民众对社会生活中贫富差距的不满。正是从此种意义上讲，只有排除土地贵族对国家政治权力的控制，改变社会的经济结构和社会结构，使之实现由小农经济向工业经济的转变，由村落型社会向城镇化社会的转变，催生出一个以工商业和人力资本为中心的庞大的中产阶层，才能最终建立起比较稳定的现代民主政治制度。国内外众多研究表明，城市化率是衡量民主进程是否具备物质基础和社会条件的最大相关因素。凡是城市化率在70%以上的国家，其民主转型相对成功，而城市化率在60%以下实行竞选的民主转型国家大都动荡不安。[②] 总之，只要旧的土地贵族势力和旧的经济结构、社会结构久久弥留于变化的社会中，那么，武力镇压、军事政变乃至社会革命就会在发展中国家的政治生活中长期存在。

（二）权力与权利的张力失衡

近代以来，以洛克、休谟、斯密等为代表的一大批英国自由主义大师们奠定了现代政治经济思想和社会科学的基础，经过法国启蒙运动的广泛传播，自由主义思想逐步普世化，成为世界各国竞相追逐和仿效的基本价值理

---

① 参见阿塞莫格鲁、罗滨逊：《政治发展的经济分析》，马春文译，上海财经大学出版社2008年版，第257页。

② 房宁：《建设现代治理体系，保证全面建成小康社会》，《理论视野》2014年1月。

念。自由主义政治思想的核心是强调上天赋予人自然权利，包括人的生命权、财产权、自由权等，国家是享有上述权利的公民通过社会契约的方式建立起来的政治机构，它必须在公民选举的代表——议员和议会的指导和约束下工作。而公民的利益复杂多元，要表达自身的诉求必须建立起多种多样的政党派别，于是竞选制、多党制、三权分立就成为现代民主政治的基本逻辑。它的本质特征是社会中心论，国家只是为社会各阶层服务的"守夜人"。由于上述理论在最早实现现代民主政治的英国获得极大成功，进而被后起的美国所推行，从而形成了欧美模式。欧美凭借其强大的政治、经济、军事优势，在世界范围内大力推广这种价值理念，而世界各国的社会科学研究者皆是无权无势的学者，他们自觉不自觉地成为上述理论的信仰者和传播者，于是以"社会中心论"为代表的自由主义民主政治理论就格式化为一种普世真理。

然而，二战之后效仿上述主张的各个发展中国家均陷入了永无止境的动乱、暴力和政变之中。于是，大批学者开始深刻反思这一奇怪的政治现象，其中美国学者亨廷顿的研究成果尤其值得关注。他认为，对于所有处于现代化过程中的国家来说，欧美模式无济于事，因为这些国家的首要问题不是个人自由，而是要建立起合法的公共秩序，必须先存在权威，然后才谈得上限制权威，如果没有一个权威政府存在，听任离心离德的知识分子，刚愎自用的军官和闹事学生的摆布，那么，这个国家只能是被动落后、民族分裂、分崩离析。① 为此，亨廷顿提出了强大政府论和国家权力与公民权利适度调频论。他认为，要根除发展中国家在走向现代民主之路上的动荡，必须首先树立强大的政府权威。在此前提下，伴随经济发展、集团分化、利益冲突、价值观转变以及民众参与能力的提高，逐步改革其社会结构和政治体制。其间，政治体制的改革和扩大公民参与水平之间要保持基本的二元张力结构，在不断适度调频的基础上共同发展。否则，无论是各种社会力量的快速增长

---

① 亨廷顿:《变化社会中的政治秩序》，王冠华等译，上海世纪出版集团 2008 年版，第6页。

超过了国家现有政治体制的承受能力，还是现有国家的社会结构和政治体制的改革过于迟缓，无法承受和释放日益积聚起来的改革压力，都将导致社会动荡乃至暴力革命。国内学者王绍光借鉴西方学者迈克尔·曼等人的研究成果将国家能力区分为国家精英掌控的无须同公民群众进行正常协商的专断性权力和国家履行正常职能的基础性权力，后者如维护国家安全与公共秩序的强制能力、动员和调度社会资源的汲取能力、巩固国家认同的濡化能力、保障经济发展和提供公共设施的规管能力、协调国家机构之间通力合作的统领能力等。发展中国家在建构现代民主政治制度伦理的过程中，在不断削减国家传统性专断权力的同时，要更加强化国家的基础性权力。相反，如果把民主化仅仅理解为小政府大社会，民主化就是去国家化，就是削弱和摧毁国家机器，那么，它们在摆脱集权统治走向民主政治的过程中，一定会出现巨大的社会动荡、暴力犯罪、军事政变乃至更加专制的复辟政府，从而与其初衷适得其反。质言之，国家在向民主转型的过程中，其行使国家权力的方式必须转变，但国家权力本身不应受到损害，因为有效国家的存在是巩固和提高民主质量的前提条件。[①] 正是从此种意义上讲，发展中国家民主政治制度难产的重要原因之一就是，在经济与社会结构未发生根本变化的前提下，各种新的社会集团被迅速动员起来卷入政治斗争中，将步履蹒跚的旧有国家制度重拳击碎，使国家丧失了履行正常职能的基础性权力，从而陷入长期性动荡与骚乱之中。

（三）传统与现代的文脉断裂

站在马克思主义"经济——政治——文化"三元社会结构的立场，分析发展中国家民主政治制度伦理的建构过程，会使我们清晰地看到，民主政治制度的生成除了其经济因素所起的根源性作用外，一个国家的历史文化传统作为社会整体结构的重要组成部分同样发挥着极其重要的作用，因为"人们自己创造自己的历史，但是他们并不是随心所欲地创造，并不是在他们自己选定的条件下创造，而是在直接碰到的、既定的、从过去继承下来的条件下

---

① 参见王绍光：《祛魅与超越》，中信出版社 2010 年版，第 125—126 页。

创造。一切已死的先辈们的传统，像梦魇一样纠缠着活人的头脑"①。美国学者巴林顿·摩尔认为，一个国家的历史本身制约着该国现代化的路径和时间选择，但许多发展中国家在肯定西方异质文化的制度功效时，往往忽视该制度得以实现其功能的历史文化前提，仅仅关注制度功效与选择该制度之间的需求性关联，看不到任何制度安排都是一个开放的生存系统，缺乏与之相关的历史文化支撑，制度变迁最终将走向停滞或陷入困境。②

上述观点在阿尔蒙德的《公民文化》一书中得到了实证性案例支持，在是书中阿尔蒙德通过对英、美、德、意、墨西哥五国政治文化传统的深入调查发现，政治文化可以区分为三种类型：地域型村民文化、依附型臣民文化和参与型公民文化，真正与现代民主政治相适应的公民文化应当是一种复合型文化，其中的参与型公民角色是对非政治型村民角色和消极型臣民角色的叠加，三者在沟通、协商、妥协中形成一种多元性政治文化张力结构，其间既允许变革又节制变革，既允许多元并存又凝聚一致共识，从而形成一整套平衡折中的政治文化运行机制。③然而，从发展中国家建构现代民主政治过程中政治文化传统变迁的实际状况看，均遇到了巨大的价值困顿。因为这些国家的人们被迫生活在传统与现代的双重价值体系中，他们对新兴政治文化价值理念的向往常常会感到一种超越时代的激动和痛苦，对旧有政治文化价值体系的留恋又形成一种现代化的过渡期特有的无所适从感，使漂泊的心灵无所遵循。西方发达国家由于经历了数百年的现代化过渡期，人们价值观的变迁在潜移默化中逐步得到了实现，新旧之间矛盾冲突的激烈程度逐步走向缓和。而发展中国家的历史文化传统消失的过程过于迅速，让人们在极短的时间内放弃一个延续了数千年的基本信仰，并且是在先进国家血与火的殖民掠夺中完成，这种传统与现代的文脉断裂会使人们的精神世界陷入巨大的困惑与摇摆之中。在严峻的国际政治环境和传统文化巨大拉扯力的综合作用下，许多现代民主政治制度的坚定拥护者，包括改革或革命运动中的政治精

---

① 《马克思恩格斯选集》第一卷，人民出版社1995年版，第585页。

② 参见巴林顿·摩尔：《民主与专制的起源》，拓夫等译，华夏出版社1987年版，第335页。

③ 阿尔蒙德、维巴：《公民文化》，徐湘林译，东方出版社2008年版，第422页。

英们不得不用传统文化的形式和内容去激发人们的民主热情和爱国激情，以便实现急迫的现实政治目标，而这种热情背后本质上潜藏着一种难以发现的反现代化倾向，由此构成了发展中国家现代民主发育迟缓的精神诱因。因此，如何在继承传统中吸收现代政治文明的因子，实现本国政治文化的综合创新，将是发展中国家民主政治制度建设面临的重大课题。

综合以上论述不难看出，现代民主政治制度无疑是西方政治文明历史逻辑的产物，但今天它已经成为一项世界性的事业，任何民族都已毫无例外地被纳入到了全球化的现代国际政治经济秩序之中，被迫接受现代政治文明的洗礼和改造。尽管许多发展中国家的政治精英最初走上本民族的政治改革之路时，对现代民主政治充满了真诚的向往和追求，但是一旦他们占据了本民族的权力宝座之后，就立即选择了专制性的铁腕手段对付后起的民主力量，导致社会动荡接踵而至，这既是他们个人的政治悲剧，也是这个民族必须付出的代价，因为他们既无法拒绝通过现代民主政治把本民族引向富强、民主、文明、和谐，又无法摆脱自己民族赖以生息繁衍的大地。但笔者坚信这些民族在经历了血与火的洗礼之后，当他们在按照西方政治范式改造自身政治文化的同时，一定会创制出超越现代西方政治方式的更为新型的政治文明模式，开拓出对于全人类具有昭示意义的更为伟大的文明范式，这也许正是人类文明进化过程中惊心动魄的生机与奥妙所在。

三、中国民主政治制度伦理的现代化建构路径

面对西方发达国家同源多面的现代民主政治制度伦理，面对发展中国家模仿西方模式在建构现代民主政治制度伦理过程中存在的动荡局面，特别是面对苏东剧变后社会主义政治制度伦理建设面临的各种挑战，如何建构中国的民主政治制度伦理，一度成为社会各界广泛关注的焦点。1989年北京政治风波之后，中国既未走向全盘西化的西方政治自由主义道路，也未回到改革开放前计划经济的社会主义老路上去，而是走上了一条经济更加开放、政治渐进改革之路。经过二十多年的快速发展，中国的综合国力和国际地位获得空前提升，人民生活水平实现大幅度提高。与此同时，行业、阶层、地区

间的收入差距不断拉大，由权力、资本、劳动三大阶层利益博弈引发的社会矛盾也日益激化，使得中国的改革开放事业进入到了突破利益固化藩篱，涉险滩和啃硬骨头的关键时期。在这一背景下，如何清醒认识和深刻反思改革开放以来形成的中国特色社会主义政治道路的利弊得失？如何通过深化政治体制改革进一步推进中国的民主政治制度伦理建设？实现国家治理体系和治理能力的现代化，再次成为国内外各界研究和讨论的热点问题，为正确回答这一问题，笔者试图就中国民主政治制度伦理在迈向现代化过程中本土化与国际化循环互动的建构路径，从以下四个层面做一理论剖析。

（一）深刻体认当代中国的基本国情及其所面临的重大挑战

就中国国情而言，首先，中国是一个具有辽阔疆土并由众多民族构成的大国，这使得它具有世界上绝大多数国家难以比拟的地缘优势和战略纵深。正是这种超大规模的国土面积使其能够形成自给自足的资源优势，并在本土内部进行大规模的产业梯度升级和转移，各级地方政府可以依照本地特殊情况发展自己的优势产业，这是各类小国如新加坡及欧洲诸多国家，乃至像日本这样的岛屿国家所无法比拟的。但与此同时，也形成了大国特有的各种困难，如为了抵御周边大国可能发起的侵略威胁和防止各种民族分裂势力的扩张，必须建立起强大的国防力量和坚强有力的中央政府，以确保国家的完整统一和长治久安，从而也就为数千年来中央集权性专制制度的长期存在及其负面政治作用的长期影响提供了广阔的空间。其次，中国是一个具有近14亿人口规模的人口基数最大的世界大国，占据了世界人口的20%，是100个欧洲中等国家人口（1400万左右）的总和，这种巨量人口引发的规模效应为世界各国所无法比拟，比如中国汽车产销量的迅猛增加导致整个世界汽车工业开始面向中国转型；中国出境旅游人口和消费水平的提高使得世界各国旅游产业必须大力增加中国元素，以便吸引中国游客；手机用户、互联网的发展、高速铁路建设等皆是如此。中国巨大人口产生的经济规模效应已经成为影响世界经济发展和贸易规则的重大因素。与此同时，中国巨大的经济总量除以14亿人口之后，其平均值又远远低于世界发达国家，中国近7亿农民每天的人均收入刚刚超过联合国开发计划署提出的1.32美元贫困线标准，这决定了中国将长期处于发展中国家的位置。再者，中国在各大文明古国中是唯一一个五千年延绵不断的古老文明与现代国家形态几乎完全重合的国家。悠久的历史是上天赐予中华民族的一笔宝贵财富，天人合一、以人为本、道德至上、自强不息、贵和尚中等民族精神，为解决当代中国和整个世界遇到的各种棘手问题提供了丰富的思想资源。与此同时，过量历史文化传统中积聚的各种糟粕也是中华民族实现现代转型过程中的沉重包袱。如：漫长的小农经济生产方式使中国在实现工业化、城镇化、信息化的道路上要付出更大的代价和努力；顽固的家族宗法社会结构和传统政治势力使中国一百多年来在迈向自由、平等、公正、法治的现代社会进程中步履蹒跚；臣民意识、等级观念、奴性人格为中国的现代公民文化建设设置了重重阻力，使其在迈向现代文明之路上艰难前行。

上述基本国情决定了中国在建构现代民主政治制度伦理的过程中，既不能完全抄袭其他社会主义国家的政治模式，也不能机械模仿资本主义的民主政治模式，而是要在民族传统与现代政治的循环互动中衍生出适合自己国情的政治安排。尤其要清醒地认识到，中国是一个世界大国，不是莞尔小国。莞尔小国在这个世界上可以吃便饭、搭便车，寻求大国的帮助和保护。大国不可能，因为大国的发展和变化会影响世界格局，会产生规模效应、标准变换和范式转型。戈尔巴乔夫、叶利钦等一度认为，一旦苏联采用了西方资本主义的政治价值理念和政治制度模式，欧美国家就会将自己纳入到他们的民主体系之内，成为并肩战斗的铁哥们儿，并会毫无保留地提供各种援助，从而使苏联成为繁荣富强的现代民主国家。然而，无情的政治现实告诉苏联解体之后的俄罗斯，即使你实行了欧美国家所倡导的资本主义民主政治制度，欧美国家仍然是从自身的国家利益出发，而不是从意识形态的同异出发来划分敌我，你照样是他们的敌人。因为，俄罗斯的体型过于庞大，欧美国家决不会让这样一个庞然大物吃便饭、搭便车，不然，俄罗斯会把所有的饭吃光，把要搭的便车压扁。于是，在世界经济、政治、军事舞台上继续挤压俄罗斯的战略生存空间，恨不能将其置之死地而后快。正如俄罗斯驻北约大使所言，北约先是借我们的车库用，然后借我们的卧室用，最后要借我们的夫人用，所以，我们不能再容忍了，必须对其予以反击。这一残酷的政治现实给中国这样的世界大国的启示是：不要以为我们走了西方指示的道路后，西方就会和我们称兄道弟，就会无怨无悔地来拯救我们；世界上没有什么救世主，一切全靠我们自己；世界上也没有适合一切国家走向繁荣富强的通行之路，只有依靠自己闯出一条适合我们这种超大型国家的中国特色的社会主义民主政治之路。

（二）全面总结国际社会民主政治制度建设的经验与教训

就西方发达国家民主政治制度建设的经验而言，由于英美两国工商业阶层在社会上占有重要位置，他们十分强调个人权利的天赋有效性，很早就形成了个人之间联合自治的公民社团传统。国家仅仅是为个人提供安全保障服务的"守夜人"角色，国家权力必须受到以人民主权为代表的议员和议会的限制。只要政府不能为公民提供有效的服务，人们就有权推举新的政府机构和领导人，从而形成了"大社会、小政府"的历史传统。而法德两国由于地主贵族势力强大，工商业阶层相对弱小，在走向现代民主国家的道路上则经历了更为曲折艰难的历程。法国经历了近百年封建势力与资产阶级之间的激烈斗争后，才最终建立起现代民主政治制度，而德国则是在容克地主和官僚资本的共同作用下，形成了强大的国家至上传统，并在军国主义道路上愈走愈远，经历了两次世界大战的惨败后，才被强行植入民主政治制度。尽管它们通向民主政治制度的道路各不相同，但从总体趋向上看，其主要顺序是大力发展工商业经济，不断提高公民的文化水平，逐步催生出一个具有广泛政治参与热情的公民社团，最后形成国家政治生活的全面民主化。

与西方发达国家的民主政治制度伦理建设路径不同，各类发展中国家则是在西方殖民者的强力刺激下走上现代国家的建构之路。然而，由于这些国家的小农经济结构没有经历工业经济的深刻变革，建基其上的传统性地主贵族势力十分强大，其中的少数精英在接受了西方发达国家的教育之后，回到国内大力鼓吹西方民主政治制度的各类优点，激发起国内改革力量的巨大政治热情，但他们把整个社会搅动起来之后，首要目标是打碎旧的封建专制性国家机器，伴随国家规制力量的解体，各种社会势力在持续不断会合与分解过程中，将国家带入族群分裂、暴力冲突、武力镇压、军阀混战、军事政变等接踵而至的恶性循环中。如何大力发展现代工商业经济以便尽快改变这些国家的经济结构和社会结构？如何培育起现代民主政治所需的公民文化？如何使短时间内迅猛膨胀起来的各种政治势力以合法有序的方式参与到国家政治生活中来？如何有效提高现代国家所应具有的基础性社会治理能力？等等，就成为当今世界所有发展中国家通往现代民主之路上共同面临的重大政治任务。

（三）改革、发展、稳定与中国民主政治建设的增量渐进之路

如果说西方发达国家在发展本国民主政治制度之路上所昭示的自由、平等、公正、法治等现代价值理念代表了人类政治文明的未来走向，而诸多发展中国家机械模仿西方民主模式，仅仅关注制度功效与本国选择该制度之间的需求性关联，看不到制度生存所需的历史文化支撑，最终导致本国的制度变迁陷入困境。那么，中国改革开放 30 多年来所取得的骄人成就之所以引发国际社会的广泛关注，说到底是因为我们充分借鉴了发达国家民主政治建设的成功经验，认真吸取了发展中国家民主政治建设失败的深刻教训，逐步走出了一条适合国情的中国特色的民主政治建设之路。这条道路的根本特征是，在正确处理改革、发展、稳定三者关系基础上，通过存量和增量民主推进民主政治制度的日渐完善。

改革、发展、稳定是中国 30 多年来现代化建设的三大支点，其中稳定是前提条件，只有保持社会的基本稳定，才能不断推进改革和发展。正如邓小平当年所指出的那样："如果没有一个稳定的环境，中国什么事情也干不成。"[①]中国正处在特别需要集中力量发展经济的过程中，如果只追求形式上的民主，结果是既实现不了民主，经济也得不到发展，只会出现国家混乱、人心涣散的局面。如果说稳定是前提，那么，改革则是根本动力，因为只有通过改革，才能解决发展过程中出现的问题，只有通过改革，社会稳定才能获得可靠的制度保障，仅是一味维稳，不进行制度改革和创新，最终将引发

---

① 《邓小平文选》第 3 卷，人民出版社 1993 年版，第 348 页。

更大的不稳定。而发展则是重中之重，因为只有通过发展才能最终从根本解决所有经济社会问题，才能使各项改革进行下去，才能使稳定获得坚实的物质基础。正是从这种意义上讲，中国改革开放 30 多年的成功经验就是把改革的力度、发展的速度和社会可以承受的程度做到了统筹兼顾和有机统一。

在正确处理改革、发展、稳定关系的同时，在民主政治建设领域主要通过存量和增量民主的方式逐步实现民主政治制度伦理的日渐完善。① 改革开放 30 多年来国家全部工作的中心是发展经济、保持 GDP 的持续高速增长，以此推动由农业经济向工业经济、由乡村社会结构向城镇化社会结构的转变，其间缓慢释放自发成长起来的各种社会政治力量，允许各种社团组织、维权组织、慈善互助组织、行业协会及其他公民社团组织以合法有序的方式参与到国家和社会治理体系中来，并大力培育公民文化，提高公民的道德素质和其他各种技能素质，在合理规范和积极引导公民社团政治参与热情的同时，不断推进政治上层建筑领域的改革，包括建立党和国家领导人及各级干部的退休制度、制定《公务员法》、建立和完善基层民主自治制度等。正是通过上述存量和增量民主的渐进改革方式，使得中国的民主政治制度伦理不断丰富和完善。今天中国民主政治制度建设遇到的新问题是，在市场经济不断发展基础上已经形成了社会利益多元化的基本格局，公民的法治意识获得大幅提高，网络民主和网民议政的风气已广泛普及，世界范围内的民主化浪潮在持续发展，而进一步发展经济所需要的深层次的经济改革由于政治体制改革的滞后难以持续推进，导致政治体制改革的呼声不断高涨。如何在加强和维护党和国家领导者权威的同时，大力推进政党体制改革、政府体制改革、司法体制改革、人大制度改革等，已经成为未来民主政治制度建设以及健全国家治理体系和提高国家治理能力的当务之急，只有不断加快政治体制改革的速度，使其与公民参与水平提高之间保持平衡，才能确保政治稳定和经济的进一步持续增长。

---

① 俞可平先生较早提出增量与存量民主问题，参见闫健编：《民主是个好东西》，社会科学文献出版社 2006 年版，第 49 页。

（四）在本土化与国际化的循环互动中创制人类政治文明的新典范

黑格尔在其《历史哲学》中认为，景象万千、事态纷纭的世界历史就是世界精神不断取得自由的过程，世界精神作为一种普遍原则，它主要通过各个国家的民族精神来表现自己，民主精神在不同的历史阶段体现为一个民族的固定原则，这种原则蕴含并贯穿在各个民族的宗教、政体、风俗、艺术中。每一种特殊形态的民族精神在人类历史长河中消亡时，都将转化为普遍的世界精神的一部分，正是这种民族精神的不断交替构成了人类历史的变迁过程，同时也是普遍的世界精神不断自我完善、自我发展并走向自我解放的过程。用黑格尔深邃的历史眼光来审视近代以来西方政治文明和当代中国的政治变迁过程，至少以下两点值得去深入思考。

首先，要辩证地认识近代以来西方政治文明的历史意义和价值限度。亨廷顿在其《文明的冲突与世界秩序的重建》中把西方政治文明的核心内涵概括为：古典遗产（希腊理性主义、罗马法等）、基督教、欧洲语言、政教分离、法治传统、社会多元主义、代议机构、个人主义。从这种意义上讲，西方文明及其所衍生出来的现代民族政治制度伦理具有其独特的地域特征，并非放之四海而皆准的真理。然而，由于近代以来欧美的强势地位及其欧洲中心主义的广泛传播，使得众多人认为，西方文化就是世界文化，西方的民主代表了全人类普遍和永恒的价值，非西方国家除了走西方道路别无选择，西方的今天就是发展中国家的明天。不仅如此，人们很多时候在谈到西方文明时，率先看到的是欧美国家的工业化、城市化、市场化、民主化、全球化，很少想到欧美文明中这些现代化成果是建基在贩卖奴隶、残酷殖民、种族灭绝、法西斯主义、贪婪吸吮世界资金、经济危机、以强凌弱、世界大战等非道德行为基础之上，没有后者的作用，西方文明的崛起是不可想象的。更为值得注意的是，西方人在政治理论上的二元对立性思维模式也深深影响着人们对现实政治的看法。在西方人看来，只要搞市场经济就必然出现利益多元，不同利益群体必然形成不同的党派，这些党派一定会在国家权力机构制定政策和立法过程中表达自身的利益诉求，由之，必然形成多党制、三权分立、竞争选举的政治格局，这就是真正意义上的民主，凡是与之不符的政体皆是专制，民主是好的，专制是坏的，这个大千世界似乎除民主与专制之外，就没有介于二者之间或超越二者之上的其他政治模式，至于民主制为什么还会选举出希特勒那样的专制独裁人物，他们更是较少考虑。特别需要指出的是，从近几十年的发展状况看，西方的民主政治呈现出日益变质的特征，即民主变成了几年一度的选主，在资本力量的强力作用下，选主被化约为推销，竞选变成了拼金钱、拼形象、拼口才、拼演技的活动，各类精英如鱼得水，穷人除了"一人一票"的虚假参与外，无力影响国家任何具体政策的制定。由此可见，只有不断树立西方文明独特而非普世，西方文明具有正反两面性特征，西方思维对立而不中和的观念，才能真正认识其历史意义及其价值限度，从而有效消除对西方文化的全盘肯定和盲目崇拜心理。

其次，要牢固树立中国特色社会主义道路必胜的坚定信念和历史担当意识。自从资本主义诞生那天起，特别是苏联社会主义制度的建立，开辟了人类走向现代文明的另一条道路。然而，苏东剧变后，西方学者倡言历史已经终结，政治自由主义取代斯大林式专制社会主义已经成为人类终极性政治模式。令人惊奇的是，历史刚刚走过二十多个春秋，凯歌猛进的资产阶级学者们发现"中国特色社会主义"的迅猛崛起已经成为当代世界不争的事实，人类对最佳政治制度的内容与形式的探索远未终结，而是处于正在进行时中。那么，中国这种"新型的社会主义"会成为虚火旺盛的西方政治自由主义的历史性替代方案吗？这无疑是一个极其重大的理论与实践课题，非本书所能完全解答。但必须指出的是，中国近30多年的崛起并没有照搬西方或苏联的任何模式，而是沿着自己特有的逻辑轨迹逐步发展起来的，包括实事求是的思想路线、国家利益至上的价值观念、消除贫困的经济措施、选贤任能的干部制度、博采众长的学习态度、和而不同的处世方式等。这种新型发展模式和独立政治话语的崛起正在给整个世界带来"千年未有之变局"①。由于中国崛起背后的价值理念、制度设计、行进速度与西方主流政治观点大相径庭，同时也远远超出了西方人的预料，更为重要的是中国是一个大型国家，

---

① 参见张维为：《中国震撼》，上海人民出版社2011年版，第126页。

其任何改变都会在深度、广度和力度上对近三四百年来独霸天下的西方话语体系产生强烈的冲击波，对现行国际秩序和人类已有的文明范式发生罕见的震撼力和影响力，从而形成一系列具有内源性和原创性的新型坐标体系和里程碑式标志物，并重新赋予现代化以超越西方的崭新意义。这就要求我国的国民不能再以大国小民的心态来窥视这个世界，要逐步树立起正视西方的勇气。回顾中国历史，有诸多文明昌盛的王朝都曾经延续三四百年的时间，如唐、宋、明、清等，而今天的西方现代文明从工业革命算起，也仅仅有二三百年的历史。以当今最为强大的美国为例，美国具有现代国家的所有特征，但缺少一种深远文明的智慧光芒。当中国的经济总量和整体实力超越美国之后，整个世界的政治、经济、军事版图都将因中国的变化而变化。这就要求我们作为一个具有五千年文明史的超大型国家，要有大智慧、大战略、大担当，要从追赶资本主义和模仿苏联社会主义的状态中走出来，转向超越现行资本主义和社会主义所有模式，在深度本土化与高度国际化的并行不悖和循环互动中，为创设人类政治文明的最新典范作出应有的贡献。

第二节　政党制度伦理与民众的社会期待

中国共产党是当代中国全部政治运转的轴心，故对中国民主政治制度伦理建设的研究必然以政党制度伦理作为前提条件和最重要的切入点。所谓政党制度伦理，主要是指用以调节政党制度建设的价值取向和规约政党组织和个人行为模式的道德秩序。一个政党与其他社会势力或组织机构相比，其独立性和自主性越强，各个部门专业化水平越高，适应环境挑战的能力越是卓越，其制度伦理的积淀程度就越是丰厚，对社会各阶层各领域的影响力就越是深广。中国共产党是在中华民族面临深重的国家和社会危机情境下应运而生的政党，它以全心全意为人民服务为根本宗旨，在广大民众的支持下，经过长期的艰苦奋战，胜利夺取了国家政权，并重新建构起新型的国家秩序，使中国成为一个一党执政和多党合作的政党主导型现代国家，并以此为基础将自己的政党伦理社会化为规约现代中国社会生活的道德尺度和价值诉求，不同程度地改造和置换了以传统封建礼法为核心的社会伦理。但伴随改革开放 30 多年的发展，中国社会已经发生了全方位、大规模、急剧性的深刻转型，致使中国共产党的制度伦理建设也面临着一系列重大挑战，包括由革命党向执政党的转变，由领导计划经济的党向领导社会主义市场经济的党的转变，以及全球化状态下如何领导国家的问题。基于上述认知，本节试图就中国共产党的民主集中制组织原则、干部选拔任用制度、党政关系的制度化创新、不同党派之间的协商民主四大核心问题，从政治伦理学的视角予以深入剖析。

一、民主集中制组织原则的伦理宗旨

民主集中制是无产阶级政党建构组织和规范党内活动的根本性组织原则和组织制度，其运行机制和运行状态对党内民主和人民民主都具有极其重大的影响作用。就党内民主而言，民主集中制是党保持团结统一并充满生机与活力的根本条件，是处理党内各种利益矛盾、思想冲突和提高自我完善能力的有效手段，是提高党的领导水平并使其决策正确有效执行的重要保障。就人民民主而言，由于中国共产党是执政党，有众多党员在国家权力机关和各类社会组织中工作并握有重要权力，其在党内形成的民主观念、民主习惯、民主作风会对国家政治、经济和社会各领域产生重大影响，并发挥出重要的凝聚、示范和带动作用。由之，对民主集中制的生成背景、运行轨迹和发展创新予以道德检审就显得尤为必要。

（一）民主集中制的本真含义及其道德解析

民主集中制是列宁建立俄共时明确规定的组织原则，后来被各个马克思主义政党确立为根本组织原则。中国共产党对民主集中制本真含义的理解可概括为以下三个层面：（1）民主集中制是民主基础上的集中和集中指导下的民主相结合，二者构成了既对立又统一的辩证关系。从党章所规定的具体内容来看，党的各级领导机关都由选举产生，党的各级委员会向同级党的代表大会负责并报告工作，党委会实行集体领导等等。这充分体现了民主的内容。党章又规定，选举产生出来的各级领导机关，必须坚持少数服从多数、个人服从组织、下级服从上级、全党服从中央。这又体现了集中原则。而选举中在保证少数服从多数的同时，又充分尊重和照顾少数人的主张和诉求，则是民主与集中的同时并存。可见，在研究和贯彻民主集中制原则时，既不能离开民主讲集中，又不能离开集中讲民主，要坚持二者的有机结合，否则，必然出现极端民主化和个人专断两种错误倾向。(2)将马克思主义的民主集中制置于人类民主发展史的长河中看，其实质是真正的民主制度，其中的民主成分起决定性作用，集中是基于民主要求而形成的结果，其背后的合法性基础是民主成果的制度化、规范化和法律化。与资产阶级所倡导的自由民主制相比，其根本特征在于它是一种民主与集中有机统一的科学高效的民主制，是一种适应政党组织规律的制度化和法律化的民主制，决非个别学者所说的"民主与集中的简单叠加"或"民主基础上的新型集中制"。(3)就民主集中制的实际运用过程看，在处理民主与集中关系时，会根据党的任务和所处环境的变化情况有所侧重，如在白色恐怖情况下，各级党组织在贯彻民主集中制时会更多地强调集中，而在和平建设时期则强调扩大民主。当然，无论何种情况下都要处理得当，把握好二者关系的"度"，如果处理不当，就极易从一个极端走向另一个极端，只有努力造成一个既有民主又有集中，既有自由又有纪律，既有个人心情舒畅、生动活泼又有统一意志的党内政治局面，才是马克思主义政党民主集中制的根本要求之所在。

要全面、深入、准确地把握民主集中制的本真含义，还需要对这一制度的生成背景有所了解。有不少专家考证，列宁在提出民主集中制建党原则时，其中心词是"集中制"，前置词"民主"只是为了保证集权专断的领导在决策时不至于偏离科学正确轨道而提供不同议论，使其能够择善而行。这种考证结果从总体上看是符合当时基本情况的。因为从列宁领导俄共取得十月革命胜利前后所发表的各种文章著作看，他的确在多处强调："要使无产阶级能够正确地、有效地发挥自己的组织作用，无产阶级政党内部就必须实行极严格的集中和极严格的纪律。"① 特别是列宁十月革命后为各国共产党制

---

① 《列宁专题文集——论无产阶级政党》，人民出版社 2009 年版，第 252 页。

定加入共产国际的具体条件时，又特别强调："加入共产国际的党，应该是按照民主集中制的原则建立起来的。在目前激烈的国际战争时代，共产党只有按照高度集中的方式组织起来，在党内实行近似军事纪律那样铁的纪律，党的中央机关成为拥有广泛的权力、得到党员普遍信任的权威性机构，只有这样才能履行自己的职责。"[①] 当然，上述有关列宁对民主集中制原则的看法，只是问题的一个方面。列宁作为国际共运史上无产阶级政党的杰出领袖，其最大特点是善于把理论中的极端正统性与实践中的巨大灵活性结合在一起。纵观列宁一生，他在指导俄共具体工作时，之所以高度重视党的统一性、集中性、纪律性，其目的是保证党的决策能够迅速高效、不折不扣地得到落实，但在作出决策前，他还是主张应当对党内的问题广泛地展开自由讨论，对党内生活中各种现象展开自由的、同志式的批评和评论，特别是十月革命后伴随俄共成为执政党，列宁更加强调发展党内民主和人民民主的重要性。遗憾的是，列宁去世后，由于旧有反动势力对俄国新生政权的破坏、建设工业化国家的巨大压力和计划经济体制的实施，加上斯大林个人性格和品质等原因，作为列宁继承者的他，开始把党内所有不同意见者皆以反党集团的名义予以残酷打击，如托洛茨基、布哈林、加米涅夫、季诺维也夫等人，特别是二战后，斯大林在崇高威望基础上建立的专制政治更是把民主集中制原则破坏殆尽，在抛弃民主和专事集中的道路上愈走愈远，使个人的独断专行达至登峰造极的地步。

在此试图对列宁提出民主集中制建党原则的初衷，从政党伦理的视角作一简要分析。

首先，保证各级党组织和党员干部生命安全的神圣责任感是列宁提出民主集中制原则的道德出发点。列宁提出民主集中制建党原则时，欧洲共运的基本现状是，英、法、德等欧洲发达资本主义国家的共产党已经可以在本国开展公开性、合法化的政治活动，他们可以在党内通过辩论、讨论等形式来决定各种重大事务，并通过组织工人罢工、竞选国会议员等社会改良的方式

[①] 《列宁专题文集——论无产阶级政党》，人民出版社 2009 年版，第 273 页。

来与资产阶级进行政治斗争。因此，到 1850 年之后，马克思、恩格斯两人都切断了和欧洲各国地下组织（官方称之为黑道社会组织）的联系。但当时的俄国完全处在沙皇黑暗的高压专制状态，俄共属于非法的地下秘密组织，如果在党组织内部实行广泛的民主制，各级党员干部和党组织随时都有被宪兵抓捕和遭到破坏的可能性，而这种情况也的确多次发生过。正是对各级党组织和党员干部生命安全高度负责的道德责任感，使得列宁在提出民主集中制建党原则时，很大程度上把政党看成了一个地下准军事组织，更多地强调严密的组织和严格的纪律。

其次，牢固树立为无产阶级解放事业无私奉献的崇高道德理想是民主集中制原则的根本要求。列宁认为，群众是划分为阶级的，阶级是由政党来领导的，政党通常是由最有威信、最有影响、最有经验、被选出担任最重要职务而被称为领袖的人们所组成的比较稳定的集团来主持的。这个政党集团的各级干部不仅因为他们信奉马克思主义而具备了无与伦比的科学知识、历史洞见和革命自觉性与主动性，而且还因为他们无私地献身于其所代表的阶级而具有道德上的优越性。从某种意义上讲，这些党员具有俄罗斯东正教教士的特殊品格，即为了维护教义的真理性和纯洁性，可以完全服从教会的各种安排。同样，各级党员干部为了维护马克思主义的真理性和纯洁性，可以按照个人服从组织、少数服从多数、下级服从上级、全党服从中央的要求，为无产阶级解放事业奉献自己的一切，直至生命。

最后，列宁本人的高贵品质和卓越才能使其成为各国共产党人执行民主集中制原则的典范和楷模。一方面，列宁早年由于受沙皇政府的迫害长期侨居国外，使得他对欧洲发达国家共产党内的民主气氛和制度措施有着深刻了解；另一方面，他在领导俄国布尔什维克革命斗争中积累了丰富的经验，对各种革命运动形式——合法的与非法的、和平的与激烈的、地下的与公开的、小组的与群众的、议会的与密谋的等有着全面的了解和娴熟的运用。这就使得他在执行民主集中制的过程中充满了原则性与灵活性的辩证统一。他虽然特别强调党的决议已经宣布，任何组织和党员决不允许再提出任何异议，必须高效贯彻执行，但是列宁在党的政策未作出最后决议前，他总是鼓励党员干部对各种政策的利弊得失予以充分讨论，特别是俄共由地下秘密组织变为执政党后，在列宁的领导下党内的自由讨论之风更加盛行，因为他深深地懂得没有决议前广泛讨论和尖锐批评的自由，就不可能有决议作出后贯彻执行过程中的高效一致。

（二）对中国共产党民主集中制原则运行轨迹的道德考量

由于中国共产党是在俄共1917年领导十月革命成功后建立起来的政党，从1921年成立之日起就深受俄共思想的影响，1922年中共参加共产国际后成为其一个支部，直到1943年共产国际解散。在这二十多年的时间里，中共作为一个初创的政党，在组织建设方面直接受到共产国际民主集中制原则的指导。与此同时，由于中国革命的特殊国情，在贯彻和执行民主集中制原则的过程中又呈现出自身的鲜明特色，从中央层面看存在两大明显缺陷，即高度集中化和极端民主化同时并存。就高度集中化而言，由于受长期封建专制文化的影响，早期中共领导人身上都不同程度地存在家长制命令主义倾向，陈独秀、李立三、王明皆是如此。如陈独秀在与国民党合作中表现出的右倾机会主义，李立三极力主张的城市暴动式左倾盲动主义，都是在打压党内不同意见的前提下个人独断专行的产物，至于王明倚仗共产国际代表米夫等人支持，在1931年六届四中全会走上领导岗位后，更是在党内大搞家长制，对持不同意见的党内干部实施"残酷斗争，无情打击"。就极端民主化而言，受传统小农意识和小资产阶级思想影响，在建党后的很长一段时间内，自由主义和宗派主义之风广泛存在，除了毛泽东在《反对自由主义》一文中所批评的一团和气、不负责任、个人意见第一、不同错误意见进行斗争等十种现象外，[①] 最为严重的则是在宗派主义基础上形成的分裂党分裂红军的行为，其典型代表当属罗章龙和张国焘。正是基于对党内外高度集中化和极端民主化两种错误现象的深刻反思，自1935年遵义会议至1945年党的七大召开这十年间，党围绕如何科学准确地理解和贯彻民主集中制原则进行了长期不懈的艰苦探索，特别是通过延安整风运动的深入开展，人们对落实党

---

① 《毛泽东著作选读》上册，人民出版社1986年版，第180页。

内民主与开展党内斗争、维护中央的集中权威与灵活执行中央的具体政策，逐步形成了科学正确的认识，从而确立了党集体智慧的结晶——毛泽东思想的领导地位，自此之后，中国革命的形势发生了质的变化。应当说，自党的七大开始至建国后的社会主义改造运动止，党在贯彻执行民主集中制原则方面取得了令人满意的成就。然而，伴随毛泽东同志神圣化地位的确立和个人崇拜的蔓延，党自"大跃进"运动开始直到十年"文革"结束，再次走向了毛泽东本人的高度集中化和普通党员干部极端民主化（如"文革"中的大鸣、大放、大字报等）两个错误顶点，形成了用形式主义的高度民主掩盖实质上的高度集权的民主乱象和集中怪象。自十一届三中全会至今，党通过拨乱反正，又重新恢复了民主集中制的优良传统，今天正在将这一原则逐步推向制度化、法制化的轨道。

从政治伦理学的视角考量中共民主集中制原则的运行轨迹，可以清晰地看出，能否执行党的民主集中制原则，可能受制于多重因素的作用，如封建家长制遗毒的影响、中央领导人的德才素质、国际政治因素的干扰等，但最关键的问题则是党内制度伦理建设是否健全。对此，邓小平在《党和国家领导制度的改革》一文中明确指出："我们过去发生的各种错误，固然与某些领导人的思想、作风有关，但是组织制度、工作制度方面的问题更重要。这些方面的制度好可以使坏人无法任意横行，制度不好可以使好人无法充分做好事，甚至会走向反面。"[①] 为此，邓小平还以党内对重大问题的讨论为例指出，有不少时候发扬民主、充分斟酌不够，由个人或少数人匆忙作出决定，很少按照少数服从多数的原则实行投票表决，这表明民主集中制还没有成为严格的制度。由之，邓小平提出了废除干部终身制，健全干部选举、招考、任免、考核、弹劾、轮换制度，使党章更加完备、周密、准确，设立中央纪律检查委员会，实行党政分开制度，成立职工代表大会制度，真正实行集体领导和个人分工负责相结合的制度等。

围绕如何建构党内完善的制度伦理，避免少数人打着民主集中制的旗号

---

① 《邓小平文选》第 2 卷，人民出版社 1983 年版，第 293 页。

实行专断统治，国外同样有大批思想家进行过深入探索。如意大利著名政党研究专家罗伯特·米歇尔斯在其《寡头统治铁律——现代民主制度中的政党社会学》中，以德国社会民主党为例，对社会主义政党组织寡头化趋向的内在机理做了极富创建的分析，并从政治伦理学的视角对现代民主制度的发展前景提出了道德警示。他认为，组织是现代社会利益分化的必然结果，但在规模庞大的大众组织内部，通过普通成员的直接参与来解决组织内部的纷争，无论在技术上还是在机制上都不大可能，这就使得组织的决策只能由一个相对稳定并受过特殊训练的精英群体来作出，尽管许多初期担任领导职务的人往往具有较高的道德水准和为人民服务的强烈责任感，但长期在位会使领导者的心理状态发生根本性转变，如日益自负并设法巩固和扩大自己的权力，对任何威胁自己权力的势力抱有本能的警惕和敌意等。而对于普通大众来说，政治事务的日益专业化使得他们难以把握政治组织的复杂运行结构，也无暇了解相关的众多政策信息，久而久之变得得过且过、漠不关心、反应迟钝，这就给予了精英群体聚敛权力的绝对机遇。由之，米歇尔斯得出结论说，这种现象是近现代社会中最先进的政党组织都无法规避的"寡头统治铁律"，我们只有坦然而且真诚地面对民主集中制中的寡头化危险，才有可能将这种危险降低到最低限度。那么，对于今天的中国共产党而言，究竟如何继承邓小平党内制度伦理建设理论，避免米歇尔斯所指摘的"寡头统治铁律"呢？这无疑是我们探讨党内民主集中制伦理宗旨必须回答的一道难题。

（三）新形势下完善和发展民主集中制原则的伦理要求

与历史上任何时期相比，改革开放30多年来应当是党贯彻执行民主集中制原则相对较好的时期，但由于党在新形势下所面临的执政考验、改革开放考验、市场经济考验、外部环境考验空前复杂和严峻，致使党的个别机构、行业和地区的领导干部在贯彻民主集中制原则过程中出现了一系列问题，诸如：一把手没人管、把民主程序当摆设、权力潜规则盛行等，党员群众戏称为"开大会解决小问题，开小会解决大问题，不开会解决关键问题"，"一把手是绝对真理，二把手是相对真理，三把手服从真理，其他把手没有真理"。如何革除党内在执行民主集中制过程中存在的上述严重弊端，仁者见仁，智者见智，但从政治伦理学的视角看，关键措施有三：

一是牢固树立党员干部的人格平等意识和权利保障观念，大力增强其民主素养和参政议政能力。民主制的实施必须依赖特定的经济基础和文化环境，数千年来中国的小农经济和封建文化造就了人们的臣民意识、等级观念、官本位文化、家长制作风等。在今天的市场经济制度下，只有逐步消解和清除上述封建糟粕，培养起每位党员干部的自我主体意识、人格平等观念和权利诉求意愿，才能最终形成其深厚的民主素养和参政议政能力。当然，要做到这一点需要在全党范围内大兴学习之风，只有通过长期不懈地学习党内民主基本理论和知识，学习党章和国家法律，才能使广大党员干部对党内民主的认识更加深刻，把握更加全面，运用更加自觉。

二是建构完善的制度伦理体系和程序正义机制是确保民主集中制得以贯彻执行的根本保障。如何使民主集中制的原则规范化、科学化、制度化，党在不同时期都进行过深入的探索，但至今并未形成严格完备的制度和机制，即使党内法规做了规定，也往往是过于原则性，缺乏可操作性，并且不同制度规定之间无法相互匹配，致使民主集中制原则得不到真正落实。民主集中制原则的制度化涉及诸多内容，但以下三个方面尤其重要：（1）完善党的代表大会制度。尽管党章明确规定党的代表大会是党的最高权力机关，有权讨论和决定党内一切重大政治问题和组织问题，但在不少地方党的权力主要集中在常委会和书记手中，他们随意用其他会议代替党代会，乃至任意变更党代会的重要决定。因此，如何制定与当代民主诉求相适应的党代会代表产生办法、议事规则、议程主题、执行程序等值得认真研究，特别是在区县级扩大党代会常任制试点，建立代表与选举人联系的工作机构已越来越引起基层党员的高度关注。（2）改革党内选举制度。包括正确处理上级意图与选举人意志的关系，候选人提名方式，扩大差额选举的比例和范围，完善基层的"两推一选"和"公推直选"等。（3）建立科学化和民主化的决策机制。要改变决策权过分集中，决策利益部门化，使决策充分反映人民群众诉求，就必须建立科学民主的决策机制，包括建立社情民意反映制度、决策预告和公示制度、决策前的咨询论证制度、决策中的辩论和票决制度、决策后的责任追究制度等，从而保证各级领导干部能够科学研判形势，严格执行程序，真正做到集体领导和个人分工负责相结合。特别需要指出的是，建立社会决策类研究评估机构，使之以企业法人方式独立运营，将党内重大决策委托给不同的智囊机构研判，由之，摆脱当事方的利益纠葛，以真正的第三方面目出现，通过竞争投标的方式提出客观公正的多套方案，供党的决策部门进行科学选择，这应成为党内一项重要的制度化决策模式。

三是将党内监督与党外监督相结合，确保监督质量和效果，是民主集中制原则得以有效实施的重要保障。任何权力得不到制约和监督就必然走向腐败。要真正落实好民主集中制原则，就必须加强党内监督。党内监督的重心应在两个领域：（1）改革党的纪律检查体制，强化双重领导中机构、人事、经费、职数等的垂直化领导，提高党内纪律检查委员会的地位和作用，充分保障党内监督力度。包括监督领导干部在作出重大决策时是否遵循少数服从多数原则，监督各级党员干部在执行党的路线、方针、政策时是否令行禁止，监督党员干部的民主评议和民主测评情况，监督党员权利保障是否得以落实等。（2）按照现代政党伦理原则将党的各级组织在民主生活会上开展批评和自我批评的优良传统制度化。无论是党的最高领导还是基层干部，由于主客观条件的限制，在实际工作中发生不同程度的错误都是难以避免的，关键是如何纠正错误，有效避免其犯下颠覆性错误。前已备述，针对这一现象我们党在历史上既有成功的经验，也有失败的教训，如在延安整风运动中形成了科学开展党内斗争的成功经验，而"文化大革命"中林彪、"四人帮"集团对党内同志的残酷迫害则是典型的反面教材。由之，需要我们深刻反思，在改革开放的今天开展党内批评与自我批评的方式与方法。诸如：如何站在党的整体立场上围绕各种问题展开光明磊落的思想交锋，在适度和有分寸的基础上分清是非，讲清道理，帮助同志，避免阴谋诡计和无原则打压等，从而使党能够从政党伦理层面将批评与自我批评的优良传统制度化、规范化和程序化。有必要将习近平同志在十八大后指导群众路线实践活动时，在河北省委和河南兰考县委开展批评与自我批评的做法加以总结、概括和升华，使之成为党在新形势下开展党内思想斗争和提升党内监督水平的制度化模式。此外，为了使监督更有成效，还必须把党内监督与党外监督相结合，党外监督包括国家机关监督、民主党派监督、群众监督、舆论监督等，只有加强党外监督才能支持和强化党内监督。总之，只有通过对各级党员干部贯彻民主集中制的细节予以有效监督，并建构起科学合理的监督制度体系，才能最终在制度、机制、方法、作风等各个层面真正落实好民主集中制原则。

二、对干部选拔任用制度的道德考量

中外政治的历史和现实都已表明，一个政党或一个国家能否培养出优秀的领导人才，在很大程度上决定着这个党和国家的兴衰成败和生死存亡。中国特色的社会主义建设事业能否巩固和进一步发展下去，中华民族能否在当今激烈竞争的国际环境中再造辉煌，关键是看我们党能否培养造就出一大批高素质的领导人才，从而不断提高党的执政能力和执政水平。有鉴于此，本节试图从政治伦理学的视角，就党的干部选拔任用制度做一道德考量。

（一）干部选拔任用中委任制与选举制的伦理冲突

在中外干部选拔任用的历史上，委任制和选举制是最为常见的两种干部任职模式，但由于这两种模式的使用主体、对象范围、具体条件，既存在实质性重要区别，又存在深层性相互关联，致使在党的各级组织人事部门干部管理工作中时常出现各种错位现象，本应以委任制方式任职的干部却非要通过选举的形式去产生，而本应通过选举方式产生的干部却偏要用委任制的形式去任命，从而引发了二者之间深刻的伦理冲突。深入分析委任制与选举制的形成历史，透析其伦理冲突的内在本质，进而觅得二者的求和之道，就显得尤为必要。

由执政党向国家机关和各级政府推荐干部是世界各国的通行做法。然而，如何推荐，亦即党如何管理干部，不同的制度背景之间却存在着天壤之别。列宁在《国家与革命》中曾设想国家公职人员要实行全面选举制和随时撤换制。但由于俄共是以中心城市武装暴动的方式夺取胜利，党在取得全国政权后必须迅速地把干部派到各地接管那里的政权，于是委任制就成为最简便易行的方法，之后，斯大林将干部委任制固定化、制度化，逐步形成了干部管理高度集中和政党国家化的政治体制。我国改革开放前的干部选拔任用制度深受苏联干部制度影响。1949年11月在第一次全国党的组织工作会议上，刘少奇明确指出："从最初级到最高级的每一个干部都要有一定的机关管理。"① 这个机关就是党的组织部门，由之，基本确立了党管干部原则下的干部委任制，上下级干部之间形成了委托人与代理人的关系，政府人事部门只是党管干部的一种组织形式，接受同级党委组织部门的指导。这种党的一元化领导的干部委任制彻底改变了过去100多年中国社会一盘散沙的无组织状态，把整个国家有力地组织起来，形成了无与伦比的社会动员能力，为满足我国工业化和现代化的需要提供了强大的组织保障。同时，也为日后毛泽东的个人崇拜和"文革"悲剧的发生创造了组织条件。

面对"文革"给党和国家造成的深重灾难，人们痛定思痛。20世纪80年代之后，党开始对传统的干部选拔任用制度进行深刻变革。一是提出干部革命化、年轻化、知识化、专业化的方针，通过逐步废除领导干部职务终身制实现新老干部的交替；二是对干部管理体制不再进行越级管理，改变中央从基层直接提拔干部到高层的做法（如"文革"时期的王洪文、陈永贵等人均是从最基层干部直接成为党和国家领导人的），在建立公务员制度的基础上，实行干部的分级分类管理。其中最为核心的改革重点是扩大民主、完善考核、推进交流和加强监督，尤其是通过完善党内选举制度，提高干部工作的公开性和透明性，落实党员和群众对干部选拔任用的知情权、参与权、选择权和监督权，不断扩大民主推荐、民意测评和民主评议的范围，积极推行公开选拔、竞争上岗、任前公示等制度，逐步建立起党内干部选拔任用过程中优胜劣汰的选举择优机制，这对于党在不断的新陈代谢过程中永葆青春活力具有重大的政治意义。

委任制和选举制作为干部任职的两种模式，二者之间既存在着深刻的伦理冲突，又存在着相得益彰的求合之道。就其伦理冲突而言，委任制本质上是"伯乐相马"，它是由党组织和领导者凭个人经验选干部，形式简便、高

---

① 《建国以来重要文献选编》第二册，中央文献出版社1992年版，第166页。

效而节约成本，但因其视野狭窄，人为因素大，缺乏民主监督，极易导致任人唯亲、买官卖官、跑官要官、吏治腐败等现象。而选举制的本质则是"赛场选马"，通过公平竞争，比出高低，选人视野宽广，客观公正，能够有效调动选民参政议政的积极性，把优秀人才推到领导岗位，保证选民的监督力度，有效避免论资排辈、关系网、说情风等人为因素的消极影响，但其程序相对复杂，成本较高，极易出现违规操作、盲目投票、投机者当选等现象。就其求合之道而言，一方面，委任制之所以能够长期存在，必有其自身的道德合理性，如为了保证党和国家的团结统一和政令畅通，在地方分离势力或地方干部矛盾尖锐化的状态下，干部委任制仍不失为党和国家治理体系必不可少的手段和环节。同时，它也是党和国家集中力量办大事，提高工作效率，减少相互掣肘和彼此扯皮的组织保证。另一方面，伴随市场经济的深入发展和改革开放事业的不断进步，各级党员干部和人民群众的权利意识在不断增强，干部管理科学化、民主化、制度化的呼声越来越高，把党管干部的原则仅仅理解为党组织直接任命干部已经大大落伍于时代的要求。如何在保证党对干部工作的领导、制定干部工作大政方针、推荐和管理重要干部、做好宏观管理和检查监督的同时，逐步减少委任制的使用，充分发扬民主，相信群众对干部好坏自有公论，真正将党管干部原则与群众公认原则有机结合起来，将委任制与选举制有机结合起来，有效扩大其中的民主成分，健全干部选拔任用中的责任追究和监督制度，从而大力推进干部人事制度的价值理念创新和制度伦理创新，已成为迫切需要解决的问题。

（二）创新干部选拔任用制度的道德解析

为了逐步缩小干部委任制的使用范围，加大干部选举制或选任制的力度，近年来党在基层党组织的干部选拔任用过程中不断扩大党员和群众对干部选任中的提名权、考察权、测评权等，使党员群众在干部选拔任用的关键环节和关键部位上发挥主导作用。其中，"公推直选"和"两推一选"的试点工作引发了社会各界的广泛关注。这种干部人事制度的创新首先从党的基层组织——乡镇领导干部入手，探讨党员群众或上级组织与党员群众共同直接提名候选人，候选人发表竞职演讲和个人陈述，最后实行差额选举。这一改革试点使得传统委任制中的"事先内定""组织意图"大打折扣，迫使参选干部不断强化自身的对人民群众的道德责任感、义务感和使命感。既要通过自己的才能和政绩赢得群众的信任，又要强化与上级党组织的沟通，其困难和压力不言而喻。与此同时，也迫使基层党组织的工作重心下移，更加关注党内外群众的利益诉求，不断储备大量优秀后备人才供党员群众选择，并努力增加党员群众对选举工作的知晓度、参与度和认可度。尽管在"公推直选"和"两推一选"的试点过程中出现了党内矛盾公开化、个别候选人拉票行贿、善于表现型干部中心化和踏实肯干型干部边缘化等现象，但不可否认这种改革强化了普通党员在党内生活中的主体地位，极大地增强了党员群众的权利意识，只要逐步加以改进和完善，无疑将更大程度地激发出党组织的活力。

党的干部选拔任用制度改革的另一创新点是党内权力结构和权力运行规则的改革。众所周知，按照党章规定，党的各级代表大会是党的最高权力机构，党的各级委员会向同级的代表大会负责并报告工作。但在现实生活中，由于党的委员会人数较多，开会机会很少，党代会的权力行使往往由党的委员会选出的常委会代行，党委用干部、做决策的两项重要职能也演变成由常委会决定，进而由常委会中的一把手——书记决定，从而形成了权力过于集中的党内用人机制。为了改革这一体制的弊端，党在部分地区试点，将干部的初始提名权从书记和常委会决定改为由全委会决定，全委会在差额推荐、差额考察、差额酝酿的基础上进行差额票决。尽管全委会存在人数多常委会数倍，许多委员对自己不熟悉的领域中的干部人选无法进行科学把握，只能通过看材料、听述职、观察答辩来了解情况，但这种改革对防止少数人操控用人决策有着重要意义，不失为干部选拔任用制度渐进改革的有效环节。

如何对干部选拔任用制度的上述改革措施进行道德评价？首先，它极大地增强了基层领导干部对人民群众的道德责任感，密切了党与人民群众之间应有的道德情感。我们党通过革命方式取得了执政地位，人民将权力授予了执政党，通过第一次授权执政党成为了人民权力的代理人。但在执政党内，当其将人民授予的权力再次授予各行各业各级党的组织和干部时，不再重视人民的选择权，忘记了第一次授权的重要意义，人民选择干部变成了党选择干部，出现"办人民的事，权力产生不再与人民有关"的局面，这在干群关系紧张时，必然出现群众对党的干部不买账，乃至仇恨党的干部的现象。"公推直选"和"两推一选"的改革有效吸纳了群众日益增长的政治参与感，推动了党的基层民主建设，密切了党与人民群众之间的血肉情感。其次，它有效保证了党的各级领导干部权力与责任的公平分配。党委会的初始提名权和差额票决制有效克服了"少数人在少数人中选人"的一言堂现象，为党员广泛参与党内事务提供了更多机会，确保了党员权利的主体地位。与此同时，在分解少数人过分集中的权力的过程中，也分担了常委会的决策风险，实现了权力来源与权力责任的公平分配。

（三）探索党的领袖集团生成机制的伦理价值

在对干部选拔任用制度进行道德考量的过程中，进一步探索党的领袖集团的生成机制，亦即如何保持党的政治领导集体的稳定性和持续性，使党和国家领导人吐故纳新的过程制度化、规范化和程序化，更是我们党能否长期执政和国家能否长治久安的根本性问题。自党执掌国家政权伊始，这一问题就受到毛泽东同志的高度重视。1956 年，毛泽东鉴于斯大林去世后，赫鲁晓夫上台全面否定斯大林的教训，前瞻性地提出了选择政治接班人的问题，并陆续把邓小平、陈云、林彪等人纳入政治局常委之中，准备让他们同刘少奇一起成为未来集体接班的重要人选。但 1958 年"大跃进"运动之后，当毛泽东个人核心一步步取代集体核心之后，开始将个人凌驾于党中央之上，陷入选择接班人的"政治悖论"之中。刘少奇、林彪、"四人帮"、邓小平等他所选定的接班人先后被他本人否定，直到去世前选定华国锋为接班人。改革开放后，以邓小平、陈云为代表的党的第二代中央领导集体又陆续选定胡耀邦、赵紫阳为党和国家最高领导人，但因种种复杂原因，他们又先后被罢免，直到 1989 年政治风波后，选定江泽民为总书记。从江泽民到胡锦涛，再到习近平，我们党领袖集团的交接班过程进入相对稳定时期。

国内外有诸多学者从不同学科角度探索过中共领袖集团的生成机制问题，综合相关研究成果，大家普遍认为，中共领袖集团生成机制的核心问题是中央政治局及政治局常委会的新老交替制度化、规范化和程序化，其中涉及以下三大问题：（1）对中央委员会选出的政治局及政治局常委会成员的年龄结构、教育背景、从政履历、人员构成比例等问题作出明确性制度规定。如进入政治局及常委会的年龄上限与下限；本科或研究生学历要求；是否有担任省委书记、地市书记或交叉任职的从政经历；政治局成员中东、中、西部或中央、地方、军队成员的构成比例等。（2）对党的总书记及政治局常委的提名程序、差额选举、任职年限、票决结果等问题作出明确规定。如在新的领袖集团生成前的酝酿阶段，现任总书记和政治局常委对下一届任职成员的提名权与中央委员会委员提名权之间的关系如何处理？总书记和政治局常委的差额选举办法；在不唯票是举的前提下，将在中央委员中进行的民意测评结果向全体中央委员及时公布等。（3）对退休或离任总书记及政治局常委的政治待遇、居住场所、生活和医疗保障等问题作出明确性制度规定。

正如邓小平指出的那样，中国问题的关键在于中国共产党要有一个好的政治局，特别是好的政治局常委会，只要这个环节不发生问题，中国就稳如泰山。质言之，中国稳定的核心是党的领袖集团的稳定，而党的领袖集团稳定的核心是领袖集团生成机制的制度化、规范化和程序化。如果说中国特色社会主义事业是中华民族"铁打的营盘"，那么，一届又一届政治局和政治局常委就是"流水的兵"，只有当每一个领导人进入营盘之时就明确预知其流出之时，只要党内外、国内外各界人士对党的领袖集团的生成过程具有清晰明确的预见和判断，拨去了其神秘性面纱，避免了少数人的暗箱操作，就意味着党的领袖集团的生成机制具有深厚的制度伦理根基，就意味着中国共产党的执政合法性和中华民族的长治久安奠基在了天道人心这一坚实的道德磐石之上。

（四）逐步确立干部选拔任用制度的基本伦理原则

现行的《党政干部选拔任用工作条例》明确将以下七条原则列为选拔任用干部必须坚持的基本原则：（1）党管干部原则；（2）五湖四海、任人唯贤原则；（3）德才兼备、以德为先原则；（4）注重实绩、群众公认原则；（5）民主、公开、竞争、择优原则；（6）民主集中制原则；（7）依法办事原则。

但从政治伦理学的视角看，最为基本的伦理原则应为以下三点：

1.德才兼备、以德为先原则。之所以把这一原则视为选拔干部的根本性伦理原则：首先，做官必须先做人，而人性的本质就在于人的德性，一名干部在德才无法兼备时，有德无才和有才无德相比，后者对社会的危害更大。其次，一个人在工作上成功与否，除了权力因素外，个人品行、人格魅力等非权力因素往往更加重要。古人讲"小胜靠术，中胜靠智，大胜靠德"就是这个道理。再者，领导干部的道德水平对公民道德建设发挥着定向、推动、示范和凝聚作用。最后，普通百姓对党员领导干部的道德评价，最能直接地反映出执政党的社会形象，并最终影响到其执政合法性。可见，提高领导干部的道德引领力在干部选拔任用工作中有着十分迫切和极端重要的现实意义。

2.公开、公正、公平原则。形式公开是干部选举和选任制的外在表现形式，也是干部制度改革的出发点，它涉及公布职位指数、报名办法和资格条件、面试和笔试等素质测试、公开考察结果和研究决定、人选公式等，只有将干部选拔过程全面公开，广泛接受社会监督，才能真正体现民主公开的伦理要求和阳光透明的政治指向。程序公正是干部选拔任用制度的核心性伦理原则，与传统干部任用制度相比，只有通过公平的竞争平台，严密的选拔程序，民主的选任环境，才能真正实现在多数人中选人，从而有效破解任人唯亲和跑官要官等不正之风。结果公平是干部选拔任用制度改革的终极性价值追求，在干部选任过程中，只要符合设定的资格条件就可以同其他人同台竞争，充分展示自己的能力和特长，保证结果的公平合理，从而取信于民、取信于参选的各方。

3.权责正义分配原则。当前我国的干部体制之所以出现千军万马走独木桥和能上不能下的局面，其根本原因是干部待遇特权化现象广泛存在，缺乏正义性制度设计。一个干部经过精密的成本收益核算之后，发现只要他不断地在科、处、局、部等干部等级链条上晋升，其最终的政治生活待遇将进入无忧无虑的保险箱中。如果不断推进干部工资制度改革，逐步实现干部住房市场化，退休待遇社会化，像西方发达国家那样，各级干部除在职期间享受相应待遇，退职后仍是一介平民，要靠自己的综合素质去赚取生活费用，相信很多人将不会再在干部竞争这条小路上过关斩将，而是经过成本收益核算后，在年轻时代就会进入自己认为更加理想的职业领域。唯其如此，才会真正建构起能上能下的干部流入退出机制，并最终破除数千年来我国社会的官本位现象。

三、中国党政关系伦理的制度化创新

党政关系伦理主要指执政党与政府各部门处理工作关系所应遵循的伦理规则，它是政党制度伦理建设的核心内容之一。需要说明的是，这里党政关系中所指涉的政府有广义和狭义之分，广义的政府包括立法、行政和司法等机构，狭义的政府仅指行政机关，本书所讲的政府主要指广义的政府。综观世界各国的党政关系伦理，由于其历史文化传统和具体国情存在重大差别，其处理模式也就迥然有别。如在欧美国家，不仅党政之间的组织结构相互独立，而且其职能划分和活动方式也截然二分；而在新加坡和东南亚某些国家则采取"政府台前，政党幕后"的方式来由政党主导本国的经济、政治和文化资源。新中国成立至今，则先后经历了"以党代政""党政分开"和"以党统政"三个阶段，但伴随我国社会主义市场经济体制的不断完善和政治体制改革的日渐深入，党政关系伦理的制度化创新逐步被提上议事日程。要真正建构起当代中国的现代国家治理体系，就必须从以下四个层面完成党政关系伦理的制度化创新。

（一）用宪法和法律明确规定党权、政权、民权之间的伦理关系

经过改革开放30多年的发展，中国共产党在政治体制改革领域逐步明确了自己的指导思想和基本方针，即必须坚持党的领导、人民当家作主和依法治国的有机统一，在这三者的伦理关系中，党权处于领导核心，共产党依法执掌和领导国家政权，支持人民当家作主；而政权则是党权的载体，党执政必定要通过国家政权来执政；民权则是党权和政权的基础和目的，党权和政权必须围绕民权运行，真正维护好和实现好人民的权力和根本利益。然而，在现实生活中由于党权和政权的权限边界不清，民权意识又十分薄弱，

致使党的权力运作程序不明，出现了众多以党代政，党实政虚等现象。如：有的地方党委提出政策建议和人事建议后，给人大施加压力，使其审议和决定流于形式；个别地方党委直接包办政府事务；个别党委成员直接干涉司法机关工作，迫使其唯党政领导意图是从，使依法治国和依法执政成为一句空话。

导致上述现象的原因众多，诸如以党代政的一元化思维模式和习惯、传统政治文化影响等，但最根本的原因是宪法和法律对党的执政领导权限和执政程序缺乏清晰明确的规定，如宪法只在序言部分对共产党的历史作用、领导地位等问题做了原则性规定，要求其在宪法和法律范围内活动。但在实际政治生活中，由于共产党是执政党，其实际拥有的公共权力漫无边际，如果宪法和法律不明确规定党的活动范围和行动程序，又要求其在宪法和法律范围内活动，这就必然导致逻辑上的自相矛盾和实际工作中权限边界的混乱。因此，这就要求宪法和法律在规定人大、政府、两院等机构国家权力的同时，必须拿出专门的章节明确规定握有诸多公共权力和作为实际执政实体的共产党的领导权力和工作程序。唯其如此，才能使宪法原则和党章规定落到实处，真正实现党依法治国和依法执政的根本目的。①

要实现党政关系伦理创新的上述要求，必须从理论层面澄清以下两种模糊认识：一是用西方多党制下的公权理论衡量中国的政治现实。在西方多党制条件下，宪法和法律只规定各政党竞选执政的权利，而各个政党在未获得执政地位前没有公共权力。因此，其法律不将政党视为国家权力机构，也不用对其作出宪法和法律规定。而中国共产党拥有公共权力则不是依靠竞选获得，而是通过革命手段推翻旧有政权而获得，它是中国政治逻辑运行的必然结果，因此，用西方的公权理论无法解释中国的历史和现实。二是将约束党权视为削弱党的领导。这种看法是一种典型的似是而非的错误认识。因为任何国家公共权力的形成和运行都有自身的逻辑和规律，现代法治的核心就是

---

① 参见程小白：《党政关系的发展历程及改革方向》，李晓兵主编：《哲学与社会》（第6辑），人民出版社2013年版，第14页。

规范和制约公共权力。中国共产党革命成功后以领导机构整体的方式进入中国的人大、政府和两院等公共权力机构，因而对国家各个权力机构的限制必然体现为对党权的限制，政党应正视并按照这一逻辑来自我限制自身拥有的公共权力。各级党组织中的个别领导或部门不受约束和肆无忌惮地行使公共权力，可能会给个人或个别机构带来权力欲的满足感，保证个别人或小集团有效获取既得或未得利益，但最终将损害执政党的权威，并使其逐步丧失执政合法性。从这种意义上讲，不从宪法和法律层面制约党权，任其与政权和民权发生冲突或对立，才是真正削弱而不是加强党的领导。

（二）正确处理党与人大的关系是政党制度伦理建设的重中之重

如何处理执政党与国家最高权力机关——立法机关的关系，是各国处理党政关系的关键环节。在西方多党制模式中，各政党主要通过议会中本党的议会党团来控制本党议员的活动，包括在向议会提交议案前，党内要事先审议和审查，尽可能取得共识，并做好与其他党派的沟通与协商工作。为了显示本党的整体力量，议会党团内部都有严格的纪律规定，如设置督导员制度或由议会党团的干事长负责监督本党议员的活动，用强制办法促使本党议员按照党章规定的方针在议会中发言和投票，否则，予以惩戒乃至开除议会党团。当然，强调议会党团的纪律并不等于说党员不能有自己的观点，因为议员在服从党纪的同时，还要顾及所在选区选民的意见。特别是在美国两党制和联邦制的模式中，国会议员主要从联邦各州中选上来，他们更强调向本州选民负责，他们除了在参众两院工作外，都要拿出大量时间到所在选区了解选民之所需。因此，对党的忠诚要让位于本州选民的利益，经常出现总统的党在国会的成员公然对抗总统指示而不受惩罚的情况，总统只能利用说服的力量而不是依靠惩罚来争取本党议员的投票。

在中国各级人大中实行党组制，因为中国共产党及其所组建和领导的各级人大会议及常委会，代表各选区人民的共同利益，而非西方议会党团仅代表本阶层或本集团利益，因此，全国人大的委员长或各级人大主任兼任党组书记，接受同级党委领导，其他参政的民主党派的意见主要通过各级政协组织加以表达、讨论和协商。但在现行政治体制下，各级党委及其工作部门不仅行使党内事务的决策权和执行权，而且还直接行使诸多公共事务的决策权和执行权，但又完全不受人大监督，更不向人大报告工作和接受质询。质言之，各级党委及工作部门既不通过人大承担其公共决策和执行行为的政治责任，又不能通过司法程序承担其具体职务行为的法律责任。这就使得各级党委会和主要领导在党代会闭会期间，成为不受党内外任何约束的公共权力行使者。权力得不到监督和制约必然走向腐败。因此，如何处理执政党和人大的关系就成为中国目前政治体制改革的重点和难点。

要解决这一政治难题需完成以下四项任务：（1）如前所备述的那样，基于中国的政治现实，在宪法和法律中明确规定党行使公共权力的范围、界限和责任。（2）党委要真正树立法治意识和增强法治观念，学会依法执政，其工作重心是强化对立法工作的指导。凡属与公共权力的行使相关的重大决策，要由党委向人大党组或依法通过一府两院向人大及常委会提出议案或报告，由其审议和表决，而不能以党委政策文件的形式迫使人大和一府两院去按命令执行，因为党的政策文件只对党组织和党员有效，不能用其直接行使或违法行使公共权力。（3）科学处理党管干部与人大及常委会选举任免干部的关系。党委向人大及一府两院推荐重要干部是实现执政党领导的重要方式之一，但必须改变目前党委确定人选，迫使人大被动接受的状况。应在国家法律和党的干部选拔任用条例中明确上级党委必须差额推荐公共权力机构的干部人选，保证人大对政府成员具有真正意义上的选择决定权，使政府成员逐步树立向授权者——人大负责的清晰明确的责任意识，并逐步由低到高推进县、市、区级的差额选举制度。① 各级党委及组织部门要辩证地看待和处理党管干部与人民群众当家作主之间的关系。党管干部不是对干部人头进行排列组合、直接委任、指定和撤换干部，而是把党内储备的众多优秀人才推荐给人大机构进行选择或由人民群众直接选择。其间，要有效引导选举过程，彻底改变党代替人民选干部，办人民的事，掌权者的选任与人民无关，

---

① 参见王长江：《深化改革的关键要进一步理顺党政关系》，《理论动态》2013 年 11 月 30 日。

执政者将向党负责与向人民负责截然对立的尴尬局面。(4) 让党代表与人大代表实行一定比例的重合，执政党要把本党优秀党员作为人大代表候选人，使其进入人大机构中。由于党的代表大会每五年召开一次，其间不存在党代会对党委及党的工作部门的制约和监督，为了加强党代会对党的工作部门的日常监督和制约，党代会可授权人大中的中共党员代表组成"党的特别代表会议"，每年在人代会召开之前召开党的特别代表会议，对上一年的党委工作进行审议，推荐和罢免本年度内党委各部门及党委向国家权力机关提供的干部人选，对党委及各部门工作提出质询或询问。这样既可以降低党代会常任制造成的党执政成本过高现象，又可以增强党员和人民群众监督制约党行使公共权力的力度，特别是由于人大中"党的特别代表会议"具有相对独立性，从而其监督和制约功能就更加具有公正性和权威性。①

（三）科学处置党与政府的关系是政党制度伦理建设的核心内容

执政党通过什么样的途径，采用何种机制和方式，实现对政府的控制并推动政府更有效地运转，构成了党政关系伦理研究的核心内容。在大多数欧美国家，政党和政府在组织机构和职能行使上都采取了党政分开的形式。其中，在两党制条件下，由于一个政党就能获得多数，竞选过后行政权力落入一个政党手中，政党能够对政府实施有效控制；在多党制条件下，一个党需要同其他政党联合才能获得执政权，其行政机构作为多党妥协的产物，政党对政府的控制力就弱些。此外，在实行总统制的国家，政党一旦获得了多数席位，也就赢得了组阁权。需要指明的是，尽管欧美各国处理党政关系的方法各异，但其共同特征是，在竞选时党的领袖和官员会突出党员身份，一旦进入政府就会弱化党员角色，彰显其行政行为的公共性，特别是许多欧美国家实行文官制度，明确要求除政务官与所在党派共进退外，从事事务性管理工作的文官（公务员）不得参与党派组织及其活动，不得在其行政行为中表现出党派政治倾向。政党影响政府的主要方式是，通过国会中的党团把本党的路线、方针和政策变成国家的法律、法令和条例，然后再由政府去组织实

---

① 参见姜明安：《执政党行使公权力如何监督》，《南方周末》2013 年 11 月 27 日。

施。政党的主要功能是确定政策方向和制定政治纲领，把本党政治精英以政务官的形式选派到政府重要职位上去，包括总统和总理在内的各级政务官在处理政府政务时均有独立决定的较大空间，但在涉及重大问题时，他们都会事先征询本党领袖集团的意见。这既避免了政党干预政府具体事务的嫌疑，又体现了政党的指导作用和影响力。

与西方政党关系模式不同，苏共建国初期鉴于国内外的严峻局面，通过政府干部委任制、军队政委制、党政对口管理制等制度化形式，形成了一个庞大的政党制国家行政组织，这种党政关系模式一方面把俄国这样一个落后的农业国变成了一个强大的工业国，另一方面又导致了斯大林的专制主义和苏联的最终解体。新中国成立后的党政关系模式同苏联走过了几乎同样的历史过程，1951年1月开始在各级人民政府内建立党组和组建党委会，1958年6月中共中央决定成立财政、政法、外事、科学、文教等小组，直接领导政府五个大口的工作，直到"文化大革命"时期形成了党政合一和以党代政的一元化领导模式，最终导致了"文革"时期的巨大混乱。基于对苏共和中共历史经验教训的深刻反省，邓小平在1980年8月发表的《党和国家领导制度的改革》讲话中提出了党政分开、改变党的一元化领导的主张，党应当集中精力抓大事，如决策、用人、政治思想工作等，国家机关则依法行使职权，管理国家的具体行政事务。但伴随1989年政治风波的出现，江泽民深刻反思当时政治体制改革的理论和实践，提出了"党总揽全局，协调各方"的党政关系模式。伴随我国市场经济的深入发展，今天党与政府的关系问题再次成为政治体制改革的焦点。在不少地区和行业党组织作为居于政府组织之外的一套系统而行使公共权力，同行使法定公共权力的政府之间出现了争权夺利、推诿扯皮、内耗严重、效率低下的局面，其间，党政一把手之间有时互有所得，有时两败俱伤。为有效解决这一问题，有不少学者和从事实际党政工作的干部从党政一把手个体道德修养和党性觉悟的角度，提出了"强弱配""老少配""男女配"或"书记不把市长当下级，市长不把书记当同级"等处事原则。但仅从个体道德觉悟和党性修养的视角分析和处理党政关系是无法解决好二者之间的矛盾的，最根本的出路还是要从制度改革入手，改变党控制政府的方式，建构起科学合理、权责一致、公平正义的现代党政制度伦理规则和党政制度治理体系。

首先，各级党组织不应将自己视为公共权力的直接掌管者，不能与政府争当行使公共权力的主体，不能以党组织的名义直接发布行政命令或向政府发布行政指令，将自己视为政府之上的政府，直接行使本属政府的重要职能。党组织应该恢复政治组织的本来面目，充当人民与政府之间的桥梁，充当人民控制和监督政府的工具，变直接领导为间接领导，变台前领导为幕后领导。

其次，各级党委应明白政府是人大的执行机构，由人大产生并向人大负责，向人大报告工作并接受人大的监督。党对政府工作的领导应主要通过政府中的党组来实现，党组讨论和决定本单位的重大问题，并做好本单位的干部管理工作，党组成员和负责人同时是政府机构的负责人，党主要通过政府中的党组及其负责人去贯彻党的路线、方针和政策。

最后，党使用干部不能千篇一律地走相类似的程序，应根据党委、人大、政府、政协和两院的性质制定不同的干部任用程序，把政务官和事务官相区别，不能随意调动人大任命的有法定任期的政府干部，特别是要将政府机构的用人权交由行政首长和部门首长来决定。与此同时，本着权责一致的伦理原则，也要让他们在用人上负起连带责任，并建立起行政追究制度，如果不经行政首长同意，党的一把手直接插手行政部门的干部任命，一旦行政部门的干部出了问题，行政首长也就没有义务去负连带责任。党委领导主要通过党的组织部门会同政府中的党组差额推荐可供选择的人才和用人方案，并通过自己在人大中的党员代表和党组来控制和监督政府中的干部任免。

（四）改革和完善党与司法机关的规则伦理是保证党执政合法性的长远之计

执政党与司法机关（法院和检察院）良性互动的伦理规则是政党制度伦理的重要内容。综观世界各国，由于其历史文化传统造就的司法体系各不相同，使得执政党与司法机关相处的伦理规则也就有很大区别。一方面，法官和检察官的提名和任命离不开执政党的大力推举。加之，法官和检察官本人具有自己的政党意识形态。因此，其执法活动必然带有政党的印痕；另一方面，各国司法活动皆要求法官和检察官要保持公正，司法活动应具有非党派性和远离政治的特征，由之，就使得执政党与司法机关的关系十分微妙。以美国为例，美国法官分联邦和州两个系统，州法官的产生方式由各州宪法规定，纽约州采取"先直接选举再间接选举"的方式，即先由本州党员选举出自己的党员代表，再由党员代表组成政党司法协商会，协商会推举出法官候选人。而美国联邦法官的产生则是先由获得执政权的政党产生的总统提名，然后由参议院批准，再由总统任命。通常情况下，总统都会提名本党党员担任大法官。既然法官的产生办法与政党政治密不可分，法官的政党意识形态必然影响到法官的判决结果。但《美国法官行为规范》第七条又规定："法官不得从事与其司法职务不相适宜的政治活动"。这就使得遏制法官的政治倾向和保证司法的公正成为美国法院文化的一贯追求，而法官忠诚于法律的职业道德信念以及法官终身制和高薪制也有效避免了其政治派别意识的滥用。在美国，司法史上大法官服从法律而不忠于提名他的所在党的总统的案例屡见不鲜，特别是由非专职的陪审团共同参与审判也一定程度上减缓了政党对司法行为的影响力，保证了西方发达国家司法中立、司法公正、司法独立、司法民主、司法公开、司法效率、司法程序、司法职业化等现代司法理念的有效实施。

与西方国家不同，新中国成立后很长一段时间将"党的领导高于一切"理解为党可以不受法律约束，直接指挥公检法的具体工作。如1957年9月党的有关文件明确要求："党委有权过问一切案件，凡是党委规定审批范围的案件与兄弟部门意见不一致的案件，都应在审理后宣判前，报请党委审批。任何借审判独立，抗拒党委对具体案件审批的想法和做法都是错误的，必须坚决给与纠正。"[①]改革开放后这种状况发生了很大改观，开始强调党的领导、人民当家作主与依法治国的有机统一，将科学执政、民主执政、依法执政作为加强党的执政能力建设的重要内容。由之，司法体制的设置是否科

---

① 张晋藩主编：《中华人民共和国国史》，黑龙江人民出版社1992年版，第298页。

学，司法权能否依法独立公正地行使，司法活动是否廉洁高效地运行，司法公正能否在实践中得到实现，成为衡量党的执政能力的重要标志。要实现上述目标，必须从以下三个层面改革和完善党与司法机关良性互动的伦理规则。

一是真正实现由人治理念向法治理念的转变。在人治国家里，统治者的话就是法，法律随着统治者或领导者的改变而改变，甚至统治者"言出法随"。与之相反，在法治国家里，则要确立宪法的最高权威，确立法律在国家和社会生活中的至上地位，任何政党、国家机关、社会团体和个人都必须服从和遵守国家宪法和法律，并确保宪法和法律的稳定性和连续性。而在人治国家里，尽管也有各种法律，但法律是用来驯服老百姓的工具，是维护统治者特权的机器，而法治国家的法律体现的是尊重所有公民的尊严、人格、自由和财产权，体现平等、公开、公平、正义的价值取向，保障公民权利是国家一切法律配置和运作的根本目的和界限。质言之，在人治国家里国王是法律，在法治国家里法律是国王。

二是科学看待党的政策和国家法律的联系与区别。在革命战争和计划经济年代，我们党通过制定路线、方针、政策来统一全党的思想和行动，党的政策成为各级干部处理日常事务的主要依据，但由于党的政策在很多情况下具有寿命短暂、伸缩性大、可操作性差、透明度低等特点，致使不同地区和行业对党的政策的执行和贯彻充满了不确定性乃至随意性。改革开放后，我们开始强调依法治国和依法行政，逐步将党的政策主张经过法定程序上升为国家意志，变成具有相对稳定性、普遍约束力和国家强制力的法律。但由于历史惯性的作用，许多人仍然重视政策，轻视法律，特别是对于处在急剧性、深刻性、大规模社会转型期的当代中国而言，为推进改革需要不断出台新政策，在新政策与现行法律不一致情况下，如何通过深入调研及时调整与现行法律不相符的新政策，或对过时性法律及时进行"废、改、立"，使党的政策既合理又合法，这就对依法治国和依法行政提出了更高的要求。

三是逐步完善司法制度伦理，确保党的领导和依法治国的有机统一。我国目前实行的是中央集权性单一制政治体制，但司法系统却是按照地域设置的非集权性体制，不但法官、检察官的政治地位与身份由地方党委和人大确认，连法官和检察官的工资也由地方财政开支，这就使得法院、检察院独立办案受到极大质疑，地方保护主义盛行。当法院、检察院沦为地方保护主义的工具时，就会极大地动摇公民对司法公正的信心。由之，如何减少司法的地方性，提升司法的国家性，克服国家司法权威的碎片化，提升国家司法权威的整体性，就成为司法体制改革的当务之急。中共十八届三中全会明确要求："改革司法管理体制，推动省以下地方法院、检察院人财物的统一管理，探索建立与行政区划适当分离的司法管辖制度，保证国家法律的统一正确实施。"[①] 从本质上讲，保证司法独立牺牲的只是少数权势人物的利益，而赢得的则是广大百姓的利益以及党和国家政权的长治久安。

四、执政党协商民主制度的伦理规则

自 20 世纪 80 年代以来，在欧美国家的政治生活中协商民主的理论与实践异军突起。在哈贝马斯、罗尔斯等政治哲学大师的积极推动下，协商民主逐渐受到越来越多的关注，成为近年来西方民主理论研究的热点问题。受其影响，我国学术界自本世纪初开始，有众多学者加入到翻译和诠介西方协商民主理论的潮流中来，并力图结合中国的历史和现实，对协商民主的内涵、条件、运用和构建等问题提出中国特色的协商民主理论。党的十八届三中全会明确将协商民主作为推动中国民主政治体制改革的重要目标之一，要求"在党的领导下，以经济社会发展重大问题和涉及群众切身利益的实际问题为内容，在全社会开展广泛协商，坚持协商于决策之前和决策实施之中"[②]。并把立法协商、行政协商、民主协商、参政协商、社会协商作为发展重点。有鉴于此，笔者试图从政治伦理学的视角，结合西方协商民主理论的发展现状，就协商民主的价值定位及其所应遵循的伦理规则做一初步探讨。

---

① 《中共中央关于全面深化改革若干重大问题的决定》，人民出版社 2013 年版，第 33 页。
② 《中共中央关于全面深化改革若干重大问题的决定》，人民出版社 2013 年版，第 30 页。

（一）协商民主的价值定位

要对协商民主作出准确的价值定位，必须对其基本内涵和历史流变过程进行简要分析。尽管学界对协商民主的界定歧义纷呈，但普遍认为它不同于一般性对话、讨论和交流，它重点指涉的是在一个政治共同体中，自由平等的公民通过有序政治参与，在理性指导下提出自身观点并充分考虑他人偏好，进而实现偏好妥协与转换，最终凝聚和达成基本共识的政治活动。[①] 就西方社会的协商民主而言，早在古希腊城邦时代，雅典人就通过基于随机抽样的微观协商来制定公共政策，并在作出重大公共政策决策之前，公民大会一定会安排充分的讨论时间，让公民发表意见。到了中世纪晚期，为了对抗教皇的专制统治，在教会这个自给自足的共同体中，众多神职人员要求将重大宗教事务的决定权交由宗教大会来讨论协商解决，在各级宗教团体内部，应当通过自由协商来实现各种权力之间的和谐共处，而不是由教皇独断专行，这种"宗教大会"理论为近现代的制宪运动开辟了历史先河。[②] 到了近代伴随资产阶级的兴起，建基于商品交换中契约平等思想之上的社会契约论，经过霍布斯、洛克、卢梭等人的传扬，成为欧美民主政治的主流观点，它曲折地反映了资本主义社会人与人的矛盾关系及其解决途径——平等协商，其中最为典型的例证当属1787年美国的制宪会议，它通过长达100多天的开会、辩论和运用智慧及发扬伟大的妥协精神，最终完成了整个立国和制宪规则的设计和选择。自20世纪80年代始，协商民主作为一种崭新的民主类型开始受到欧美政界和学界的追捧。在当代西方协商民主理论研究中，就基础理论而言，以哈贝马斯《在事实与规范之间》和罗尔斯《政治自由主义》为代表的话语伦理、公共理性等协商民主思想从哲学伦理学的视角，对协商民主进行了抽象层面的逻辑论证。就核心理论而言，1980年约瑟夫·毕塞特在《协商民主：共和政府中的多数原则》一文中最早使用了协商民主（deliberative democracy）的概念；詹姆斯·博曼主编的《协商民主：论理性

---

① 参见陶富源、王平：《中国特色协商民主》，安徽师范大学出版社2011年版，第34页。

② 参见乔治·萨拜因：《政治学说史》上卷，邓正来译，上海人民出版社2008年版，第369页。

与政治》、约翰·德雷泽克的《协商民主及其超越：自由与批判的视角》、乔舒亚·科恩的《协商民主的程序与实质》、约·埃尔斯特的《协商民主：挑战与反思》等论著对协商民主的含义、原则、条件、过程等问题进行了十分详尽的研究；而詹姆斯·费什金的《协商民主论证》则对协商民主的规范化和制度化进行了深入剖析。

就中国的协商民主而言，端起于先秦时期的"民意为天""民为邦本""诛灭无道"等政治伦理观念蕴含着丰富的民主色彩。之后，诸多朝代建立起了"谏议制度""朝议制度"，由士大夫或朝廷重臣就国家大事开展批评、辩论并提出建议，具有显著的协商民主意味。但真正现代意义上的协商民主则起始于中国共产党在党内民主集中制基础上发展起来的统一战线理论与实践。早在1922年中共二大上，就制定了《关于"民主联合战线"的决议案》，它充分体现了协商民主所要求的底线共识精神；1940年毛泽东要求在抗日根据地政府构成上实行"三三制"，即共产党员、非党左派人士、中间派各占三分之一，这充分体现了协商民主的相互妥协精神；1949年人民民主统一战线的制度载体——中国人民政治协商会议召开，则标志着中国的协商民主具备了自己坚实的制度平台；1954年全国政协二届一次会议通过的《中国人民政治协商会议章程》对人民政协的性质、工作内容、工作流程作出了明确规定。从此，全国政协与全国人大同时并存，成为我国人民民主制度的一大特色。"文革"结束后，以邓小平为代表的党的第二代中央领导集体进一步充实和完善人民政协的作用，提出了与民主党派"长期共存，互相监督，肝胆相照，荣辱与共"的十六字方针。江泽民在2000年全国统一战线工作会议上进一步明确，在政党制度中，共产党是执政党，各民主党派是参政党，参政党不同于西方的在野党和反对党，共产党和各民主党派在国家重大问题上进行民主协商，科学决策，集中力量办大事，彼此之间相互监督。胡锦涛则将协商民主纳入政治文明建设的范畴中予以考虑，进一步拓宽了协商民主参与的主体范围，推动了协商民主的规范化、制度化和程序化。习近平则把协商民主视为发展人民民主政治的重要形式，不仅在政协组织中，而且在立法机关、政权机关、党派团体中都要大力推进协商民主，深入进行专题协商、对口协商、界别协商、提案办理协商，推进协商民主向广泛化、多层化和制度化发展。

对西方和当代中国协商民主流变历程的粗略梳理，为我们正确认识协商民主的价值和意义奠定了历史根基。由于在西方社会协商民主的兴起是针对竞争民主的不断颓废有感而发，竞争式选举政治是资产阶级在反对封建专制过程中发明并不断完善的一种民主形式，特别是建立在市场经济、多党竞争、权力制衡、代议民主基础上的宪政制度，极大地促进了现代公民人权意识的广泛普及，满足了公民人人平等参与国家政治的诉求，其少数服从多数的表决方式有效提高了公共事务的决断效率，用选票来体现民意和抉择领导人的方式相对于封建时代等级授权制而言，无疑会对当政者形成巨大的震慑，起到了择优劣汰的政治优化作用。然而，由于竞争民主仅表现为几年一次的自由选举，形式上是由多数人参与，但实际上由少数人控制，特别是资本利益集团的金钱运作广泛渗透于选举的整个过程，加之其表决结果否定了少数人的意志和利益，特别是政党竞争中的相互攻击和彼此抹黑，使民众很难获得真实的信息，给选民形成了巨大的被操纵、被强迫、被欺骗的主观感受，从而导致竞争民主的赤字不断加大，具体表现为投票率大幅下降，政党衰落，民众对国家机构及其领导人的信任度持续下跌。

正是基于对竞争民主的强烈不满，西方社会自 20 世纪 80 年代协商民主开始悄然兴起。与传统意义上的竞争民主相比，协商民主在价值定位上有以下几点突出优势：(1) 有助于培养公民意识和公民美德。由于公民意识和公民美德深藏于一国公民的政治信念、政治情感和政治习惯之中，公民积极参与协商民主能有效彰显自身的权利主张和责任意识，学会理解其他公民的利益主张和思维方式，培养出公民节制自我需求的能力和彼此妥协折中的精神特质。(2) 有助于大力增强公民的集体责任感。由于竞争民主奠基于个人利益基础之上，以公民个人偏好的汇聚与合并为主，而协商民主要求公民在追求自身利益最大化的同时，要充分考虑对他人造成的不利影响，认真检审个人决策行为的后果，只有当个人决策有利于满足共同体的共同需求时，才能达致自己的理想需求，它强调公民个人偏好的转换与重塑，这就不断强化了公民的集体责任感。(3)协商民主有助于实现决策过程中的程序公正。由于协商民主非常重视程序设计,从确定选题、协商讨论到落实反馈,都具有一整套具体、精细和科学的可操作程序,从而赋予其极大的公正性和规范性,保证人们作出理性决定和实现其实体性权利义务,有效避免暴力性无序参与事件的发生。(4)充分尊重少数人的利益主张,增强决策的合法性。由于竞争民主的少数服从多数原则遮蔽了少数人的声音,将其排斥在边缘化状态,使其产生二等公民的不公正感,加大了其社会疏离感,而协商民主则认真倾听少数人的声音和主张,决策时在服从大多数人意志的同时,尽可能容纳和关怀少数人的利益,有效平衡自由与平等之间的关系,使决策更具合法性。①

需要指出的是,在强调协商民主价值意义的同时,必须辩证地看待竞争民主与协商民主的关系,一方面,二者在立足点的确立、过程的展开和追求的效果上存在着明显的差别和矛盾;另一方面,竞争民主中也存在着协商的成分,协商民主不可能完全取代竞争民主。因为许多重要的政治决策要服从于严格的时间限制,不可能无止境地协商讨论下去,在协商无果时,只能通过投票表决来作出决定。加之,协商民主本身也存在着参与者经济地位不平等,知识资源的丰富程度相差悬殊,信息掌握和处理能力存在巨大差异,协商中的分析和表达能力各不相同,这些因素同样会导致结果不公的产生。因此,只有将二者有机地结合起来,才能充分发挥民主本身的积极作用,有效降低其消极影响,从而使现代民主政治日趋完善和成熟。② 中国共产党在推进民主政治制度伦理建设过程中,必须科学处理二者的关系,尤其不能因竞争民主源自西方并呈现出诸多弊端,而一味否定其作用,无限夸大协商民主的价值与意义。我们必须清醒地认识到,协商民主脱胎于竞争民主,在竞争民主发展不充分的前提下,一味发展协商民主,同样会出现由"主权在民"变为"主权在官""主权在商"和"主权在精英"的现象,乃至权力阶层、

---

① 参见陈家刚主编:《协商民主》,上海三联书店 2004 年版,第 8 页。
② 何包钢:《协商民主:理论、方法和实践》,中国社会科学出版社 2008 年版,第 7 页。

资本阶层和各类社会精英相互勾结并主导协商过程，打着协商民主的旗号去维护各类社会强势阶层的私利。

（二）多元平等的协商主体

之所以把协商主体的多元平等作为协商民主的首要伦理规则，是因为伦理本质上是指客观存在的不依人的意志为转移的社会关系准则，任何一个协商主体的意志自由必须以其他主体的共存共在为前提。特别是自 20 世纪末开始，伴随冷战格局的结束，在国家和国际层面，不同种族、民族、宗教和社会团体逐步形成一种多元并存的文化认可。而中国社会在市场经济的大力推动下，社会各阶层及其各阶层内部也日益分化，个人、政党及各种社会组织对经济、政治、文化、社会等不同利益的需求导致社会分歧逐渐扩大，形成利益趋向多极化、利益差别显性化和利益主体多元化的局面。其间，社会中的弱势群体、激进组织、恐怖组织很难同多数群体达成有效共识，致使不同群体间的紧张和冲突日益激化并呈现出集中爆发的态势。这既成为协商民主得以大力发展的重要条件，同时也成为其所面临的重大困境。

西方的协商民主理论认为，真正意义上的协商民主要求参加共同协商的各方，都是完全平等的、自由的、理性的，参与者不受先定权威的规范和要求的限制，不存在具有优先性的特殊成员，亦即都具有平等的协商机会、平等的协商权利、平等的协商能力、平等的政策制定权，由之，平等成为协商得以进行的前提条件。因为协商民主论者崇尚有限理性，反对话语独白，他们认为，每个协商主体都生活在世俗性现实世界之中，谁都不拥有绝对真理，在人性的不完美上人人都是平等的。特别是有限理性的现实使每一个社会成员处于信息不对称的状态成为一种社会常态，为了有效防止每个协商主体只知道自话自说，犯下盲人摸象的错误，就要求每个协商参与主体必须认真倾听、响应、审视他人的观点，通过交流与协商消除彼此的信息匮乏症状，使协商各方丰富自己的知识结构，放弃狭隘性偏见主张。此外，由于每一个协商主体的成长经历、生存环境和历史文化存在重大差异，其价值偏好必然各不相同，协商民主就是通过融合不同协商主体的价值偏好，为全体成员建立一个基本的利益保护和约束机制，从而起到定纷止争的作用。由之，使得所有协商民主论者大都大力倡导善治理论，即治理主体由过去单一的政府变为由政府、企业和社会组织各方有序参与的合作集体；治理规范由过去单纯的国家法令变为法令、道德、社会及公民的自主契约并重；治理方向从过去单一的自上而下变为上下左右互动。①但必须指出的是，西方协商民主论者所讲的协商主体间的平等，只是法律和制度意义上的自然人和法人人格的平等，在现实生活中，由于每个协商主体闻道有先后，术业有专攻，在协商各方的矛盾体系中必然实际存在着支配与被支配、主导与被主导的关系，这种客观存在的天然差异无疑会使西方国家的协商民主具有明显的精英主义倾向。

就当代中国社会协商民主中的协商主体而言，由于中国共产党作为执政党和社会主义事业的领导核心，她无疑是各类协商活动的领导者和组织者，但问题是伴随中国由计划经济向市场经济的深刻转型，不同的利益群体都会基于自身利益来考虑问题和制定策略，以便实现自身利益的最大化。同时，社会转型引发的价值混乱又使得各种处于模糊状态的价值偏好蜂拥而出，且都认为自己的利益诉求和价值偏好是合理、合情、合法的。这种普遍存在的利益冲突必然造成不同利益群体的心理对立和社会排斥。由之，只有通过各类主体的广泛参与才能确保协商民主的顺利进行，从而有效化解利益冲突，提高社会认同感，维系和发展好社会共同利益。为实现这一目标，在发展协商民主的过程中，就保证协商主体多元平等的伦理规则而言，必须完成以下三个转变：（1）全国各级政协必须由社会精英扩大到普通公民。在改革开放前的革命和建设年代发展起来的统一战线组织——政协，主要由各行各业的精英构成，所谓"行行有精英，精英在政协"，但在实行市场经济的今天，必须重视"草根协商"的作用，因为没有普通群众参与的协商民主作为制度保障，人民当家作主的权利就会受严重侵害。（2）除政协外，在举行与人民群众利益密切相关的各类协商民主活动时，必须将那些与协商内容有直接利益关系的公民纳入协商民主的参与范围。因为民主并不是完全由人的素质决

---

① 　参见俞可平：《治理与善治》，社会科学文献出版社 2000 年版，第 8 页。

定的，而是由人们对利益的追求决定的，如果协商民主只让素质高的社会精英参与，普通公民没有机会参与与自己利益息息相关的问题的协商，他们必然会走向无序参与的歧途。近年来大规模信访事件引发的群体性骚乱，其背后都与利益相关者在协商决策中无法表达自己的合法诉求有关。（3）伴随网络社会的出现，要高度重视各类网民在协商民主中的作用。有学者将其称之为"新意见阶层"，尽管这一阶层鱼龙混杂，且极易酿成网络暴政现象，但在发展协商民主的过程中，必须对其进行积极引导，审慎规范，理性控制，采取宜疏不宜堵的政策，否则，将会使信息时代协商民主的发展遭受重大挫折。

（三）公利至上的协商目标

协商民主之所以能够成为当代西方政治生活中人们可接受的民主政治形式，其根本原因在于它能够最大程度地吸纳各种利益诉求，按照大家公认的程序和规则，使多元平等的参与主体经过充分的讨论、谈判、妥协，最终达成公共利益。但西方学者对公共利益的内涵及其达成过程的论证各不相同，其中，罗尔斯在《正义论》和《政治自由主义》两书中所展现出的思想进路受到中外学界的广泛追捧。罗尔斯基于人的本质是自由平等这一现代政治理念，提出了"基本善"的概念。所谓基本善就是人们所普遍追求和向往的人生目标，它与公共利益之间既有形式上的重要区别，又有内容上的深刻关联。罗尔斯不同时期对基本善的诠释存在一定差别，但其核心内容包括：人的权利与自由、机会和权力、收入和财富、自我价值感，以及基本社会制度的公平正义等。罗尔斯认为，每一个社会成员要实现自己对基本善的目标追求，就必须生活在一个公平合作与秩序良好的社会联合体中，而这一社会联合体的稳定运行依赖于普通公民的三大政治理念：（1）重叠共识。罗尔斯将人们的思想观念区分为两个部分：一是公民所信奉的各种形而上的理想，包括各种统合性的宗教学说、哲学学说和道德学说；二是建立在某种正义原则基础上合作共处的各种政治价值观念。他认为在当代社会，全体公民在最高理想和信仰层面是无法取得一致意见的，此时，每个公民把自己的最高理想放一放，为了社会的长治久安，必须在最起码的基本性政治问题上取得共识。质言之,"重叠共识"就是在各种统合性哲学、宗教和道德学说之间求同存异。(2) 正当的优先性。即正当优先于善,公民应该首先满足正当性的要求,然后再去追求自己所信奉的基本善,亦即要用正当性约束和限制自己对基本善的追求。换言之,每一个人可以去自由追求自己喜欢的生活方式,然而,这种生活方式不能对别人构成负面影响,要有利于促进公序良俗和为全体公民所共享的基本善或公共善的形成。(3) 公共理性。如果说"重叠共识"是对公民形而上的理想信念的限制,"正当优先性"是对公民个体形而下的利益追求的限制,那么,"公共理性"则是对公民在支配自己的社会行为时所进行的政治推理过程的限制,亦即公民应该在政治正义的观念框架内,按照政治传统和政治常识展开政治讨论,其政治推理和政治证明过程必须符合公共理性的标准。唯其如此,这种政治思想和行为才具有合法性,每一个理性的公民都有义务去遵循这一理念去规范自己的政治行为。

如果说罗尔斯基于欧美文化背景,特别是基于美国的政治现实,在高度抽象的层面深入探讨了政治自由主义者所崇拜的"基本善"或"公利至上"的协商民主原则,那么,以马克思主义利益观为指导的中国共产党人则形成了自己在协商民主领域"公利至上"的伦理原则。马克思在《政治经济学批判(1857—1858 年手稿)》中,一方面承认个人利益的现实合理性,肯定个人在追求和实现自身利益的过程中推动了社会的发展;另一方面又认为个人利益的实现需要借助于社会提供的条件和手段,需要在与他人的社会联系中来实现,需要在与他人的利益交换中来实现。但问题是私人利益在相互实现中并不会自发地产生和维护公共利益,也不会自发地实现对每个人私人利益的保障。这是因为在私有制基础上形成的阶级社会,处于强势地位的剥削阶级会利用手中的公共权力,用自己的阶级私利冒充社会公共利益,让劳动阶级为其心甘情愿地服务。因此,无产阶级和广大人民群众只有消灭剥削制度,建立以公有制为主体的社会主义经济制度和人民当家作主的民主政治制度,才能确保共同利益的实现。中国共产党人正是在上述思想指导下,经过长期的艰苦奋斗,建立起了中国特色社会主义经济制度和政治制度。

改革开放后，伴随市场经济条件下人们追求自身利益的行为取向不断强化，在继承和发展马克思公共利益至上思想的基础上，邓小平提出了共同富裕的理论。他认为，共同富裕不仅是社会主义优越性的集中体现，也是与两极分化的资本主义的本质区别之所在。然而，经过 30 多年的发展，中国社会的经济利益格局已经发生了重大变化，以公务员群体为代表的权力阶层和以私营企业家为代表的资本阶层中的少数人之间的利益输送，使得当代中国的权力腐败现象不断加重，先富阶层和贫困阶层的矛盾日益加剧，利益矛盾集中化成为当今中国社会的常态。在这种背景下大力倡导社会主义协商民主的目的，就是要在坚持共同富裕的伦理目标的前提下，化解不断增大并日益尖锐的阶层之间的利益矛盾。首先，通过协商民主建立起顺畅的利益表达和协商机制。当代中国社会的群体性上访事件和突发性政治事件在相当程度上源自于弱势的劳动阶层无法正常表达自己的利益诉求，大力发展协商民主就是让不同利益群体通过交流、沟通和相互理解，形成妥协并达至共识。其次，通过协商民主实现公平正义的利益目标。协商之所以能够被大家接受，就在于它能够最大程度地包容和吸纳各种利益诉求，按照公认的程序和规则协调各方利益，达成公平正义的公共利益目标。最后，通过协商民主形成公共利益至上的决策机制。协商民主强调公共决策过程不是个别领导的拍板过程，而是让社会的权力阶层、资本阶层、劳动阶层共同参与决策，在充分表达各自利益诉求的过程中形成为大家共同接受的公共政策。只有这样的决策机制才能充分体现协商民主公利至上的伦理规则。

（四）宽容友善的协商环境

"宽容"概念源自于中世纪晚期的基督教会，它是教会为了摆脱宗教偏执，在处置教派和教徒信仰冲突时所遵循的一项重要原则。到了近代，在诸多思想家的大力倡导下，宽容成为西方近现代政治文明的一个重要性价值追求。正如哈贝马斯所言："自法国大革命和美国革命以来，一个政治共同体的任何一次新的闭合，在一定程度上都受到了平等的普遍主义的约束，而这种普遍主义的基础在于认为应当平等地宽容他者，今天，这一点在多元文化主义和个体化的挑战中有了集中反映。"① 现代协商民主所讲的宽容友善的伦理规则主要是针对参与协商活动的主持人或组织方所做的一种道德约束，即主持人或组织方对其不喜欢或不赞成的参与者的观点和主张有能力进行干涉却不干涉的一种原则性克制。其中，主持人或组织方是否立即作出道德判断意义上的不赞成或非道德意义上的不喜欢，是区分其道德宽容和道德冷漠的重要标准，而是否有能力进行干涉构成了有意宽容还是被迫顺从的分水岭。如果主持人或组织方作出了否定反应，并具备了干涉能力，但却采取了有条件的不干涉的行为，这就是一种道德上的宽容友善性姿态。其中，如果是出于主持人或组织方的恩惠心理而作出的宽容友善姿态，这种宽容友善行为随时都可能被收回，因此是靠不住的；相反，如果主持人或组织方从思想深处认识到，世界万物是多种多样的，每个人建基在特定知识结构上的理性都是有局限性的，人与人之间的深层价值观是无法沟通的，由之，处于真诚地保护参与协商的主体的多样性，本真性地承认他者的存在，在主持人或组织方与参与协商的各类主体之间建立起了深刻的相互关联，唯其如此，才能确保在诸多差异中保持各类协商主体的和平共处。而那些依靠强制、胁迫和控制来影响协商过程及其结果的活动与协商民主的本质要求风马牛不相及。当然，强调主持人或组织方要具备宽容友善的道德品质，并不是说各类协商主体在参加协商会议时，可以随意迟到，不尊重他人的正常发言，随便打断他人发言或扰乱会议秩序，乃至在理屈词穷时感情用事或大喊大叫，所有这些根本就不具备协商赖以进行的基本条件。② 此外，在稳定和平背景下进行深入细致的协商与在艰难危机状态下需要立即作出决定的协商，对主持人或组织方宽容友善品质所作出的伦理要求也会存在重要区别。

改革开放 30 多年来，中国共产党为了创造宽容友善的协商民主环境作出了持续不断的艰苦努力。以政治协商制度为例，明确规定中国共产党与各

---

① ［德］尤尔根·哈贝马斯：《后民族结构》，曹卫东译，上海人民出版社 2002 年版，第96 页。

② 参见 ［美］约·埃尔斯特主编：《协商民主：挑战与反思》，周艳辉译，中央编译出版社 2009 年版，第 20 页。

民主党派之间是执政党与参政党的关系，它完全不同于西方资本主义国家的执政党与在野党或反对党的关系。后者为了争夺未来的执政权，可以采取相互攻击、彼此抹黑、钩心斗角的方式展开立法权、行政权、司法权的阵地争夺战；前者只能采取长期共存、亲密合作、互相监督的方式开展治国理政工作。不仅如此，党明确要求："保持宽松稳定、团结和谐的政治环境是我们党在多党合作中的一项重要原则。"① 并将民主党派参政议政的重点放在：参加国家政权，参与国家大政方针和国家领导人选的协商，参与国家事务的管理，参与国家方针、政策、法律、法规的制定执行。并通过政协会、座谈会、谈心会、通报会等形式，实现共产党与民主党派之间的情况交流、文件传递、信息沟通。在积极举荐民主党派和无党派人士担任国家机关重要领导职务的同时，鼓励他们对党和国家的大政方针、各项工作提出意见、批评和建议，做到知无不言，言无不尽，并且敢于坚持正确意见。

当然，中国共产党除了在政协组织中进一步坚持和完善协商民主制度外，还应当本着宽容友善的制度伦理原则，在事关国计民生的更广阔的范围内开展协商民主实践，实现公民有序参与现代国家治理体系的制度创新。如基层党委和政府通过各种形式的民主恳谈会就社区民众关心的公共政策、社区发展规划、基础设施建设、卫生保健措施等进行民主协商，其间基层党政官员要彻底摒弃传统家长式领导方式和工作作风，由"我命令你执行"的单向度管理模式向共同研究、共同管理、上下互动的新型协商民主模式转变。再比如，不断完善公众听证辩论制度，包括明确听证会代表的产生办法，依法保障听证会代表充分发表意见；及时公布听证会内容，保证听证信息的公开对称；建立统一的听证程序，确保听证会在决策中发挥实际作用等。

（五）真诚互信的协商态度

竞争选举民主之所以出现民主赤字，根本原因在于竞争各方不惜用相互攻击、彼此抹黑和攻其一点不及其余的方式来争取胜出，使参与选举的民众

---

① 《江泽民论有中国特色的社会主义》，中央文献出版社 2002 年版，第 353 页。

不明就里，久而久之，选民就对投票活动失去了兴趣。与之相反，协商民主要求参与协商的各方在追求自身利益最大化的同时，必须充分照顾各类协商主体的共同利益，坐到会议桌前协商解决共同面临的各种困难，这就驱使协商各方必须以真诚互信的协商态度来和平共处。《礼记·中庸》篇讲："诚者，天之道也。"这里的"诚"主要是指严肃认真地遵循天道规律做人做事的心理状态，是人身心内外合一不二的自我同一性。"信"字从字形结构上看，它由人和言构成，主要指人言谈话语的诚实性，即言由心出，表里一致。"诚"与"信"合用所突出的是，诚是人的内心德性，信是人的外在表现，一个人只要诚于中，就必然信于外，二者互动共在，构成了人类完整生活的两个方面。真诚互信的协商原则要求协商主体之间要相互理解、相互信任和相互合作。

当然，要确保协商主体之间真正做到真诚互信，就必须大力排除协商过程中的伪善举动。黑格尔将伪善界定为主体知道什么是普遍物，同时也意识到自身需求的特殊性，但他却故意将自身的特殊性需求当作普遍物对待。"对别人来说这是伪善，对他自己来说，这是主张自己为绝对者的主观性的最高度矫作。"[1] 在协商民主的开展过程中，伪善的具体表现形式多种多样，最为常见的形式有：（1）巧辩。即协商各方在话语竞争的过程中，一方用一种能打动听众的语言来组织观点并将其传达给特定的听众，使之出现情绪化波动，进而用极端情绪化的举动代替审慎考虑的结果。（2）形式化。个别基层党政领导把协商民主当摆设，通过权力干涉和暗箱操作来进行协商民主，使协商议题模糊不明，随意确定协商参与主体，在决策时将协商结果束之高阁等。（3）操控。在协商之前让利益集团操控公共舆论，为公众提供虚假信息，诱使公众的价值偏好向主办方所希望的方向转移。正因如此，哈贝马斯的话语伦理学才高度重视对交往语言的分析批判，反复强调，只有在理想的话语环境中，参与协商的各方按照真实性、正确性和真诚性的伦理要求进行话语交往，才能建立起真正的话语共识，并获得

---

① 黑格尔：《法哲学原理》，范扬等译，商务印书馆1961年版，第146页。

理想的协商结果。

在当代中国，要想使协商主体按照真诚互信的伦理规则展开协商活动，就必须使协商程序公开化，即让协商讨论的主题、内容、程序、参与者的价值偏好及转换等各种涉及共识形成和决策制定的信息全部公开透明。因为程序公开是现代协商民主的首要特征，它是公众看得见的正义，只有这种正义实现了，公众才能在澄明的环境下从容协商。参与协商的公民或组织只有深入了解了政策制定的背景、目的和来龙去脉，才能避免盲目跟风。在讨论和对话中，只有公开自己支持某项政策的理由和偏好，并认真听取其他公民支持某项政策的理由和偏好，才能产生公正的判断和公平的结果。事实上，人类历史上的各种专制社会正是通过神秘性面纱和隐蔽性措施来制定各种政策，从而把广大人民群众排除在民主决策的范围之外，并剥夺掉他们的各种生存权利。这种政治愚昧主义在愚民的同时，也使各级官员和封建君主本身被愚化。受上述传统文化中糟粕性因素影响，政治公开性在当代中国一直是一个亟待解决的大问题。为了确保政府权力在阳光下运作，在不断完善和发展《中华人民共和国政府信息公开条例》的同时，必须建立政府权力清单公开制度，使中国的政治权力运作向公开化、透明化方向不断改进。唯其如此，中国特色的协商民主制度建设才能逐步走向成熟和完善，并为丰富和发展人类的民主政治制度作出自己的贡献。

第三节　行政制度伦理与政府的价值取向

在民主政治制度伦理建设过程中，政党制度伦理与行政制度伦理密不可分，因为政党政治权力的配置、安排和行使必须通过各种具体行政行为才能得以最终落实，这就决定了行政制度伦理建设在一个国家的政治制度伦理建构过程中占有举足轻重的地位。因此，我们在深入探讨了政党制度伦理与民众的社会期待问题之后，就必须进一步讨论行政制度伦理与政府的价值取向问题，本节主要围绕行政制度伦理的科学证成、价值标准、基本原则、发展路径等问题展开探究。

一、自由裁量权与行政伦理的证成

在西方行政管理理论发展过程中，行政伦理学研究始于 20 世纪 70 年代的"新公共行政运动"，而我国行政伦理学的生成主要是在改革开放后伴随公共行政学成为 20 世纪 90 年代的一门"显学"，一批学者才陆续转向公共行政中道德伦理问题的研究。自行政伦理学在中国发端伊始，理论界在其学科定位问题上就歧义纷呈，有人将其理解为行政人员或公务员的职业道德，也有人将其视为行政管理学或行政哲学的分支学科之一，更多的人将其界定为由行政学和伦理学交叉而成的应用伦理学。笔者赞成将其定性为应用伦理学的一门分支学科，但"应用"并非是指将伦理学基本原理在行政管理领域予以简单运用，而是指行政主体面对现代公共行政管理过程中出现的各种道德悖论和伦理冲突，在多层次、多向度的道德原则体系中树立起道德原则价值内涵的等级观念，充分发挥自由裁量权的作用，择大善而舍小善，主动担当行政责任和行政义务，最终将现代社会的公共行政管理活动带入到一种崭新的政治文明境界。要全面理解行政伦理学的这种深刻内涵，就必须对以下两个问题展开深入探究，唯其如此，才能使行政伦理学这门新兴学科在理论层面得以科学证成。

（一）对行政价值中立理论的伦理辨析

价值作为标示主客体关系的哲学范畴，主要是指客体的存在、发展和变化是否符合或满足主体的需要，由于理论研究对象不同，对主客体的类型划分和价值追求也就不同，从而导致了主客体标准的相对性和价值需求的多样性。如果单从行政体系自身看，其主体无疑是由行政人员、行政组织、行政机构等构成的各种要素，其客体是行政权力、行政法律、公共政策等；如果将行政体系放置到整个社会环境中看，社会无疑是行政主体，政府就变成了行政客体，而政府的行政价值主要是指政府制定的各种政策、法规是否符合和满足社会的需要。但在中外行政伦理史上何以出现行政价值中立的理论主张呢？要回答这一问题就必须对其理论渊源予以觅赜探幽，同时也以此作为探究行政伦理生成背景的必要性和预先性知识条件。

1.建立在政治与行政二分基础上的行政价值中立理论

学界通常在斯坦因、威尔逊、古德诺的政治—行政二分理论基础上讨论行政价值中立的基本含义。德国学者斯坦因认为,如果把国家视为一定社会秩序条件下的人格主体,那么,这一人格主体就具有心理学意义上的意志和活动两项内容,具体表现为宪政和行政的关系,宪政是国家这一人格主体有组织的意志,行政则是主体依据意志的活动。[①] 威尔逊深受斯坦因的影响,在其被誉为公共行政管理学开山之作的《行政学研究》一书中进一步提出,将公共行政学从政治学中分离出来,政治负责普遍性的重大国家活动,行政负责个别和细微的管理活动,前者是政治家的活动范围,后者是技术性职员的事情。[②] 古德诺在其《政治与行政》一书中,继承和发扬了斯坦因、威尔逊政治—行政二分思想,并将其系统化、理论化,再次强调"政治是国家意志的表达,行政是国家意志的执行"。并针对美国政党热衷于干涉政府行为的特点,强调为保证政府的高效运作,不允许政党政治对政府的干涉"超出其所要实现的合理目的"。[③] 依据上述政治与行政、意志与行动二分逻辑,不少后世学者强调行政人员的根本职责是根据政治家的指示,依照固定的行政程序去严格执行命令。质言之,行政人员应当像智能机器人一样当好纯粹执行者的角色,无须直接去反映民意或按民意去行事,无权对政策的是非好坏发表看法,因为这种权利只属于政治家。因此,行政人员必须永远保持价值中立原则,排除对自己行政行为价值性的自主审查,不能将个人的职责偏好、人格秉性、道德意志和价值负荷带入行政工作之中。

应当说上述主张是对斯坦因、威尔逊、古德诺政治与行政二分理论的巨大误解,就斯坦因而言,他之所以提出政治与行政二分理论,是为了适应德国一战前集权体制的需要,力图通过强化行政管理体制来减少和消除国内政治生活中的摩擦和内耗,增强德国在国家间竞争的实力。而美国的威尔逊和古德诺之所以也强调政治与行政二分的重要性,同样是为了适应当时美国国

---

① 参见丁煌:《西方公共行政管理理论精要》,中国人民大学出版社2005年版,第10页。

② 威尔逊:《行政学研究》,《国外政治学》1987年第6期。

③ 古德诺:《政治与行政》,华夏出版社1987年版,第15页。

内政治斗争的需要。19世纪70年代的美国正处在由自由资本主义向垄断资本主义上升时期，社会公共事务日益增多，政府职能不断扩大，但当时的大资本家和国会议员、政党领袖相互勾结，通过操纵国会和政党来影响国家法规的制定、政府人选的安排，为了打破大资本阶层特权利益的堡垒，威尔逊代表中小资产阶级的利益，主张通过强化政府行政职能、明确政府行政责任、扩大民众对政府的选择权等手段，来避免国家力量对政府权力的垄断。古德诺更是针对当时的美国在总统选举过程中，获胜政党在"政党分肥制"思想的影响下，将大量外行塞进政府机构，大大影响政府的行政效率，乃至葬送掉政府工作的连续性，因而才极力提倡通过强化政府文官制度，来限制政党对行政的过度操控。

不难看出，建立在政治与行政二分基础上的行政价值中立理论的生成有其特定的历史背景，而且威尔逊和古德诺历来强调政府官员道德素质的极端重要性，从未否定过道德伦理在行政管理中的重要作用，特别是威尔逊更是力主政府官员要以良好的行政态度和对人民高度负责的精神去履行自己的职责，要把政府机关变成大公无私的工具，而不是少数权贵和官僚主义分子独断专横和敷衍塞责的地方。正是从这种意义上讲，政治与行政不可能彻底分离，因为政治合法性是行政合道德性的前提和基础，而维持社会秩序、增进公共利益、保障国家政治统治，将永远是政府行政的终极性价值追求。从人类社会发展史的角度看，政治和行政从来都是密不可分地纠结在一起的，只是到了近现代工业社会，伴随资产阶级立法、司法和行政三权分立理论的提出，行政管理体系才逐步获得独立地位，但这并不意味着行政可以摆脱社会政治的总体性价值诉求而独立存在。所谓要充分保证政府行政价值中立原则的各种主张，只不过是个别学者一厢情愿的不切实际的理论幻想。

2. 韦伯官僚制和泰勒科学管理思想影响下的行政价值中立理论

韦伯的理性主义官僚制理论和泰勒的科学管理理论是学术界提出行政价值中立理论的又一思想来源。马克斯·韦伯在其《经济与社会》中花费了大量篇幅讨论在现代官僚制管理体制下政府运作的特征和官员的行为模式。

笔者将其概括为以下四点：（1）人员构成上的科学性原则。官员都是择优录取，受过专门训练，系统了解所在领域的全部知识。（2）管理体制上的等级分工原则。每个官员都有其具体的分工部门和特定权限，并对各自的上级负责。（3）运行机制上的合理性原则。每个官员的日常工作都是根据固定的规则来开展，而不是依照官员个人的好恶来确定，每项具体事务都必须保留文字记录。（4）工作程序上的连续性原则。行政官员是一个专职的薪金阶层，其职务相对稳定，并有望正常晋升，这就保持了行政管理的连续性。[①]与韦伯提出的官僚制理论相一致，美国著名管理学家泰勒在其《科学管理原理》中提出了"向管理要效率"的口号，通过管理流程的高度专精化、标准化和程序化，大力提高工厂工人的生产效率，乃至工人在生产线上每次移动手和脚的细节都由工程师作了精心设计，从而形成了泰勒制的"最佳工作方法"。泰勒的科学管理理论和韦伯的官僚制理论具有相同的精神气质，泰勒把前现代的经验型非专业性人格管理推向理性化、专业化和普遍化的科学管理，与韦伯用理性官僚制取代历史上的非专业化、人格化的传统魅力型官僚制具有相同的功能和意义。

受韦伯官僚制和泰勒科学管理思想的影响，20世纪主流的公共行政学均强调事实与价值的区别，并用技术合理性反对目的合理性，用工具合理性反对价值合理性，试图将公共行政学建立成一门遵循价值中立原则的所谓"科学"，强调现代行政应当祛除道德情感和个性意志，向着专业化、技术化、规范化的目标迈进。上述主张的根本缺陷在于：（1）完全忘记了人类创建政府的初衷。人类之所以要选择以社会的方式生活并组建起国家和政府，其根本目的无非是两个，一是为了避死求生的安全需要，包括通过维持社会正义秩序制止内部伤害和抵御随时可能发生的外敌入侵；二是实现个人和群体的生活幸福，包括充分发展社会生产力和创造尽可能多的生活财富。[②]然而，人类一旦摆脱自然状态步入文明快车道之后，寻求生命安全的目的就逐

---

① 参见马克斯·韦伯：《经济与社会》，林荣远译，商务印书馆1998年版，上卷第三章和下卷第九章。

② 参见霍布斯：《利维坦》，黎思复等译，商务印书馆1985年版，第129页。

步隐遁，乃至在正常生活中被人遗忘，相反，创造财富倒成了压倒一切的任务，直到财富分配严重不公并引发社会秩序紊乱时，才突然想起政府还有实现社会正义的道德伦理职能。行政价值中立主张的本质在于只看到了提高政府工作效率、促进社会财富增长的一面，忽视乃至遗忘了政府维持社会秩序、保障公平正义的另一项价值目的。(2) 极大地割裂了行政人格的完整性。政府行政人员并不是政府机器上的一个简单齿轮或螺丝钉，而是一个具有完整人格的鲜活个体，他或她在从事自己的行政职业活动时并不是像提线木偶那样简单地执行上级命令，而是会以一个完整人的形象去创造性地发挥自己的作用。因此，只有将行政机构看作是一个具有高信任度的场所，才能借助行政人这个实体性自我的主观能动性，在行政实践中不断改进和创新行政资源，将政府机构的全部行政价值展现出来。

特别需要指出的是，尽管韦伯将政治家的伦理区分为信念伦理和责任伦理两种类型，前者属于主观的价值规定，主要涉及意图和动机，后者牵涉到客观环境及其现实运作，并一再强调政治家不同于行政官僚之处在于，政治家身上应当具有一种为了追求自己的伟大事业不惜英勇献身的强烈的责任伦理精神。[①] 但他并未否定一般行政官僚同样需要具备一种高尚的职业道德情操。当时在欧洲大洋彼岸的美国，每当新一届总统上台时，就用本党竞选有功人员大量置换政府原有行政官员，致使数十万行政管理人员失业。韦伯对此颇有诟病，强调只有保持文官制度的相对稳定性，才能培养起行政人员的道德忠诚感和职业荣誉感，从而避免官僚制的"令人可怖的贪污腐化和普遍的庸碌无能的危险"[②]。可见，韦伯并未从其提出的理性主义、形式主义官僚制理论推导出西方后世学者所大力鼓吹的行政价值中立原则。

3. 一种例外：不同于西方国家的中国特色的行政价值理论

如上所述，在西方公共行政管理理论发展史上，以休谟开创的事实与价值二分理论为哲学根基，逐步衍生出斯坦因、威尔逊、古德诺的政治与行政

---

① 参见《韦伯作品集：学术与政治卷》，广西师范大学出版社 2004 年版，第 261 页。

② 马克斯·韦伯：《经济与社会》下卷，林荣远译，商务印书馆 1998 年版，第 747 页。

二分理论，以及韦伯的官僚制和泰勒的科学管理思想影响下的意志与行为二分理论，进而形成了西方公共行政管理学中的行政价值中立理论。如果说上述学术主张只是西方国家特殊性社会环境的产物，那么，无论是在中国古代社会，还是在近现代社会，行政价值中立理论从来就未曾引起中国人的广泛关注，更不可能成为当代行政管理人员所追求的行政价值目标。之所以如此，这与中国古代社会的历史传统以及现实政治状况密切相关。

在中国古代社会，政治与行政之间不可能存在明确的楚河汉界，各级官吏行政行为的道德旨趣和价值取向不仅体现着行政行为的合道德性，也同时体现着历代封建王朝政治统治的合理性，乃至对官吏个体德性的要求远远强于对其行政管理技术知识的诉求。这是因为中国士人在追求"内圣外王"型人格理想的过程中，内圣（格物、致知、诚心、正意、修身）重于外王（齐家、治国、平天下），而且内圣和外王从来都是密不可分的一体两面。尽管现代新儒家代表牟宗三、杜维明等人强调儒学有道统和政统之分，但就古代的现实社会生活而言，伦理、政治（行政）、宗教的三合一传统一直统摄着中国社会的制度、法律和公私生活，这就使得中国古代社会不可能存在行政价值中立思想的生存空间。

到了近现代社会，无论是解放前国民党一党执政的中华民国，还是解放后共产党一党执政的中华人民共和国，中国大陆地区从来没有像西方社会那样出现过政治和行政截然二分的现象。早在国民党执政的初期，孙中山就提出，在封建专制时代，"官吏为君主之鹰犬，高居民上，可任意为恶，民无可如何也"。在民主共和时代，"人民为一国之主，官吏不过为人民公仆，当受人民之制裁也。"① 这就彻底打破了中国社会几千年来君为臣纲、官贵民贱的价值观念。不仅如此，孙中山还反复强调，官吏作为人民的公仆，必须具备"服务的道德"，要求国民政府的各级官员要破除各种封建陋习，革新官场的旧有风习，真心尽公仆之责，解民众之苦，除民众之害。中国共产党建立中华人民共和国之后，更是将革命战争年代形成的"为

---

① 《孙中山选集》上卷，人民出版社 1956 年版，第 163 页。

人民服务"的道德要求贯彻到人民政府的各项具体行政工作中。毛泽东同志反复强调，各级领导干部要彻底地为人民利益而工作，密切联系人民群众，大力培养大公无私的道德品质。邓小平的"三个有利于"理论、江泽民的"三个代表"重要思想和胡锦涛的科学发展观学说，不仅是引领改革开放事业深入发展的指导思想，更是衡量各级政府工作好坏的根本价值标准。可见，中国政治的这一特殊状况不同于西方国家的多党制政治，这就从根本上决定了行政价值中立理论不可能成为中国行政管理理论和实践所追求的终极价值目标。

当然，我们也必须看到问题的另一面，即中国的行政伦理由于长期被挤压在强烈而单一的政治意识和政治标准的卵翼之下，无法同政治伦理或政党伦理划清界限，特别是在处理党政关系问题上尚未形成科学执政的制度和机制，无论是在政府机构还是在企事业单位，党政矛盾引发的行政管理领域内耗严重、两败俱伤、效率低下现象不在少数。一方面，执政党控制政府无论是在国外还是在国内，皆是天经地义的事情；另一方面，我们也必须懂得，控制政府不等于以党代政去直接管理政府，不让政府按照自己的思路去运行，使得政府管理缺少一种按照行政管理规律和行政伦理原则建构起来的自我调节机制。倘若以党代政现象长期无法解决，一旦行政伦理严重失范时，只能用政治或政党伦理要求来治理行政领域存在的问题，无法依照行政管理自身的独特需要找到对症下药的理想处方。从这种意义上讲，国内部分学者之所以提出中国应提倡行政价值中立理论，无疑是要用曲径通幽的方式来表达对党政不分现象的深度隐忧。

（二）行政自由裁量何以需要道德制约

通过对行政价值中立理论的多维检审，使我们从行政管理的另一面真切地看到了行政伦理的不可或缺性和极端重要性，但指明了行政价值中立原则的道德缺失和理论限度，并不等于建构起了行政伦理赖以矗立的坚实根基。行政伦理作为伦理学的分支学科，其赖以存在的根本理由如同道德伦理的生成一样，要到人类对"意志自由"的孜孜追求中去寻觅，一如恩格斯所言："如果不谈谈所谓自由意志、人的责任、必然和自由的关系等问题，就不能很好地讨论道德和法的问题。"①同样，如果不去深入探讨行政主体的自由裁量权问题，就无法全面把握行政伦理的内在奥秘。

中文中的"裁量"主要是指主体依据客观环境和事物的发展情势作出的安排取舍、判断衡量和自我控制；而英语中的"discretion"（裁量）主要是指主体行动或判断的自由和谨慎周到的考虑。行政自由裁量权则指行政主体在法律规定的条件下，依照自己的专业自主权作出合理性判断，去直接响应民意，进而决定作为或不作为以及如何作为的权力。从行政管理学的角度看，行政自由裁量权存在的直接原因有以下几点：（1）行政制度本身追求的是普遍公正，但其所制定的各种法律规则适用于社会时，面对的是复杂多变和特征各异的人和事，这就迫使行政主体在处理个别事务时要具体问题具体分析。（2）各种行政法律规则的概括性和抽象性内容必须以丰富而微妙的日常语言为载体获得社会公众的明确理解，这就为行政主体在行政活动中的具体解释权留下了巨大的自由空间。（3）任何行政制度或法律规则一旦被确定下来就会产生一种天然的稳定性，这就必然导致与其所规范的千变万化的社会现实生活发生矛盾和冲突，要正确解决这些矛盾和冲突，必须充分发挥行政主体的主观能动性。（4）行政活动本身具有不断追求效率的特点，为确保行政效率的持续高涨，行政主体在处理纷繁复杂的具体行政事务时，必须依靠自身的专业知识作出更多的灵活性决定。（5）从根本上讲，行政自由裁量权源于行政权的归属主体与行使主体的相互分离。从理论上讲，行政权力的所有者是全体人民，但在具体操作时必须将人民所拥有的权力赋予某一具体的行政组织和行政人员，唯其如此，他们才能依法对具体事件酌量处理，以使行政行为更加有效。

可见，行政自由裁量权的永恒存在为社会发展和行政管理活动所必需。问题是，无限的自由裁量权等于是行政管理者对被管理对象的残酷压迫。古今中外的各种独裁者就是依靠自身的无限自由裁量权剥夺了他人的自由。因此，必须对行政管理者的自由裁量权予以严格约束，以防其权力滥用和权力

---

① 《马克思恩格斯选集》第三卷，人民出版社 1972 年版，第 153 页。

腐败。最常见的约束方法是行之有效的各种法律制度：一是通过制定各种实体法和程序法来明确规定自由裁量权的范围和比重，在公众广泛参与和监督的情况下保证行政执行程序的公开透明；二是通过司法审查和行政赔偿措施填补对自由裁量行为监督的真空地带，让行政主体承担错误裁量造成的赔偿责任，真正做到权责一致。

就我国目前行政法规执行的具体情况看，无论是通过实体法和程序法来对行政行为予以事前控制，还是通过司法审查和行政赔偿来对行政行为进行事后控制，都无法根绝行政主体自由裁量权在一定时段和个别部门中的普遍滥用。人们所熟知的现象包括：（1）同案不同罚。执法人员依照自己掌握的处罚幅度对同类案件作出过轻或过重的不合情理的处理决定，引发行政纠纷。（2）讨价还价。由于处罚幅度过于宽泛，行政相对人和行政执法人之间讨价还价，使行政执法失去了应有的威严和力度。（3）态度情感案。行政执法人依照行政相对人的认错态度、情感关系、经济条件随意处罚，自由裁量权变成了行政执法人员任意变换的魔法。（4）谋取私利。个别行政部门通过制定宽泛的行政处罚达到重罚款、多罚款的创收目的，同时也给行政执法人员留下借助自由裁量权捞取个人实惠的空间。

不难看出，在约束行政人员的自由裁量权方面，制定的法律越是细密，为行政人员留下的自由裁量范围就越大。恰如人类的知识面积一样，人类的认识是一个圆圈，圈内是已知世界，圈外是未知世界，人类在科学上每解答一个问题，必然会在深层次上遇到更多的问题，人们越想搞清自然界的本来面目，自然界的回答就会越加复杂深奥，人的知识越多，其圆周就越长，未知领域就越大。这意味着纯粹用法律制度的手段来约束行政人员的自由裁量权所获得的最终结果，只能是造就一批仅仅满足于法律底线要求的行政人员。此时，在法律制度无能为力的地方，道德伦理恰恰可以发挥出巨大的互补作用。

（三）行政人员自由裁量权的道德责任

前已备述，在政治与行政二分理论看来，行政人员就像政治家手中的上手工具，其职责在于接受了政治家的决策之后，运用最有效的方式来贯彻执行这些决策，很好地完成由法律程序所界定的目标和任务，其间无法张扬行政职业的自主性特点。然而，通过对中外行政管理史的考察我们已经发现，行政行为并不像行为主义代表人物华生提出的"刺激—反应"（S-R）模式那样，只是一种简单的遵循逻辑命令的机械执行过程，而是一种充满自由主动性、专业创造性和价值负荷性的复杂动态过程，在这一过程中行政人员主要是通过自由选择权利的介入，充分彰显出道德意志的自主性、专业伦理规范的特殊性和行政技术的相对独立性。但需要指出的是，·近现代伦理学已经不再到神灵、自然或人的本能欲望中寻找伦理存在的依据，而是将伦理存在的基础奠定在主体自身的自由之中，而主体自由的本质是自我规范、自我服从，如康德所言："自由就是人为自己立法。"质言之，人一旦选择了自由，得到的后果必将是责任，行为者自由选择的范围和能力越大越强，其所承担的责任也就越广越重。

自由与责任的辩证关系体现在行政管理层面，要求每一位行政管理人员必须在相互冲突的多元价值内容中，依照其职业和职位的性质作出自己的选择，并承担起相应的道德伦理责任。美国行政伦理学家库珀将常见的行政价值冲突划分三种类型：（1）权力冲突。主要是指来自于两个或两个以上上级指示，且相互之间彼此矛盾时的职责义务冲突。此时，为了决定服从一个权威而抵制另一个权威或两个权威都抵制，行政人员必须搞清自己的主观责任，并使作出的决定与自己的价值信念相符，这样才能知道自己应该站在对抗性的权力中的哪一方。（2）角色冲突。主要是指一个行政管理人员除了作为一个行政管理者的角色之外，还作为人存在于极为复杂的社会关系之中，在这种复杂的社会关系中，同时拥有多种角色，而各种角色所要求的相互职责之间往往互不兼容，甚至截然对立，这就要求角色主体在特定时刻必须依据自己的价值优先性原则对彼此冲突的职责作出选择，以便走出道德两难处境。（3）利益冲突。主要是指行政管理人员面对个人利益与官员角色义务之间、私人生活与公共角色义务之间不可避免的紧张关系。这种紧张关系源自于现代社会私人领域和公共领域价值观的冲突，这种冲突要求行政人员必须权衡个人利益与所担负的公共角色责任之间的关系，以便有所取舍。①当然，除了库珀所开列的上述伦理责任冲突外，我们还可以从不同的角度对行政人员可能面对的伦理冲突作出其他类型的划分，诸如：目的与手段的冲突、作为与不作为的冲突、内部控制与外部控制的冲突等。

正是上述各种伦理冲突彰显出行政管理人员的道德自主性，迫使其在彼此矛盾的价值旋涡中充分运用手中的自由裁量权，找到自己所追求的行政价值对象。行政管理人员作为一个从事公共行政管理的特殊职业群体，社会对其职业道德素质可能会提出各种各样的要求，但在诸多职业道德素质要求中，"以谦卑和敬畏之心对待公众"和"公共利益至高无上"应当成为行政管理人员道德忠诚和道德追求的主要对象。尽管当今的市场经济强化着人们对个人利益的最大追求，但行政管理人员所从事的公共行政管理职业的特点，要求他自选择这一职业的那一刻起，必须明白政府以及政府赋予他个人的权力本质上源自于公民权力的让渡和授予，他必须把公共权力的公共性看得高于一切，在执行行政组织交给自己的公共行政管理任务时，彻底放弃对个人利益的追求。质言之，谦卑和无私应当成为公共行政管理人员的底线道德，唯其如此，才能确保政府公共服务行为的公平正义和廉洁高效。当然，要实现公共行政管理事业不被行政人员个人的私心杂念所污染和破坏，仅靠一般性道德说教是远远不够的，必须依靠行政管理人员的行政人格和政府问责制度来加以有效保证。

就行政人格而言，它主要是指行政人员把行政法规、行政道德规范和各种监督机制内化为自己的道德意识，并使之升华为一种优良的职业生活模式，在其身上不再有外在规范的制约感和被迫去做的强求感，达至"随心所欲不逾距"的自由状态。现代行政人格的形成以行政人员对行政发展规律必然性的深刻认识为基础，是行政人员个人发展目标和社会发展目标的辩证统一，它会促使行政人员在行使自由裁量权的过程中，努力实现个体道德的自

---

① 参见特里·L.库珀：《行政伦理学：实现行政责任的途径》，张秀琴译，中国人民大学出版社 2001 年版，第 86 页。

我完善和社会伦理的全面发展的综合平衡，不断从最初的适应行政环境走向积极主动地创新行政环境，最终达到个体人格理想与社会发展目标的共同进步。当然，行政人格的培养需要一个漫长而复杂的过程，其中既涉及行政人格培养的内在机制，诸如行政人员的道德认知、道德情感、道德意志、道德修养等，也涉及行政人格培养的外在机制，诸如行政人员的道德评价、道德赏罚、道德教育、道德敬畏等。只有将内在机制和外在机制有机地结合起来，才能使行政人员内生的职业道德心理外化为职业道德行为，进而积淀成自己的职业道德品质，最终升华成行政人员的道德人格。

就行政问责制度而言，它是通过制度化的方式对行政人员行使自由裁量权可能或已经产生的结果予以质询并要求回答和解释，包括事前问责、即时问责和事后问责等多种形式。行政问责具有惩罚性、回应性和强制性等多种特征，通过行政问责让行政官员对其决策过程、决策行为和决策结果进行合理性解释和正确性辩护，以此决定是否接受失责的惩罚。尽管当今时代各个国家行政问责的具体内容、主要方法、制度模式千姿百态，但行政问责作为一种控制行政人员自由裁量权的重要方法，它既是强化行政内部管理、实现组织目标的重要方式，也是社会各个方面监督和控制庞大复杂的政府运作过程的有效手段。从行政伦理学的视角看，行政问责的本质在于通过制度伦理的形式保证行政管理人员意志自由与社会责任的对等统一，其根本目标是实现一个国家持续有效的善政治理。伴随世界各国行政问责制度的不断完善和发展，它无疑将会成为现代行政文明的重要成果之一。

二、现代行政制度伦理的价值取向

如何从事实（行政水平）与价值（善恶是非）双重角度对现代公共行政作出客观评判？社会各界所遵循的具体标准和根本原则各不相同，有人将公共责任视为主要标准，也有人将和谐宽容当作根本原则。然而，从行政伦理学的视角看，行政效率与行政公平才是衡量现代行政文明的基本价值尺度。在人类进入资本主义社会以前，由于公共领域与私人领域尚未严格区分，社会经济发展十分缓慢，国家的权力与财富主要集中在封建君王手里，王公贵族和庶人臣民之间亦无公平可言。只是到了资本主义制度产生以后，随着"主权在民"观念的诞生，特别是到了19世纪中叶，出现了政治与行政二分现象，行政效率和行政公平问题才得以凸显。因此，要全面探讨现代行政文明的基本价值尺度——效率与公平问题，就必须从资本主义行政管理制度的衍生过程说起。

（一）西方行政管理史上效率与公平的交互更新

在资本主义制度生成过程中，"天赋人权论"是资产阶级最为重要的理论假设，由此引申出来的价值主张构成了资本主义立法、司法和行政制度的基本原则，如潘恩所言："一切政治结合的目的都在于保护人的天赋的和不可侵犯的权利。"[①]洛克进一步指出，在人的各种权利中，私有财产权具有极端重要的意义，因为人的私有财产权越多，获得的自由度就越大。据此，洛克主张政府的全部职责应当是确保私有财产权的安全稳定和自由发展。与之相适应，古典经济学创始人亚当·斯密从人的自爱本性出发，提出了"看不见的手"理论，将政治经济学的根本目标锁定在富国裕民上面，认为资本主义自由市场制度就像一只"看不见的手"，使每个人在追求个人利益的同时，也促进了社会整体利益的增长。后来的新古典经济学代表人物马歇尔进一步把"政治经济学"改造为"经济学"，在继承亚当·斯密自由放任理论的同时，采用边际效用分析法，将劳动、土地、资本和管理看作决定国民收入水平的主要因素，强调经济自由制度是最能创造边际效用的理想社会制度。与资产阶级追求最大财富的愿望相一致，在近代伦理学领域，以边沁、密尔为代表的功利主义则将能否带来"最大多数人的最大幸福"视作评价，包括政府政策、法律、法规在内的，各种社会行为的主要价值标准。在以追求财富和效率为核心的上述各种理论的共同作用下，近代资本主义经济空前繁荣。恰如马克思所指出的那样："资产阶级在它的不到一百年的阶级统治中所创造的生产力，比过去一切时代创造的全部生产力还要多，还要大。"[②]

---

① 《潘恩选集》，商务印书馆1981年版，第183页。

② 《马克思恩格斯选集》第一卷，人民出版社1995年版，第277页。

资本主义对经济财富增长效率的高度重视反映在行政管理制度层面，就是对"行政效率至上"原则的大力提倡。前已备述，近代以来，在工业化、城市化运动的大力推动下，伴随资本主义经济发展速度大大加快，社会复杂程度亦急剧增加，这就要求必须有一个相对稳定并能按照科学原则和理性原则建构起来的政府与之相适应，而"非人格化""高度专业化""以具体事务为中心"的现代官僚制度完全满足了这一要求。在威尔逊、古德诺的政治—行政二分理论和韦伯的官僚制理论、泰勒的科学管理理论之后，西方的各种行政管理理论均把行政效率和经济发展作为公共行政的根本目标，力求建立起有效的、经济的和协调一致的行政管理系统，并将研究重点放在城市管理、国家预算、宏观计划、组织结构、人事培训等方面。美国著名行政学家古利克就认为，建立公共行政管理学的根本目的就是要运用科学的方法来发现能够用来提高政府工作效率和经济效益的理想途径。据此，他大力倡导以能力取代无知、以专业人员取代非专业人员、以专家取代杂而不精者、以训练有素的行政管理者取代缺乏专门训练的新手。[①] 之后的著名行政管理学家西蒙更是将行为主义理论引入行政决策过程中，他广泛采用心理学、社会学等学科的研究成果，让行政管理学走上了科际整合之路，使学者们对行政制度、结构、规则等静态层面的研究转向对行政管理动态决策过程的研究，把对行政效率的追求贯穿到行政管理的各个环节、各个层次、各个要素中，为大力提高政府行政效率提供了坚实的科学保障。

资本主义"效率至上"的经济政策和行政管理理论在为人类社会带来空前经济繁荣的同时，其所拥有的各种弊端也逐步暴露出来，集中表现为社会财富分配的两极分化，这种分化不仅表现为资产阶级和无产阶级的天壤之别，而且还表现为中小资产阶级和大资产阶级的利益冲突，进而扩展到资本主义国家利益之间的剧烈抗衡。所有上述矛盾通过资本主义近代史上一次次经济危机体现出来，特别是两次世界大战的爆发使人们对资本主义制度"效率至上"的缺陷有了更为清醒的认识。与此同时，在两次世界大战过程中，

---

① 参见丁煌：《西方公共行政管理理论精要》，中国人民大学出版社2005年版，第90页。

社会主义制度正是为了克服资本主义制度的上述天然弊端应运而生。在上述诸种因素的综合作用下，带来了二战后资本主义经济政策的巨大调整，其调整内容集中体现在两个方面：一是以凯恩斯为代表的国家干预主义政策的出台。凯恩斯的《就业、利息和货币通论》旗帜鲜明地反对古典经济学的自由放任主张，认为斯密"看不见的手"理论仅仅适用于完全竞争的市场状态，现实世界由于存在垄断和分配不公等在内的市场失灵，因此政府干预可以有效弥补市场经济的不足，但伴随20世纪70年代西方社会"滞胀"现象的出现，人们又进一步看到了政府同样存在调节失灵问题。二是福利经济学的出现。包括以庇古的《福利经济学》为代表的旧福利经济学和以勒纳、卡尔多、萨缪尔森、阿马蒂亚·森等人为代表的新福利经济学，其共同特点是将福利概念建立在边际效用论的基础上，追求社会福利的最大化目标，以求解决国民收入总量增加和通过福利均等化减少贫困问题，特别是阿马蒂亚·森的经济理论对社会底层的贫困和饥荒问题注入了极其深切的伦理关怀。

与资本主义经济政策的上述调整相适应，在20世纪六七十年代，西方行政管理学界掀起了轰轰烈烈的新公共行政运动，其核心理念是高举"社会公平"的旗帜，反对传统行政学"效率至上"的思想，其代表人物是弗雷德里克森。他认为，建立在事实与价值二分基础上的政治与行政二分主张，本质上是一种抽象的理论虚构，因为国会、总统和其他政治机构对于各种政策问题只是提供原则性目标，而具体政策方案则是由各个行政机构和行政人员制定并加以落实，这一过程本身充满了各种价值、利益、权力的角逐和交换，不可能奉行纯粹的价值中立原则。传统行政理论把行政效率当作基本价值，专注于人与人之间的工具般的相互操纵，习惯于对生产和工作过程的研究，造成了行政人员和服务对象之间的疏远和隔离，丧失了行政组织应当具有的社会价值和责任。新公共行政运动要克服传统公共行政"效率优先"的缺陷，把"社会公平"的价值追求贯穿于行政的全过程。弗雷德里克森在其《新公共行政学》中指出："社会公平包含着对包括组织设计和管理形态在内的一系列价值取向的选择。社会公平强调政府提供服务的平等性；社会公平强调公共管理者在决策和组织推行过程中的责任和义务；社会公平强调公共行政管理的变革；社会公平强调对公众要求作出积极的回应，而不是追求行政组织自身需要满足为目的；……总之，倡导公共行政的社会公平是要推动政治权力以及经济福利转向社会中那些缺乏政治、经济资源支持，处于劣势境地的人们。"① 新公共行政运动极力倡导的社会公平价值观不仅对美国政府在公共服务的平均分配、对民众需求的积极回应、民主行政等方面发挥了巨大作用，同时也对世界各国的公共管理理论和实践产生了间接性影响。

透过资本主义经济发展和行政文明的历史过程，我们不难看出，效率与公平问题是贯穿于资本主义各项社会管理活动的核心问题，它构成了资本主义行政制度文明的一体两面。但我们必须清醒地认识到，从本质上讲，资本主义全部行政文明制度是建立在财产私有制基础之上的，对财富增长效率的追求将是其社会发展的根本目标，因此，自始至终真正影响着资本主义效率与公平状况的伦理价值观，必然是建基于个人主义道德原则之上的自由主义和功利主义。

（二）新中国成立以来党政管理领域的效率与公平

如同资本主义发展史一样，效率与公平的矛盾也一直是中国社会主义建设过程中挥之不去的梦魇。但我国是中国共产党一党执政的社会主义国家，政治与行政从来都是密不可分的一体两面，在改革开放前高度强调党的一元化领导时期尤其如此。因此，要深入研究我国公共管理领域的效率与公平问题，就不可能像西方学者那样将行政领域的问题从国家政治生活中剥离出来予以独立说明，只能是从党政管理一体化的视角进行综合探讨。在此，笔者以改革开放为界碑，对之前和之后中国党政管理领域有关效率与公平问题理论与实践的发展轨迹予以粗线条描述。

1. 从新中国成立初期效率与公平的彼此兼顾到"文革"前效率与公平的双向缺失

新中国成立之初，其所面临的主要困难是迅速医治抗日战争和解放战争留下的巨大创伤，让中华民族尽快摆脱百业凋敝、一穷二白的状态。在中国

---

① H.G. Frederickson, *New Public Administration*, The University of Alabama Press,1980, p.6.

共产党 1950 年召开的七届三中全会上，提出要力争用三年左右的时间全面恢复国民经济。之后，通过土地改革、发展工商业、精兵简政等一系列行之有效的措施，到 1952 年底，工农业总产值达到 810 亿元，比新中国成立时的 1949 年增长了 77.5%，比抗日战争爆发前的 1936 年增长 20%，用了不到三年的时间使国民经济得到了全面恢复和发展。与此同时，一种倾向也开始崭露头角：土地改革后农村贫富两极分化现象迅速蔓延；为改变国家工业落后面貌，在大力发展国营工业的过程中，国营和集体企业与民族资本主义工商业的矛盾日益加深。为解决上述矛盾，1953 年之后，开始了对农业、手工业和资本主义工商业的社会主义改造运动。到 1956 年底，在保持国民经济稳定增长的前提下，成功完成了对生产资料私有制的社会主义改造，使公有制经济成分占据了国家经济的主导地位。在 1956 年的中共八大会议上，党正式提出国内主要矛盾不再是无产阶级与资产阶级的矛盾，而是迅速发展生产力，满足人民群众日益增长的经济文化需要。到 1957 年底，中国人民在国民经济总量迅速增长，国家、集体、个人利益综合平衡的情况下，超额完成了第一个五年计划，初步显示出社会主义制度在效率与公平方面彼此兼顾的巨大优越性。

令人遗憾的是，1957 年之后，以"大跃进"运动为标志，整个国民经济在接连不断的政治运动冲击下，开始陷入颠簸不平的非正常运行状态，直到"文革"结束为止。其间，既有 60 年代初工农业生产大幅下降，数百万人非正常死亡，也有国民经济比例严重失调，日用必需品长期短缺，通货膨胀和物价上涨持续不断。在长达 20 年的时间里，人们深切地感受到了经济效率低下、绝对平均主义盛行的切肤之痛。之所以如此，这与以毛泽东同志为首的党的第一代中央领导集体的效率公平观有着直接的联系。一方面，他们力图在尽可能短的时间内实现国民经济的快速增长，建立起一个独立自主、繁荣富强的社会主义国家；另一方面，在具体路径的选择上，他们采取的是重集体轻个人、政治运动挂帅的方法。特别是到了毛泽东晚年，他日益脱离实际，空想社会主义和封建平均主义的公平观占据他政治思想的主导地位，对经济效率的关注已经退居其视野之外，其思想中原有的现代意义上的效率公平观消失殆尽。当然，我们不能否认在"文革"十年中，我国的国防科技和重工业也取得了一系列骄人成就，但它是以牺牲农业、轻工业，牺牲广大工人、农民、干部、知识分子的切身利益为代价换取的。没有工人、干部、知识分子长期的低工资，没有军人们的无私奉献，特别是没有广大农民的大力支持，上述成就的取得是根本不可能的。据汝信、陆学艺统计，从1952年至1986年，国家单是通过价格"剪刀差"就从农业中隐蔽地抽走了5823.74亿元巨额资金，加上农业税1044.38亿元，34年间国家从农民手中共抽走了6868.12亿元资金。[①] 很难想象，没有农民、农村、农业付出高昂的代价，中国改革开放前的现代化建设会是何种局面？但是，直到今天，在如何公平补偿"三农"所作出的历史性贡献问题上，并不是每一个人都有清醒而正确的认识。

2.从改革开放初的"效率优先兼顾公平"到今天的"效率与公平并重"

到了"文化大革命"运动后期，在绝对平均主义思想影响下，人们的经济收入长期得不到提高，干好干坏一个样，工农业生产效率普遍低下，致使国民经济濒临崩溃边缘。此时，许多人已深刻认识到没有效率的公平只能在短期内勉强为人所接受，最终必然走向失败。伴随"文革"结束和党的十一届三中全会的召开，中国社会开始发生翻天覆地的巨变，特别是邓小平的两大论断全面改写了人们以往的效率公平观。一是"计划经济不等于社会主义，资本主义也有计划；市场经济不等于资本主义，社会主义也有市场"[②]。长期以来，东西方理论界基于对二战后社会主义和资本主义两大阵营现实状况的考量，几乎达成了一种基本共识，即建立在财产私有制基础上的资本主义市场经济之所以繁荣发达，是因为他们认识到效率的获得必然以财富和权利的不平等为代价，而建立在财产公有制基础上的社会主义计划经济注重的是社会公平，因此它必然以牺牲效率为代价。上述认识导致人类社会对效率与公平的态度具有了制度选择的意义。但邓小平的论断彻底打破了这种僵化

---

① 吴忠民:《社会公正论》，山东人民出版社2004年版，第268页。

② 《邓小平文选》第三卷，人民出版社1993年版，第373页。

认识，他把市场与计划仅仅看作是经济发展的手段，提出在社会主义条件下的市场经济应该比资本主义能够创造出更高的效率。二是先富后富与共同富裕理论。即让一部分人或有条件的地区依靠自己的辛勤劳动和天时地利先富起来，然后再带动落后地区走向共同富裕。这一看法打破了社会主义就是平均主义的错误认识，保证了按劳分配、多劳多得原则的实现，体现了社会主义制度经济效率与社会公平辩证统一的要求。上述两大创新性理论成果最终体现在党的十二届三中全会、十四届三中全会和十五大报告中，并以"效率优先，兼顾公平"的表述形式固定下来，当这一理论成果转化为具体社会经济政策之后，极大地激发了人们的生产积极性，使中国社会的经济效率和生产力水平得到了迅猛发展，人们的生活条件得以根本改观。到 2009 年，中国的国民生产总值比 1986 年增长了近 10 倍，人民生活从总体上实现了由温饱到小康的质的跨越，创造了一个为全世界所公认的人类经济发展史上的奇迹。因为人类从来没有过在一个拥有十多亿人口的大国，能在如此短的时间内以如此高的经济效率和持续性增长速度造就出如此庞大的巨型经济体。

然而，在由计划经济向市场经济转轨过程中，伴随经济的高速增长，也同时引发了大规模的、急剧的、多重的社会转型，其间，由各种社会利益分配不公引发的社会冲突呈现出复杂多变的综合性特征，诸如：东西部地区的经济差距、中央和地方的权力矛盾、城乡之间的二元结构、不同行业之间的收入差别、不同经济成分之间的利益冲突等。所有这些矛盾冲突使人们进一步认识到，单是寻求效率去发展经济而不遵循公正原则进行合理分配，必然会使少数社会成员、组织机构或地区行业使用特权、垄断或寻租等不法手段迅速致富，特别是将"效率优先，兼顾公平"的原则覆盖到非经济领域更是容易引发诸多社会问题。近年来在司法、教育、医疗卫生等领域发生的为获得高额利润而不惜完全丧失和严重损害社会公平原则的案例比比皆是。更为严重的是，伴随反映贫富差距的国际公认的基尼系数的不断升高，人们已对中国社会出现的下述事实表达了深度隐忧，即作为行使公共权力的政府如果以发展经济为由，同资本阶层一道用"赢者通吃"的办法去同劳动阶层争夺利益，推卸对于社会成员应尽的责任和义务，不去为社会弱势群体提供必要的帮助，就丧失了其存在的合法性。任凭这种情势发展下去，其结果只能是引发巨大的社会动荡和政权更迭。此时，在效率优先基础上取得的各种经济成果必然会因社会不公而丧失殆尽。正是基于上述原因，近年来"效率与公平并重"的呼声日渐高涨，乃至各界学者开始广泛认同罗尔斯《正义论》中的基本主张，强调公正应当成为制度设计、制度安排、制度评价的基本依据，公正是保证社会安全运行的必要条件，公正对于效率的生成和发展具有举足轻重的价值和意义。从这种意义上讲，自十六大至今，党之所以大力贯彻落实科学发展观，努力构建和谐社会，并通过加大反腐倡廉力度、抓紧建立城乡一体的社会保障体系、鼓励和提倡道德调节（如慈善、捐赠等）等多种措施，来消解广大人民群众对贫富分化的愤懑情绪，以满足其对社会公平的强烈渴望，其最终目的是要在"效率与公平并重"的前提下建设好中国特色社会主义事业。

由此可见，以财产公有制为基础的社会主义制度，其伦理价值的出发点和归宿，应当是在创造出比资本主义更高经济效率的基础上最大程度地实现社会公平，这就必然使它在调节个人与他人、个人与社会、个人与自然的利益关系时遵循集体或整体主义道德原则，能够做到集体利益和个人利益之间真实而全面的统一，能够改变资本主义人与人之间形式化的平等自由，将其转变成具有实质内容的真正意义上的平等自由。当然，这一目标的最终达成有赖于包括行政制度在内的社会主义各种具体制度的不断创新。

（三）行政制度创新之于效率与公平的动态平衡

通过对资本主义行政文明史上效率与公平交互更新的考察，特别是通过对新中国成立以来围绕效率与公平问题经历的曲折复杂的过程的描述，使我们深刻体会到要真正实现行政效率与公平的良性发展，就必须对效率与公平的辩证关系形成清晰明确的认识，并通过行政制度创新的途径实现其动态平衡，同时还要将其置入全球化发展的国际大背景中予以通盘考虑。

1.科学把握效率与公平辩证关系的本真意蕴

不同学科对效率与公平的概念内涵及其相互关系可能存在各种歧义性界分，但从行政伦理学的视角看，所谓行政效率主要是指以尽可能低的行政成本获得最大的社会效益；而行政公平则主要指行政组织结构的正义和行政管理行为的公正。前者侧重于行政行为的功效、福利和总体效益，它满足于现实生活的实际需要，属于目的论伦理学的范畴，后者强调社会成员对政府分配社会利益和管理社会秩序的合理期待，具有维护道德伦理的理想品质特征，属于义务论伦理学的范畴。我们可以将二者的实质归结为生产力与生产关系的内在统一性在道德伦理价值观上的深层反映。就二者的辩证关系而言：

首先，效率与公平的关系具有一体两面性。效率与公平犹如一枚硬币的两面。一方面，公平作为社会利益分配的价值尺度，它必须以反映利益生产水平的效率为先决条件。一如社会生产决定社会分配一样，没有价值创造的不断累积就不会有随后的价值享受，价值创造的结果决定着公平实现的内容及其变化方向。另一方面，社会的公平状况对效率的生产具有巨大的反作用，它既可以促进生产效率的不断提高，也可以使社会生产停滞不前。二者互为条件，不可偏废。恰如德国学者科斯洛夫斯基所言："我们不想生活在一个'公正'的社会中，在这个社会里什么也买不到；我们也不想生活在一个'有效率的、富裕的'社会里，这个社会把它的金钱用于道德上受到指责的目的。"[①]这就要求政府在引导社会发展过程中，既要大力促进社会生产效率的提高，避免社会发展陷入停滞状态，又要为效率的生产创造一个公平的环境，以防因利益分配不公导致社会畸形发展乃至被迫解体。

其次，效率与公平的关系具有相辅相成性。效率原则旨在引导人们充分发挥自己的创造性，最大限度地获得为人所需的社会利益，其中既包括个人正当利益的实现，也包括社会整体利益的增长，这本身就是一种最大的"善功"，而公平原则是要通过合理合德的调节方式避免人们对效率和利益的追求陷入极端利己主义或小集团主义的泥潭而无法自拔，其最终目的仍然是要保证社会整体效率或利益的提高。反过来说，人们追求公正原则的真正目的也是要保证效率或利益原则的合理落实，实现个人利益与他人利益、眼前利

---

① 科斯洛夫斯基：《资本主义伦理学》，中国社会科学出版社 1996 年版，第 5 页。

益与长远利益、局部利益与整体利益的有机结合，而不是要完全丢掉效率或利益，为了公平自身而追求公平。质言之，没有效率就没有真正的公平，没有公平也不可能有真正的效率。从人类发展史的角度看，人类之所以以群体的方式去猎取食物，主要是因为这种方式能够使自己获取更多的食物，从而有效保障自己的生命安全。如果猎取食物的目的只是为了少数几个生理上占优势的人，就不会出现群体性生存方式。正是出于部落整体生命安全的需要，才产生了原始共产主义意义上的部落公平，也正是因为有了部落内部原始公平的出现，才保证了部落成员的心理平衡，避免了人们的消极怠工，从而激发起大家的劳动积极性。效率与公平的相辅相成性要求现代行政必须在保证以经济建设为中心的前提下，按照公平原则合理调节各种复杂性利益关系，将效率与公平统一起来，而不能重此轻彼或顾此失彼。

最后，效率与公平的关系具有历史相对性。通过对资本主义发展史上效率与公平交互更新的考察，特别是通过对新中国成立以来经历的效率与公平关系曲折复杂的过程的描述，已经能够使我们清醒地看到，在任何一个国家的不同历史时期，由于其所面临的历史条件、文化背景不同，社会所遭遇到的主要挑战不同，对效率与公平的重视程度也就殊为差异。一般而言，当社会经济结构面临重大转型时期，效率原则通常会凸显出来，乃至成为社会实践中占支配地位的道德原则，18世纪英国功利主义的勃兴和我国改革开放初"效率优先，兼顾公平"口号的提出就是明证。相反，当一个社会处在秩序紊乱、利益冲突不断而又未发生重大经济结构调整时，公平原则会成为社会道德关注的中心问题。可见，二者的关系具有明显的历史动态性特征。以至于有学者强调，从理论层面讲，效率与公平之间是一种辩证统一的关系，但在具体操作层面，由于二者的矛盾发展具有不平衡性，只能采取矫枉过正的方式去加以解决，要么看重效率轻视公平，要么追求公平冷落效率，无法做到同时兼顾。这种看法在一定程度上具有合理性的一面，但需要指出的是，政府在介入市场经济运行的过程中必须面对效率与公平的关系时，一定要清醒地意识到，人类从事生产活动的直接目的是要摆脱物质匮乏，如果社会物质财富已经达到相当丰富的程度，仅仅是因为贫富悬殊我们才不得不一直去把蛋糕无限做大，那么，政府是任凭少数人对着大蛋糕尽情饕餮？还是致力于为多数人的基本生存需要而力行社会公平？答案无疑是后者，这也是社会主义制度必须将价值选择的终极落脚点放到公平正义上的根本原因，也是它最终能够战胜并超越资本主义的无量秘籍之所在。

2.行政制度创新是保障效率与公平协调运行的主要路径

中国的改革开放过程本质上是一种大规模的制度转型过程，其间，既要改革和完善现有的各种制度，还要不断废除影响和制约社会发展的旧制度，建立或移植适应社会要求的新制度。面对这种新旧制度短期内大规模、高密度交织更替的局面，如何实现效率与公平的动态平衡和协调发展，无疑是摆在公共管理事业面前的重大课题。其根本出路只能是在强化新旧制度联结性的同时，加大行政制度创新的力度，扩展新制度的覆盖面，特别是不断将新制度中过于原则的设计具体化。

就行政制度创新与行政效率的关系而言，由于行政制度本身是一个庞大而复杂的体系，我们不可能对其应予创新的方方面面作出周密详细的阐述，只能择其要者概而论之。当前制约中国行政效率提高并亟待更新的行政制度主要包括：（1）建立权利与责任彼此对等的权力分配机制。它包括行政管理机构横向和纵向两个向度的权利与责任的合理划分和配置，前者如近年来国务院大力推进的大部制改革，后者如学界提倡的将国家、省、市、县、乡五级管理体制改为国家、省、县三级管理体制，减少层级结构等。所有这些权力划分制度的改革，其目的是适应现代市场经济对国家治理结构的要求，既保证政治上的适度集中，又有利于经济上的分散决策，为形成高效统一的国家市场服务。（2）建立现代民主行政制度。有不少人将民主行政与政府效率对立起来，认为集权行政高效快捷，省时省力，可以短期内调动各种资源，推动经济快速发展；相反，民主行政需要反复协商和讨论，经常会使本应及时作出的决定悬而不决，降低行政效率。但必须指出的是，历史已反复证明，前者无法有效听取各方意见，极易脱离正确轨道，且难以纠正，损失会十分惨重；后者虽然决策过程长，成本高，但它能够制定出相对科学合理的政策，避免太大失误，且具有较高的执行效率和良好的最终效果。因此，打破政府已有权力格局，推进公众民主行政权利，是提高我国行政效率的正确路径之一。（3）建立科学合理的政府绩效评估机制。政府绩效评估是现代政府管理研究的前沿问题，有什么样的绩效评估制度，就有什么样的政府行为。我国许多地方存在的政府短期行为，如形象工程、片面追求 GDP 增长等现象，皆与当前的政府绩效评估机制密切相关。如何充分借鉴国外政府绩效评估的成功做法，同时又立足我国国情，制定出科学合理的政府绩效评估制度和评估体系，实现政府绩效评估的长效化，特别是要发挥好专业评估机构和公民参与评估的作用，而不是政府的自导自演和自我评估，所有这些问题的解决对政府工作效率的提高都将发挥出重要作用。

就行政制度创新与行政公平的关系而言，学界普遍将建设服务型政府视作实现行政公平的重要手段，如张康之在谈到"实现社会公平的制度创新"问题时指出，农业社会的政府实行的是"权制"，工业社会的政府实行的是"法制"，后工业社会的政府应当实行"德制"，唯其如此，才能保证服务型社会治理模式的有效实施。① 但究竟通过何种具体措施来保证政府的公平服务？人们的主张却是仁智相见。当前我国要通过政府的制度创新实现社会公平，以下三项措施至为关键：（1）建立科学透明的财政预决算制度，有效降低政府行政成本。据政协委员任玉岭统计：中国行政管理费占财政支出的比重 1978 年仅为 4.71%，到 2003 年上升到 19.03%，这个比重比日本的 3.38%、英国的 4.19%、法国的 6.5%、美国的 9.9%，分别高出 16.65、14.84、13.53、9.13 个百分点，如果再将预算外经费和地方土地收入中列支的行政公务支出包括进来，公务经费实际总支出可能高达 30%。② 为此，广大民众强烈要求制定一部"国家政权和事业单位人民供养法"，以使包括执政成本在内的国家财政预算和决算体制真正做到有法可依、公开透明、公正公平。（2）建立城乡一体的社会保障制度。国家必须在社会财富二次分配过程中，加大对公共产品和公共服务的支出，真正使以劳动阶层为主的广大人民群众能够做到

---

① 张康之：《行政伦理的观念与视野》，中国人民大学出版社 2008 年版，第 203 页。

② 周天勇、王长江等主编：《攻坚》，新疆建设兵团出版社 2007 年版，第 202 页。

学有所教，劳有所得，病有所医，老有所养，住有所居。特别是要大力发展农村义务教育、完善新型农村合作医疗制度、逐步实行农村最低生活保障制度、积极开展农村社会养老保险、让农民工享受市民的基本社会保障。当然，在推进改善民生的实际工作中，要力求避免大包大揽的旧体制回归，积极探索市场规则和国家福利的平衡点，区别轻重缓急，摆脱供养懒人的高福利陷阱。（3）强化劳动阶层的权利意识，加大公民社团制度建设。在我国当前的权力、资本、劳动三大社会阶层中，劳动阶层处于弱势地位，要保障他们的各项权利，仅靠权力、资本阶层的恩赐和施舍是远远不够的，只有劳动阶层自身团结起来，通过自己的组织合理合法地争取自身的利益，才能最终实现社会的真正公平。[①] 依照宪法规定，我国是工人阶级领导的以工农联盟为基础的人民民主专政的社会主义国家，社会主义政权的性质决定了占人口绝大多数的工人和农民阶层是国家的主人，这种主人翁地位及其利益诉求主要通过村民代表大会和职工代表大会表现出来。依据《村民委员会组织法》和《工会法》的规定，村委会和工会是维护农民和工人利益的代表机构。然而，在市场经济深入发展过程中，在个别地区或行业，这两个社会组织经常站到劳动阶层对立面，变成了执行权力阶层和资本阶层旨意的工具。如何把工会由一个只是负责"吹拉弹唱，打球照相，布置会场，带头鼓掌"的机构，变成真正意义上的代表工人利益诉求的组织，如何把村委会由执行县乡政府旨意的工具，变成真正代表农民利益主张的农民自己的组织，将是中国基层政治体制改革的重大理论和实践课题。

3. 全球化发展对各国政府平衡效率与公平能力的巨大挑战

在经济、政治、科技、文化、风险日益全球化的今天，一个国家要保持经济发展和社会公平的协调运行，不仅要着眼于本国的基本国情，还要承受全球化发展带来的巨大压力。如有些发展中国家为了免遭发达国家的欺侮，必须尽快发展本国的生产力，保持国民经济的持续增长，在这种情况下，它

［①］ 有关当前中国社会的阶层划分、阶层利益冲突、各阶层利益平衡与和谐社会建设的关系问题，见拙作《当代中国社会的阶层划分与公平流动》，载贾高建主编《哲学与社会》第一辑，中国时代经济出版社 2009 年版，第 142 页。

不得不承受来自国内和国际社会有关实现社会公平的强烈呼吁乃至各种指责。而发达国家的政府要保持本国的高福利政策得以长期延续，也必须在经济发展和福利分配方面作出权衡，每一项涉及不同阶层切身利益的改革政策的出台，都要承受来自社会不同阶层乃至国际社会的强烈质疑。

不仅如此，今天整个人类社会的发展也同样面临着如何协调效率与公平关系的狭窄瓶颈，最典型的问题就是南北差距，一方面，在北半球大多数资本主义发达国家，占世界五分之一的人口却消耗着世界五分之三的财富；另一方面，在贫穷落后的非洲每天都有大批饥民为了基本的生活需要而挣扎在生死线上。更为严重的是，在世界气候变化已经开始威胁整个人类的时候，发达资本主义国家为了保持本国经济的持续增长，力争尽可能少地减免自己的碳排放量，在各类国际相关会议上，挖空心思地逃避其应承担的各种历史责任。可见，如何保证效率与公平的协调运行，不仅是各国政府永远无法逾越的狭关隘道，也是全人类在未来发展中时刻面临的巨大挑战。也许撒旦正在暗自窃笑人类的自私和愚蠢，而上帝则在用怜悯的眼光注视并期待着人类作出正确的选择。

三、现代行政制度伦理的根本原则

在行政伦理发展史上，由于对政府起源过程的考察方式不同，对政府目的的界说也就各异。中国先秦时期的法家认为，政府源自于人类趋利避害、消除纷争的需要；欧洲中世纪的基督教神学认为，政府是神出于"以恶制恶"目的而创设的产物；近代霍布斯、洛克、卢梭等人则从社会契约论的视角解释政府起源，主张它是人与人之间订立契约、让渡权利的产物；而马克思强调政府是社会分裂为阶级之后实施阶级压迫的产物。由此出发，人们对政府目的的界说也就纷然杂陈，诸如：外御与抑制内乱说、维持社会秩序说、保障公民福利说、实现人民自由说等。但综合起来看，无论是资产阶级的政府理论，还是无产阶级的政府理论，撇开其实质差别不谈，单从理论形式上看，都把为人民服务视为现代公共行政伦理的根本原则。应该说，为人民服务高度概括和凝练了中外政府全部工作的基本核心点和着眼点。东西方政府何以皆将为人民服务当作现代公共行政伦理的根本原则？二者的区别何在？如何确保这一原则的有效落实？对上述问题的回答构成了我们探讨现代公共行政伦理根本原则的主要内容。

（一）为人民服务与政府合法性的道德依据

所谓政府合法性，主要是指政府系统的组织结构和制度安排及其所制定和实施的各项公共政策，是不是、为什么或在多大程度上能够获得社会成员发自内心的忠诚和支持，其所涉及的本质问题是人民权利（Right）和政府权力（Power）的关系问题。自近现代以来，学界对政府合法性问题的认识存在不同的看法，如：韦伯认为政府合法性取决于它是否有能力建立和培养人民对其存在意义的普遍信念；阿尔蒙德认为，如果韦伯所讲的信念是政府强加到人民身上的，那么它就具有了意识形态上的欺骗性特点，只有将人民的信念同真理性结合起来，这种合法性才具有可靠的心理基础；哈贝马斯则认为，政府合法性的基础不在于其能否被人民认同的"事实"，关键在于政府合法性赖以存在的价值标准的合理性。撇开上述观点的差异性不谈，单就其共同性而言，他们普遍认同人民主权乃是政府合法性的重要基础。之所以如此，是因为人民为了保障自己的天赋权利才成立了政府，政府所拥有的一切权力根源于人民的赋予。从这种意义上讲，政府的一切权威都是相对的，政府权力的合法性只能来自人民的同意，如果政府机关及其掌权者在实际工作中违反了人民当初委以其权力的根本目的，损害了人民原有的天赋权利，人民就有权团结起来废除或推翻这个政府，重新设立或组建自己真正认可的新政府。

当然，上述人民主权观念在西方社会的生成经历了一个曲折复杂的漫长过程。中世纪的神学政治理论普遍信奉"君权神授"的观念，特别是在基督教发展的初始阶段，多次受到罗马帝国的迫害，基督徒基于对人性罪恶的悲观认识，极端仇视世俗的罗马帝国，并自认为自己是"新人类"，将自己的精神世界从现世的政府生活中超拔出来，转向遥远的天国，只把肮脏沉重的肉身留给尘世政府去管理。奥古斯丁的《上帝之城》集中反映了基督徒对"上帝之城"的向往，强烈表达了对"人间之城"的悲观、厌恶、冷漠和疏离的情绪。奥古斯丁的"双城论"反映在中世纪的现实政治生活中，就是教权与王权二元对立型社会治理模式的长期存在，二者受到权力本能的驱使，不断地进行着激烈的斗争，各方均求取得优势地位直到控制对方。在很长一段时间内，教皇和教廷凭借其强大的经济和政治实力，成了欧洲政治生活的中心。文艺复兴和启蒙运动以来的政治哲学继承了基督教建立在人性本恶基础上的政府观，但将其赋予了全新的内容。近现代政治自由主义的始作俑者霍布斯、洛克、卢梭等人，考虑的是怎样将基督教《圣经》中上帝和人类订立的神圣性契约（旧约和新约）转换成人与人之间订立的世俗性社会契约，怎样让人离开上帝，转过身来自己成为上帝，然后再独立地面对他的同伴和政府。近代思想和中古思想斗争的最终结果是：个人取代了上帝和教会，站在了政府权力的对立面，开始大力伸张自己的生命权、自由权和财产权等，将政府为追求彼岸幸福服务转换成为保障人民的自由和权利服务，将上帝和教会约束政府的使命转换为人民意志和代表人民意志的法律约束政府。从基督教政治伦理传统中脱胎出来的这种人民主权观念，构成了西方近现代政治自由主义伦理的主流传统。霍布斯《利维坦》中公民契约论、洛克《政府论》中的人民私有财产论和卢梭《社会契约论》中的人民主权论，到处都是对主权在民思想的强调，从中不难透视到基督教"君权神授"政治伦理观与近现代西方主权在民政治伦理观的内在关联和本质差别。

主权在民观念在中国的传播同样经历了一个曲折发展的过程。在中国两千多年的封建主义政治制度史上，"君权神授"观念的影响至深至远，历代农民起义领袖要做"真龙天子"时，一定要杜撰出种种"奉天承运"的玄妙故事来使其先祖和他本人神圣化，唯其如此，方能使其政治统治合法化。直到近代之后，伴随清王朝的灭亡和孙中山"民族、民权、民生"三民主义思想的广泛传播，主权在民的观念才逐步确立起来，特别是孙中山的民权主义学说，反复强调中国不是少数神圣英雄的中国而是"天下为公"的中国，同盟会要做的事业不是改朝换代而是要建立共和，不是君、臣、父、子而是自由、平等、博爱。1924 年孙中山在其著名的《三民主义》演讲中指出："民权主义是提倡人民在政治上地位都是平等的，要打破君权，使人人都是平等的，所以说民权是和平等相对的。"①中国共产党人继承马克思主义的政府理论，主张政府并不是从社会中产生出来之后就高居其上的力量，在存在阶级斗争和阶级冲突的奴隶社会、封建社会和资本主义社会，它本质上是维护统治阶级利益、实施阶级压迫和阶级镇压的机器，只有到了社会主义和共产主义社会，才能真正出现代表广大人民利益的政府。以上述理论作为指导思想，中华人民共和国宪法第二条第一款明确规定："中华人民共和国的一切权力属于人民。"第二款又规定："人民行使国家权力的机关是全国人民代表大会和地方各级人民代表大会。"包括政府机关在内的国家各类机关的权力都是人民赋予的，各级领导干部手中握有的大大小小的权力只能用来为人民服务，绝不能用来谋取私利。正是这一宪法规定确保了为人民服务这一行政伦理原则在中国社会的真正落实，同时也提供了政府合法性赖以生成的道德依据。

（二）为人民服务与政府公共性及公共产品

政府要落实为人民服务这一行政伦理的根本原则，其基本途径是为广大人民群众提供尽可能多的高质量的公共产品。何谓公共产品？为什么要提供公共产品？要正确回答这一问题就必须对现代社会公共领域与私人领域的分离过程和政府的公共性特征这两大问题作出说明。

依照哈贝马斯在《公共领域的结构转型》中的说法，我们可以将公共领域界定为人们共同的生活世界，这一世界是人们通过平等的对话、协商等自由交往活动而生成的，在这一共同的生活世界中，每一个参与者都可以自由发表自己的意见，捍卫自己的正当利益，这一世界是通过各种道德法规、契约条文、成文法律来调节的，它包括各种社会公共组织、民族国家和国际社会等。私人领域是指以私人财产所有权为前提，以个人独立人格为基础的私人活动空间，在这一空间内的各种活动直接受私人之间的兴趣爱好、情感友谊、生活习惯等调节，社会和国家无权涉足其中。②应该说，自从人类以社

---

① 《孙中山选集》下卷，人民出版社1956年版，第706页。

② 参见尤根·哈贝马斯：《公共领域的结构转型》，曹卫东等译，学林出版社1999年版，第一章、第二章相关论述。

会组织的方式开始其生活以来，私人利益与公共利益的观念就随之形成，但在奴隶社会、封建社会等前现代社会中，这种"私"与"公"的观念相互纠结、相互混合，一直未能得到严格分化。例如：在中国传统社会，"家"是"国"的原型和缩影，"国"是"家"的放大和展开，两者的秩序和构造是一样的，皇帝即国家之族长，族长即家族之君王，政治制度管理国家，祠堂制度管理家族，地主经济以私有制为主体，家族经济以族田为基础，而宗法伦理则成为两者直接沟通的桥梁。在这里，父子关系转换为君臣关系，对族权的敬畏转换为对皇权的顺从，孝转换为忠。近现代社会公共领域的凸显是一个解析宗法家族制度的过程。其展开过程恰好是一个由"私"而"公"，进而"公""私"分明的历史过程。就中国社会私人领域与公共领域的分离过程而言，以一家一姓的家族宗法制为基础的满清王朝的灭亡为标志，以中华民国的建立为起点。从本质上讲，只有出现了以市场经济为标志的现代公共经济生活和多元开放的公共文化生活之后，才可能建立起以国家基本结构的普遍正义为基础的社会公共领域，进而实现公共领域与私人领域、公共部门与私人部门、公共利益与私人利益的严格分化和分立，并凸显出现代政府的公共性特征。

所谓现代政府的公共性，是指政府在履行社会公共事务管理职责时，其所代表和反映的只能是社会公众的普遍利益，而不能是个别集团、阶层或私人的利益，更不应该是政府自身的既得利益。质言之，政府权力必须服务于社会的整体利益，在社会不同组织之间的利益发生矛盾时，政府应当在彼此矛盾的利益冲突中找到其背后所包含的共同性利益，积极主动地促进共同利益的生成，力争公共利益的最大化，同时，还要注意寻找近期利益和长远利益之间的平衡点，以实现社会成员个体利益的最大化。马克思认为，在人类历史上存在阶级利益冲突的社会，特别是在资本主义社会，所谓国家公共利益只具有表面的形式意义，实质上是统治阶级利用国家机器的垄断性特点，打着维护社会公共利益的幌子，最大限度地实现统治阶级利益的最大化。从这种意义上讲，社会公共利益具有特定的二重性，一方面，它是社会赖以维系的基本条件，从而也就是社会成员的共同利益；另一方面，它对不同阶级、不同社会集团又具有不同的价值和意义。只有到了社会主义和共产主义社会，消灭了财产私有制，实现了生产资料的公有制之后，才能最终告别和消除政府权力私有的逻辑导向，政府权力的公共性才能获得前所未有的科学依据和制度保障。

政府的上述公共性特征主要通过政府为公众提供公共产品的具体行为体现出来。罗兰·彭诺克将政府提供的公共产品概括为安全、正义、自由和福利四个方面，保罗·西格蒙德把平等、自由、仁爱、公共价值视作政府提供的主要产品，阿尔蒙德把政府提供的公共产品分为体系产品（体系的维持和适应）、过程产品（参与、服从和支持等）、政策产品（福利、安全和自由）三个方面。[①] 笔者认为，可以将政府为公众提供的公共产品概括为三大类：（1）经济类产品。包括社会经济的持续发展、不断增长的社会就业率、良好的自然生态环境、人民经济生活水平的提高等。（2）政治类产品。包括社会秩序的安定有序、民主政治的不断扩大、公民基本权利的有效保障、国家在国际事务中影响力的提升等。（3）文化类产品。包括科学技术的不断发展、国民教育水平的提高、文学艺术事业的繁荣、人民群众文化生活的丰富多彩等。总之，衡量政府为人民服务水平的高低，主要依据其为广大人民群众提供社会公共产品的数量和质量而定，要看它是否能够有效满足社会公众日益增长的经济、政治和文化需求。

（三）确保政府为人民服务的制度伦理要求

搞清了政府的公共性特征和为人民服务的基本途径之后，我们不禁要问，为什么在现实生活中有如此多的普通民众对政府的服务能力、服务水平和服务诚意经常提出种种质疑？要回答这一问题，就需要对政府本身的性质进行深入研究。传统行政伦理学通常侧重研究政府的阶级性和社会性特征，较少关注政府的自利性特征，而以布坎南为代表的美国公共选择学派对此作出了巨大贡献。公共选择理论主张，政府组织和政府工作人员不仅是"社会人"，同时也是"理性经济人"，他们在日常行政管理工作中同样要对行动的

---

① 阿尔蒙德等：《比较政治学：体系、过程、政策》，曹沛林等译，上海译文出版社1987年版，第458页。

收益和成本进行比较和计算，只有收益大于成本的行为才是理性的，面对各种可能的选择结果，他们会选择对自己最理想的结果，进而追求部门利益和个人利益的最大化。如何看待公共选择学派的上述主张，中国学界存在不同的看法，如张康之认为，借用"自利性"的判断来研究政府行为是近现代"利益决定论"思想无限扩张的结果，"经济人"假设作为一种先验公理具有重大缺陷，用其分析行政人的行为极易推导出各种错误结论，改变政府自利性现象的根本途径不是去完善现有各种制度，而是要实现后工业社会政府治理模式的根本变革。[1] 尽管公共选择学派的理论分析存在一定程度的不足，但它真实反映了现代政府工作的某些重要特征，诸如：通过扩大税收实现预算最大化；依靠自己的垄断性和强制性将行政成本转嫁给社会；在支付公共产品和服务成本的过程中将政府利益部门化或将部门利益个人化；等等。所有这些行为迫使利益集团不再把主要精力投放到扩大再生产和降低成本上，而是通过"寻租"行为想尽办法争取政府的各种优惠，并满足政府组织和行政人员"设租"的需要，从而造成了各种腐败现象的蔓延，这就彻底违背了全心全意为人民服务的根本原则。要克服和限制上述现象，最根本有效的途径只能是不断完善和创新各种制度伦理。

1. 借鉴西方分权政府经验，建构中国特色的政府权力监督和制约制度。人类政治文明的基本经验是，通过建立和完善分权制约机制确保政府权力行使的正确和有效。洛克最早提出把政府权力分解为立法权、行政权和联盟权；孟德斯鸠进一步完善了洛克的分权理论，明确提出了立法、行政、司法三权分立学说；具有强烈人民主权意识的杰斐逊强调，只要政府违背了它的承诺，人民就有权推翻它，乃至认为人民"造反是政府健康的必不可少的良药"，"自由之树必须经常以爱国者和暴君的鲜血来浇灌"[2]。中国政府近年来也十分重视对权力的监督和制约。党的十七大报告明确提出："要坚持用制度管权、管事、管人，建立健全决策权、执行权、监督权既相互制约又相互

---

① 参见张康之：《公共行政中的哲学与伦理》，中国人民大学出版社 2004 年版，第 45 页。

② 转引自梅里亚姆：《美国政治学说史》，朱曾汶译，商务印书馆 1988 年版，第 79 页。

协调的权力结构和运行机制。"① 可见，只要在分权政府的运行机制下，任何权力机关和个人都将失去至高无上的神圣光环，都必须受制于人民的同意，唯其如此，才能保证把人民赋予政府的权力真正用来为人民服务。

2. 吸纳西方民主政治经验，将民主政府建设制度化。民主是各种政府理论和实践的核心概念，民主制度是人类不断追求的政治目标。就民主政府的字面意思而言，它主要是指人民当家做主、实行人民统治的政府。在人类民主制度史上，既有古希腊时代狭小城邦中的直接民主，也有近现代社会普遍实行的代议机构的间接民主，还有当代引起人们广泛关注的协商民主、网络民主等，人类对民主制度内容和形式的认识可谓纷繁复杂，莫衷一是。就中国目前的民主政府建设而言，关键是逐步扩大公民参与的范围和空间，逐步推行政府首长的直接选举和竞争性选举，真正赋予各级代议机构对政府治理重大问题的最终决定权。如邓小平所言："没有民主就没有社会主义，就没有社会主义现代化。"② 特别是面对全球化和现代化的双重压力，中国政府治理通过扩大政治民主，建设基于竞争性选举和社会多元协商对话基础上的民主政府，将有助于奠定政府合法性的牢固基础，从而确保政府工作永远遵循为人民服务的根本宗旨。

3. 逐步减少人治政府因素，建设与现代社会要求相适应的法治政府。所谓人治政府，主要是指掌权者将政治权威的合法性建立在统治者超凡脱俗的个人魅力基础之上或建立在他们的功德、武力、神授等因素之上。韦伯认为，这是农业社会政府统治民众的主要手段。在中国由农业社会向工业社会转型的过程中，人治因素在不同时段和不同地方仍然发挥着十分重要的作用，如个别领导的主观意志、个人批示、即兴言论高于国家政策和法律效力的现象十分普遍。建设法治政府的基本目的就是要用宪法和法律的锁链约束个别领导不做坏事，在政府官员和普通民众之间树立起一道安全屏障，使个别公民免遭任何掌权者的无端歧视或他人专横意志的任意摆布，保障并监督

---

① 《中国共产党第十七次全国代表大会文件汇编》，人民出版社2007年版，第32页。
② 《邓小平文选》第2卷，人民出版社1994年版，第146页。

政府的各项工作都能依法进行，逐步实现政府管理的法律化和制度化，并使其不因领导人的改变或领导人看法和注意力的改变而改变，将政府为人民服务的根本宗旨用法制化、制度化的形式固定下来，使其永保为人民服务的本色而不变。

（四）确保政府为人民服务的官员道德要求

要将政府为人民服务这一行政伦理学的根本原则落到实处，除了强化上述制度伦理建设外，还要高度重视政府官员自身的道德建设。孔子说："君子之德风，小人之德草。草上之风，必偃。"①这句话深刻说明了官员道德的无比重要性。因为治国者必须以其德为治理之本，只有官员具备了治国的道德资质，成为有德且富德者，才能为普通民众作出榜样，凝聚、推动和影响整个社会的道德风尚。中国古代社会强调"以吏为师"尽管有其理论局限性，但在当代社会仍有其一定的价值合理性，因为一名政府官员变成了无德缺德的腐败分子，他给社会造成的负面影响要远远大于普通民众。更为重要的是政府官员生活于社会制度结构和规范系统之内，谙熟制度本身的缺陷和漏洞，具有抵抗和逃避制度约束的有利条件和巨大能量，其腐败行为必然会对制度本身造成重大损害，使制度应当具有的正义性丧失殆尽，从而让普通民众对政府制度失去信心，这就从根本上动摇了政府合法性的道德根基。可见，培养政府官员的道德品质具有极端重要的社会价值和政治意义。

在政府官员的各类道德品质中，全心全意为人民服务处于核心地位。在当代社会，要使各级官员真正做到全心全意为人民服务，首先需要他们从内心深处正确认识现代官民关系的本质特征。官与民的关系作为现代行政伦理学的重要内容，不仅反映着政府官员的道德态度，而且也是区分不同社会官员道德本质差别的分水岭。在中国传统的封建社会，虽然存在大量的民本、民贵思想资源，封建君王和有远见的思想家也反复强调"爱民如子""为民做主"。《尚书·五子之歌》中讲："民惟邦本，本固邦宁。"《孟子》则言："民为贵，社稷次之，君为轻。"宋代的程颐在《代吕公著应诏上神宗

---

① 《论语·颜渊》。

皇帝》中也明确指出:"为政之道,以顺民心为本,以厚民生为本,以安而不扰为本。"但所有这些理论存在一个共同缺陷,即重民的主体是君臣,民仅仅是被重视的对象。与之相反,马克思主义唯物史观认为,劳动不仅创造了社会必需的物质财富,而且还创造了人类本身,人类的进化史就人类的劳动史,由劳动力、劳动工具、劳动资料构成的生产力决定着社会中的各种生产关系以及建基于其上的政治和思想上层建筑,这就从根本上决定了从事劳动活动的广大人民群众才是历史发展的直接主体和根本动力。因此,马克思指出,"历史活动是群众的事业,随着历史活动的深入,必将是群众队伍的扩大。"[1]

从本质上讲,封建统治阶级重民的根本目的不是为了维护广大劳动人民的根本利益,而仅仅是巩固封建君王政治统治的主要手段。在建立了社会主义民主制度的当代中国,官民关系发生了根本性变化,人民由过去的奴仆变成了社会的主人,由对强权的屈从变成了对自由的肯定,由草奴人格变成了独立人格。然而,由于数千年封建文化传统的深远影响,一方面,我国广大人民群众当家作主的意识还不够浓厚;另一方面,各级政府官员"甘为公仆"的观念也远未树立起来。要彻底改变这种局面,真正培养起政府官员为人民服务的道德品质,就必须确保各级政府官员对人民群众永保敬畏之心。这既是由马克思主义唯物史观的本质要求决定的,同时也是中国共产党历史经验的总结。中国共产党及其所创立的人民政府就是在与人民群众的密切联系中诞生、发展、壮大、成熟起来的。密切联系人民群众不仅是党和政府的三大作风之一,也是我们党取得新民主主义革命、社会主义建设和改革开放伟大成就的力量之源。正因如此,毛泽东在延安时期就提出全心全意为人民服务的主张,邓小平把人民赞成与否、高兴与否、拥护与否作为党的各项方针政策的出发点,江泽民把广大人民群众的根本利益当作"三个代表"重要思想的重要内容,胡锦涛更是强调权为民所用、情为民所系、利为民所谋。这就要求各级政府官员必须牢固树立爱民、为民、富民、敬民的观念。其中,爱

---

① 《马克思恩格斯全集》第二卷,人民出版社 1972 年版,第 104 页。

民是对政府官员的情感要求，为民是政府官员的终极价值目标，富民是检验政府官员政绩水平的根本尺度，敬民则是爱民、为民、富民的根本前提。要深刻认识人民既可以将权力赋予一个党派和政府，同样也可以推翻一个党派和政府，将其所拥有的执政权赋予其他党派和政府。

总之，人民性是中国政权的根本性质，人民是国家一切权力的最终来源，全心全意为人民服务是各级政府官员的根本职责。因此，各级政府官员只有将对人民的敬畏视作自己政治生命的根本立脚点，才能永远保持清醒的政治头脑，真正做到面对自己应尽的义务和责任永不懈怠。

四、从传统行政伦理到公共管理伦理

每一个时代皆有与之相适应的社会治理模式，这种模式必然会随着这一时代政治、经济、文化、科技的发展而变迁。自 20 世纪后半叶始，伴随世界范围内经济全球化、政治民主化、文化多元化、科技信息化的迅猛发展，世界各国的社会治理模式也开始发生重大变化。与之相适应，传统行政伦理日渐暴露出种种弊端，对其反思与批判之声风起云涌，并逐步向现代公共管理伦理位移。仔细考察这一更迭过程对我们全面把握行政伦理的发展脉络及未来走向无疑具有重要的历史价值和现实意义。

（一）世纪之交行政生态环境的大变迁

美国著名行政生态学家里格斯认为，要了解一个国家的公共行政不应该仅仅局限于行政系统本身，而应该像生态学研究生命有机体与周围物质环境关系那样研究行政系统与社会大系统之间的相互关系。[1] 站在里格斯行政生态学的视角，观察 20 世纪后半叶世界范围内行政生态环境的变化状况，可以明显看到如下几大特征：

1. 经济全球化导致政府管理行为的全面扩张。所谓经济全球化，主要是指商品、资本、服务等各种经济资源在全球范围内自由流动，使各国经济相互融合，导致大量跨国公司、全球公司的出现，从而形成了世界性统一大市

---

① 参见彭文贤：《行政生态学》，台北三民书局 1988 年版，第 19 页。

场。经济全球化迫使各国政府在着眼本国事务的同时，必须对世界范围内的政府改革浪潮有所回应，对政府管理的内容、范围、方式进行调整，包括政府职能的重新建构、政府行政能力的不断提升、政府制度的自我创新等。以政府对社会经济生活的广泛介入为例，政府为了本国企业在全球竞争中处于优势地位，必须加强对公共部门的管理和协调，创造和谐稳定的社会秩序，保证市场机制作用的有效发挥，乃至政府不得不直接介入某些行业的物质生产活动领域，特别是整个社会对公共物品和劳务人口的需求越来越多，迫使政府职能发挥作用的范围不断扩大，政府已经由原来的"守夜人"角色变成了一个提供广泛服务内容的经济实体。

2. 政治民主化造就公共管理主体的多中心论。自工业社会生成以来，对各种社会公共事务的管理一直是由政府垄断并强制执行，政府是独一无二的主体。伴随 20 世纪后半叶信息社会的到来，私营部门和各种非政府组织开始在公共管理事务中扮演起重要角色，同时，政府也开始将大量任务和职权下放和转移给各种志愿者组织、社区互助组织、非营利性社会组织等，如著名美国行政管理学者斯托克所言："治理意味着一系列来自政府但又不限于政府的社会公共机构和行为者，它对传统的国家和政府权威提出挑战，政府并不是国家唯一的权力中心，各种公共的和私人的机构只要其行使的权力得到公众的认可，就都可能成为在各个不同层面上的权力中心。"[1] 新公共服务运动的代表人物登哈特通过对美国"社区与公民社团"关系问题的研究也发现，在美国的现实生活中，许多公民并不把自己的大量时间花费在政党政治和各种选举上，而是通过街坊邻居、工作团体等草根组织来建立彼此之间的新关系和参与现代世界的各种非政府性活动。可见，在现代社会的政治民主化进程中，民主化的主体、内容和范围正在向多中心转移。

3. 文化多元化对行政人员的宽容品质提出了更高要求。在 20 世纪后期，社会多元化现象反映在文化领域就是传统社会统一的、稳定的、同质的文化系统逐步被瓦解，后现代文化隆重登场。后现代文化的突出特征是以多元

---

① 俞可平主编:《治理与善治》，社会科学文献出版社 2000 年版，第 3 页。

性、异质性废弃整体性、同质性，以具体的、特殊的、专门的观点反对抽象性、一般性、普遍性的观点，强调偶然性、变异性、暂时性，注重历史化、语境化和多元化。这就要求政府的社会治理模式由追求形式同一性向灵活多样性转变，政府必须建立一种承认差异、维护差异的机制，行政人员必须具备宽容性道德品质。所谓宽容，是指行政人员对其不喜欢或不赞成的他者的工作模式、生活方式和信仰对象有能力进行干涉却不去干涉的一种原则性克制。其中，是否立即作出道德判断意义上的不赞成或非道德判断意义上的不喜欢，是区分行政人员道德宽容和道德冷漠的重要标准，而是否有能力进行干涉构成了是有意宽容还是被迫顺从的分水岭。如果行政人员作出了否定反应，并具备了干涉能力，但却采取了有条件地不干涉他者的行为，这就是一种道德上的宽容姿态。其中，如果是出于行政人员的恩惠心理而作出的宽容姿态，这种宽容行为随时都可能被收回，因此是靠不住的。相反，只有出于真诚地保护个人的多样性，本真性地承认他者的存在，在自我与他者之间建立起了深刻的相互关联，唯有这种宽容才能真正实现在诸多差异中保持永久性和平相处。

4.科技信息化促成了电子政务的迅速普及。在20世纪后期，科技信息在全球范围内的传播和应用，导致地球村内居民的联系更加即时化和贴近化，诸如：通讯卫星、光缆、计算机网络、传真机等先进通讯手段使整个人类瞬间即可分享各种信息，这对政府的官僚体制提出了巨大挑战，迫使政府传统的层级控制理念、信息传递方式、公私领域划分发生重大变化，进而不断推动着政府组织的再造。特别是电子政务的广泛运用，促进了政府工作的透明化，提高了社会公众对政府工作的监督力度。政府通过电子文件交流、政府信息公开、咨询信息服务等方式，及时让公众了解政府的行政决策意图和公众的反馈信息，极大地提升了公众对政府决策的参与程度和价值认同感。仅以电子政务中的政府办公自动化为例，如果公众需要办理与政府部门相关的某项手续，过去必须亲自到政府机关去领取各种表格并认真咨询填写，现在可以坐在家里或办公室内通过人机对话方式轻松完成上述任务。据统计，美国政府20世纪末实施电子政务以后，关闭了2000处办公室，减少了 24 万政府工作人员，削减了 1180 亿美元的政府开支。①

（二）传统行政伦理局限性的日渐凸显

行政伦理的发展本来就是一种长时段的、连续不断的过程，它形成了一个发展的连续体，在这一连续性的发展过程中，任何一种行政伦理理论都只能解释这一连续发展过程中的一个片段。伴随社会环境的重大变迁，建立在近代工业社会基础上的传统行政伦理越来越难以适应信息社会复杂多变的现实需要，在一系列根本理论问题上其所具有的局限性日渐凸显。

1. 传统行政伦理对人性认识的偏颇。人对政府行政的理解，对行政伦理的认识，离不开行政制度设计者对制度所作用的范围内的人们的最基本行为作出预期，这种预期通常以人们对一定的人性本质的认识为前提条件。正是由于人们对各个历史时期作出的不同人性假定，演绎出不同的行政价值取向，最终形成了缤彩纷呈的行政伦理模式。近代行政伦理模式继承了新古典经济学对人性"经济人"的假设，将各种行政组织和行政人员都看作理性经济人，他们的一切行为目的都是要追求自身利益最大化，完全忽视和否定了价值、文化、道德等因素对人性的规制，看不到行政人员除了经济人的一面外，还有社会人、公共人、道德人、文化人等多样性的一面。马克思主义伦理学认为，以往人性理论关注的重点是人性中的一般性、抽象性成分，完全忽视了人性本身的历史特殊性和具体现实性。从本质上讲，一方面，人性是人的自然属性和社会属性的有机统一，人性本身对物质和精神生活的基本需要是各种制度产生的前提条件和不断发展的根本动力；另一方面，不同的行政制度会塑造出不同的人性特征。因此，人性不是固定不变的抽象存在物，而是历史性的发展着的社会产物。这就要求行政制度的设计必须着眼于行政人的基本生活需要，从保护行政人的基本权利和促进行政人的全面自由发展出发。只有充分尊重行政人的各项需要和促进了行政人的主体性、能动性和创造性的行政制度，才是合乎历史发展规律和行政伦理要求的制度，才会获得持久而强大的生命力；反之，任何违背人性基本需要的行政制度都不会被

---

① 参见郑行、王伟东等：《现代西方政府改革趋势》，《山东经济战略研究》1999 年第 7 期。

制度约束的对象所长期接受，其命运要么是被废除或替换，要么是被人诟病或诅咒，名存而实亡。

2.传统行政伦理在价值目标设置上的缺陷。人们通常把传统行政伦理的价值目标形象地比喻为三 E：经济（Economy）、效率（Efficiency）、效能（Effectiveness）。之所以如此，这与传统行政管理体制的特点密切相关，它是一种能够迅速而又精确、明晰、持续地完成任务的组织体系，由于近现代社会的劳动分工日益精细化和专业化，必须通过组织的等级制保证各种专业工作的协调运行，必须用非人格化的规章制度保证决策过程中排除个人偏见，通过法规化和制度化使整个行政系统保持拥有同一性的形式，通过层级节制的方式保证命令的统一性，通过专业化、精细化使行政机构的效率最大化。美国后现代公共行政理论的代表人物法默尔对近现代行政管理理论进行反思和批判时，用企业逻辑、技术主义、科学主义来概括其突出特征：(1) 所谓企业逻辑，是指自公共行政管理理论创立伊始，人们就开始用自己所熟悉的资本主义企业管理的理念和方法来促进公共行政管理效率的提高，直到20世纪90年代，美英等国在政府重塑过程中还在大力提倡用民营企业家精神来突破官僚制的束缚，最大限度地提高政府的工作效率；(2) 所谓技术主义，是指现代行政管理总是希望为各种社会问题、经济问题和政治问题的解决寻找到技术答案，乃至将公共行政管理当作一门重要的技术或技巧来看待，这种技术主义的行政管理理论往往对技术本身所蕴含的伦理问题视而不见；(3)所谓科学主义，是指用科学理念按照科学程序来研究公共行政管理问题，将公共行政管理学建设成一门以实证主义的方法论为基础的现代科学，拒绝价值陈述或价值判断渗透其中，以保证这门科学的真理性。[①] 企业逻辑、技术主义、科学主义的共同指向是提高政府的经济、效率、效能，放弃对人性尊严、公共利益、社会公正、社会责任等伦理价值的追求，致使社会公众面对安乐死、堕胎、试管婴儿、克隆技术等问题时，在道德伦理的选择上无所适

[①] D.J.Farmer, *The Language of Public Administration: Bureaycracy, Modernity, and Postmodernity*, University of Alabama Press,1995, p.71.

从，整个社会的价值观陷入分裂、混乱状态，难以形成基本的社会共识。

3.传统行政伦理对公民自主性的忽略。传统行政伦理长期在管理与服务两极之间摇摆。一方面，它将政府行政的本质归结为管理，力图借助政府的权力力量和法律力量，通过制定各种科学合理的规章制度，来有效解决纷繁复杂的社会问题；另一方面，它承认政府的一切权力来自人民，将为人民服务视作政府全部工作的根本原则，将政府和人民的关系当成企业与顾客的关系，力图通过调动行政人员的工作积极性和提供各种各样的便民服务来满足人民群众的各种合理要求，提高社会公民对政府工作的满意度。传统行政伦理存在的问题是，在管理与服务之间看不到如何调动公民自身的积极性，不懂得怎样让公民自己发挥自主性和创造性，以合理合法的方式参与到社会治理活动中来。因为就政府与公民的关系而言，公民不仅是政府服务的接受者，而且作为纳税义务的承担者，他还是政府服务的参与者和监督者。近年来在西方公共管理学界兴起的公民权理论认为，一方面公民享有国家法律规定的各种权利，另一方面也承担着各种社会义务，公民应当能够超越自身利益，从广阔和长远的视角去关注更大的社会公共利益，了解公共事务并关心所在社会或社区的整体命运。而行政人员在为公民提供服务的过程中，不仅要把公民当成自己的"顾客"，更应当和公民建立起信任与合作关系，还要促成公民与公民之间的信任与合作，努力培养和激发公民的国家自豪感和社会责任感，让其对社会公共事务迸发出强烈的参与感，为政府与公民之间的长期合作和达成共识创造更多的机会。

（三）现代公共管理伦理的不断更新与拓展

为了有效克服传统行政伦理存在的上述弊端，自20世纪90年代开始，西方行政伦理学界在对传统行政伦理进行反思和批判的过程中，强调政府应当迅速完成从"管理"（government）向"治理"（governance）的转变，提出了"更少管理，更多治理"（less government, more governance）的口号。学界将这一转变称为从"善政"（good government）向"善治"（good governance）的转变，这同时也意味着从传统行政伦理向现代公共管理伦理的转变，这一世界性的潮流和趋势具有以下几个突出特征。

1.行政人员由严格遵循组织规则向充分发挥伦理自主性的转变。在现代行政管理过程中出现的政府官僚制体系与近代社会三权分立的政治生态密不可分。在三权分立的政治结构中，政府的行政行为受到三个方面的严格制约：一是要严格遵循代表社会普遍利益的立法机构制定的各种法律规定，并随时准备接受立法机关的质询；二是司法机构依照宪政原则可以对行政机关的违法行为依照需要作出立案、调查、判决的处理；三是行政机关的各项工作要认真贯彻落实执政党的政策意图，不可违背本党利益需要。上述三个方面的强大压力迫使行政机关要严格按照官僚制的规则、程序处理日常行政事务。在庞大的行政体系内部，死板教条的规章制度和冷冰冰的行政程序完全排除了行政人员道德选择的空间，如果个人擅自作出虽然合德但不合法的事情，必然是后果自负，久而久之，就使得行政人员在行政管理中渐渐丧失了应有的道德情感。然而，到了当今的信息社会，社会分化程度日渐加深，政府对社会事务的调节管理日益专业化和繁杂化，社会公众对政府的要求凸显出个性化的特点，在相互冲突的多元价值观之间、在不同利益群体彼此矛盾的权利主张之间、在规章制度的原则要求与公民个性化的具体需求之间、在个人的多元角色冲突之间，要做到既能有效保持自己行政责任的伦理限度，又能合理满足各个利益群体和个体公民的具体需要，这就要求行政人员必须大力强化自身的伦理自主性，对所在行政环境及其环境赖以存在的价值基础形成清醒的认识，提高自己在矛盾旋涡之中综合平衡各方利益的能力。当然，这种行政自主离不开行政人员自身严格的职业伦理自律。

2.社会治理手段由以法治为主向德法合治的转变。马克斯·韦伯认为，传统农业社会和近代工业社会在社会治理手段上的重要区别在于，前者是统治行政，后者是管理行政。统治行政着眼于统治阶级的利益要求，总是把强制性的压迫施加于被统治者身上，而管理行政则强调管理制度的科学化和整个行政体系的合理性，强调行政权力体系设置上的明确边界和相互制约，目的是要有效防止行政首长的集权和专制，其所采用的基本手段是突出法治的作用。法治是与农业社会"统治行政"中的"人治"相对应的概念，它是一种视法律为最高权威的价值理念和文化体系，它以对政府权力的限制和对公民自由的保障为核心原则，它通过宪法、民法、刑法、行政法等一系列法律制度的形式来保障社会治理的有效性，它是法律思想、原则和制度的综合体系。这种在工业社会基础上形成的以人与人之间的契约关系为前提、以追求最大效率为目标、以法律制度作保障的管理行政，在信息社会的今天日益显露出种种弊端，例如：人类不可能将人与人之间经济领域的契约关系泛化到生活的一切领域；人类对效率和功利的追求已经导致了人与自然关系的严重恶化，人类精神世界的信仰缺失无法依靠法治手段去医治和弥补。所有这些问题的出现预示了在信息社会法治与德治结合的必要性，而法治和德治本身的差异互补性也决定了二者结合的可能性。只有将法治所追求的合法性、合理性、正义性与德治所追求的价值感受性、情感皈依性、精神境界性有机地结合起来，才能实现政府所追求的"善治"目标和人类自由全面发展的终极价值指向。

3. 社会治理模式由等级差别型向网络平面型的转变。在传统行政伦理视学视域内，社会管理的唯一权力中心和责任主体是政府，即便在社会不同领域存在一些带有公共管理性质的机构，它们也必须接受政府单一等级制下的权威协调，它们只能扮演政府助手或下属机构的角色。而在现代信息社会的公共管理学视域中，政府被当作"同辈中的长者"，主要承担建立指导各种社会组织的大方向和行为准则的重任，同时在一些社会必需的基础性工作领域担负着管理主体的责任，但在一系列非基础性的社会管理领域，各种非政府组织、私营部门乃至公民个人等众多公共管理主体开始介入进来。这种公共管理主体多元化现象的出现，导致了政府和其他公共管理主体之间伦理关系的微妙变化。由于其他公共管理主体具有自身的知识优势和管理资源，他们迫使政府放弃自己的部分强制权，开始通过协商、谈判和各种交易机制形成全新的权力依赖和合作伙伴关系，其具体表现形式包括：主导者雇佣其他管理主体或以发包方式使之承担某种项目；多个平等主体之间通过谈判对话相互利用各自的资源在某一项目上合作达到各自目的；各个管理主体之间在长期合作、彼此了解的基础上建立起具有共同目标的自我管理网络；等等。显而易见的是，这种现代公共管理型社会治理模式已经完全不同于传统的行政管理型社会治理模式，与此同时，现代公共管理也造就了多元公共管理主体之间崭新的伦理关系。

4.非政府组织管理自主性和道德自律性的不断提升。当今社会大量非政府组织（NGO：Non-Governmental Organization）的出现本质上是对长期困扰人类的市场失灵和政府失灵现象作出的有效回应，是人类社会管理史上的重大制度创新，它具有民间性、志愿性、组织性、自治性、公益性、非营利性等特点。它的这几大特点决定了自身具备的天然性伦理使命，包括在贫民救助、环境保护、基础教育、卫生保健、社区服务等广泛领域体现出的利他主义、人道主义精神。但不可否认的是，由于非政府组织缺乏固定和公认的服务产品标准、产权界限模糊不清、社会对其监督力量薄弱，致使世界各地的非政府组织在蓬勃发展的同时，也遭遇到了财务危机、劳务危机、诚信危机、合法性危机等一系列问题。因此，如何强化各种非政府组织的公共责任，促使其朝着健康合理的方向发展，也是当代公共管理伦理所面临的重大问题，包括：制定非政府组织的道德伦理规则；强化内部治理结构；建立有效的信用评估标准和评估体系；设置从业人员资格认证制度；建立健全由政府、群众、新闻媒体等各方力量组成的监管和监督体制等。

总之，现代公共管理伦理学作为一门建基于传统行政管理伦理学之上的新型学科，其学科内涵、功能、特征和意义还有待于我们去深入认识和理解，这一崭新的开放性课题将为人类民主政治制度伦理研究提供一片湛蓝的天空，任凭学者们去翱翔。

第四节 依宪执政制度伦理与公权的合法运行

本章在探讨了政党制度伦理和行政制度伦理之后，在最后一节探讨依宪执政制度伦理。在对依宪执政问题展开研究之前，有必要对学界长期以来争论的"宪政"概念予以深入辨析。据考证，宪政一词最早是由英国桂冠诗人苏瑞提出的，① 其主要目的是反对人治，他既反对权力不受制约的君主独裁

---

① 张凤阳：《政治哲学关键词》，江苏人民出版社 2006 年版，第 112 页。

式人治，也反对权力不受限制的人民专政式人治。之后，人们对宪政一词的理解歧义纷呈，但被大家所普遍接受的基本含义应当是：限制国家权力，保障公民权利。质言之，宪政主义的精髓在于将一个国家的宪法视为国家权力的根本来源，强调通过宪法来规制国家公共权力，保障公民合法权益，进而巩固国家政权并实现社会的长治久安。从世界发达国家的宪政发展史看，宪政产生的前提条件是伴随市场经济的深入发展，社会利益呈现出多元化特征，不同利益阶层结合成不同的政治群体，通过影响国家立法来表达或实现自己的利益诉求。其间，由于每个国家内各社会阶层力量对比存在巨大差别，致使各国的宪政生成史及其当代表现形态迥然有别。本节先就近年来国内学术界围绕宪政问题产生的激烈争论做一宏观扫描，然后，站在政治伦理学的视角，以最能体现中国特色社会主义宪政特征的人民代表大会制度为例，就其制度创新涉及的三个核心问题予以深入剖析，包括：对我国人大代表职务的道德检审、程序正义视域下的人大会议制度、对各级人大监督效能的伦理透析。

一、科学分析中国学术界的宪政之争

伴随社会主义市场经济的深入发展，利益主体多元化、利益趋向多极化、利益差别显性化、利益矛盾集中化已成为当前中国社会的突出特点。在一些地区出现的大规模群众性上访事件、群体性政治事件、群团性舆论事件，其背后都不同程度地折射出权力、资本、劳动三大阶层之间的深刻性利益冲突，特别是权力与资本勾结形成的各种腐败现象是引发上述事件的直接诱因之一。如何通过政治体制改革平衡各阶层之间的利益冲突，有效化解上述矛盾，引发社会各界广泛关注。而西方发达国家在其历史上为解决本国发生的类似矛盾所创立的宪政制度，无疑为我们提供了重要的参考坐标。然而，围绕西方宪政制度的政治本质、经济基础、根本目的、当代价值等问题，目前中国学界的看法却歧义纷呈。特别是2013年《党建》《红旗文稿》《环球时报》等媒体公开发表一系列质疑和反对宪政制度的文章后，引发政治学、法学、社会学等各界学者的广泛争论。科学剖析学界争论的焦点及其背后的理论依据，无疑是全面清晰地透视宪政问题的捷径之一。

（一）学界围绕宪政制度争论的四大焦点

宪政制度作为近现代西方政治文明的标志性成果之一，它是由一系列复杂要素构成的政治系统。这一系统的具体内容在近现代被译介和引入中国之后，在不同历史时期中国政界、学界所关注的重心存在明显差别，反观近年来学界的主要论争，其所涉及的焦点问题包括以下四个方面：

1. 宪政制度的政治本质是什么？郑志学在《党建》刊文认为：宪政一词无论从理论概念来说，还是从制度实践来说，都是特指资产阶级宪法的实施。其内涵主要包括以下几个方面。第一，三权分立，互相制衡，这是宪政最重要的内容之一。第二，司法独立，违宪审查和宪法法院。第三，多党轮流执政。第四，议会财政。第五，有限责任政府，即小政府大社会。第六，自由市场经济。第七，普世价值，包括自由、民主、法治、人权等所谓现代西方价值观。第八，军队国家化。第九，新闻自由。①

应当说，郑志学对资产阶级宪政基本内涵的理解是准确无误的，因为马克思、列宁等人对资产阶级宪政内涵究竟是什么，也曾作过类似的说明。但由此是否就可以断定宪政一词的核心价值取向就是上述固定不变的内容，则是值得认真商榷的问题。首先，在资本主义政治史上，资产阶级在不同历史时期对宪政的认识是经历了由简单到复杂、由混沌到清晰的曲折过程的，如英国的宪政史就是普选权不断由封建贵族到资产阶级，再到普通公民，经历了一个选举人和选举权利不断扩展的过程，这使得其不同时期的宪政内容存在重大区别。其次，在不同的资本主义国家，宪政的具体表现形态千差万别。至今，既有英国、日本等国的君主立宪，又有美国、法国等国较为典型的三权分立型宪政模式。再者，可以肯定地说，伴随世界政治史的不断演进，在未来世界各国还会发展出更为复杂多样的宪政形态。总结宪政在不同时间和空间中的具体表现形态，宪政的核心价值取向无非是以下两点：一是规范公共权力的运行，防止被少数人、集团或阶层私用和滥用；二是充分保

---

① 郑志学：《认清"宪政"的本质》，《党建》2013 年 5 月 30 日。

障公民不断发展和丰富起来的各项权利。从这种意义上讲，我们决不能把资产阶级特定历史阶段的宪政表现形态或具体内涵当成普遍和永恒的宪政模式，必须透过纷繁复杂的宪政现象，看到其背后所隐含的人类政治发展的本质取向，必须透过特定时间和空间中宪政的偶然性表现形态，看到其所表达出的人类政治发展的必然性走向。

2. 宪政制度的经济基础是什么？杨晓青在《红旗文稿》刊文认为，资本主义宪政制度的经济基础就是私有财产神圣不可侵犯，即使在 20 世纪初西方国家为了克服经济危机加大了国有经济的比重，但其维护私有财产的本质没有改变。而社会主义的人民民主制度是以公有制为主体和多种所有制并存为基础，它能够代表广大人民群众的根本利益，因此，中国的经济基础决定了在中国决不能搞资本主义的宪政制度。①

应该说，杨晓青的上述论证思路从表面上看，完全符合唯物史观中生产力与生产关系、经济基础与上层建筑相互作用的社会基本矛盾原理，而且，她在原文中进行论证时也曾大段引用马克思和列宁的原话，以示其言之有据，且符合传统意识形态的基本要求。但她却忽略了以下两个基本问题：一是她忽略了理论逻辑与现实生活的巨大反差。就资本主义的私有财产权而言，其具体表现形态从马克思去世到今天这一百多年间已经发生了重大变迁，今天的资产阶级不仅发明了马克思晚年看到的股份制，而且在应对经济危机、工人运动、科技进步和经济全球化等各种挑战的过程中，不断改革其私有财产权制度，实现了财产所有权、经营权、收益权的日渐分离，并创办了产权类型和属性各不相同的国有企业。同样，在当代中国伴随邓小平提出市场经济既不姓资也不姓社、资本主义有计划和社会主义有市场等石破天惊的经济改革理论以来，中国的经济成分已经发生翻天覆地的变化，不仅私营经济已占据中国经济的半壁江山，而且外商独资制、中外合资制、合作制、股份制等各种经济形式正在不断壮大，国家对国有经济的改造也在向着所有权、经营权、收益权不断分离的混合型所有制方向发展。正是为了适应

---

① 参见杨晓青：《宪政与人民民主制度之比较研究》，《红旗文稿》2013 年第 3 期。

中国社会经济成分的巨大变化，2007年出台了《物权法》，开始以法律形式充分保护私人财产所有权。面对西方资本主义经济形式的巨大变迁和中国多种经济成分的并存发展，用一百多年前马克思对资产阶级宪政经济基础的论述来证明中国决不能建构现代宪政制度，这恐怕缺乏基本的说服力。二是她忽略了经济基础与上层建筑之间相互作用的极端复杂性。马克思唯物史观所讲的社会基本矛盾理论，无疑为我们从深远和宏大的历史视野解剖人类社会形态的变迁机制提供了行之有效的科学分析方法，但具体到资本主义或社会主义发展的特定阶段上经济基础如何决定上层建筑或上层建筑如何反作用于经济基础，则要进行深入细致的具体问题具体分析，如当代资产阶级在其宪政制度基础上制定的各种法律，难道只保护私人财产所有权，不保护其所创立的国有经济财产权，只为某一资本财团的利益服务，不为社会公共利益服务？答案是否定的。实际上二战以后资本主义国家为了避免垄断性寡头企业通过策略互动和相互勾结来制定产品价格和产量，进而瓜分市场，获取极高的垄断利润，出台了一系列反垄断法律，目的就是要实现市场的公平竞争和充分保护广大消费者的利益，更不要说其所出台的各种社会保障措施和高福利政策，其目的同样是为了因应此起彼伏的工人运动和实现整个社会的和谐稳定。

3. 在中国提倡宪政的实质是要颠覆中国共产党领导的社会主义政权吗？郑志学认为："长期以来，境内外一些自由主义知识分子把主张'宪政'看作是最有可能改变中国政治体制的突破口和否定四项基本原则的政治策略与途径，极力宣扬'宪政'的超阶级性和普世价值性。这些'宪政'主张指向非常明确，就是要在中国取消共产党的领导，颠覆社会主义政权。"[1]

必须承认，如郑志学所言，在当代中国主张实行宪政的学者中，的确有极少数别有用心的人希望在中国实行资产阶级的宪政制度，为此，他们将中国共产党的历史虚无化，乃至以专门抹黑共产党为能事，把共产党的历史说成是破坏宪政史、极端专制史等。其中，被这类学者最为称道的案例当属

---

① 郑志学：《认清"宪政"的本质》，《党建》2013年5月30日。

"文革"时期毛泽东对刘少奇的打击，以及对他自己主持制定的宪法的巨大破坏；另一类案例则是建国后历次政治运动对公民权利的践踏，特别是"大跃进"运动导致大量人口非正常死亡，极大地戕害了广大公民的基本生存权。这些人认为，只要在中国实行资产阶级宪政制度，就会有效避免此类现象的发生。但是他们是否思考过，为什么近现代以来在实行资产阶级宪政制度的欧美国家，同样也会发生长期贩卖黑奴、实施种族隔离、无数次经济危机，特别是人类历史上惨绝人寰的两次世界大战等各类违背宪政精神和残酷践踏人权的现象。尤其需要指出的是，我们决不能以偏概全，必须看到目前在中国主张实行社会主义宪政制度的大多数学者，是在认同宪法规定的四项基本原则的前提下，力图在深刻剖析欧美国家政客顽弄宪政和苏联领导人无视宪政的错误做法基础上，特别是在吸取我们自身所犯违宪错误教训的背景下，为了中华民族的繁荣富强和中国社会的长治久安，才大力强调依宪行政，将党的领导、人民当家作主和依法治国有机统一起来，把公共权力关进宪政制度以及与之相关的各类规章制度的笼子，并把制度的笼子扎紧扎实，避免各级党政干部中的极少数人（如薄熙来、周永康之流）打着维护党的领导的旗帜，将自己高于法律或游离于法律之外，去干满足个人政治私欲或其他违背宪法和法律的事情，去任意践踏公民的各项权利，从而建构起不同于欧美和苏联并最终超越二者的当代中国特色的社会主义宪政制度，为人类宪政制度的发展和完善作出中华民族特有的贡献。如果罔顾这一基本事实，将所有提倡宪政者的根本用心皆视为否定中国共产党领导的社会主义政权，将极大地破坏来之不易的百家争鸣和百花齐放的学术氛围。

4.把实行社会主义宪政作为中国政治体制改革的上位概念，是在迎合资产阶级话语霸权的需要，最终会陷入其"话语陷阱"吗？郑志学和杨晓青均认为，在法学界有一些学者主张以宪政或社会主义宪政作为我国民主政治建设的基本纲领和上位概念，这部分学者本意是好的。但问题是一旦我们把"宪政"或"社会主义宪政"当作指导性的基本政治概念，国内自由主义主导的宪政思潮会更加泛滥，社会思想领域会更加混乱，境内外敌对势力就有了对这一新提法作出肆意解读的空间，一步一步地来逼迫我们用自由主义的宪政理论主导所谓的"社会主义宪政",干扰我国政治体制改革的进程和方向。①

我们是否将"社会主义宪政"概念作为我们政治体制改革的上位概念？以及如果采用了这一概念会产生何种社会效果？要回答这两个问题，只有从我国社会科学发展的历史轨迹中来寻找答案。在近代之前中国的学科分类除了经、史、子、集外，没有现代意义上的法学、政治学、经济学、社会学等现代学科划分，自严复翻译《天演论》开始，西方各类自然科学、社会科学的学科分类方法和基础性概念才逐步为国人所了解。必须承认，西方的学科分类方法以及精细化的自然科学和社会科学概念为人类认识世界和改造世界作出了卓越贡献，如果没有唯物、唯心、辩证法、形而上学、资产阶级、无产阶级、社会主义、共产主义等西方传统哲学、政治学概念和近现代西方资产阶级发明的各种其他概念的译介，中国人就不知马克思列宁主义为何物，中国共产党的诞生更无从谈起。今天，自由、平等、公正、法治这样一些被西方资产阶级大力倡导的人文社会科学概念经过我们重新诠释后，已经成为中国特色社会主义的核心价值观。作为反映资本主义政治制度或人类基本政治制度概念的宪政一词为何要被我们坚决拒绝，我们为什么不可以像使用"自由、平等、公正、法治"等概念一样，将宪政概念作出我们自己的解释？远的不说，就在二十多年前，"人权"一词还被我国理论界视为资产阶级的专用词汇，成为我国哲学社会科学研究的禁区之一，但伴随改革开放的不断深入，经过20世纪80年代中后期"人道主义和异化"问题的大讨论，今天它已成为我国马克思主义哲学、法学、政治学等学科普遍使用的基础性概念，并为各类重要文件所广泛采用，而且还从生存权、发展权的视角作出了与西方国家惯常用法有所不同的诠释，并争得了我国在国际人权舞台上的话语主动权。只要我们敢于同资产阶级的各种话语霸权进行正面交锋，去主动"解构"他们的主体意识，逐步"建构"自己的主体意识，我们早晚也会在宪政概念上取得自己的话语主动权。人类的思想发展史已经充分证明，真

---

① 郑志学：《认清"宪政"的本质》，《党建》2013年5月30日。

理的本真面相只有通过激烈的论辩才能逐步显现给需要它的人，一种思想体系要想取得主导权，决不能把自己退缩到与世隔绝并完全封闭的温室里去成长，而是要同世界上各种疾风暴雨般的理论思潮展开针锋相对的斗争，并取得最终胜利，它才能为人民群众所真心服膺，单纯的行政压制无法让人心悦诚服地去接受某种理论或放弃某种理论。

（二）建构中国特色社会主义宪政制度的思想前提

透视学界围绕宪政问题展开的激烈争论，我们可以看出，之所以有人坚决反对使用这一概念来建构中国特色的社会主义宪政制度，也有人主张只有把这一概念作为建构我国民主政治制度的上位概念，才能最终使我国的政治体制改革走出零打碎敲状态，进入系统性和整体性阶段。产生上述分歧的根本原因在于论辩双方在思想方法上存在重大分歧，要想在建构中国特色社会主义宪政制度问题上获得一致意见，争论双方必须完成以下两大思想转变：

一是要冲破将宪政制度完全意识形态化的思维樊篱，对世界各国在宪政制度实践中出现的规律性内容予以总结和概括。

人类的政治生活是在经历了漫长的野蛮、蒙昧状态之后逐步走向现代文明的。如果把欧洲的文艺复兴和启蒙运动视为人类步入现代社会的起点，那么，资本主义社会则是人类进行现代化所作的第一次尝试。正是因为在进行这一尝试过程中出现了巨大的贫富差距和社会不公，才有了与之对立的马克思的科学社会主义理论和苏联、东欧及中国的社会主义现代化实践。然而，二战之后在整个国际社会形成了截然对立的资本主义与社会主义两大阵营，随之也形成了两种社会意识形态理论，反映在认识问题的方法和具体思维模式上，就是用两极对立的观念来看待和处理各种社会矛盾，在绝对不相容的对立思维中划分敌我友善，明辨是非曲直，主张"凡是敌人反对的我们就坚决赞成，凡是敌人赞成的我们就坚决反对"。最终陷入"非此即彼""非黑即白"的形而上学泥潭中无法自拔。[1]"文革"结束后，人们通过真理标准大

---

① 参见拙作：《制度伦理与官员道德——当代中国政治伦理结构性转型研究》，人民出版社 2011 年版，第 234 页。

讨论的思想洗礼，逐步放弃了这种思想方法和思维模式，开始清醒地意识到意识形态的党性、价值性和科学性之间，既有密不可分的联系，又存在很大程度的区别。

反映在对宪政制度的认识上，一方面，我们要坚持意识形态领域的党性原则，深刻体悟社会主义宪政制度与资本主义宪政制度的本质区别；另一方面，也要看到，随着生产力进步而带来的社会阶层结构的深刻变化以及宪政制度的不断扩展，如果仍然在你死我活的阶级对抗和绝对对立的政治排斥意义上去理解和把握宪政问题，已经暴露出明显的历史局限性。我们需要走出把宪政问题完全意识形态化的窠臼，这样才能真正打开思想空间，去汲取世界各国人民在宪政实践中所获得的经验和教训，以使我们在发展中国特色的社会主义宪政制度中更有理性并少走弯路。正如人类的市场经济活动有自身的规律一样，人类政治生活中的宪政制度同样也有规律可循。宪政制度不是学者坐在书房里闭门造车的产物，它是人类在政治实践中总结出来的理论。从工具理性的角度看，宪政制度是和平管理政治冲突、化解社会矛盾的政治运转机制；从价值理性的角度看，宪政制度则是以保障和实现人的自由与权利为终极价值追求。宪政制度本身是一个不断探索和不断进步的过程，在用已有的宪政理论指导解决问题的过程中，总是旧的问题解决了，新的问题又产生了，为着解决新问题，又有新的宪政理论产生。因此，我们只要坚持以科学态度对待宪政理论与实践，就要承认宪政制度有自身的运行规律，作为规律客观性与普遍性的体现，宪政制度中有些东西既不姓资也不姓社，只是由于在不同的社会历史发展阶段，不同国家面对的具体问题不同，其宪政制度设计也就各有其特点。只要我们在承认和尊重规律的前提下，去吸收和研究别国宪政实践中的经验教训，理性认识和把握当前中国社会面对的各种矛盾与冲突，相信我们就能够探索出一条在中国的国情条件下和平推进依宪执政制度建设的崭新道路。

二是要彻底完成中国共产党由革命党向执政党的转型，使其执政合法性奠基在现代法理和道德的磐石之上。

所谓革命党的执政模式主要包含以下几层含义：（1）中国共产党获得执

政地位的方式不是像西方多党制或两党制条件下，通过公平的竞争选举来执掌国家政权，而是通过暴力革命推翻以国民党为代表的官僚资本的腐朽统治而成为主导国家政权的政治力量。从表面上看，这与当代西方宪政制度不符，但它却是中国近现代历史发展的必然结果，它不依任何人的主观意志为转移。（2）之所以如此，从发生学的视角看，是因为中国共产党的理论主张和政策纲领满足了中华民族近现代历史发展的需要，包括：民族独立和国家安全的需要；国家统一和社会稳定的需要；振兴和发展民族经济的需要；中国传统政治文化创新的需要等。（3）新中国成立之后，中国共产党将革命战争年代形成的一整套军事化管理体制和思想道德观念位移到国家体制和社会生活的各个层面。就国家体制而言，包括：在宪法中设定共产党社会法权的正当性；通过身份制、单位制、行政制等手段全面控制社会；整合政党管理和国家计划经济之间的紧密关系；在国家和社会生活的各个层面设置贯彻政党主张的组织化单位等。就思想道德观念而言：包括：提倡为人民服务的立党宗旨；宣传集体主义的道德原则；弘扬勇于献身的英雄主义气概；光大自力更生、艰苦奋斗的优良作风；并通过永不停顿的一场接一场的群众运动来贯彻共产党的政策和思想主张。①

上述社会革命型执政模式的合法性在当代中国遇到了巨大的挑战，包括：1989 年的苏东剧变给我们党社会革命型执政模式带来巨大的压力；全球化浪潮也正在广泛冲击着社会革命型执政模式；特别是伴随改革开放 30 多年来市场经济的高速发展，导致各种社会矛盾日趋深度化和复杂化，这就使得通过政治体制改革转换社会革命型执政模式的呼声日渐高涨。所应转换的主要内容包括：(1) 牢固树立权为民所赋的现代政治理念，彻底改变"老子打江山坐江山"的封建传统观念。现代民主政治理念的核心是国家权力是人民主动让渡的结果，掌握国家政权的任何集团和党派只要不为人民服务，人民就有权通过合法途径乃至革命途径把自己让渡的权力收回。但至今党内仍

---

① 参见拙作:《制度伦理与官员道德——当代中国政治伦理结构性转型研究》，人民出版社 2011 年版，第 121 页。

有大批人深受封建传统中"老子打江山坐江山"思想的影响，认为共产党执政是无数革命先烈用鲜血换来的，但伴随当年浴血奋战的共产党人的离世，今天的党员干部仅仅靠革命先烈的鲜血荫护自己，已经难能提高社会的认同，包括黄炎培在延安向毛泽东提出的"政权兴衰周期率"同样具有封建帝王改朝换代思想的浓厚色彩，与现代民主政治主权在民的本质要求相悖。(2)由之，决定了现代政党只有将其执政合法性建基在宪政制度之上才能稳如磐石。从中外宪政制度的发展历史看，落实宪政制度的基本途径主要有两条，即民众普选和分权制衡。民众普选包括宪法所规定的从社会最基层的政府到国家最高领导人的不同形式的选举，以及执政党内部各个层次不同形式的差额选举等。分权制衡包括执政党与国家分权、国家与社会分权、中央与地方分权等。其中，没有普选的分权是假分权，不可能形成真正的制衡；没有分权的选举，只是权力中心的转移，谁有权谁就可能用权与民争利。因此，只有顺应人类社会政治文明发展的历史潮流，通过建构中国特色的社会主义宪政制度来规范与调整执政党与国家、市场、社会之间的关系，以合法有序的方式不断推进政治体制改革，才能寻找到新的政治发展空间和更多的政治回旋余地，从而将自身的执政合法性真正建立在现代民主政治的法理型权威基础之上。(3)此外，还应将党的执政合法性奠基在现代道德的磐石之上。因为广大公民对我们党执政地位的认同除了宪法所规定的义务外，还必须以个体的自主性责任伦理意识为基础，而个体的自主性责任伦理意识的形成依赖两个重要条件：首先是心理层面上得到保障的个体信念。在中国共产党执政之前，人们冒着生命危险加入这一组织，并努力践行其所倡导的道德原则，完全是个体性的信念伦理选择；今天西方社会的教会义工活跃在各种医院、学校等非营利组织中，没有他们的存在，西方社会许多部门的正常运转简直无法想象。然而，所有这些人的无私奉献行为，除了外在制度约束或某种奖励机制使然外，更重要原因是完全基于个体信仰的自愿付出。其次是法律层面上得到保障的个人权利。私人领域和公共领域的界分是现代社会的突出特征，一个政党或国家如无法给予私人领域的个人以基本的最低限度的生活空间，那么其政党伦理就无法获得个体基于自我法权的自主责任意识的有力支撑。从这种意义上讲，自我的权利与义务是完全对等的，只有具备自由意志的人，才有责任承担起自己的道德伦理义务。可见，只有将党的执政合法性奠基在这种个体信念伦理和权责一致的道德磐石之上，才能确保其伟业传之千秋万代。

二、对人大代表职务的道德检审

中国的政治体制改革是一项极其复杂的系统工程，其中以人民代表大会制度为核心的一整套相互关联的宪政制度改革是中国民主政治制度改革的当务之急。因为人民代表大会制度凝聚了以毛泽东同志为代表的领袖们的深刻性政治智慧和制度期盼，它是无数革命先辈用生命与鲜血为代价所换来的政治成果。在今天的政治体制改革过程中，我们必须认真对待这套制度。一方面我们决不能走全盘西化、三权分立的伤筋动骨式制度变革，另一方面也不能只进行边边角角的改革，有意回避这套制度核心内容的创新。在社会主义宪政论者看来，我们必须以"议行合一"的人民代表大会制度为基本平台，在此前提下通过分权制衡，确保人民主权不受任何专制力量的侵害，堂堂正正地发展中国式民主，如习近平 2014 年 9 月 5 日在庆祝全国人民代表大会成立 60 周年时所指出的那样，毫不动摇坚持和完善人民代表大会制度，坚持走中国特色社会主义政治发展道路。基于上述认知，下面从政治伦理学的视角，就人大代表职务进行三个层面的道德检审。

（一）人大代表直接选举和专职化的价值合理性

现行人大代表的生成机制是高度计划经济体制下的产物，伴随社会主义市场经济体制的深入发展和逐步完善，日益分化的各种社会利益群体对人民代表大会制度的期盼和要求越来越高，不满意程度也越来越强，其中广为关注的焦点之一是与人民群众切身利益密切相关的人大代表选举制度的改革。按照现行人大代表选举制度的规定，各级党组织和人民团体可以提出人大代表候选人，各基层选区的选民也可以联名提出本选区的候选人，但在实际选举过程中由于缺乏公开竞争的差额选举程序，使得组织安排和提名的候选人很容易当选，真正由选区选民联名提出的候选人很难当选，乃至个别基层党组织动员和劝说选民联名提出的候选人放弃和撤回提名。到了人代会上，由组织安排产生的人大代表为了争取组织的信任，首先想到的是仔细揣摩组织意图，按照组织的要求去发言和表决。相反，如果人大代表是由选民自己推举选出的，他在人大会上的发言和表决一定会充分考虑选民的意见和利益。因此，如何在现行人大制度提供的改革空间内，大力调整计划经济时代形成的习惯性体制，特别是通过在部分县或乡实行人大代表选举制度改革试点，通过科学的评估机制来积累经验和总结教训，然后再在更大范围内逐步推广，已成为当前人大制度改革的首要任务。这一制度改革的重心是：公开和差额竞选基层人大代表，竞选人向选民公开个人政治见解，接受选举人的各种质询；选民根据竞选人的政见及对竞选人道德品质、参政议政能力等各种条件的评估，来决定自己的投票意向；竞选人成功竞选人大代表资格后，在人代会上必须对个人的政见及支持自己的选举人负责，否则，所在选区选民有权通过法定程序罢免其人大代表资格，重新选举自己信任的候选人。只有通过上述选举制度的改革，才能确保人大代表权责一致基础上的伦理合法性，使人大代表具有真实而广泛的代表性，有效避免选举时漫天许诺，选举后无人过问的现象，真正像习近平总书记所指出的那样："我们要坚持和完善基层群众自治制度，发展基层民主，保障人民依法直接行使民主权利，切实防止出现人民形式上有权、实际上无权的现象。"①

如果说基层人大代表的直接选举是人大代表制度改革的首要任务，那么人大代表的专职化则是与之密切相关的又一项亟待实施的制度性改革措施。据统计，目前全国各级人大代表总数有 260 多万人，单是全国人大代表就有 3000 多人，这 3000 多人中绝大多数人大代表都是兼职，除了每年到北京开一次会外，其余时间都是在各自工作岗位上忙自己的本职工作，当官的当官，打工的打工，种地的种地。特别是在各级人大由成百上千人参加的每年一次的短暂会期内根本无法深入研究工作，这种局面与宪法规定的人大在政治生活中的地位完全不符。通过何种措施改变这种局面，推动人大制度改革

---

① 习近平：《毫不动摇坚持和完善人民代表大会制度》，《人民日报》2014 年 9 月 6 日。

迈上新台阶，学界及社会各界经过长期的讨论和探索在许多方面已达成基本共识：（1）人大代表专职化。伴随市场经济的深入发展，社会不同阶层的各种利益诉求日趋复杂，这使得作为最高权力机构的人民代表大会面临的挑战更加艰巨，但反观各级人大会上，特别是县乡级人大会上不少代表的提案和见解，不仅有失民望，而且有悖公意和常识。人大代表的专职化就是要求人大代表以代表职务为业，以代表报酬为薪，专心致志从事人大工作，不再担任其他实质性职务。（2）大幅减少人大代表数量。要实现人大代表专职化，就必须确保代表的办公条件、办公经费和工资收入，乃至还要为代表配备助手和智囊班子。问题是，面对各级人大的 260 多万代表，现有财力根本无法负担，即使能够负担，保留如此多的代表人数也未必是好事。出路只有一条，即大大缩减代表数量。学界普遍认为，应根据各省、市、县、乡现有人口比例和行政层级结构配置人大代表，全国人大代表应保持在 400 人左右，省级保持在 200 人左右，地市级保持在 100 人左右，县级保持在 50 人左右，乡级保持在 15 人左右。而且应取消各级人大常务委员会，只设各级人民代表大会主任 1—3 名，专门委员会主任 1—2 名。（3）取消政府官员在人大中的各种席位。早在延安时期，毛泽东就指出"只有让人民监督政府，政府才不敢懈怠"，为彰显这种宪政精神，宪法明确规定，人大常委会组成人员不得担任国家行政机关、审判机关和检察机关的职务，实行人大代表专职化以后，各级人大代表中更不允许有行政机关、审判机关和检察机关的工作人员参加，因为这些机关本来就是由人大产生、向人大负责并接受人大监督，被监督者参与监督机构工作，既不符合法理逻辑，也与人民大家做主的政治宗旨相违背。

（二）强化人大代表权责统一的政治身份意识

《中华人民共和国全国人民代表大会和各级人民代表大会代表法》明确规定：全国人大代表和各级人大代表是国家权力机关组成人员，代表人民的利益和意志，依照宪法和法律赋予的各项职权，参加行使国家权力。上述规定一方面将人大代表同各级党政机关工作人员区别开来，另一方面也将人大代表同普通公民区别开来。它要求人大代表必须明确自己的政治身份，即人大代表不是因工作能力卓越和业务成绩突出而赋予的一种荣誉性差使或名分，而是代表所在选区或行业的广大选民，依照宪法和法律行使国家最高权力的代表。这一神圣性政治身份要求各级人大代表必须具备明确的权力与责任辩证统一的法律伦理意识，包括：（1）要有明确的宪法意识。因为宪法是国家的根本大法，它是人民意志和利益的集中反映，它超越于一切党派、团体和部门利益之上，每一位人大代表的一切言行必须时刻以宪法为最高准则，对各种违宪行为要敢于挺身而出，仗义执言。（2）要有清晰的国家意识。因为各级人大在讨论、制定各种法律和法规时，都可能是一部分人从本地区、本部门利益出发来考虑问题和提出议案，作为一名人大代表决不能被个别地区和部门利益所绑架，强行将其加到人民头上，使其变成国家意志，而是要在以全局利益为重的前提下，将提案涉及到的各种利益与人民的根本利益有机结合起来考虑问题。（3）要有强烈的责任意识。一个公民一旦当选为不同层级的人大代表，他就具有了诸多法律规定的权利，诸如：提出议案和建议、批评、意见的权利；提出人事罢免案的权利；提出质询案和进行询问的权利等。并且他在行使上述权力的过程中还会受到国家法律的充分保护，如他在人大会上的发言不受法律追究，非经人大会议批准，国家检察机关无权对其行使批捕权等。但他在享有上述权利的同时，也必须树立起强烈的责任担当意识，因为各级人大代表的工作千头万绪，要真正尽职尽责地做好人大代表的工作，需要付出艰辛的努力和倾注大量的心血，但如果你没有尽到与人大代表身份相一致的责任，即使你再忙再辛苦，仍然不能被称为合格的人大代表。以对人民负责和对领导负责的关系为例，如果你身为人大代表，不是从自己的政治良知出发，只是出于自身利益或小集团利益考虑，不断揣摩所在选区各级党政领导的意图去提出议案和进行发言，总是力图与党政领导保持高度一致，却从不考虑如实反映广大人民群众的利益，不能切实维护所在选区广大选民的切身利益，那么你所做的工作再多，也不能算是合格的人大代表。①

---

① 参见宋惠昌：《权力的哲学》，中共中央党校出版社 2014 年版，第 49 页。

由于目前各级人大代表主要以兼职为主，他们在忙于自己工作的同时，很难抽出大块时间和精力去执行代表职责，加之从事与人大代表职务相关的各种活动又没有多少经济补助，主要是依靠自己的政治觉悟和道德责任心来尽一份公民的义务。因此，在很多人看来，人大代表就是一种政治荣誉，由之就出现了"开会报个到，视察挂个号""代表代表，会完就了"的现象，广大群众戏称人大代表是"三只手"，即"与选民见面握握手，人代会上拍拍手，会议结束挥挥手"。只要人大代表不实行专职化，上述现象就无可避免。那么，如何才能确保人大代表尽职尽责呢？这就要求以人大代表专职化为前提，逐步建立健全人大代表的监督机制，包括：（1）将现有代表法中人大代表权利和责任的笼统规定进一步细化和具体化，让每一位代表明确知道自己该做什么和不该做什么，将代表不履行职责和义务应当承担的法律责任明确化。（2）切实畅通人大代表的"进出口"机制，对自愿辞职和不适合担任人大代表职务的人员，严格按照法律程序使其辞职或劝其辞职，由原选举单位选民选出新的代表予以补充更新，并将监督代表的方式、手段、程序细致化，实行动态管理和优胜劣汰。（3）切实纠正将人大当成部分干部延长其政治生命和提高待遇标准的终点站的错误观念，让更多年富力强又热爱人大事业的中青年干部进入人大工作，让人大这一国家最高权力机关永远充满生机与活力。

（三）大力提高各级人大代表的综合素质

伴随政治体制改革的不断深入，人大在政治生活中的重要性正逐步被广大人民群众所认可。为此，人们对各级人大代表的整体素质也就提出了越来越高的要求。因为人大代表的素质高低不仅直接关系到代表作用的发挥，也关系到人民代表大会的决策质量和工作效率。只有人大代表的整体素质提高了，他们才能真正充分反映人民的意志，并确保人民意志的实现，从而真正行使好人民赋予的各项神圣职责，有力促进政治民主化和现代国家治理体系的形成。学界普遍认为，人大代表必须具备以下几种基本素质：一是学识素质。人大代表不仅应懂得法律基础知识，还应具备立法方面的知识以及从事职业相关的部门法及专业方面的知识。二是业务素质。人大代表应具备丰富的社会工作经验，具备一定的业务水平，应该是从事某一部门实践工作并达到一定年限的人。三是能力素质。人大代表应具备一定的综合判断能力和逻辑思维能力以及清楚明白的语言表达能力，能够对纷繁复杂的立法信息材料作出去粗取精、去伪存真、由表及里、由此及彼的科学判断，还应具备一定的组织管理能力，能够对立法活动中的各种行为进行有效控制与引导。四是政治道德素质。人大代表必须具备良好的政治品行修养，牢固树立客观、公正、公平的现代政治价值观，能够不偏不倚地执行职务，不能借职务之便中饱私囊。[1]

与上述要求相比较，现有人大代表的素质尚存在巨大的提升空间。由于目前的人大代表还未实行专职化，加之，我国人口众多、地域广阔，这就决定了每届人大代表在推选过程和构成比例上要考虑到广泛代表性，涉及地区名额、界别名额、少数民族名额、工人和农民名额的分配比例以及推选时间的限制等各种因素，在实际操作过程中，人大代表就逐步演变成一种行业典型或政治荣誉的代名词，从而与人大代表的本质要求相违背，因为典型和荣誉与人大代表应当具备的参政议政能力之间没有必然关联。可见，伴随民主政治和依法治国步伐的不断加快，必须进一步更新人大代表资格理念，除了强调人大代表的政治素质外，必须切实提高其法律学识素质、相关业务素质、履职能力素质和道德伦理素质。西方国家的国会议员通常都具有较高层次的法律专业培养背景，据研究表明，美国国会议员中80%以上是律师出身，绝大多数人接受过高等学校的法学专业训练。我国的人大代表与西方国会议员虽然因政治制度不同而存在重大差别，但这不能成为降低其素质要求和延缓国家法治进程的借口。为了有效提高人大代表的综合素质，除了人大代表本人通过刻苦自学和经验积累来提升素质外，国家应拿出固定的经费建立起高质量的人大代表培训机构，或将人大代表培训列入各级党校、行政学院和干部培训机构的培训计划之中，对各级人大代表进行分门别类的专题培

---

[1] 参见拙作：《制度伦理与官员道德——当代中国政治伦理结构性转型研究》，人民出版社 2011 年版，第 387 页。

训，特别要大力强化对人大代表的履职培训力度。唯其如此，才能确保各级人大代表综合素质的不断提升。

三、程序正义视域下的人大会议制度

开会议事是人类自古至今各类经济、政治、文化等社会活动的必备环节。小到一个部落群体和公民社团，大到一个城镇国家和国际组织，与人们工作生活息息相关的各类事务，都要由不同数量和级别的人通过开会的方式来议决。而西方的各类议会和中国的各级人大作为国家的最高权力机关，它召开会议的程序与规则具有极端重要的示范意义，并对一个国家其他社会组织的会议模式发挥着潜在的规约和影响作用。为了增强人大集体决策的科学合理性，有力推动各类社会组织治理结构的完善，有效提升人大和各类社会组织的运转效率，降低决策沟通的各种成本，激发全社会的创造力，促进每个社会成员去维护和争取正当权益，并培育起健全的现代公民人格，进而促进社会和谐和助推中国梦的实现，本节试图结合国际社会著名的《罗伯特议事规则》[①]，主要对各级人大的会议制度兼及其他社会组织的会议方式，从政治伦理学的视角予以深入透析。

（一）各级人大和社会组织会议制度形上之维的道德检审

要深入透视人类社会形成的各种会议制度，就必须对这些会议制度赖以奠基的形上之维进行道德检审，包括对与会者人性本质的深邃洞察、会议本身所追求的价值理念、会议规则所蕴含的道德逻辑。各级人大和各类社会组织为了某种目的而召开的各类会议，作为现代政治决策的重要手段，其所赖以生成的道德基础同样与这些问题密不可分。

就与会者的人性本质而言，尽管古今中外围绕人性问题存在性善论、性恶论、性无善恶论等各种论述，但马克思关于"人的本质是社会关系的总

[①] 亨利·罗伯特：《罗伯特议事规则》，袁天鹏、孙涤等译，格致出版社、上海人民出版社 2008 年版。该书是对各类社团和会议进行高效民主化运营的操作手册，被称之为"人类治理自身的元规则"，已被广泛运用于欧美国家的政府、企业、非政府组织的议事活动中，是一本经典、全面、权威的议事规则工具书。

和、人性是具体的而非抽象的、是历史的而非不变的"等相关论述仍然是指导我们考察现代人性问题的重要指针。参与各级人大会议或参加各类社会组织会议的代表们，其所具有的人性特征在本质上是极端复杂的。既有为了广大人民群众或所在组织整体利益而提出合理提案的会议代表；也有为了小集团利益而不惜牺牲广大人民群众整体利益去锱铢必较的特殊会议代表；更有打着集体利益的幌子去为自身利益服务的伪善型代表。正如马克思所言："把人和社会连接起来的唯一纽带是天然必然性，是需要和私人利益。"① 质言之，人们所奋斗的一切都与自身和所属阶级追求的利益相关。当然，这种利益需要包括的内容极端丰富，诸如：自然需要和社会需要、个别需要和普遍需要、物质需要和精神需要等，只有用马克思主义的社会观和利益观去分析会议代表言行背后的真实动机和内在心理，才能深刻洞悉其隐而不露的人性本质。

承认各级人大和各类社会组织会议代表对自身利益的追求，并不是要贬低与会者的人格形象，相反是要充分彰显各类会议决议的本质属性。要正确认识这一问题，就必须了解各级人大和各类社会组织在召开会议的过程中，通过何种价值理念去有效协调和沟通不同个体或阶层的利益诉求。现代社会各类会议所应遵循的价值理念至少应包括以下三点内容：（1）自由与责任的对等并重。自由是现代社会内生的一项基本的政治伦理原则。尽管不同的人群对自由的理解南辕北辙，但从政治伦理学的角度看，近现代人类伦理存在的基础就奠基在主体自身的自由与责任之中，而人的真正自由就是自我规范、自我服从。如德国哲学家康德所言，自由就是人为自己立法。只有在意志自由的前提下，主体才能为自己在各类会议上的言行承担起道德责任。因此，自由与责任对等并重应当成为现代公民参与各类会议的基础性道德要求。（2）民主与法治的价值同位。要真正实现现代公民在各类会议上的自由发言和自由表决就必须大力发展会议民主。会议民主的实质是在会议决策过程中多数人的权利对少数人权力的制约。会议民主原则具有普世性价值，但一个国家

---

① 《马克思恩格斯选集》第一卷，人民出版社 1995 年版，第 60 页。

或社会组织究竟采取何种会议模式来体现会议民主原则，只能依据参与会议的各种政治力量对比状况、会议的历史文化传统等诸多因素而定。此外，民主与法治相生相伴，只有在法治化规则指导下的会议民主才是正常健全的民主，完全脱离法治规则的会议民主只能走向毫无秩序的会议混乱。法治要求任何机构和个人在参加各类会议时，必须在形式和实质上遵循通过民主程序制定的各项会议章程和决议，并使其行为从本质上符合会议精神的内在要求。

(3) 功利与公正的辩证统一。功利主要指个人或集团通过会议决议所展现出的实质性利益分配结果，公正则包含公平和正义两重含义，公平包括会议代表的人格平等和机会平等，正义包括会议名额的分配正义、会议发言机会的持有正义、会议议程的程序正义、会议所做决议的实质正义等内容。

从各级人大特别是基层人大和各类社会组织召开会议时的实际状况看，上述现代政治的基础性价值理念还远未完全得到落实，其具体表现是会议不公平、低效率和会议代表素质低下等。如许多会议的召集、发言、表决等缺少基本规则，无法有效地把大家的意愿形成统一的行动，要么是位高权重的代表垄断了会议，要么是各方争吵不休，不欢而散。与会代表不会发言，不会辩论，要么是沉默不语，要么是如同打架，既不能心平气和地倾听和说服，也不会用会议规则来维护自己和尊重别人的权益。再如与会代表完全忽视会议礼仪，要么粗鲁散漫，任意破坏会议秩序和章程，要么颠倒黑白、拉帮结伙、玩弄权术。要解决各类会议存在的上述问题，使现代政治的基本价值理念在各级人大特别是基层人大和各类社会组织召开的会议中得到有效贯彻，就必须充分吸纳世界各国特别是发达国家的会议规则伦理，建构起各类会议制度的标准化议事规则体系。其间，《罗伯特议事规则》尤其值得予以高度关注和认真借鉴，他基于对人类本性的深邃洞察和对现代政治价值理念的孜孜追求，建构起了一整套简便易行和精准得当的会议规则体系。有学者将其概括为"三纲五常"，①"三纲"指三大权利，即与会代表多数人的权利、

---

① 亨利·罗伯特：《罗伯特议事规则》，袁天鹏、孙涤等译，格致出版社、上海人民出版社 2008 年版，第 2 页。

少数人的权利和缺席者的权利;"五常"指五项基本原则:(1)基于保障个人权利和自由平等理念确立的一人一票原则;(2)以民主对话和充分审议为目的的一时一件原则;(3)为节约会议成本和提高决策效率而确立的一事一议原则(除非有2/3以上赞成再议);(4)多数票决原则(一般事项半数为多数,重大事项2/3或3/4为多数);(5)法定人数原则(与会代表未到法定人数会议无效)。此外,还包括意见相左的双方必须轮流得到发言权、主席必须请反方参与表决、禁止脱离会议主题进行人身攻击、辩论必须围绕待决议题展开等。这种由元规则和分支规则构成的环环相扣且完备自洽的会议规则体系是一种法治状态下的制衡,它明文约定在先,严明执行在后,能够公正保护各方利益和促进社会信任,是一种长效、稳定、可预期、可持续的制衡。完全区别于中国传统社会人治状态下的隐蔽性制衡,后者往往是内耗式的飘忽不定、盘根错节、掣肘牵制。其后果通常是"规则顺手时讲规则,人情顺手时讲人情""贤人在则政举,贤人亡则政息"。

（二）不断确立和完善人大会议制度的各类正义性程序规则

前已备述,各级人大作为国家的最高权力机关,它召开会议的程序与规则具有极端重要的示范意义,并对其他社会组织的会议模式发挥着潜在的规约和影响作用。有鉴于此,下文对目前人大会议制度在程序规则方面存在的主要问题予以道德检审,并以程序正义为指针,提出各种有待补充和完善的政策建议。

首先是各级人大的会期制度改革。建国之后很长时期内人大开会的时间间隔和具体开会时间是不确定的,直到改革开放后的1985年六届全国人大三次会议在春季召开,之后才逐步固定下来。但现在的问题是,每年召开人大会议时,被审查的政府工作报告、国家预算和决算情况、高检和高法来年的工作计划早已在执行之中,人大的审议就变成了纯粹的走形式和橡皮图章。目前,在信息技术和通讯手段非常发达的今天,各种统计结果能够在每年年底前后准时出炉。因此,将人大开幕时间提前至每年的1月份同国家计划和财政年度尽量一致起来是能够做到的。此外,各级人大的会期过于短暂,导致人大代表的议案、质询案无法被列入会议议程,只能由常委会和其他部门会后展开，从而极大地限制了人大代表的民主权利，降低了人大会议的民主精神。

其次是会议的组织准备和文件准备。最近十多年来，全国人大都是在12月份的常委会上作出来年召开全国人大的决定，并将有关议程通知代表。需要在大会上审议的主要文件都要等到开会报到后才能拿到，为了让代表有充足的时间进行阅读，并能够熟悉相关情况，应将会议审议的政府工作报告、国家预算和决算执行情况的报告、高检和高法的报告及常委会的工作报告提前发到代表手中。此外，对有大量代表提出的议案，特别是一个代表团提出的议案，也应将该议案以及与之相关的材料提前发到代表手中。即使到了开会时这些报告和议案作了修改也无关紧要，否则，在报到之后短暂的会议期间让代表们对众多的报告进行审议，除了自己极端熟悉的领域外，代表们不可能对匆匆浏览的诸多报告提出任何实质性修改建议，特别是对国家预算和决算执行情况的报告，没有专业知识储备和不下大力气精心研读，是无法搞懂其具体内涵的，这必然导致大会的最终结果只能是走马观花和流于形式。

最后是会议形式和审议质量。现在人大的会议主要由主席团会议、代表大会、代表团会议、小组会议这四种基本形式。如何在主席团会议中充分发扬民主是开好人大其他会议的前提和基础；而增加全体会议的次数，让部分代表围绕会议审议主题发表不同看法则是保障人大会议民主的关键；特别是要大力避免各代表团会议变成当地党政一把手汇报成绩和布置工作的机会；而小组会议在让代表充分发表意见的同时，不能总是自说自话，必须集思广益且能够就重要议题达成共识。要实现上述目标，就必须提高人大会议的审议质量，不能把审议报告的过程当成高唱赞歌和学习贯彻的过程，这需要人大代表提高综合素质，丰富专业知识，了解报告所涉问题的真实情况，强化参政议政能力，按照会议要求的发言时限认真做好发言准备，杜绝即兴发言和随意打断他人发言，真正站在国家和民族的高度提出自己有分量的真知灼见。

（三）在各级人大和社会组织实施会议辩论的正当性及伦理要求

要真正提高各级人大和各类社会组织的会议质量，关键是逐步实施会议辩论制度，之所以强调辩论的重要性，原因有三：（1）从与会代表价值观的角度看，由于人类生活的客观世界是由纷繁复杂的万事万物构成的，由之决定了人与人之间对其所生活世界的主观看法必定是多种多样的，加之，每个与会者的家庭成长背景、社会生活履历、专业知识结构存在重大差别，这就决定了与会代表之间在个体的深层价值观层面是无法完全一致和彻底沟通的，从而使得每一个人在参加任何形式的会议时，都可能对同一个议案产生不同的看法和主张。通过会议辩论的方式来申述对各种议案的真实看法，向与会者辩明其利弊，这就决定了会议辩论的必然性、必要性和合理性。（2）从人类古今中外的会议经验来看，无论是中国漫长的封建社会，还是西方的古希腊罗马、中世纪和近现代，任何一个开明的统治者在作出重大决策时都会通过开会听取正反两方面的意见和主张，如中国历代名君都把文武百官在朝堂之上的庭辩作为治国理政的重要手段，而古希腊和古罗马时代的辩论术更是从政者必备的基本技能之一，即使在黑暗的中世纪，以教皇为代表的各级教会的主教、神父们在对重大宗教事务进行管理的过程中，宗教大会上也同样盛行辩论之风。（3）现代民主的要义就在于，在人大、议会和各类社会组织的会议上，要让强势一方懂得他们应该让弱势一方有机会充分、自由地表达自己的意见，与此同时，也要让弱势一方明白既然他们的主张不占多数，就不能再去违背会议规则进行死缠烂打或无序抗争，而是应该作出文明体面的让步，把对方的观点作为全体的决定来承认并积极地参与实施，同时他们也知道将来他们仍然有权利通过规则的改变来影响局势的发展。相反，如果一个会议由于主持人或某种利益集团的专制和独裁，总是追求意见完全一致或全票通过，这就必然使得与会者不愿或不敢表达自己的真实看法，担心被视为反对领导的异己者或影响组织团结的障碍物。那么，在虚假的"全体一致"背景下作出的决定，将没有人真正满意，也没有人去认真实施，更没有人真正愿意为决定负责。因此，只有通过公开明晰的辩论说服了对方，才能够得出最大程度的符合组织整体利益的决定，使大家心悦诚服地去执行决定。

　　既然公开辩论之于各类会议具有极端重要的价值和意义，那么，应根据何种伦理规则来开展高效有序的会议辩论呢？依据对《罗伯特议事规则》的研究结果，参与辩论的与会者至少应当遵循以下伦理规则：（1）主持人要恪守公平正义原则。由于辩论的目的是要一个组织的全体成员通过会议协商的方式表达其总体意愿，从而防止主持人权力过大，任凭其主观意愿和个人判断对存在争议的问题作出裁断，去强加到组织头上。这就要求对主持人的权利与责任作出明确规定，质言之，主持人的职责不是使自己的意见成为多数意见，而是通过维持会议秩序和流程使各成员在充分知情的基础上自由产生多数意见，其间，要确保发言机会均等，主持人不能总结他人发言和对待决议题的是非利弊发表个人意见，如主持人要发言，必须授权他人主持，主持人对此类做法要极为谨慎。（2）在会议辩论之前必须制定出为大家一致接受的合理性会议规则。如：要明确会议主题内容，确定切实可行的操作程序，规定好与会者的发言顺序、发言时限、发言次数；正方一旦提出动议，必须保证反方的优先发言权，同一次会议围绕同一主题，已经辩论过的成员要保证未曾参与辩论成员的优先发言权；严格禁止权威人士依靠自己的资历或威望去随意打断他人发言，毫无节制地发表自己的看法和主张，一旦主持人根据会议规则打断其发言，发言者必须立即就座，不能无理取闹或扰乱会场。此外，主持人有权对利用合规的议事手段提出不良动议或故意拖延会议进程的代表提出警告或拒绝其发言。（3）与会者必须严格遵守会议道德礼仪。包括要称呼主持人或辩论方的职务、职称或"主持人""某某代表"等，不能直呼其名；任何人只能对着主席发言，不能对着反方发言，即使要对反方提出异议，也要通过主持人展开，参与辩论的各方不可摆脱主持人去直接辩论；严格禁止质疑发言者的主观动机或使用侮辱性语言对其进行人身攻击，因为动机无法证实且质疑动机必导致矛盾激化；发言者必须围绕待决议题的利弊进行辩论，并严格遵守会议规定的发言时限和次数，不能脱离主题进行漫无边际的闲聊；不能对会议已经作出的决定或行动再去发表反面意见，除非这个决定或行动被重新引入会议成为当前待决的议题，特别要禁止与会者对自己提出的动议或主张发表反面意见，但允许其撤回动议或自己去投自己的反对票。（4）制定公正合理的表决原则。在约定发言次数和时限用尽之后，开始投票表决，但会议必须在正式表决之前依据动议的重要性程度确定计票基准和表决原则，如：宪法修正案之类的极端重要的议案要全票通过；重大事项的决定要 2/3 或 3/4 通过；普通议案过半数即可。一旦表决结果出炉，无论支持或反对方都必须服从照办。在许多发展中国家或公民文化欠发达地区，当与会者对表决结果不满时，开始提出上诉或质疑计票程序，进而发动自己的支持者通过各种手段进行抗议或拒不执行已经表决的议案，其结果只能是不断加大彼此沟通的成本和持续耗费众多社会资源，最终引发社会动荡。如何改变这一民主乱象，无疑是当代世界范围内民主政治制度伦理建设亟待深入探索和尽快求解的难题。

四、对各级人大监督效能的伦理透析

人民代表大会与其他国家的立法机关一样，其主要功能包括立法权、决定权和监督权。从改革开放 30 多年来各级人大的实际运行状况看，立法权和决定权的实施情况相对要好一些。就立法权而言，经过全国人大的艰苦努力，已经初步建构起中国特色的社会主义法律体系；就决定权而言，中共中央和各级政府许多重大政策的出台也开始逐步通过法制程序将其变为国家意志，使得人大对国家重大事务的决定权正在显著提高。相比之下，各级人大对"一府两院"监督权的实施则不尽如人意，对人民群众普遍关注的热点问题反应迟钝，许多监督工作避重就轻，流于形式，缺乏实际效果，致使人大无法体现和确保人民意志的实现，其实际地位与法律地位存在巨大反差，距离"只有让人民来监督政府，政府才不会懈怠；只有人人起来负责，才不会人亡政息"的制度理想还相差甚远。基于上述认知，笔者试图从政治伦理学的视角对各级人大的监督职能予以简要剖析。

（一）人大监督不力的思想根源和制度障碍

宪法明确规定"一府两院"由人大产生、对人大负责、受人大监督，但由于宪法和有关法律未对监督的具体程序予以细化，致使相关规定缺乏可操

作性，因而难以实施。导致这种现象的原因是多方面的。从思想根源上看，主要是各级人大代表及其常委会成员对人大监督的性质存在不同看法，有学者将其概括为以下三点：一是寓监督于支持之中；二是寓支持于监督之中；三是监督就是支持。从全国各级人大的实际状况看，占主流地位的观点是强调支持，淡化监督和制约。之所以出现此种局面，这与各级人大常委会成员主观思想上存在两个"怕"字密切相关：一怕自己麻烦。许多到人大工作的干部把人大当成安置老干部的"夕阳所"，到了人大就是"船到码头车到站"，多一事不如少一事，乃至自我嘲笑人大是"三子登科"，即大牌子、老头子和空架子，将人大监督视为履行法律程序。二怕别人说自己麻烦。担心在"一府两院"工作的领导说自己是干扰工作，越权行事，一旦和他们搞僵了关系，许多于公于私的事情都不好办，加之，在"一府两院"工作的领导干部本身就不想被监督，缺乏接受监督的自觉性和主动性，甚至充满抵触情绪，认为是"平白无故多一个婆婆"①。

人大监督之所以动力不足，除了上述思想根源外，更重要的制度根源是我们党改革开放三十多年来还远未实现由革命党向执政党的转变。在计划经济时代，党在很多时候都是高于或游离于宪法和国家政权之外；改革开放后的今天，许多地方的政治生态仍然是"重大问题由党委决定，政府去办，把人大撇在一边"。因为国家政权运作的实际情况是各级党委发挥着总揽全局、协调各方的领导核心作用，并直接行使诸多公共事务的决策权和执行权，但又完全不受人大监督，更不向人大报告工作和接受质询。特别是在省级以下的地市、县级政治体制架构中，地方党委书记或副书记并不兼任人大主任，而政府一把手同时是党委副书记，人大主任在地方党委会中的地位低于政府一把手，乃至根本不是地方党委的常委，从而也就没有权力和胆量去监督在党内比自己政治地位还要高的政府一把手。加之，宪法总则中虽然强调党必须在宪法和法律规定的范围内活动，但又未在具体法律条文中规定执政党的活动范围和活动程序，这就必然导致逻辑上的自相矛盾和实际工作中党的权

① 参见周天勇、王长江等主编：《攻坚》，新疆生产建设兵团出版社2007年版，第84页。

力漫无边际。要彻底改变这一局面就必须澄清"将约束党权视为削弱党的领导"的似是而非的极端错误的认识。因为民主与法治的辩证统一是现代政治伦理的核心价值理念，而民主与法治的根本旨意就是规范和制约公共权力。中国共产党革命成功后以领导机构整体的方式组建并进入人大和"一府两院"，因而对国家各个权力机构的限制必然体现为对"党权"的限制。政党必须正视并按照这一逻辑规律来自我限制其所拥有的公共权力。包括在宪法和法律中明确规定党行使公共权力的方式和边界，不能动辄就用党政机关制订政策并联合发文的方式去管理公共事务，要真正学会将党的重大决策转变为国家法律和国家意志，切实做到依宪行政和依法行政。党的各级组织中个别领导和部门不受约束和肆无忌惮地行使公共权力，可能会给个人和某些机构带来权力欲的满足感，但最终会把党权引向与政权、民权对立的境地，乃至失去政权和民心。从这种意义上讲，不从宪法和法律层面限制党权才是真正地削弱党权。要真正充分发挥各级人大的监督职能，不去很好地解决这一重大性制度障碍，监督终究会变为一纸空谈。只有通过制度和体制改革才能改变"寓监督于支持之中"和"寓支持于监督之中"这两种模糊认识，真正把监督视为最好的支持，使人大的监督职能名符其实地得到落实。

（二）人大监督的本质特征及其重点领域

既然从制度层面正确处理党权、政权与民权的关系是确保人大监督职能得以落实的关键环节，那么，究竟如何提高人大在总揽全局、协调各方的党的领导核心中的作用呢？有不少学者认为，应当按照部分省、市省级人大主任由省、市委书记兼任的模式，让地市、县级人大主任由同级党委书记兼任。从表面上看这种做法似乎是提高了地方人大在现行体制中的政治地位，但由于地市、县级的党委书记不同于省、市委书记，他们作为地方政权的枢纽和核心，其所面对的管理对象主要是基层具体事务，日常工作内容极其繁杂，即使兼任同级人大主任也无法拿出大量精力从事人大具体工作，更为可行的做法是让同级党委中接受本级党委和上级纪委双重领导的纪委书记兼任人大主任，因为纪委书记的工作性质与人大主任的职责要求具有一定程度的契合性。这样做既提高了人大主任在党委常委中的地位，又实现了人大监督与党内监督的内在一致性，能够更好地保障人大监督职能的有效发挥，因而，也就具有了更强的伦理合法性和可操作性。

还有学者认为，政府的部门那么多，人大的部门那么少，这种现状不可能使政府权力得到约束和监督，因此，应当在人大中逐步增加各专门委员会对应监督各政府部门。① 持这种主张的人其主观愿望固然是强化人大的监督职能，但在实际政治生活中缺乏基本的可操作性，其不当之处在于它完全混淆了人大监督同行政监察、司法监督、社会监督、舆论监督的根本区别。因为人大监督的本质特征是最高国家权力机构对国家政治生活中的重大问题的监督，完全不同于"一府两院"中某一监督机构对所辖领域具体问题的监督。但为了加强人大机构对政府财政的监督职能，将国家审计部门划归人大管理，成立专门的财政拨款委员会，对政府的预算和决算予以严格的审计管理，则十分必要。因为各级政府权力的行使都离不开政府财政的支持，只要监督好政府的钱袋子，就为人大监督职能的发挥奠定了重要基础。

建构好符合现代政治伦理规则的人大监督制度是有效发挥人大监督职能的组织保障。那么，人大究竟应当将其监督重点放在哪些领域呢？结合人大监督法的基本要求和目前的政治现状，人大监督的重点应该主要是以下几个领域：（1）在还未成立宪法法院之前，人大监督的重点首先应当是对"一府两院"开展工作过程中颁布的条例、政策和司法解释等存在的违宪行为予以重点检查和查处。因为宪法是我国的根本大法，坚持依法治国首先要坚持依宪治国和依宪行政。（2）在听取和审议"一府两院"年度报告过程中，每年都要有选择有计划地对若干重大问题予以审查和质询，同时要把对"一府两院"工作开展不定期质询列入人大的日常工作议程。（3）要紧紧抓住关系改革发展稳定大局和群众切身利益、社会普遍关注的热点问题予以监督，诸如对义务教育、医疗卫生、环境保护、安全生产、拆迁补偿等专项整治活动予以监督，并将监督的办理情况和具体结果向整个社会及时公布。（4）党委在选拔任用干部的过程中必须充分尊重人大意见，不能硬性要求人大代表必须

---

① 参见杨光斌：《建设以人民代表大会为平台的法治民主》，《学习时报》2011 年 8 月 22 日。

让党委推举的干部高票当选，而是要从党的优秀干部人才储备库中选拔更多人才通过提供差额人选名单，供人大代表和常委会成员自主选择，真正改变人大仅是履行干部任命程序的形象。(5) 对人大出台的事关国计民生的各种法律开展形式多样和不同层级的辩论和听证活动，要让辩论和听证活动常态化，让全体公民从各级人大开展的辩论与听证活动中逐步学会熟练运用议事规则的能力，提高公民和各种社会组织合法有序参与国家管理的能力。

（三）深入探索基层人大监督体制的创新

伴随中国市场经济的深入发展，利益主体多元化、利益趋向多极化、利益差别显性化、利益矛盾集中化已经成为社会常态，通过大力推进政治体制改革来疏导民怨和化解矛盾，无疑是未来政治发展的必由之路，但政改方案的实施必须坚持上下结合的方针，即除了重视顶层设计外，更要积极探索基层政改的理想路径。其中，把县乡基层人大代表的选举制度和工作制度作为改革的重要突破口无疑是值得选择的方案之一。因为实施县乡人大制度的目的就是要让基层人大代表能够及时反映所在选区选民的意见，从而通过人大制度来化解基层的社会矛盾，但是由于现有基层人大代表选举体制和工作体制存在着诸多缺陷，使得基层人民群众的意见主要通过信访渠道来解决。学界的大量研究表明，在高度信息化的今天，专事信访的人民群众非常清楚地懂得，信访制度本质上就是涉事各方追求自身利益最大化的制度平台。一方面国家既要保持为民做主的美好形象，又要维护社会稳定；另一方面，既要对基层政府的违法现象进行严厉弹压，又要维护基层官员的既得利益使其认真执行上级政令。面对这种内在的政治悖论，信访群众的行动逻辑是：地方政府怕什么，他们就偏偏做什么，政府怕群众去北京上访，群众就一定去北京上访，使高层给基层施压以便尽快解决问题。①

如何有效化解基层的社会矛盾？众多学者总结国内外的基本经验后普遍认为，真正的治本之策是撤销各级党政部门的信访机构，把信访群众集中到基层人民代表大会，通过人大代表来监督基层"一府两院"的工作，从而逐

---

① 参见于建嵘：《抗争性政治》，人民出版社 2010 年版，第 234 页。

步建立和完善广大民众和各种社会组织的利益表达机制。例如，通过组织县乡人大代表对本选区的重要信访案件进行调查，并依据调查结果向成为信访对象的"一府两院"提出质询，直到向严重渎职、失职甚至涉嫌犯罪的领导干部提出罢免动议。当然，要做到这一点就必须让公众通过制度化的政治参与，来选举出能够真正代表他们利益的人大代表，并为这些人大代表提供基本的工作和生活条件。实际上这些年来许多人大代表也为此进行了大量制度创新的尝试，笔者曾经多次到浙江义乌对全国人大代表私营企业家周晓光进行访谈，义乌市建设局免费为他提供了人大代表个人办公室，他聘请退休干部、大学教授等构成的志愿者队伍，大量倾听、整理、反映选民意见，并在电视上自费打广告征询选民议案，引发社会各界广泛关注，随后浙江、湖南、广东、四川等省的不少人大代表纷纷效仿，被舆论界认为是人大代表意识的一次大觉醒。[①] 但从近年来全国人大下发的各种文件看，其基本倾向是更加强调人大代表在闭会期间要参加各级人大常委会统一组织的调研、考察活动，不主张设立专职代表和个人工作室。这显然与世界民主发展的基本大势、中国政治体制改革的总体趋势和广大民众日益增长的政治经济利益诉求背道而驰，如何拿出邓小平当年支持经济改革的胆魄和勇气，充分调动广大人民群众的政治积极性，鼓励大家去勇敢地试，大胆地闯，仍然是基层人大监督制度创新面临的政治难题。

---

① 参见拙作：《制度伦理与官员道德——当代中国政治伦理结构性转型研究》，人民出版社 2011 年版，第 373 页。

第六章

市场经济制度伦理与规范资本运营

社会主义市场经济体制的建立是中国改革开放30多年来的标志性成果，而在社会主义市场经济中孕育出的权力、资本、劳动三大阶层中，以私营企业家为代表的资本阶层是推动社会发展的主体力量之一。一方面，这一阶层的不断壮大为当代中国市场经济的繁荣进步注入了不竭的动力；另一方面，这一阶层对自身利益的无限追逐也引发了社会其他阶层的高度关注和各种非议。如何对这一阶层的资本运作过程予以道德规范，无疑构成了当代中国市场经济制度伦理建设的重要内容。本章试图通过对市场经济制度本身的道德反思，从微观和宏观经济制度伦理两个层面对规范资本运营问题作出说明，并特别就当代中国在快速推进城市化进程中由城乡资本流动引发的伦理冲突予以深入剖析。

第一节　对市场经济制度的道德检审

要对资本阶层在市场经济中的资本运营行为进行有效的道德规范，必须对资本所赖以栖身的市场经济制度本身作出伦理考量，而这种考量的深入展开又必然涉及与之密切相关的市场与政府良性互动的伦理规则、效率与公平综合平衡的道德意蕴这两个根本性问题。本节将主要围绕这三个问题展开讨论。

一、市场经济制度的道德合理性及其限度

市场经济、民主政治、科技理性、多元文化是现代社会生成与发展的四大动力因素。其中，市场经济在这四大要素中处于基础地位，对于处在社会转型期的当代中国而言，市场经济的地位与作用更是不言而喻。然而，在发展社会主义市场经济的过程中，一方面，经过改革开放 30 多年的迅猛发展，中国 GDP 总量已经跃居世界第二；另一方面，当代中国在传统社会道德秩序迅速瓦解的同时，新型社会道德建设又严重滞后，致使道德利己主义和道德相对主义广泛流行，社会整体道德水平急剧下滑。于是在经济学和伦理学界围绕市场经济与道德伦理关系的讨论歧见纷呈，逐步形成了两种较具代表性的理论观点：一种观点认为，当代中国的道德滑坡根源于市场经济。因为市场经济本身孕育着理性经济人精于算计、唯利是图的内在基因。在中国革命和建设时期的军事供给制和计划经济时代，决不会出现今天这般如此多的见利忘义、诚信尽弃的现象。另一种观点认为，当代中国社会的道德乱象决不是根源于市场经济，恰恰是市场经济尚不完善的产物，伴随市场经济的日臻成熟，社会道德水平将会得到全面提升。为了正确评判上述截然相反的理论主张，笔者试图从以下三个层面对市场经济的道德合理性及其价值限度予以仔细分析。

（一）经济发展史视域中的市场经济模式

要对市场经济的道德合理性作出价值评判，一方面需要对市场经济的本质特征进行深入分析；另一方面还要将市场经济模式置入人类经济发展的历史脉络中予以有效比照。唯其如此，才能客观透视其本真面相，有效揭橥其历史价值。

何谓市场经济？学界并没有公认的严格意义上的普适性定义，其中由诺贝尔经济学奖得主萨缪尔森编著的被世界各大学广泛采用的《经济学》教科书给出的定义可作为一个权威性参考。他认为："市场经济是一种主要由个人和私人企业决定生产和消费的经济制度。价格、市场、盈亏、刺激与奖励

的一整套机制解决了生产什么、如何生产和为谁生产的问题。企业采用成本最低的生产技术（如何生产），生产那些利润最高的商品（生产什么），消费则取决于个人如何决策去花费他们的收入（为谁生产），这些收入包括来自劳动的工资收入和来自财产所有权的财产收入。市场经济的极端情况被称为自由放任（laissez-fair）经济，即政府不对经济决策施加任何影响。"[①]透过这一定义可以看出，市场经济具有以下几种比较典型的现代性特征：（1）在资源配置问题上，市场经济主要通过价格机制来解决供需矛盾，社会的需求状况和各种资源的稀缺程度通过充分竞争的市场价格反映出来。（2）市场价格竞争会激励生产者为了自身利益而加快采用新技术和不断进行制度管理创新，通过扩大再生产和改进产品质量来取得市场中的有利地位。（3）市场经济的买卖双方都遵循有支出就有回报的等价补偿原则和通过协商而形成的资源交换原则。（4）在市场经济中，由于交易方式是以契约为主要形式的平等交易，其组织形式必然表现为权力分散的平面网络组织。

如果将市场经济模式置入人类经济发展的历史脉络中予以深入考察，我们会发现市场经济同传统的小农经济和以苏联为代表的计划经济相比，它们彼此之间存在重大差别。就小农经济而言，它是一种自发的、封闭的、孤立的自然经济形式，它主要以家庭为单位进行自给自足的生产，这种经济形式缺乏充分竞争和规模扩张，其生产效率仅仅能满足人的生存需要，而生产者较低的知识素质和僵化的封建制度限制了创新能力的发展。就计划经济而言，它主要通过中央政府自上而下地搜集各种自然资源、人力资源和社会需求信息，然后由最高决策部门根据这些信息来决定经济学所关注的"生产什么、如何生产和为谁生产"这三大问题，并通过中央政府制定短期和中长期国民经济计划来实现资源的合理配置，其组织形式表现为以权力为中心的金字塔形等级结构，最上层负责下达指令，中间层负责贯彻执行，下层百姓按照下达的指令具体行事。不难看出，计划经济试图用少数经济和政治精英的

[①]　保罗·萨缪尔森、威廉·诺德豪斯：《宏观经济学》，萧琛主译，人民邮电出版社2008年版，第7页。

非凡智慧来实现复杂性社会经济的全面调控，暗含着人如上帝一样可以把握绝对真理的假设，夸大了人的主观能动性，具有明显的威权主义色彩。实践证明，这种纯粹指令性计划经济模式是不成功的。

（二）市场经济的道德合理性

与小农经济和计划经济相比，市场经济所具有的上述现代性特征已为人们广泛认可，但学界对于如何理解市场经济的道德属性和价值本质却异见纷呈。但市场经济的道德合理性至少表现在以下几个方面：

1. 市场经济是人类迄今为止所发现的效率最高的经济形式。据美国伯克利大学经济学家德隆的研究，人类从旧石器时代到 2000 年的 250 万年间，花了 99.4% 的时间（到 1500 年）使世界人均 GDP 达到了 90 国际元（按照 1990 年国际购买力核定的一个财富计量单位），然后，又花了 0.59% 的时间，到 1750 年世界人均 GDP 翻了一番，达到 180 国际元，从 1750 年到 2000 年，即在 0.01% 的时间内世界人均 GDP 增长了 37 倍，达到 6600 国际元。质言之，人类 97% 的财富是在过去 250 年的时间里创造的。为什么在过去的 250 年时间里人类财富的增长呈现出垂直上升的趋势呢？关键是市场经济的出现。[①] 而中国的经济增长也主要发生在过去 30 年。正是由于市场经济的这种神奇性高效率特征，使其成为当今世界各国普遍采用的经济发展模式。

2. 市场经济具有原始分配的客观公正性。由于市场经济以效率为第一分配原则，哪一个市场主体在市场经济活动中付出的经济成本较低，同时又具有价格优势，他获得的利润和效益就相对较多。这种分配规则合乎人类行为的一般价值规则，具有基本的市场公正性，它有效杜绝了任何不劳而获、无功得利的不合理现象。与小农经济时代依靠出身、门第、等级、亲缘关系来获取社会财富存在本质区别。当代中国进入中产阶级的大多数人是改革开放后在市场经济中摸爬滚打的社会底层人士，而近年来官二代、富二代、星二代依靠特权致富的现象恰恰是非市场化的产物。

3. 市场经济极大地提高了人类社会的民主政治、科学技术和分工协作水

---

① 参见张维迎：《理解和捍卫市场经济》，《学习时报》2007 年 12 月 17 日。

平。随着市场经济的发展和人类生活档次的提高，市场主体必然由满足温饱的低层次生活要求转向对各种公民权利的追求，从而极大地推动了社会政治生活的民主化。而市场对效率的追求迫使市场主体进行技术创新，从而大大加快了产品研发、职业培训和高等教育发展的规模和速度，使人类的科学技术水平得以迅速提升。市场经济以社会分工和契约协作为前提，它打破了区域性、民族性、国别性限制，极大地加深了人与人之间社会交往和社会参与的程度，使各种资金、产品和人力在全球范围内快速流动，让整个世界成为密不可分的地球村。

4.市场经济塑造了人类全新的道德文化类型。市场经济的契约性特点要求交易双方必须平等待人，尊重对方的权利和意愿，在交易中做到诚实不欺和信守承诺。它改变了小农经济时代的慵懒习俗和计划经济中的平均主义倾向，鼓励人们通过个人的勤奋努力去参与市场竞争，通过大胆而谨慎的决策在市场风险中求胜，通过节约成本和减少浪费来获取更大利润。所有上述市场经济对人的道德要求被马克斯·韦伯在《新教伦理与资本主义精神》中概括为市场经济所特有的新型道德文化。

（三）市场经济的价值限度

在当代人类思想史上很长一段时间里，国内外理论界都把市场经济和计划经济视为社会主义和资本主义的本质区别之一，但自从邓小平提出市场与计划都是社会经济发展的手段而不是目的的理论之后，使得人们对市场经济的认识发生了质的变化。任何手段相对于人类追求的终极目的而言都具有双刃剑的作用，它既可以为目的的实现发挥积极的促进作用，也可以为目的的达至起到消极的阻碍作用，关键问题在于人类对手段的正确运用。市场经济既然是实现社会经济发展的手段，它也就同样具有价值局限性。

1.市场经济理论的"理性人"假设具有与生俱来的天然缺陷。对人类行为的理性自利解释在西方经济思想史上有着悠久的历史，而且它一直是西方主流经济学的核心概念。诺贝尔经济学奖得主阿马蒂亚·森曾对这一假设做过深入分析，他认为现代经济学的"理性人"假设尽管存在着种种缺陷，但与各种"非理性人"假设相比，它是导致错误最少的最合适的假设。然而，最合适的假设未必是最好的假设。为此他首先仔细分析了自由市场经济理论奠基人亚当·斯密在《国富论》中"理性人"假设提出的社会背景，认为它是斯密反对当时英国政府压抑和限制自由贸易的产物。但斯密在强调"理性人"的自利行为在市场经济中"看不见的手"的作用下导致社会财富增加的同时，并没有否认"同情心"在经济行为中的作用，先于《国富论》出版的《道德情操论》就是明证。并强调指出，经济学从产生之日起就是伦理学的分支学科，因为经济学对财富的追求只有与财富以外的其他社会和人生目标相结合，才能保证其价值存在的正当性。此外，阿马蒂亚·森还认为，理性自利假设在经济理论中只是其逻辑推理的前提条件，而在人的实际经济行为中，理性自利与非自利（责任、忠诚、友善）的有机结合才是最能产生经济效益、最常见和最理想的经济行为方式。[①]

2.极端自由放任的市场经济必然导致社会的两极分化。由于市场经济中行为主体的天赋秉性、原始财富、社会资本状况存在巨大差异，而市场分配是完全按照行为主体在市场中所占份额多少来分配的，拥有原初资本较多和天赋聪明的人必然能够占有较多的市场份额，而市场资本具有滚雪球般的"马太效应"特性，这必然在持续动态的市场交易中形成社会财富分配的巨大分化，最终导致社会阶层的两极分化。对自由放任的市场经济的这一典型特征，马克思在《资本论》及其相关著作中曾经做过深入细致的剖析，正是基于对弱势阶级巨大的道德同情，使其投身于无产阶级解放事业。他的《资本论》和无产阶级革命理论让资本主义颤抖了一个多世纪，迫使资产阶级逐步让利给无产阶级，实现了西方社会由自由和垄断资本主义向福利资本主义的转变。

3.周期性经济危机是自由市场经济的天然痼疾。市场经济的发展史表明，各国经济增长方式从来都不是呈现出按部就班的直线上升特征。相反，一个国家在享受几年令人兴奋的经济扩张和繁荣之后，接下来就是持续数年的经济衰退和金融危机，具体表现为国民产出下降，利润和实际收入减少，大批工人失业，当经济衰退到谷底后便开始复苏。各国的复苏步伐快慢不

---

① 阿马蒂亚·森：《伦理学与经济学》，王宇等译，商务印书馆 2000 年版，第 32 页。

一，有的能够恢复至原有经济状态，有的强劲到下一轮的经济扩张，然而，伴随市场需求的持续旺盛，通货膨胀、市场投机现象开始猖獗，紧接着是又一轮的大衰退。马克思正是看到了资本主义市场经济的这种与生俱来的癫痫性痼疾，提出了用社会主义取代资本主义的主张。西方资产阶级经济学家在吸取马克思经济思想基础上，深入总结自由市场经济发展过程中留下的惨痛教训，逐步生成了以凯恩斯《就业、利息和货币通论》为代表的宏观经济调控理论。尽管如此，这一痼疾至今仍在不断发作，2008 年以来端起于华尔街的全球性金融危机就是最好的例证。

4.市场经济极易导致金钱拜物教的广泛流行和人类价值观的不断物化。如果说马克斯·韦伯在《新教伦理与资本主义精神》中对市场经济之于人类道德发展的积极作用作了深入说明的话，那么西美尔、松巴特等思想家则对市场经济引发的人类道德变迁现象做了消极描述。西美尔在其《货币哲学》中指出，理性只是现代生活的表面特征，深层的问题是由理性造就的货币经济已使现代人生存的心性品质发生了质的变化，货币由人生的绝对手段转化为绝对目的，成为现代人追求的终极目标，方式凌驾于目的的绝对增长，使人的精神中最内在、最隐秘的领域也被货币所占领，金钱成了上帝，银行成了神庙。松巴特在其《性爱、奢侈与资本主义》中认为，市场经济把古代神圣的性爱变成了现代感官肉欲的陶醉，进而导致物欲横流和消费主义盛行，最终是能源危机愈演愈烈和生态平衡的彻底破坏。

通过上述分析可以看出，市场经济作为人类经济发展的重要手段，与小农经济和计划经济相比，有其适应现代社会发展的独特优势，既蕴含着自身的道德合理性，也存在着明显的价值局限性。作为人类迄今为止所发现的虽不完美但却有效的经济发展方式，其所存在的各种缺陷只有在未来发展中去逐步得以完善，诸如：用自利与利他相结合的人性假设去丰富其逻辑前提；用二次分配（财税）和三次分配（道德）去消除两极分化；用宏观调控和微观搞活的混合经济模式去减少经济危机的损失；用新型的道德文化克服其给人类价值观带来的物化和退化现象，最终实现人类自由全面发展的理想目标。而要使上述措施落到实处，并产生良好效果，就必须正确处理市场与政府之间的复杂关系。

二、市场与政府良性互动的伦理规则

正像爱情是文学的永恒主题一样，市场与政府的伦理关系则是经济学争执不休的永恒难题。为了保持市场经济的长期繁荣，如前所述，必须恰当处理市场与政府的复杂关系，而市场与政府的良性互动以双方共同遵循基本的伦理规则为前提，即市场主体和政府主体各自享有自身权利的同时，必须履行彼此应尽的义务。在此试图先就西方市场经济制度生成以来其主要经济学家有关市场与政府伦理关系的各种主张做一纵向历史性扫描，并结合当代西方主流经济学派的相关争论提炼出处理二者关系的基本伦理规则，以此为基础，对当代中国在发展社会主义市场经济过程中正确处理市场与政府伦理关系的特殊性要求进行深入剖析。

（一）继承创新：近现代西方主要经济学家的市场与政府伦理规则论

市场交易早在人类远古时代就已存在，但真正现代意义上的市场经济制度则是从 13—14 世纪开始，伴随资本主义国家制度的萌芽而逐步生成的。以马丁·路德、加尔文为代表的新教改革运动，特别是霍布斯在《利维坦》中建立的以人性自私为基础的国家理论，经由洛克《政府论》中的个人财产权理论等，逐步为市场经济制度的确立奠定了坚实可靠的政治伦理基础。其间，市场经济制度的生成与资产阶级政府制度的诞生像一棵并蒂莲一样，经历了一个同生共在、互荣并进的曲折历程。

斯密 1776 年发表的《国富论》为西方经济学建立起了一个分析市场与政府伦理关系的经典体系。斯密生活的时代，英国产业的发展正在遭受着封建残余势力和各种重商主义限制政策的束缚，因此，《国富论》的字里行间洋溢着对自由市场制度的赞誉。斯密认为，市场经济制度是一种分散化决策的制度，"各个人都不断地努力为他自己所能支配的资本找到最有利的用途"[1]，但

---

[1]　亚当·斯密：《国民财富的性质和原因的研究》下卷，郭大力、王亚南译，商务印书馆 2005 年版，第 25 页。

每个人在一只"看不见的手"的指导下，在追求自己利益的同时，"往往使他能比在真正出于本意的情况下更有效地促进社会的利益。"①他在书中对济贫法、学徒法令、专利制度、特许经营权的批判给人以深刻印象，从而给人们造成了一种市场经济不需要政府指导的错觉。但如果我们仔细品读该书就会发现，斯密所讲的自由市场是以十分开明的政府的存在为前提条件的。这种开明政府的职责包括：避免本国遭受侵犯、维护社会公正秩序、建设公共工程等。他在是书第五篇"论君主和国家的收入"中对这一问题进行了详细论述，但斯密的独特之处在于他对政府干预市场的范围和方式做了严格限制。特别是他在《道德情操论》中对政治家企图通过各种制度来指导私人运用资本的行为表示了深度怀疑，嘲笑这种"制度人"是自寻烦恼。

斯密之后，穆勒于1848年发表的《政治经济学原理》深刻影响了19世纪后期的西方经济学理论，是书对斯密的市场与政府伦理关系理论做了重要发展。穆勒所处的时代正是大英帝国如日中天的上升时期，斯密的自由市场理论已被人们广泛接受。因此，穆勒在功利主义伦理思想指导下，用了四编的内容集中探讨市场经济中的生产、分配、交换问题，对如何通过自由市场制度增加人类财富和实现最大多数人的最大幸福给予了深入分析和乐观展望。如同斯密一样，他也在最后一编讨论"政府对市场的影响"问题，他认为，"除非政府干预市场能带来很大便利，否则，决不允许政府干预的发生。"②他将政府的职能划分为必要职能和任选职能。前者包括政府课税、制定法律、完善司法结构、建设公共工程等，后者则复杂多样，如限制高利贷、控制商品价格、审查出版物和言论自由等。以此划分为基础，穆勒反复强调自由放任是市场经济的一般法则，凡是政府实施的妨碍市场繁荣的各种强制措施必须加以废除，政府除了承担私人不愿做也无力做的事情外，其他一切事情都应通过市场进行自由选择。

继穆勒之后，马歇尔1890年出版的《经济学原理》被视为西方经济学

---

① 亚当·斯密：《国民财富的性质和原因的研究》下卷，郭大力、王亚南译，商务印书馆2005年版，第27页。

② 约翰·穆勒：《政治经济学原理》，胡企林等译，商务印书馆1991年版，第372页。

划时代的巨著，它奠定了西方微观经济学的基础，被人们称为"新古典经济学理论"，直到20世纪30年代，它在西方经济学界一直占据支配地位。马歇尔在是书中将力学中相反力量的均势——均衡概念引入经济学中，以均衡价格论为核心，创立了自己的经济学体系，包括：以欲望和边际效用递减论为中心的需求论，由土地、资本、劳动和组织四要素构成的供给论，由地租、工资、利息、利润构成的分配论。马歇尔经济理论的核心是论证市场如何通过价格机制来实现资源的有效配置，但他未像斯密和穆勒那样抽专章讨论政府的作用问题。然而，自1825年在英国发生第一次经济危机以来，欧美资本主义国家平均每隔8到12年就要发生一次经济危机，这迫使马歇尔的经济学理论必须正视市场经济存在的种种问题，不得不接受政府对市场的干预。为此，马歇尔在《经济学原理》中设专章讨论自由竞争和垄断问题，坦承妨碍竞争的垄断行为会引起资源配置的无效率，导致消费者剩余的减少和社会福利的损失，主张由政府出面制定反垄断法。但从整体上看，马歇尔的基本倾向是充分肯定市场自身的自我调节功能，为垄断现象进行辩解。此外，他在是书最后一章还特别指出，政府应在规定最低工资制度、弱势群体的教育医疗等方面发挥基础性保障作用。

人们通常将斯密、穆勒和马歇尔的传统经济理论用萨伊定律来概括，这一定律认为：一方面，在资本主义自由市场状态下，除了自愿失业和暂时性摩擦失业（转换岗位）外，社会劳动者总是处于充分就业状态；另一方面，在供给创造需求的条件下，资本主义生产的全部产品要么被用于消费，要么被投资于生产资料，因此，不会出现生产过剩，即使出现暂时性生产过剩现象，自由市场本身也会在供求平衡原理作用下最终将剩余产品全部出清。然而，1929年发生于欧美世界空前严重的经济大危机彻底粉碎了萨伊定律创造的神话。稍后，凯恩斯的《就业、利息和货币通论》出版（1936年），是书从解决就业问题入手，以有效需求原理为核心，在分析了影响国民收入的诸多要素基础上，提出了政府可以通过控制货币数量、实施积极的财政政策以及投资社会化等手段来大力干预自由市场上的经济活动，从而通过刺激消费来解决非自愿失业和生产过剩问题。凯恩斯的上述主张打破了西方传统经济学的教条束缚，为把资本主义从大萧条中拯救出来提供了有效的政策主张。由于它符合时代的需要，从而在西方经济界得以广泛流传，为政府改良和管理市场提供了充分的理论依据，彻底改写了人们对市场与政府关系问题的经济自由主义传统认识框架。

（二）辩证中和：西方主流经济学派对市场与政府伦理规则的当代诠释

自凯恩斯《通论》发表以来，人们对市场与政府伦理关系的认识并未就此止步，而是愈加深入。因此，系统总结当代西方主流经济学的相关争论，从中剥茧抽丝，推演出市场与政府关系的基本伦理规则，无疑为揭橥现代经济与政治伦理的本意和关键所必需。

1. 从政府失灵看自由市场的基础地位

可以毫不夸张地说，自凯恩斯《通论》发表后的 30—35 年，世界上每一个地区的政府都不同程度地采用了凯恩斯所建议的政策或至少与其有关的政策。然而，进入 20 世纪 80 年代以后，由凯恩斯政策引发的失业与滞胀同时并存、经济增速不断放缓的现象，使人们对其政府干预理论发出了巨大的质疑和批判之声，西方经济学界开始深入反思政府干预市场引发的种种不利后果，在此仅以公共选择学派为例予以介说。

公共选择理论的基本特点是将市场制度中的人类行为与政治制度中的政府行为纳入同一分析轨道，它以经济人的假定为分析武器，探讨在政治领域中经济人行为是怎样决定和支配政府行为的。其代表人物布坎南认为，政府作为公共利益的保证人，其作用是弥补市场经济的不足，提高市场经济的运转效率。然而，实际的政府决策往往不符合这一目标，乃至恰恰相反。这是因为政府工作人员同样为经济人动机所左右，时常会根据个人利益的最大化来做决策，从而大大降低政府机构的工作效率，这可从政府机构的自我膨胀、行政成本的不断提高、各种寻租行为的频繁发生中表现出来。[1] 公共选择学派的另一代表人物奥尔森通过对集体行动的逻辑展开研究则发现，小集体容易提供公共产品，而大集体则不易，因为总是有为数不少的个体存在

---

[1]　参见布坎南：《自由、市场与国家》，平新乔译，上海三联书店 1989 年版，第 34 页。

着"搭便车"的行为，从而破坏集体的一致，特别是一个国家内排他性特殊利益集团的存在会妨碍技术进步，影响资源的合理配置和正常流动，抬高市场交易成本，从而成为阻碍市场经济增长的不利因素。为此，奥尔森提出了"强化市场型政府"的主张。[①]

正是基于对政府失灵现象的深刻体认，当凯恩斯的政府干预理论在20世纪80年代面临空前困境时，一大批保守主义学者再次祭起经济自由主义的大旗，为市场经济的天然正当性摇旗呐喊，开始了对"凯恩斯革命"的反革命。1974年荣获诺贝尔经济学奖的哈耶克就是这一群体的突出代表，他反对一切形式的政府干预，主张经济的极度自由。"对于那些与自由制度赖以为基础的原则相冲突的政府行动，必须加以完全排除，否则自由制度将无从运行。因此，与一个较多关注经济事务但只采取那些有助于自发性经济力量发展的措施的政府相比较，一个对经济活动较少关注但却经常采取错误措施的政府，将会更为严重地侵损市场经济的力量。"[②]当然，哈耶克反对政府干预市场经济，并不是反对一切形式的政府，而是强调政府的一切行动都要受到体现自由精神的法律的约束，政府的干预目标必须在法治范围内予以实现。在这种自由主义思潮的大力鼓动下，20世纪后半叶在英美国家出现了一批所谓新自由主义经济思潮的代表人物，如以米尔顿·弗里德曼为代表的货币主义学派、以卢卡斯为代表的理性预期学派等。正是这些新自由主义思想促成了以私有化、市场化、自由化为核心的所谓"华盛顿共识"。这一共识在美国当局主导下向拉美等发展中国家强制推行，同时也造就了俄罗斯和东欧的所谓"休克疗法"。

2. 从市场失灵看政府干预的不可或缺

当凯恩斯的政府干预理论在不断受到新自由主义市场经济论者的挑战和质疑时，其后继者并未因此放弃它，而是对其进行深入反思和不断完善，凯恩斯之后一系列宏观经济学派的不断涌现就是明证，其中以斯蒂格利茨为代

---

① 奥尔森:《权力与繁荣》，苏长和等译，上海世纪出版集团2005年版，第134页。

② 哈耶克:《自由秩序原理》上卷，邓正来译，三联书店1997年版，第281页。

表的新凯恩斯主义尤其值得关注。

斯蒂格利茨认为，市场与政府在资源配置上具有各自的优势和缺陷，经济学家的天职就在于探寻在不断变化的市场上如何实现二者的有效结合。他以金融市场为例，指出："如果一个经济缺乏金融市场，政府不管怎样供给资本，都会出现严重的低效率和无效率。相反，如果没有政府监管，一个金融市场不管其事先的制度如何完善，也不能杜绝机会主义行为，导致效率的巨大损失。"①斯蒂格利茨对凯恩斯主义的贡献不止于此，更在于他提出了独特的市场失灵理论。他认为，所有保守主义学者对自由市场的赞颂均以完全市场竞争模型为基础，即在一个完全自由竞争的市场上，追逐利润最大化的厂商和追逐效用最大化的消费者之间相互作用，最终会促成供给与需求的均衡，从而实现社会资源配置的帕累托最优。问题是，在自由市场上，由于交易双方的信息不对称，经常出现偏离完全市场竞争模型的状况，其中"逆向选择"和"道德风险"的广泛存在就是典型例证。前者指交易双方的当事人一方在非对称信息条件下，借助提供不真实的信息或隐瞒自己的信息来追求自身效用最大化，从而损害其他当事人。后者指交易双方由于是在信息不对称条件下签订契约，必然导致契约内容的不完全性和契约不可能完全被监督，从而引起另一方当事人受损害。这两种情况的普遍存在使得完全竞争市场模型只是一种理想状态，而市场失灵才是市场经济的常态，这必将极大地降低市场经济的运转效率。正是在市场存在缺陷之处，政府可以借助自己的强制性约束力，发挥信息配置上的优势，为市场提供尽可能完善的信息，减轻交易双方信息不对称的程度，降低逆向选择和道德风险发生的频率。

此外，斯蒂格利茨还对科斯提出的通过自由市场上"私人的自愿联合"来协商解决信息不对称问题的主张进行了批判，认为"搭便车"现象的普遍存在、建立信息机构的巨大费用、利益相关者的利己本性等因素，都会使"私人的自愿联合"解决信息不对称问题不可能实现，这就最终决定了政府

---

① 转引自王善迈主编：《市场经济中的政府和市场》，北京师范大学出版社 2002 年版，第 58 页。

干预市场的不可或缺性。

3. 市场与政府的分工合作与良性互动

随着自由市场论和政府干预论纷争的不断深入，许多西方经济学家试图将宏观性的政府干预建立在微观性的市场分析基础上，以便建构一个和谐统一的经济学体系。这一思想的积极践行者当推萨缪尔森，他 1948 年出版的教科书式《经济学》至今已印至第十八版，其教科书的变迁史标志着西方主流经济学对市场与政府伦理关系的认识不断深化的历史。该书对市场与政府伦理关系日臻完善的经典性描述，为我们提供了一把把握市场与政府伦理规则的金色钥匙。

萨缪尔森在其生前推出的最后一版《经济学》（2005 年第十八版）中，用了整整一章的篇幅专门讨论"现代经济中的市场与政府"问题。他在简要回顾了市场与政府功能分界线的历史变动之后，开始深入分析市场的本质以及市场影响力何以如此之大的问题。萨缪尔森认为，市场经济既不是混乱也不是奇迹，而是存在着自身的内在逻辑体系，在市场中协调生产者和消费者决策的主要是价格因素，较高的价格趋于抑制消费者购买，同时会刺激生产；而较低的价格则鼓励消费，同时抑制生产，正是卖者和买者相互作用并共同决定商品和劳务的价格以及交易数量的机制实现了市场上供给与需求的均衡，在让卖者和买者相匹配的过程中，市场经济同时解决了生产什么、如何生产和为谁生产的问题。现代发达的市场经济具有三个突出的时代特征：细密的贸易网络、快速的货币流通和大规模的资本运用。其中，"专业化分工导致高效率，不断增加的产出使得贸易成为可能，货币使得贸易能够更快、更有效地进行，在将一部分人的储蓄转化为另一部分人的资本的过程中，复杂的金融系统势必发挥着重要的作用。"[1]

以上描述仅是对理想型市场经济状态的说明，但在现实世界中没有一种经济完全按照"看不见的手"的原则顺利进行；相反，各种类型的市场经济

---

① 保罗·萨缪尔森、威廉·诺德豪斯：《宏观经济学》，萧琛主译，人民邮电出版社 2008 年版，第 30 页。

都会受到制度不完善之苦，从而引发过度污染、失业和贫富分化等现象。为此，世界上任何一个政府无论多么保守，都不会对本国经济袖手旁观，他们除了承担各种政治责任外，都会承担起对市场经济的干预和管理职能。萨缪尔森将这些职能概括为三点：一是影响资源配置以提高经济效率。包括通过制定各种政策措施反对垄断，提供公共产品（如国防、灯塔等），开展正外部性活动（搞活国企、投资基础设施、科技创新等），阻止负外部性活动（节约能源、减少污染等）。二是改善收入分配结构以促进社会公平。包括通过累进税和遗产税减少分配不公，通过转移支付提供各种社会福利和医疗保障等。三是通过制定宏观经济政策以促进国民经济稳定增长。包括通过财政税收政策和货币政策降低通货膨胀，熨平由商业周期引发的经济波动等。

总之，在萨缪尔森看来，市场失灵和政府失灵现象的同时并存反复提醒我们，合理划分市场与政府的界限将是一个长期而持久的课题，希望在理论上一劳永逸地解决市场与政府的伦理关系无异于痴人说梦。但无论如何我们必须看到，"每个有效率并且讲人道的社会都会要求混合经济的两面——市场和政府的同时存在。如果没有市场或没有政府，现代经济运作都会孤掌难鸣。"①

（三）同中有异：社会主义市场经济中市场与政府伦理规则的特殊性

如果说萨缪尔森对市场与政府分工合作和良性互动的说明，代表了当代西方主流经济学有关市场与政府伦理规则的普遍看法，那么，将这一伦理规则照搬到当代中国的社会主义市场经济中，我们将会发现其所具有的时空局限性迅即暴露无遗。之所以如此，是由当代中国市场与政府伦理关系的特殊性决定的。因为中国的市场经济既不同于欧美国家自然孕育的市场经济，也不同于俄罗斯和东欧在休克疗法基础上生成的市场经济。它的本质特征是力图把社会主义的基本理念和基本制度同市场经济的一般规则兼容并存，在中国共产党坚强的政治领导下，政府管理和国有经济的控制力量始终发挥主导

---

① 保罗·萨缪尔森、威廉·诺德豪斯：《宏观经济学》，萧琛主译，人民邮电出版社2008年版，第36页。

作用，以公有制为主体，多种所有制形式并存。反映在政策操控层面，表现为渐进式市场经济发展模式，即以处理好改革、发展与稳定的关系为前提，将消除贫困、改善民生、保持国民经济持续稳定增长作为主要目标，遵循先农村后城市、先沿海后内地、先经济后政治的从简单到复杂的发展顺序。凭借"摸着石头过河"的方法，在不断试验和反复纠错的过程中边走边看，乃至走走停停或随机行走，在不断分散国家改革风险的同时，让社会各阶层逐步学会和适应市场经济所需要的决策能力、价值判断和生存方式。

究竟如何评价这种市场经济发展模式，国内外各界褒贬不一。但对这一发展模式的最好评价，不是学理层面的逻辑论证，而是实践层面的成果检验，这可以从两个基本经济成就上得到证实：一是经过 30 多年的发展，中国的 GDP 总量已跃居世界第二，在世界经济格局中的地位日益凸显，并将对人类未来的经济进步发挥出越来越大的作用。二是中国市场经济的体制和机制日渐完善，按照前述萨缪尔森对市场本质的理解，即市场是卖者和买者相互作用并共同决定商品和劳务的价格以及交易数量的机制，中国今天绝大多数商品的价格已基本市场化，因此，可以毫不夸张地说，市场经济所必需的生产、分配、交换和消费体制和机制已在当代中国得以初步确立。

当然，充分肯定中国市场经济模式取得的巨大成就，并不是说中国在处理市场与政府伦理关系问题上几近完美。恰恰相反，伴随市场化改革的不断深入，中国在市场与政府伦理关系的处理上已经暴露出越来越多的不足之处。其中最突出的根本性问题是：1. 政府的经济组织力量和资源配置功能过于强大。中国的市场经济是由执政党改变观念，由政府自上而下推动逐步生成的，包括提出市场化改革方针、缩减计划定价比例、让出市场活动领域、提供市场活动平台等。正是由政府这只"看得见的手"创造出了一个"看不见的手"的市场。不仅如此，政府在铁路、公路、机场、农田水利、大江大河治理等公共产品的提供方面具有极其强大的经济组织能力。特别是政府掌控着 30 多万亿国有资本，扮演着管理者和经济人的双重角色，是所有者和经营者集团利益的坚定维护者，随时对其运行所涉及的煤、电、油、运等资源配置过程予以行政干预。2. 在由计划经济向市场经济转轨过程中，由各种经济利益矛盾引发的社会伦理冲突呈现出复杂多变的综合性特征。包括不同行业间的收入差距、东西部地区的利益分配、城乡二元结构、不同经济成分间的平衡、中央与地方责权利的公平划分等，这种错综复杂的利益矛盾使得中国社会呈现出利益主体多元化、利益趋向多极化、利益差别显性化、利益矛盾集中化特点。

在当代中国要处理好市场与政府的关系，保证二者按照分工合作与良性互动的伦理规则行事，不同的社会阶层和思想派别因立场、观点和方法不同，其所提出的具体措施必定是仁者见仁，智者见智。但值得优先考虑的关键环节应当包括以下几点：

1. 牢固树立市场经济的基本信念，大力推动各种资源配置的市场化。无论是欧美国家近 300 年的发展，还是我国近 30 年的发展，皆是大力发展市场经济的结果。正如一些学者指出的那样，中国未来的发展取决于我们今天所拥有的信念，"如果我们坚定了对市场经济的信心，不断推进改革，完善市场，中国的未来会非常好，如果我们失去了对市场的信念，制造越来越多的政府干预，中国的未来就会面临着曲折和危险。"[①] 长江三角洲和珠江三角洲地区之所以经济发达，根本原因在于政府参与经济活动少，商人众多且竞争激烈。反之，如果一个地区只有少数特权者做生意，他们通过直接干预、操纵规则、排除竞争等手段来维护自己的强势地位，即使利润丰厚，这个地区的经济终将难以为继并逐步萎缩下去。基于此种认知，中国除少数关系国计民生的行业有必要独家垄断外，其他垄断行业必须放开大门，引入竞争机制，让民营资本参与竞争，且具有相当分量的话语权，逐步改变国进民退的市场格局。

2. 加快政治体制改革，尽快实现政府职能的根本转变。中国经过 30 多年的改革开放，已经发展到由之前的还利于民到今天的还权于民的关键时期，因为市场经济的深入发展引发的各种利益冲突只有通过深化政治体制改革才能得以化解，而政治体制改革是一个复杂的系统工程，涉及基础层面的

---

① 张维迎：《市场的逻辑》，上海人民出版社 2010 年版，第 32 页。

公民社团建设、直接层面的政府体制改革、核心层面的政党制度创新和终极层面的宪政制度完善。所有这些改革需要在稳步推进中展开，其间，尽快完成与市场经济发展密切相关的政府职能转变刻不容缓。当前各级政府的主体功能仍然是以经济建设为主，伴随市场经济的深入发展，它必须加快转向提供公共服务。这种政府体系和政府机构职能的转变涉及政府权力结构的重大调整，从习惯大量掌握人权、事权、财权的功能转向提供公共服务的职能，这对各级政府而言，都将是一个艰难而痛苦的过程。

3. 深化财税体制改革，保障社会财富的公平分配。政府要提供公共服务，必然要加大社会基本福利和民生保障项目的支出，而长期实行的高增长低保障模式使得相关资金缺口很大，特别是城乡基本保障的人口基数极其庞大，要实现相关资金的落实到位，不对巨额国有资本的收益格局进行重新分配，仅仅依靠原有经常性财政收入，几乎无法完成新型社会保障体系的建设。众所周知，国有企业规模巨大的资金收入，有相当一部分进行了内部管理者和职工收入的优先分配，这是引发城乡、行业收入差距不断拉大的重要因素之一。此外，增收累进税和遗产税、降低执政成本、实现中央与地方政府府际之间财税权利与义务的公平分配等，同样是深化财税体制改革的重要内容之一。

4. 强化法治建设，创造良好的市场经营环境。市场经济本质上是契约经济，它以财产权利、契约权利以及由此催生的发达的资本市场为前提条件。在稳定的法治国家，个人财产权利的继承是可以预测的，许多个人之所以能够签订长期的财产契约或设立基金会，是因为他们自信能够将财产受托到后代，社会对他们财产权利的裁定和执行决非是短期行为，而是可以持续到无限的将来。由此，我们就会理解为什么在美国、英国、瑞士等国，其银行、证券、保险等金融资本市场异常活跃，因为产权密集型的经济通常对应的是资本密集型的经济。试想，如果商人的机器或工厂总是随时面临着没收或充公的风险，谁还愿意从事资本密集型的生产。由此我们将不难看出，市场经济的深入发展需要用鼓励公平竞争和自由创造的稳定的法治制度做支撑，依赖独立公正的司法体系来保证契约合同的有效实施。反之，如果一个社会只是依靠临时性政策法规或红头文件，乃至依靠领导的随机批示来管理市场经济，那么，人们就会只相信权力、人情和关系，而不相信法律，在这种不规则的商品交易环境中，决不可能生发出持久繁荣的现代性市场经济。

三、效率与公平综合平衡的道德意蕴

效率与公平的关系问题贯穿于市场经济的全过程，涉及市场经济制度的实质与核心。因此，要对市场经济制度进行道德检审，就必须对效率与公平的关系予以高度关注。而且，从更为广泛的意义上讲，效率与公平的综合平衡既是不同时代人类生存和发展的前提和基础，也是人类社会永恒的价值追求。在当今时代，它不仅事关我国的和谐社会建设，也是影响世界和平与发展的重要因素。由之，这一课题已然成为近几十年来国内外经济学、政治学、社会学、法学等诸多学科研究的热点。笔者试图站在经济伦理学的视角，先就效率与公平的伦理内涵予以仔细剖析，然后对效率与公平在西方社会动态平衡的伦理支点进行深入挖掘，最后再对30多年来中国在发展社会主义市场经济过程中处理该问题所生成的经验与教训作出伦理反思。

（一）经济伦理学视域中的效率与公平

不同学科围绕效率与公平关系的讨论和辩驳之所以此起彼伏，其重要原因之一是对二者所指称的对象缺乏一种公度性认识。要消除这种歧义纷呈的局面，就要求不同学科对之展开深入探讨之前，必须就其具体内涵作出缜密梳理。

1.效率概念的内涵及其伦理学考量

效率（efficiency）一词就其字面而言，含有能力、效能、功能等意思，在微观经济学中主要指产出与投入之比例，即边际产品的比率与要素价格比率之间均衡关系的实现，在宏观经济学中主要指对社会资源配置和利用的合理性、有效性的评价和量度。[①] 在经济政策层面主要指物质资料的生产和积累数量，以及若干经济指标（如：GDP、CPI等）的增长速度。效率的增长

---

① 郭志鹏：《公平与效率新论》，解放军出版社2001年版，第65页。

不仅表现为劳动生产率的提高或资金利润率的提高，也表现为人尽其才，物尽其用，地尽其力，货畅其流。制约经济效率增长的因素多种多样，包括：劳动分工的精细化和专业化、劳动组织的规模化和市场化、生产经营者的知识水平和信息处理能力、科学技术在生产力各要素中的渗透功效、对生产劳动和经营管理者的激励和竞争机制、各类经济制度的合理性程度和创新方式等。

在西方经济思想史上对效率问题的论证经历了三个基本阶段：（1）古典自由主义的效率理论。主要以孟德威尔和斯密为代表，孟德威尔在《蜜蜂寓言》中认为，社会效率根源于个人对私利的追求和趋乐避苦的自由创造活动，社会如同一个庞大的蜂窝，只有每只蜜蜂辛勤采集和努力酿蜜时，整个蜂窝才能蜜流如注。受其影响，斯密认为，经济市场就像一只"看不见的手"牵引着人们追逐自己的私利，每一经济主体的自我追求必将导致社会经济财富的增加。因此，个体之间的自由创造和竞争是经济产生高效率的原动力。（2）功利主义的效率理论。以边沁、穆勒为代表的功利主义不满足于古典自由主义只重视个人自利价值的行为，强调提高经济效率的目的在于追求最大多数人的最大幸福，并把幸福的质与量、眼前幸福与长远幸福、肉体幸福与精神幸福、个人幸福与社会幸福结合起来，主张应保持经济持久合理的高效增长。（3）帕累托效率理论。古典自由主义和功利主义的经济效率理论侧重于对社会生产积累性效果的考察，并不关注社会的财富分配问题，而以意大利经济学家帕累托为代表的新福利经济学以产品分配问题为核心，提出了帕累托效率最优理论，即在某一状态或体系中，当且仅当该体系达到这样一种良好的状态，以致在该体系中再没有一种可行的可供选择的状态能使一个人的境况变好，而同时又不会使其他人的境况变坏时，该状态就是帕累托效率最优。布坎南认为帕累托效率论证的最大优点是考虑到了社会整体福利的最优分配，但忽视了社会生产效率的总体增长对福利本身所具有的积极意义。[①]

效率不仅是对人类经济活动有效性的定量考察，同时在价值判断意义上

---

① 参见万俊人：《义利之间》，团结出版社 2003 年版，第 67 页。

还具有极其重要的伦理导向作用。首先，提高经济效率是彰显人的类本质的重要手段。在古代社会由于生产工具落后和生产效率低下，致使生活资料极度匮乏，才产生了人吃人的恐怖现象。伴随经济效率的提高和物质积累的增加，人类才有闲暇从事精神文明的创造，逐步显示出超越其他物种的独特的类本质特性，以至于在古希腊的荷马史诗时期，人们把活得优秀、出众、杰出、卓越等与效率相关的能力品质称之为人类最重要的美德。[①] 其次，经济效率为人类的全面发展奠定了物质基础。对物质利益的追求是人类社会发展的原始动力，任何追求高尚道德的人都无法脱离物质利益的束缚。正因如此，马克思在批判资本主义制度剥削本质的同时，承认资本主义制度创造出的前所未有的高效率生产体系，为人类的自由全面发展奠定了物质基础。再者，以经济效率为基础的效益最大化模式为人类一切正面效果的行为奠定了基础。经济效率的提高必须以产品和服务符合社会需要为前提，否则，效率越高危害越大（如毒品生产）。由之，人们在深化和扩展"经济效率"内涵基础上提出了"经济效益"概念。后者强调经济效率与社会效益、经济发展与人类整体发展的辩证统一，要求经济效率的增长必须以提高产品质量、节约劳动时间、保护生态环境等为前提。最后，一种有效率的经济制度体系必须在带来经济财富总体增长的同时，能够为全体成员带来更多的福利共享，特别是其分配方式较其他制度体系应当更为公平合理和富有效率。

2.公平范畴的多维透视及论证方式

与效率概念相比，公平一词在东西方文化中从来都是一个歧义纷呈的概念。以西文为例，其所对应的英文词是 justice，形容词是 equitable、fair、just、impartial 等，在很多情况下，公平与正义、平等、公正等概念可以替代使用。公平概念本质上指称的是一种关系范畴，它体现的是人与人之间利益关系的比较，即社会成员之间权利与义务的分配状况。当然，公平对于人类文明的延续而言，它既是一种观念性的理想追求，也是对人与人之间社会关系的合理性和合目的性所做的道德反思。随着社会物质生活条件的变化，

---

① 麦金太尔：《德性之后》，龚群译，中国社会科学出版社1995年版，第154页。

不同时代的人们对公平的理解各不相同，即使在同一时代，不同的阶层和阶级对公平的理解也存在着本质性区别。因此，公平永远不是绝对的，而是相对的、有条件的。不仅如此，不同的学科对公平内涵的认识也存在重要区别，如：经济学侧重于经济财富分配的公平；政治学强调政治地位和政治参与的平等；法学关注每个人权利与义务的对等。本书主要从经济伦理学的视角探讨公平问题，其所指涉的重点：一是经济制度层面的公正，包括生产、分配、交换、消费等经济生活各环节的公平性制度安排。二是与经济制度公平相对应的个人的公平美德，如公平正当地处理经济利益纠纷、自觉遵守公平规则的能力、与社会不公现象进行斗争的勇气等。此外，对公平的理解除了要看到其历史性和学科性差异外，还要特别注意到公平具体表现形式的极端复杂性，包括起点公平、机会公平、规则公平、程序公平、结果公平等。

公平作为一个既传统又现代的概念，在西方经济思想史上曾经受到历代经济学家的广泛关注，如在近代工商业文明最为发达的英国，斯密特别强调机会均等之于人类的极端重要性，认为只有实现自由的机会均等权，才能实现社会财富的最大化。而现代货币主义学派的代表人物弗里德曼在继承斯密思想的同时，则充分认识到了在现实社会中实现机会均等的重重困难，认为许多比赛往往在起跑之前就开始了，而且对无能力利用机会和根本不愿利用机会的人而言，机会均等毫无意义。从整体上看，西方思想家对公平的价值证明主要通过权利资格论和公正道义论这两种方式进行，在此仅以哈耶克和罗尔斯为例做一说明。哈耶克以维护人的自由权利为出发点，主张社会公平的实现决不能以牺牲个人的自由为代价，并认为自由竞争的市场制度是一种最为公平的制度，因此，必须尽可能地运用社会的自发力量实现公平，决不能借助国家的强制力量去抹平人们的收入差别。[①] 那样做必将大大延缓社会整体的进步，只要收入差距不是人为设计或政府决定的结果，而是市场所带来的，这种不平等就具有天然合理性，并将成为社会进步的直接动力。与之不同的是，罗尔斯在承认个人权利优先性的同时，从社会道义论的立场出

---

① 哈耶克：《自由秩序原理》上卷，邓正来译，三联书店 1997 年版，第 105 页。

发，认为现代社会的根本问题已不是对财富增长和个人权利的论证，而是如何保证在激烈的多元利益冲突背景下实现社会的繁荣稳定和长治久安。为此，他提出了"作为公平的正义"的两原则：（1）平等自由的原则，即每一个人对于最广泛的基本自由以及与其他人相一致的自由都有着同等的权利。（2）社会的和经济的不平等应当满足两个条件：一是公职和职位向所有人开放，即机会均等的公平原则；二是有利于最少受惠者的最大利益，即差别原则。由这两个原则出发，罗尔斯从政治自由制度、经济分配制度和个人的正当的善观念等层面全面论证了制度正义及其稳定性问题。

（二）西方社会效率与公平动态平衡的伦理支点

以上对效率与公平本质内涵的分析为我们科学把握二者的关系奠定了理论基础。在资本主义经济思想史上，围绕效率与公平的关系问题自始至终存在着纷繁复杂的理论争议。其中最有代表性的观点：一是彰显二者的矛盾对立性。持这种观点的人认为，效率与公平分属于不同的经济活动领域，具有各自不同的评价标准，资本主义市场经济的本质就是以牺牲公平为前提，追求效率至上。二是突出二者的内在统一性。如有人主张效率优先论，认为效率决定和包含着公平；也有人主张公平优先论，认为公平决定和包含着效率。三是强调二者的同时并重性。如有人主张在制度创新（产权制度、分配制度等）中保证二者的对立统一；也有人主张在动态平衡中实现二者的协调联动。在此不拟就上述观点分门别类地展开诠释，而是针对资本主义经济思想史上效率与公平关系理论的伦理支点予以深度辨析，以求全面透视其本质特征。

1.对财产私有制和个人自由权利的坚定维护

绝大多数西方经济学家在探讨效率与公平的关系时，都把洛克在《政府论》中所讲的财产私有制看作是一种先验的超历史的自然权利。正是这种个人对于财产的排他性占有关系，奠定了西方经济学理性经济人的基本假设，进而形成了以个人选择、自由契约、成本收益等范畴为核心的现代西方经济学体系，这一体系把个人在交易成本约束下追求效率最大化视作市场经济的本质属性。尽管在人类社会内部，参与市场活动的人在先天禀赋和获致能力上存在着千差万别的样态，但正是这种差别性的存在造就了"必须公平对待每个人"的现代社会理念。试想，如果世人完全雷同，毫无差别，就不会产生公平观念，相反，人们不得不进行分门别类地区别对待。因此，对于世人而言，只有确立了形式公平的规则之后，才能使每个人在自由行动中去追求自身权利的最大化，进而实现社会整体利益的最优化。在多数西方经济学家看来，能够确立形式公平且自由选择的社会，除了以私有制为基础的资本主义自由市场机制外，别无他途。因为市场是天生的自由派，商品是天生的平等派，自由选择和平等交易乃是市场经济的灵魂所在。

2. 在对效率的追求中实现最大多数人的最大幸福

自16世纪至今这500多年的时间里，资本主义之所以能够历经磨难而不亡，与其在提高经济效率上的优势地位以及自身不断地对妨碍经济效率增长的体制和制度进行改良是分不开的。16—17世纪伴随文艺复兴和宗教改革运动的兴起，特别是新航路的开通，欧美国家人们的观念开始发生根本性转变，拼命挣钱不再是贪婪无耻的象征，而是成为一种天职和使命，是为了最大限度地使人生绚丽多彩，是改变个人命运的最好途径。正是"时间就是金钱，效率就是生命"的新教伦理精神为欧美国家早期工业革命的发生和之后长期的经济繁荣奠定了思想根基。以美国石油大王洛克菲勒为例，为了提高经济效率，记账成为他终其一生的生活方式和工作方式，在他的炼油厂里，提炼一加仑原油的成本被计算到一分钱的千分之一，这种近乎吝啬的成本控制，使其公司每加仑的汽油价格从8美分降到5美分，企业依然可以盈利。[①] 正是这种对金钱和效率的执着追求，造就了18—20世纪发端于英国的功利主义伦理思潮在欧美社会的广泛流行。功利主义的实质在于从道德哲学层面进一步论证了斯密"看不见的手"的理论，即每个人自由地追求个人利益，努力提高工作效率，自然就会带来社会整体利益的增加。功利主义认为，判断一个人的行为在道德上正确与否，不能从假设性的动机方面去推测，而是要从可能产生和已经产生的实质性价值效果上去测度，并从苦乐情

---

① 任学安主编：《公司的力量》，山西教育出版社2010年版，第67页。

感出发界定善恶标准，认为凡是能够给最大多数人带来最大快乐和幸福的行为才是真正的道德行为。正因如此，所有为资本主义辩护的人都在重复着同一个声音：即在资本主义振聋发聩的生产效率和创新性财富增长面前，一切对资本主义的指责无论多么真实，都显得微不足道。

3. 效率与公平动态平衡的中庸之道

如上所述，效率优先以及在此基础上形成的功利主义伦理思潮一直在资本主义经济思想史上占据主导地位。当然，这并不否认其间除了马克思主义经济学外，也有不少资产阶级经济学家对效率与公平的关系问题给予某种程度的关注。如斯密在《道德情操论》中认为，自由市场本身就能够创造财富的公平分配；而穆勒在其《政治经济学》中用多个章节讨论空想社会主义提出的财产公有制和社会公平问题，并提出了对自由市场的限制措施；马歇尔在其《经济学原理》中对伴随巨大财富增长而生成的极端贫困现象也给予了批判。但真正对效率与公平关系问题展开深入讨论是 1929 年资本主义大萧条之后发生的，到 1930 年时，这次危机使美国 1325 家银行倒闭，26355 家公司破产，400 万人失业。① 资本主义效率至上孕育出的一切矛盾、冲突和灾难在这场空前的经济大危机中暴露无遗。财富阶层的贪婪和贫困阶层的暴力成为威胁资本主义制度的两把利刃。在此背景下以凯恩斯、阿瑟·奥肯、萨缪尔森等为代表的西方经济学家；力图找到一条既能保持市场经济效率，又能消除收入差距扩大的中庸之路。其中，阿瑟·奥肯 1975 年出版的小册子《平等与效率——重大的抉择》被公认为是该领域的经典力作，尤其值得我们予以深入辨析。

奥肯既不同意弗里德曼"效率优先"的观点，也不同意罗尔斯"平等优先"的主张，而是认为二者同等重要，在各自不同的领域它们占有不同的价值地位。在社会政治权利领域平等具有优先权，在市场经济中效率具有优先权。奥肯认为，面对效率与平等的冲突，我们要做的不是给它们排列顺序，而是要寻求二者的妥协，无论是为了效率牺牲平等，或是为了平等牺牲效率，其

---

① 任学安主编：《公司的力量》，山西教育出版社 2010 年版，第 125 页。

前提条件是这种牺牲必须以公正合理为尺度，"尤其是，那些允许经济不平等的社会政策，必须是公正的，是促进经济效率的"[1]。为了论证平等与效率之间的均衡和兼顾关系，奥肯还设计了著名的"漏桶试验"。他认为，如果我们要重视社会公平，那么将 1 美元从富人的桶里拿到穷人的桶里时，我们都会表示赞同，但如果富人的 1 美元只有一部分（可能是一半）实际到了穷人的桶里，其他部分被不同的渠道所截留，那么以社会公平的名义进行的财富再分配就是以损失经济效率为代价的。被截留的部分包括：政府必须雇佣税务人员收税，雇佣社会保障人员去分配这些收入，更重要的是政府慷慨的社会保障和医疗保险计划可能会减少人们为养老和保健进行储蓄的能力，造就一个掉在依赖他人的陷阱里的游手好闲的永久性社会底层，进而引发劳动参与率下降、自愿失业增加和财政预算赤字不断扩大等一系列问题。因此，国家必须仔细设计其政策，以避免不可接受的不公平或重大的效率损失等极端情况的出现，使效率与公平之间的关系永远保持在中庸状态。不幸的是，奥肯的上述看法在 30 多年后的今天，再次被欧债危机下的希腊、西班牙等国得以确切证实。

（三）当代中国处理效率与公平关系的道德抉择

在改革开放 30 多年的压缩时空中，我国社会主义市场经济的生成和发展穿越了资本主义市场经济近 500 年走过的艰难历程，其间党和政府以及理论界对效率与公平关系的认识大致经历了以下三个阶段：一是改革开放初期的"否定平均主义，提倡效率优先"。在 1978 年召开的党的十一届三中全会上，针对长期以来平均主义对我国经济造成的巨大损害，邓小平提出了要大力克服平均主义的思想。到了 1984 年的十二届三中全会上，他又进一步提出了先富后富理论，允许拉开分配收入差距，从而使得我国的经济效率获得了突飞猛进的发展。二是 20 世纪 90 年代以后在党的十四届三中全会上提出了"效率优先，兼顾公平"的口号。将按劳分配与按生产要素分配相结合，

---

① 阿瑟·奥肯：《平等与效率——重大的抉择》，王奔洲译，华夏出版社 1987 年版，第80 页。

有力地促进了经济资源配置的优化，极大地推动了经济社会的全面发展。三是进入 21 世纪后提出了"在提高经济效率的基础上更加注重公平"的主张。人们认识到伴随急剧、多重、深刻的社会转型，中国的社会阶层结构已发生巨大变化，社会公平已逐步上升为突出的社会焦点问题，要建构社会主义和谐社会就必须将公平正义置于更加重要的位置。从经济伦理学的视角纵观 30 多年来中国处理效率与公平关系的基本历程，以下几点尤其值得我们深入总结和思考。

1. 坚持发展才是硬道理，牢固树立经济效率在社会发展中的基础地位

经过 30 多年的改革开放，我国的 GDP 之所以能够跃居世界第二，其根本原因就在于高度重视经济效率在社会主义市场经济中的基础地位。因为市场经济的核心是竞争，而效率的提高是竞争获胜的根本手段。与发达国家相比，我国仍将长期处于社会主义初级阶段，从总体上讲，当前我国的经济财富还不能真正满足广大人民群众日益增长的物质文化需要，"蛋糕"还远未做大做强，特别是要解决几亿农民和下岗失业工人的收入、就业、教育、医疗及社会保障等问题，没有物质财富的快速增长是根本不可能的。这就需要长期坚持以效率为基础，在经济持续发展中提高综合国力，以便更好地解决正在和将要遇到的各种国内外问题。要实现这一目标，就必须不断破除制约提高经济效率的各种障碍性因素，包括深化国有企业制度改革，完善国有资产管理体制，建立现代企业制度，提高产权制度多元化水平；促进民营经济发展，在税收、融资、市场准入等方面为其发展提供公平竞争的环境；提高自主创新能力，突破经济建设中的重大技术瓶颈；破除行业垄断、地区封锁和部门分割，大力完善社会主义市场经济体系等。

2. 清醒认识公平正义是社会主义制度的本质要求，大力创造建构和谐社会所需的公平正义条件

科学社会主义的根本目标就是消灭资本主义社会由剥削引发的两极分化，实现社会主义公有制基础上的公平正义。在西方形成的以反对资本主义制度不合理性为目的的社会主义理想，在近现代中国之所以能够演变成反帝、反封建的新民主主义革命和社会主义革命的基本理念，其根本原因就在

于它深刻反映了一百多年来中国社会对公平正义的基本政治诉求。就反帝而言，其本质内涵是追求民族平等。近代中国人普遍认为，一方面具有数千年文化传统的泱泱大国有资格与西方相比较，另一方面在经济、政治、军事、技术实力上又无法与之抗衡，绝大多数人的这种自傲与自卑相结合的心态，使得追求民族平等成为中华民族的百年心结。就反封建而言，其根本目的是追求阶级平等，这与数千年来中国农民"等贵贱，均贫富"的平均主义观念具有内在的契合性，从而成为社会革命中阶级动员的有力思想武器。正因为中国共产党所高举的反帝（民族平等）和反封建（阶级平等）旗帜代表了中国近现代社会的主流价值观，使之完全不同于西方资产阶级革命时期所标榜的"自由"价值观，从而有效回应了中华民族特定时代的精神吁求，由之中国共产党才成为了中华民族所拥戴的核心力量。[①] 然而，现在因贫富悬殊导致的社会不公正在演变为当前引发中国社会动荡的主要导火索。面对近年来出现的令人瞩目的行业、地区、部门收入差距，必须把社会公平建设提高到更加重要的位置来看待，包括建立公平的社会初次、再次和三次分配体系；完善城镇职工的养老、医疗、失业保险制度；健全城乡居民的最低生活保障制度；公平配置各种教育资源，逐步实现教育均等化；还原户籍制度的基本职能，最终实现城乡公民的公平流动等。

3. 在效率与公平的综合平衡中实现社会主义市场经济的可持续发展

透视我国 30 多年来围绕效率与公平关系展开的各种争论，将不难看出，必须摒弃抽象谈论二者之间的轻重先后，要在结构性关系和综合平衡中处理二者关系。一方面，市场经济机制充满了竞争风险，必然存在胜负之分，胜者在财富分配中会不断获得红利，败者的财富则不断减少和缩水，出现贫富差距是必定无疑的，但如果贫富差距过大，导致部分人的生存权受到威胁，必然引发社会动荡，社会的整体财富也将受损。另一方面，市场经济条件下所追求的公平更多地体现在参与竞争过程的公平，而不是分配结果的公平，合理性差别的存在恰恰是公平的本质要求，否则就等于平均主义。当然全面

---

① 参见靳凤林：《制度伦理与官员道德》，人民出版社 2011 年版，第 256 页。

性社会公平还包括政治参与、社会权益等内容，但这是以效率为核心的市场经济规则所无法承载的。① 此外，从历史流变的动态过程看，一个国家或民族在不同的历史时空中，对效率与公平追求的重点各不相同。当社会急需增加财富时，效率原则会占据主导地位；当社会利益冲突增加影响到财富增长时，公平原则就会唱响主旋律；当财富增长和利益冲突同时出现时，它们会一并成为社会伦理思维的主旨，此时就需要对二者进行综合平衡，这也许是当代中国所面临的最为急迫的问题之一。

第二节　微观经济制度伦理与资本运营的道德反思

资本运营是在企业家的操控下，通过生产、分配、交换、消费等经济环节逐步展开的，由之，这些与单个企业的资本运营密切相关的具体经济问题构成了微观经济学研究的主要内容。要有效规范市场经济状态下的资本运营行为，除了对市场经济制度本身进行道德检审外，还需要在微观经济层面，就企业家道德以及与之密切相关的生产、分配、交换、消费领域存在的伦理问题予以深入解剖，唯其如此，才能真正把握市场经济制度伦理与规范资本运营的内在关联。

一、对企业家道德的三维透视

商业社团作为物质资料生产和交换的组织方式，早在人类古代社会就已经存在，但真正现代意义的公司制度直到 16 世纪之后才在欧洲出现，至于为了追求利润和规避风险而创制的现代股份责任有限公司更是晚近社会的产物，而企业家则是促成公司现象生成的直接性主导力量。因此，要研究微观经济制度伦理就必须对具体操控和运作公司制度的特殊社会阶层——企业家的伦理作用、道德构成及其生成机制予以深入解析。

---

① 参见张伯里主编：《新的发展阶段中效率与公平问题研究》，中共中央党校出版社 2008 年版，第 99 页。

（一）企业家社会作用的伦理评估

近现代以来西方主流经济学家对企业家的发迹历史有着丰富而深刻的认识，其中，既包括对其形成过程所做的深入而细致的事实叙述，也涵摄对其历史作用予以褒扬和贬斥的价值判断。笔者从经济伦理学的视角，仅就后一问题从以下四个层面做一粗浅概述。

首先，企业家是推动社会财富不断增长的重要动因之一。据统计，到2009年，由企业家所创办的各种公司为全球81%的人口提供了各种各样的工作机会，全球生产总值的94%是由企业家建立的各种公司创造的，全球100个巨型经济体中，51个是公司，49个是国家。人类97%的财富是在最近250年里创造的，亦即人类在其诞生以来0.01%的时间里创造的财富超过了以往全部财富的总和，所有这一切都离不开企业家所主导的公司。①

其次，企业家是现代人类生存伦理更新的直接推手。在古代社会，人们根据太阳运行的时间日出而作，日落而息，中世纪的欧洲人主要按照太阳照在各村镇教堂塔尖的位置来校对和核准时间。然而，自从企业家创造出机械化大生产方式后，无数在田间耕作的农民转变成了工人，他们开始远离农村的自然生活，涌向企业、机关密集的城镇，形成各种新型的社会联盟，并逐步放弃上帝给出的自然时间，转而根据公交车站、铁路客站以及上下班给出的工业化时间来工作和休息。与此同时，他们的行为态度、精神气质和心理结构发生了根本性变化，彼此之间不再依靠乡村熟人社会为基础的德性情感和伦理信念来维系，改靠城市社会的契约伦理、法律规则和金钱货币来维系。

再者，企业家是确立现代人类政治伦理观念的奠基石。在中世纪的欧洲，社会政治权力和经济财富主要掌握在封建领主和教会阶级手中，国王将土地分给大封建主公爵和伯爵，大封建主再分给中等封建主男爵和子爵，中等封建主再分给小封建主骑士，这就形成了从国王到骑士的一套严格的封建

---

① 任学安主编：《公司的力量》，山西教育出版社2010年版，第4页。

等级制度。与此同时,公元 5 世纪之后,在教会内部开始形成教阶制,如主教品位自上而下分为教皇、枢机主教、都主教、总主教、一般主教等。到了近现代社会,以企业家为主体的资产阶级极力反对封建制的等级特权思想,他们在发展企业的过程中,逐步将各种封建羁绊一一破除,在创立社会经济活动规则和制定企业管理章程的过程中,将自由、民主、法治、功利、公正、人权、主权等现代政治伦理理念广泛传播开来,深刻影响了当今社会的政治伦理秩序。

最后,企业家是引领现代国家走向繁荣富强的主体力量。在欧洲中世纪,社会各阶层关注的中心问题是政治斗争、军事战争和宗教分歧。由之,决定了政治家、军事家、宗教领袖具有崇高的社会地位,而从事工商业活动的商人和企业主被封建贵族和教会僧侣所鄙视。16 世纪之后,经济活动成为社会生活的中心,企业家逐步成为社会生活的核心和骨干。是否拥有一大批杰出的企业家和众多强大的公司,已成为关乎一个国家经济实力的根本问题。近代以来,任何忽视企业家和公司组织的国家必定会走向衰落。相反,只有解放大众的创造力,让企业家充分释放能量,推动生产力不断进步,这个国家才能最终登上世界舞台的中心。二战后正是松下幸之助、丰田佐吉、福泽谕吉等一大批企业家创办的松下、丰田、东芝、索尼、夏普等大公司的力量,将日本这个小小的岛国推至世界强国之林。

（二）企业家道德构成的核心要素

企业家的道德人格极其复杂,既有正面的道德因子,也有负面的非道德成分。如美国福特公司创始人亨利·福特,一方面,为了扩大福特牌汽车的销售数量,他大幅提高工人薪水,力争让每位员工都买得起自己生产的汽车,从而推动了美国中产阶级的形成;另一方面,他又坚持打击工会力量,并且他还是一个反犹太主义的代表人物。基于企业家道德人格构成的极端复杂性,笔者在此仅从正面立场就企业家道德构成的核心要素作出诠释。

1. 企业家的精神特征

所谓企业家精神就是企业家区别于政治家、军事家、宗教领袖、学者以及普通民众所具有的独特的内在禀性和人格气质。学界对企业家精神的描述千差万别，笔者将企业家精神概括为：(1) 对企业利润的永恒追求。无论是在中国漫长的封建社会，还是在西方的中世纪，"君子不言利"和"清心寡欲"一直是人们所普遍赞扬的个人美德，但自从新教改革之后，挣钱不再是贪婪的象征，而是成为人的天职和使命，这一思想闸门的开放，为企业家的逐利行为创造了良好的社会环境。从此，企业家将不懈地追求金钱视为人生的根本意义所在。然而，企业家赚钱的目的不同于小农经济时代以聚敛财富为癖性的地主老财，而是要通过最大限度地追逐利润来进行扩大再生产，在创办新企业的过程中开辟新市场，在不断地创造最大财富的过程中实现自我价值并造福人类。(2) 对市场风险的勇敢承担。在自然经济状态下，由于生产力水平较低，信息流动缓慢，人们凭借本能和习惯过着循规蹈矩的小农经济生活。与之相反，在市场经济状态下，生产、分配、交换、消费等各个环节呈现出动态开放的特征，到处充满着竞争和风险，正所谓"市场如战场，竞争如战争"，这就要求企业家要想在激烈的市场博弈中胜出，必须具有一种"想常人所未想，干常人所未干"的冒险意识和"胜败乃兵家常事"的勇往直前的竞争精神，在英语中企业家一词"entrepreneur"就有风险承担者之意。常人通常是在具有百分之百把握时才行动，企业家则是在具有 60%—70% 把握时就勇敢地抢得先机。(3) 在创新实践中乘风破浪。冒险的本质是创新，经济学家熊彼特在其《经济发展理论》中将创新视为企业家的根本使命。他认为，人类本性中存在着僵化保守的成分，企业家只有克服重重困难，冲破静态世界的束缚，在破坏旧秩序、旧规范、旧习惯的过程中，通过创新实践，才能带领企业进入一个全新的境界。这种创新实践包括开发新产品、采用新工艺、开辟新市场、建立新组织、创立新制度等。一个企业家一旦由革新派变成了保守派，也就意味着他企业家生命的终结。(4) 英雄主义的王者风范。常人满足于在别人的领导下按时上下班，甘当"螺丝钉"，但市场经济中的企业家不愿默默无闻地去度过自己的人生，而是要出人头地，要获得支配他人的领导地位，在其内心深处始终存在着一种征服的意志和战斗的冲动，力图证明自己比别人优越，从而获得社会的承认和赞誉。他们通过创办一个个企业而去支配大量的物质财富和人力资源，用新技术、新产品、新市场征服整个世界，建立起自己的经济王国，从而向世人证明，只有他们才是人类的精英和民族的脊梁。

2. 企业家的道德品质

企业家的道德品质是企业家精神特征在其个体身上长期积淀而形成的一贯性和稳定性的内在道德倾向。其主要内容当为：（1）公平正义。市场经济作为一种资源配置方式，其组织形式表现为由各自独立主体构成的无外部强制、无权力中心的平面网络，它打破了狭隘的时空局限，割断了传统的封建宗法血缘和乡缘纽带，它要求企业家必须具备公平正义的契约意识和平等观念。契约意识要求企业家应以契约来规范自己的交往行为，以实现经营活动的公平和理性，包括对契约当事人公平利益的期待，对合理条款的认可，对合同义务的履行等。平等观念则要求企业家在交易过程中平等待人，相互尊重对方的权利和意愿，因为只有交易双方处在完全平等的地位上，才能避免封建领主式的强取豪夺。（2）诚实守信。诚是企业家的内在德性，信是其诚的外在表现，企业家如果没有内在的诚，就没有心灵的自我统一，只有诚于中，才能信于外，诚实守信要求企业家在经营活动中以诚待人，取信于民，不可弄虚作假，坑蒙拐骗。特别是现代股份责任有限公司的出现，使企业经营权落在了大量职业经理人的手中，他们如果只关心股东们看重的股票价格和眼前利益，而不关心公司的合法经营、道德资本和可持续发展，最终必然导致企业破产。2001年美国安然公司因财务欺诈而破产，2004年日本西武铁道公司因财务作假而被取消上市资格，2008年美国雷曼公司因无限制创生金融衍生产品而倒闭，这已向现代企业家——职业经理人们敲响了诚实守信的警钟。（3）社会责任。对于一个成功的企业家而言，其成就感的大小无法单纯依靠财富的多少来衡量，因为财富和社会价值并不等价，巨量财富的意义已经超越财富本身。特别是现代企业规模日渐扩大，各种超大型跨国企业、全球企业不断涌现，这些企业的一举一动事关一个地区和国家的经济、政治、文化生活的方方面面。这就要求企业家必须为自己的决策和行为承担起各种社会责任，诸如保障公共安全、维护劳工权利、保护生态环境、帮助弱势群体、发展慈善事业等。一个企业家通过履行各种社会责任反哺社会时，无疑就形成了对贪婪的社会平衡。恰如美国钢铁大王卡内基所言："当我死后，为平生所作所为接受上帝审判时，我认为自己会得到一个无罪的判决，因为在我的努力下，这个世界已经比我初识它时多出了几许美好。"①

(4) 珍惜时间。在小农经济时代，时间就是春夏秋冬、日复一日和年复一年地循环往复。在工业化时代的企业家眼里，时间是由过去、现在和未来构成的不可逆性直线，他们信奉"时间就是金钱"。在激烈竞争的市场上，赢得时间就意味着成功，反之就是失败。企业家在生活消费方面可能挥金如土，但在工作安排上却惜时如金。提高时间的使用效率，按时作业，准时赴约，应是当代企业家极其重要的宝贵品质。

3. 企业家的管理水平和道德境界

企业家是一个企业的灵魂和企业法人的人格体现，他决定着企业的成败和发展方向。由于企业的性质各异，规模不等，必然使企业家的管理水平和道德境界呈现出系列性和层次性特点。一般而言，在企业初创阶段，要求企业家必须对投资产品的技术性能、市场分布、发展趋向作出准确判断，与企业发展涉及到的利益相关方（员工、用户、股东、供货商、政府部门等）建立起良好的伦理互动关系，在企业内部建立起公正合理的决策制度、分配制度、安全达标制度、财务管理制度等。在企业成长和鼎盛时期，企业家要着手从日常管理中超脱出来，考虑企业的长远规划和大政方针，特别要善于组织精明强干的队伍去深入挖掘市场潜力，逐步培养起一支高水平的德才兼备的专业化管理队伍，创立起独具特色的企业伦理文化。在企业衰退阶段，要求企业家必须善于预测企业产品的饱和程度和市场寿命，鼓励开发新产品，及时调整企业经营方向，有效控制成本消耗，不断更新管理队伍，力争企业返老还童。当然，在常规状态下，大部分企业家只能适应特定阶段的德才要求，只有少数企业家具有极强的历史适应性，能够审时度势地未雨绸缪，通过兼业经营、多业并举以及兼并重组等手段，不断将企业带入管理伦理的新境界。

---

① 任学安主编:《公司的力量》，山西教育出版社 2010 年版，第 81 页。

（三）企业家道德的生成机制

一个企业家的精神特质、道德品质和道德境界是个性的天然因素使然，还是依靠后天因素培育而成？对此问题的回答，仁者见仁，智者见智。但综观不同时代、不同国别企业家群体的成长经历，其间存在着一些共同性的生成因子，值得我们去觅赜探幽。

首先，企业家道德生成的文化氛围至关重要。马克斯·韦伯在《新教伦理与资本主义精神》中曾经明确指出，与中世纪后期天主教强调灵肉二分，鄙视世俗生活，主张禁欲主义的生存方式不同，以马丁·路德和加尔文为代表的基督新教认为，企业家追逐利润和发财致富，不仅合乎人情，更顺乎天理，并告诫企业家在取得经济成就的同时，还要具备勤奋、谦逊、节俭的品德，要用已有财富创造更多财富，进而去赞美和荣耀上帝。正是新教的这种价值取向，为早期资本主义企业家的资本积累和扩大再生产活动注入了强大的精神动力。与之相比，中国封建社会长期推行的重农抑商政策，以及对商人职业的极端鄙视，使得大量知识分子终生以跻身仕途为目标，将"君子谋道不谋食"视为价值准则，从而极大地压制和扼杀了蕴藏在人们心目中的"企业家精神"。直到改革开放30多年后的今天，这种观念还在不同程度地制约着中国企业家群体的成长，中国还远未实现由"学而优则仕"向"学而优则商"的转变。恰如费孝通所言："从土里长出过光荣的历史，自然也会受到土的束缚，现在很有些飞不上天的样子。"[①]

其次，企业制度伦理是企业家道德生成的重要因素。中国的官本位文化和新中国成立初期的特殊国情，使得我们选择了计划经济体制。由之，企业成为各级党委和政府的生产车间和附属物，真正意义上的企业家也就不复存在。改革开放后，我国逐步实现了由计划经济向市场经济的转轨，特别是1994年《公司法》的颁布以及之后一系列相关法规的出台，为现代企业制度的建立奠定了基础。但时至今日，制约企业家道德生成的机制和制度依然大量存在。以国有企业为例，政企不分和产权不明使得政府与企业的关系处

---

① 费孝通：《乡土中国》，三联书店1985年版，第2页。

于分不清、理还乱的状态；对企业家的行政任命和委派制使得企业家队伍参差不齐；企业内部运行机制不顺畅使得企业家过分依赖国家政策，忽视内部自身的管理等。上述机制和制度层面存在的非伦理现象，严重影响着企业家精神的生成和道德责任感的培育。因此，只有真正建立起现代企业制度，才能造就出中国特色的企业家精神和企业家品质。

最后，在市场经济中摸爬滚打是锻造企业家道德的根本途径。马歇尔在其《经济学原理》中认为，企业家的子女虽然具有承接企业管理经验和了解企业产品性能的有利条件，但未必能够成为企业家，这是因为他们缺乏父辈坚强的性格和幼年时代养成的与困难作斗争的勇气。如同温室里长出的幼苗无力同外界的疾风暴雨相抗衡一样，企业家的逐利、冒险、创新精神和公平、诚信、责任意识很难靠后天的有利条件去培养，关键是让其到风云多变的市场上去自由竞争，只有在经历了反反复复的失败挫折和成功喜悦后，才能最终磨炼出真正意义上的企业家。当然，政府和社会为企业家成长提供舆论、资金、培训等方面的支持，无疑也是极其重要和必需的后天因素之一。

二、人类生产活动的伦理向度

人类的经济活动是由生产、分配、交换、消费四个环节构成的完整系统，其中，生产活动是全部经济活动的起始点和根本点。在早期资产阶级经济学著作中，如斯密的《国富论》和穆勒的《政治经济学原理》皆把生产活动置于其经济理论的首要位置。人类的生产活动既有合规律性的成分，又有合价值性的因素，此处试图从后一视角，就人类生产活动所牵引和指涉出的伦理问题做一学理性探究。

（一）在生产活动中彰显人的本质力量并实现其自由全面发展

生产活动是人与动物的本质区别之一，正是在生产活动中人类不仅生产出维系自己生存所必需的劳动产品，同时也获得了对劳动工具和劳动资料的支配权，使自我的本质力量得以物化到劳动产品中去，从而使自身的创造性、能动性和内在意志得到确证。但是在人类生产力发展水平尚未高度发展的私有制社会，特别是在早期资本主义社会，生产的机械化和技术分工的细化使工人劳动呈现出碎片化特征，从而影响了其身心的正常发展，丧失了劳动应有的创造性乐趣，使劳动变成了单纯性谋生手段。因此，只有消除异化劳动产生的非人化倾向，重视劳动条件和劳动管理的人性化，充分彰显劳动的自主性特征，并在劳动过程中建立起人与人之间的合理性伦理关系，才能最终实现人的自由全面发展。

（二）在生产活动中实现人类劳动权利和职业责任的辩证统一

劳动不仅是人类确证自我本质力量的方式，也是人类的一项重要权利。劳动者自身的独立人格、自我尊严和社会荣耀，只有借助自身创造的高质量的劳动成果才能得到社会的承认，由之，劳动本身也就成了人类的一项基本权利。正因如此，我国的《劳动法》明确规定："劳动者享有平等就业和选择职业的权利、取得劳动报酬的权利、休息和休假的权利、获得劳动安全卫生保护的权利、接受职业技能培训的权利、享受社会保险和福利的权利、提请劳动争议处理的权利以及法律规定的其他权利。"[①] 当然，权利和责任从来都是统一的，人在享有劳动权利的同时，也必须履行各种职业责任，包括承诺遵守劳动纪律、信守劳动合同、认真完成本职工作、提高职业道德水平等。此外，人类还会主动承担超职责的具有社会公共义务性质的劳动——义务劳动，后者依赖于个体的社会道义感和公益心，属于一种具有伦理性善价值的美德行为。

（三）产权制度伦理与生产效率的提高

马克思主义经济学认为，生产活动作为一种社会性活动，其效率的提高依赖于人们之间的分工协作和生产关系的不断进步。在生产资料私有制条件下，由于物质财富的创造者和享有者相分离，导致异化劳动的普遍存在，从而降低了生产效率。只有消灭私有制，建立公有制，才能极大地提高生产效率，进而使人们的道德水平得以真正提升。然而，伴随20世纪90年代东欧剧变的发生，人们对马克思的生产资料所有制与生产效率关系理论产生了怀

---

① 转引自国务院法制办编：《新编中华人民共和国法律法规全书》，中国法制出版社1999年版，第1700页。

疑，特别是现代西方经济学中，以科斯为代表的产权制度学派认为，产权的明晰界定是市场机制发挥作用的前提条件，只有将产权作出明确划分，才能减少市场交易的不确定性，降低生产成本和交易成本，进而减少负外部效应的发生，并将正外部效应内部化，激发起生产主体的积极性和主动性，从而大大提高生产效率。[①] 绝大多数西方产权制度学派经济学家认为，私有产权制度是权利边界得到清晰界定的产权制度，因而是最有效率的制度。上述主张为东欧剧变后原社会主义国家公有财产的私有化提供了充分的理论依据。令人吊诡的是，以公有制为主体的中国经济经过改革开放 30 多年的发展，其国有部门和集体部门产出的增长率和全要素生产率长期保持高速增长，而且世界上也有许多国家的公有产权企业效率高于同类私有产权企业的效率，如法国电力公司、新加坡国有航空公司和韩国浦项钢铁公司等。上述现象表明，生产效率与生产资料所有制、产权制度之间存在着极其复杂的关系，产权制度只是影响生产效率的重要因素之一，但不是唯一。在当代中国，我们只有以马克思主义的生产资料所有制理论为指导，积极借鉴西方产权制度学派的合理因素，加强所有权与经营权分离之后国有企业内部治理结构的改革，在解决权责划分、激励与监督、内部人控制等一系列问题上，走出一条中国特色的国有企业产权制度改革与生产效率提高的双丰收之路。

（四）企业管控伦理与生产效率的增减

在资本主义市场经济发展史上，企业规模先后经历了个人企业、合伙制企业和股份公司等发展阶段。早期资产阶级经济学家由于深受达尔文进化论的影响，普遍认为企业是一个有机的厂商组织，其经营规模越大、管理措施越完善、资源利用越充分，生产效率和经济效益就会越加丰厚。如马歇尔在其《经济学原理》中，对垄断企业的出现给予很高的正面评价，认为垄断企业比小企业有更多的资金来改进生产方法和机器设备，垄断企业内部由于避免了和小企业的竞争，从而可以减少广告开支，降低经营成本，提高经济效益。然而，二战之后通过一系列广泛而深入的企业兼并与重组，在西方社会

---

① 参见 R. 科斯等：《财产权利与制度变迁》，上海人民出版社 1994 年版，第 20 页。

出现了大量垄断性寡头企业，人们逐步发现这类企业可以通过制定主导行业产品标准来提高其他企业进入该行业的壁垒，可以通过寡头之间的策略互动和相互勾结来确定产品价格和产量，进而瓜分市场，从中获得极高的垄断利润。为了避免不完全竞争导致的各种弊端，政府力图在限制垄断和促进竞争之间找到管理企业的有效措施和方法，从而促成了企业管控理论的生成。包括促进公共服务行业高效率与低价格的竞争；减少生产者和消费者之间的信息不对称，增进彼此的信任感；防止企业对土地、水、空气等公共自然资源外部性污染的发生等。当然，面对政府对企业的管控，也有大量极端自由主义经济学家提出了各种批评性意见。究竟如何在提高企业生产效率和有效管控企业行为之间取得平衡，将是企业生产活动面临的一个永恒性和动态性的重大伦理抉择。

（五）天人关系伦理与生产的可持续发展

人类的生成过程是自然环境不断演化的结果。从根本意义上讲，自然环境决定着人类的终极命运。而把自然和人联系起来的基本方式是生产实践，人类的生产过程就是人与自然之间、自然与自然之间不断展开的物质交换和能量转化过程。在人类社会早期，由于生产力水平极端低下，人完全服从于自然力量的支配，但自从产业革命以来，人类开始了大机器生产的新时代，自然界开始作为一种生产要素被纳入人类的生产过程之中，人类开始以征服和改造自然的态度去傲视自然，特别是建立在大机器生产基础上的市场经济模式，将经济的高速增长作为唯一的追求目的。这种发展模式极大地诱发了人类的贪婪动机，纵情享受人生成为人类的终极性价值目标。然而，这种经济模式和生活方式是以"大量生产——大量消费——大量废弃"的资本逻辑为前提的，最终引发了环境恶化、资源枯竭和生态失衡。痛定思痛，在20世纪后半叶，伴随以罗马俱乐部《增长的极限》为代表的一大批环境经济理论的诞生，人类开始了天人关系伦理与生产可持续发展问题的全面反思。截至今日，人们在以下三个方面获得了基本共识：一是人类必须摒弃近现代以来形成的置自身于自然之外的绝对主体的思维模式，树立人与自然和谐共存的新型价值理念。二是主动调整人类自身的生存方式、产业结构和生产指标，以便实现人类生产活动的可持续发展。三是将人类的生产实践立足于人与自然协调运转的基础上，自觉担负起人——社会——自然动态平衡的伦理责任。

三、经济财富分配的正义之维

在人类经济活动的生产、分配、交换、消费四个环节中，分配伦理对整个经济的良性运行具有极其重要的价值和意义。但学术界对分配概念的理解却存有异议，有人从宏观层面把握分配概念，将社会对财富、权力、权利、知识、荣誉等的安排、配置和瓜分统称为分配，乃至将其视作社会的基本结构去看待（如罗尔斯）；也有人从中观层面理解分配概念，认为它是全部经济活动的基础，以分配问题为出发点去解释经济运行中的生产、交换和消费现象；本书则是从微观层面理解分配概念，只是把它看作与生产、交换、消费三者具有同等价值的一个经济运行环节，并在此意义上辨析其所蕴含的伦理意义。

（一）初次分配中的效率优先与兼顾公平

有效且公平的初次分配体系是平衡出资人、劳动者和政府三大经济体之间利益关系的重要机制。如何确定公平合理的资本收益、劳动者报酬和政府税收比例，从而推动国民经济朝向持续健康的方向发展，一直是我国经济运行面临的重大问题。部分学者认为，必须把初次分配问题纳入到经济全球化的大背景下来看待，如果我们一味地提高低素质劳动力的工资，力图通过政府税收手段压低资本收益和高素质劳动力的收入，必然丧失成本优势，迫使民营企业家和高级人才移民海外，从而使大量企业垮掉，进而妨碍国家经济的持续发展，就业和贫困问题也就无法从根本上得以解决。与之相反，也有学者认为，目前我国劳动者报酬占国内生产总值40%左右，大大低于世界50%以上的水平，更远远低于发达国家60%以上的水平，这是导致居民收入水平低下和消费不足的根本原因。因此，在未来五到十年的发展规划中，必须建立起全国性劳动报酬提高与国民经济增长的联动机制，大力推动劳动工资最低标准制度和劳动报酬平等协商制度，以便让劳动报酬在初次分配中所占比重不断提高。面对上述二难选择，我们仍然要坚持邓小平"发展才是硬道理"的指导思想，一方面，在初次分配中要坚持效率优先的主张，为能容纳大量劳动力的中小企业创造良好的投资环境，包括提供融资贷款渠道、建立合理的资源价格体系、为高素质创新人才提高收入空间等；另一方面，也要兼顾公平，尽可能减少对农民工的歧视、对女性劳动力的歧视、消除同工不同酬现象、去除劳动力流动障碍等，特别是要加强对低素质劳动力的培训，因为低工资就业的根本原因是人力资本和工作技能缺乏造成的。

（二）二次分配中的公平优先与兼顾效率

二次分配是有效化解贫富两极分化，促进社会和谐发展的根本措施，在这方面我们必须坚持公平优先的基本方针，具体措施：（1）依据公平负担和能力税负的原则，建构起完善的公共财税制度。包括逐步建立多税种、全过程和累进性的居民收入、财产分配、消费行为等税收调节体系，特别是加快征收遗产税、赠予税、炫耀性消费税等，逐步降低企业的商品流转税和公司所得税，最终让居民收入和消费税成为公共税收的主体要素，在全社会范围内大力营造创造财富、勤俭节约和个人奋斗的良好氛围。（2）大力推进全国居民公平合理的社会保障制度。包括消除城乡、部门、单位内的二元保障制度，建立全覆盖、动态性的最低生活、基本养老、基本医疗、基本住房、失业救济、基础教育等保障制度。此外，在保证二次分配公平优先的同时，我们必须充分吸收发达国家的经验教训，还要牢固树立兼顾效率的原则，包括降低福利管理成本，逐步减少穷人对政府的依赖，培养穷人的勤俭和开拓精神，使他们认识到承认贫穷并不是可耻之事，不努力克服贫穷才是堕落。

（三）三次分配中的伦理要求与制度支撑

三次分配也被称为道德分配，它是体现人与人之间人文关怀和保障社会和谐的重要手段，同时也是个人、企业和各种社会组织应尽的社会责任。在我国的三次分配体系建设中，亟须完成以下两个方面的任务：（1）大力提倡和强化慈善公益文化氛围。在西方资本主义社会，存在着一种对资本家的贪婪进行有效制衡和约束的力量——新教伦理。一方面，新教伦理认为，挣钱不是贪婪，而是一种使命，是改变个人命运和荣耀上帝的最好途径；另一方面它又倡导一种新型的禁欲观，鼓励人们在懂得如何赚钱的同时，又要学会如何花钱。美国钢铁大王卡内基奉行这样的理念：死的时候还很有钱是一件丢脸的事。石油大王洛克菲勒认为，自己只是为上帝保管财富，应该将财富用于公共事业。正是受到新教伦理的深刻影响，使得 19 世纪的美国巨富们在众多城市建立起无数的博物馆、音乐厅、大学、医院、图书馆、基金会等。在我国实行社会主义市场经济的今天，必须大力倡导建构中国特色的慈善事业，鼓励有钱人将更多的财富用于慈善公益事业，而不是在奢靡和炫耀性消费中去浪费财富。（2）逐步建构起全国性、地区性、单位性、社区性慈善捐赠市场体系和完备的慈善保障体系。诸如：大力培育和发展各类慈善公益组织；提高慈善公益捐赠行为的免税减税比例；健全对慈善公益行为的表彰制度；建立慈善信息公开透明的责任追究制度；强化慈善公益事业的国际合作与交流等。

（四）当前中国财富分配领域的三大焦点问题

由于我国尚处在社会主义市场经济的初始阶段，整个社会面临着经济、政治、文化的全面转型，致使在经济财富分配领域呈现出诸多为社会各界广泛关注的焦点问题，可以概括为以下三点：（1）权力腐败引发的分配不公。在现行分配体制内，国家工作人员的账面工资相对低下，这迫使国家各行各业创立出游离于国家税收体制之外的自行分配制度，包括各种名义的补贴、奖励、红包等各类灰色收入，其分配主体不是国家而是单位，从而成为扭曲变相的二次分配。更有甚者是那些在单位上掌握一定公共职权的人，通过权力寻租行为使权力资本化，借助入干股、好处费、辛苦费等各种手段，大肆捞取不义之财，诱发广泛性经济腐败，成为近年来社会各界强烈不满的首要对象。（2）国有企业内部管理者和职工收入的优先分配。据韩康的一项研究表明，目前电力、石油、电信、金融、保险、烟草和水电气等国有垄断行业共有职工 833 万人，不到全国城镇职工人数的 8%，但工资和工资外收入总额估算为 1.07 万亿元，约占全国的职工工资总量的 55%，高出全国平均工资水平的部分为 9200 亿元，其职工平均收入是全国职工平均工资的 14.6 倍，某些国企主管的薪金收入更是令国人叹为观止。^①（3）民营经济生存环境亟待改善。在任何经济体中，提高就业率是抑制分配不公的最有效手段，而数量众多的中小企业是吸纳就业人员的主要场所。因此，在西方发达国家，政府在反垄断的同时，总是努力构造一个有利于中小企业发展的政策、金融和法律环境，通过保障就业来达致初次分配的基本公平。但我国民营经济部门与资本实力雄厚的国有经济部门相比，总是最先受到每一轮经济波动的巨大影响，行业萎缩和企业倒闭现象频繁发生，所有国有银行投资的重点皆是各类大中型国企，迫使民营企业去依赖高息运作的地下金融。这种国进民退的状况对我国经济财富的分配产生了广泛而深刻的影响。

不难看出，要实现国民财富的合理分配，我们既要反对计划经济时代的平均主义，又要反对今天的两极分化，必须在不断提高社会生产效率的同时，以公正原则为指导，努力实现个人利益、集体利益和国家利益的辩证统一。

四、市场交易行为的伦理规则

在生产、分配、交换、消费四个经济环节中，交换环节最为复杂和重要，西方历代经济学家都对交换问题予以高度重视，如英国著名经济学家穆勒在其《政治经济学原理》中用了 26 个章节讨论交换问题。特别是在现代市场经济中，市场交易活动几乎体现了人类经济活动的所有特征。基于市场交易活动的极端重要性，本书对市场交易行为涉及到的伦理问题从以下四个层面予以深入剖析。

（一）市场交易行为的天然合道德性

所谓市场交易主要指两个或两个以上经济行为主体之间公平合法的利益交换。自远古时代起，就有人在市场交易活动中力图摆脱各种外在约束和限制，通过投机和冒险行为来获得自己的最大利益。由之，人们把市场看成了"冒险家的乐园"和"自利最大化的场所"。然而，从经济伦理学的视角看，

---

① 韩康：《中国市场经济发展模式探讨》，《理论动态》2008 年 10 月 20 日。

人类的市场交易行为本身除了投机和冒险的因素外，更有其天然合道德性的成分。

首先，市场交易行为体现了人类职业分工与社会协作的辩证统一。人类之所以要进行各种各样的交易活动，是因为人类的任何个体都无法生产出自己所需要的全部生活用品。早在人类的采集和狩猎时代就有了明确的生产分工，之后，人类文明越是发达，劳动分工就越是细化。职业分工的存在直接推导出市场交易的必然性，因为人类只有通过市场交易才能互通有无，得到各自所需的产品，从而满足彼此的生产和生活需要。正是从这种意义上讲，市场交易行为本身具有合乎人类生活目的的天然道德品性。

其次，市场交易行为体现了人类追求生产效率和获取剩余价值的辩证统一。伴随人类职业分工的不断细化，生产力水平就会逐步提高，生产出来的产品就会越加丰富。但是，如果这些产品不通过市场交易转化为自己的生活所需，那么，产品生产越多，对劳动力和劳动资料的浪费就越多。与此同时，在市场交易的过程中，交易双方不仅为了满足个人需要而从事交易，而且交易本身还会产生剩余价值，即交易双方带来的价值总和超过了他们相互交易产品的原有价值的总和，正是由于交易剩余价值的存在才导致了人类生产效率的不断提高和交易市场的持续扩张。

最后，市场交易行为体现了人类利己与利他本性的辩证统一。按照以斯密为代表的古典自由主义经济学家的理性人假设，人们开展市场交易行为的根本动机必定具有自私自利、趋利避害的主观特征，但与此同时，任何交易都不是单个人的行为，至少是在两个人之间进行，这就决定了人们的求利动机不可能是单向自我的，还存在着利他的因素，因为单方面的求利交易很难发生，即使发生也无法持久。参与交易的各方只有充分考虑到对方的具体需要，充分认识到互利原则的普遍合理性，并在相互关照的心态下进行交易，才能确保交易行为的成功进行。质言之，市场交易双方不仅要让自身有利可图，也要让对方有利可图，这是市场交易主体必须具备的基本道德心理。由之，也就决定了市场交易行为具有利己与利他相互统一的辩证本性。

（二）市场交易行为的主要道德原则

既然市场交易行为本身具有天然合道德性，那么，在交易行为极端复杂的当代市场中，如何使交易行为的这种天然合道德性得到充分保障呢？这就要求交易主体在具体的交易过程中必须遵循以下基本道德原则：

（1）自主自愿原则。即交易主体按照自己的意愿去自主选择和自我决定他所要交易的产品，包括交易与否的自由、选择交易方的自由、决定交易内容的自由、选择交易方式的自由等。从伦理学的层面看，主体自由是道德生成的奠基石，任何违背主体意愿的行为都无法使主体承担起道德责任。从法理学的层面看，一切在欺诈和胁迫下所做的意思表示都是无效的表示，任何人都无权用暴力去无偿占有、剥夺、侵犯他人的财产。可见，市场经济所要求的普遍性交换关系是以人们获得普遍性自由为前提条件的。

（2）相互平等原则。包括交易双方的人格平等和法律地位平等，即交易双方没有上下级隶属关系和身份等级差别，任何一方都不能利用自身的市场优势条件或其他优势因素（如特许权、专利权等），强迫交易方接受不合理的附加条件。正是相互平等原则才保证了市场交易的等价互利性，也正是在此种意义上，马克思才反复强调商品经济是天生的平等派。

（3）诚实守信原则。诚是人的内在德性，信是人的外在表现，一个人只要诚于中，就必然信于外。市场交易中的诚实守信原则包括两方面的内容：一是指交易主体的个人品德，诚实守信是人的安身立命之本，是个体人格的具体表现。二是指交易主体所应遵循的行为规范，它要求交易双方要全面积极地履行合同规定的权利和义务，彼此之间尊重公认的交易规则，不得故意曲解合同条款或恶意利用另一方之疏忽，获取不正当的交易利益，要在尊重他人和社会利益的前提下，按照法律要求展开正常交易行为。诚实守信原则本质上是一种道德担保，它是增强交易双方信心、降低交易成本和维护交易秩序的前提条件之一。

（4）权责一致原则。产权的明晰界定是市场交易的前提条件。一般情况下，在私有制社会中产权的界定比较明晰，但在我国公有制为主体的市场经济背景下，许多交易行为由于产权不明和投资主体不明，导致责任模糊，致使交易双方受损情况普遍存在，特别是公共利益受损更为严重。除了广为人知的国有资产流失外，还有一种情况是公共责任的缺失和模糊。以矿产资源开发为例，在部分地区由于矿业权不是通过市场竞争取得，而是主要靠行政审批低价或无偿获得，致使在矿山设计和开采过程中生态修复责任不明，利润归企业，生态修复责任推给政府，留给社会，贻害大众，私人成本社会化，把少数企业或个人的盈利建立在社会整体利益受损的基础上。

（5）有序竞争原则。在市场交易过程中，参与交易的各方出于追求自身利益的考虑，必然与不同的交易方展开各种形式的竞争，从而使"协作"与"博弈"、"配合"与"角逐"成为市场交易的基本特征。竞争的结果应当是让优质产品和优质服务取胜，淘汰劣质产品，驱逐"捞一把就走"的交易方，如果竞争各方以"水货"代替"真货"，以欺诈代替信任，就必然使市场交易陷入混乱之中，最终以整个市场的颓败和崩溃为结局。

（三）市场交易行为的制度伦理保障

确立市场交易行为的道德原则，只是为参与市场交易的各方提供了一种价值导向，要使这种价值导向体现到交易方的具体行为中，还必须将上述道德原则内化到市场交易所需的制度规范体系和运行机制中。因为与交易方的个体道德相比，外在的制度规范具有更为强大的约束力量。下面仅就影响市场交易行为的三大制度伦理体系做一简要分析。

（1）合理有效的市场信用制度。市场交易秩序的生成和扩张依赖于市场信用制度体系的完善。在自然经济状态下，市场交易主要依靠熟人之间的人格信用。计划经济体制下的社会信用依赖于政治权威和行政命令。现代市场经济条件下的交易行为主要是在陌生人之间进行，具有普遍性、开放性和扩张性特征，它更加依赖合理有效的信用制度体系建设，包括个人信用制度和企业法人信用制度，涉及个人或企业的资信调查机制、资信评估标准、资信分类等级、资信风险预警等。以企业法人的资信评估为例，包括企业的资产负债评估、按时还债记录、产品服务质量、劳动安全和环境达标状况、纳税及社保基金缴纳状况等复杂内容，交易各方可以随时从社会信用评估机构了解对方的资信信息，及时决定交易的数量、内容、进度等，从而有效避免侵权毁约、赖账不还、坑蒙拐骗等非诚信行为的发生。

（2）公平正义的经济司法制度。一个社会如果总是让诚实守信的老实人蒙受损失，让坑蒙拐骗者发财致富，就必然助长一些人的侥幸、投机和冒险心理。只有让各种失信行为得到应有和及时的惩罚，才能确保市场交易秩序的良性运转。要实现这一目标，就必须建构起公平正义的经济司法制度。包括加大普法宣传力度；强化人们的契约法制意识；造成合法允诺和合法履约的社会氛围；细化与市场交易行为有关的法律内容和规章制度，杜绝各种经济法规中"粗线条规定多，具体内容少"的弊端；加大对非诚信行为的处罚力度，使其在承受经济处罚的同时，承担相应的刑事责任。

（3）及时必要的行政监管制度。伴随专业分工的不断细化，交易双方的信息不对称将成为现代市场经济的常态化现象。要减少由此引发的市场交易的不确定性，政府就有义务建立起及时有效的专业化的监管队伍，包括工商管理、商品检验、质量监督、中介服务、劳动保障等专职检查队伍，设置专业检测设备和机构，有效查处各种违规违法经营行为，及时向大众公示检查结果等。

五、人类生活消费的价值取向

人类经济生活中的生产、分配、交换、消费四个环节相互作用、相互影响，构成一个密不可分的整体。在人类步入近现代社会之前，由于生产力水平低下，生活用品匮乏。因此，生产环节在经济生活中占有极其重要的地位，消费环节处于边缘和末端地位，在早期资产阶级经济学家斯密、李嘉图、穆勒等人的著作中，生产问题总是被置于首要章节来探讨。但是伴随大工业革命的发生，人类的生产能力呈现出井喷式发展态势。由之，出现了巨量经济财富分配不公引发的社会消费不足，进而导致经济危机频繁出现的现象。如何通过提高社会消费水平拉动企业生产和扩大经济规模，开始成为当代市场经济的核心问题。于是马歇尔的《经济学原理》一改早期经济学家的写作模式，将消费需求列为经济学的首要内容来探讨。之后，由凯恩斯的《通论》创立的宏观经济学更是将扩大就业、刺激消费乃至鼓励浪费视作当代经济学的首要任务。可以确切地讲，当今人类社会已经从传统的以生产为中心转向以消费为中心。同样，在当代中国一个消费型社会正在朝我们扑面而来。因此，探讨消费伦理也就成为研究微观经制度伦理的应有之题。

（一）消费行为的经济分类及其道德意义

消费行为是指人类在自我和社会生产生活中消耗物质资料和生活资料的过程。从经济学的角度看，人类的消费行为具有多种多样的类型，常见的划分方式有：（1）生产消费与生活消费。前者指在生产过程中对劳动力和劳动资料的消耗；后者指人类在自我生产和生存活动中对生活资料及劳务的消耗。（2）私人消费与公共消费。前者指个人或家庭对日常和耐用生活用品的使用和磨损以及对劳务的占有和享用；后者指国家公务人员和政府机构对公共财政的消耗（如教育、国防、文化等）。（3）物质消费与精神消费。前者指人类为满足生产和生理需要对各类自然物质产品的消耗；后者指人类为了满足自身心理或精神需要而消耗掉的各种文化娱乐用品。（4）基本消费与欲望消费。前者指人类为了维持自身生产和生活的基本需求而必须进行的消费，具有正当合理性和基本的社会衡量标准，与市场的供应和价格相适应；后者指基于人类非自然欲望（权力欲、财富欲等）而产生的消费活动，具有个人主观性和不可测度性，"欲壑难填"一词集中概括了欲望消费的特点。当然，除了上述消费行为的常见分类外，人们还可以根据自身理解的层次与视角或理论建构的需求作出不同的分类，而本书所谈的消费概念主要指涉的是个人或家庭的生活消费。

必须指出的是，人们无论对人类的消费行为如何进行分类，从经济伦理学的视角看，人类的消费行为并非如各种宗教禁欲主义所主张的那样，是一种污染灵魂、消解意志的非道德行为。相反，它有着自身的天然合道德性。首先，消费行为是维持人类社会正常运转的基础保障，是人类社会生息绵延的前提条件。人既是社会进步的推动者，又是社会进步的最终受益者，但社会进步首先是以人自身的不断生产和再造为前提的，而要保证这一社会主体的不断延续，就必须进行合理的消费行为，没有消费行为的存在，人类一天都无法存活下去。其次，消费行为是人类经济发展的内在动力。人类一切生产活动的终极目的就是为了消费，消费的数量、结构及其满足程度影响着国民经济的运行状况。在现代市场经济条件下，消费更是国民经济良性循环的先导力量。只有让消费与生产之间不断地转化与促进，才能为市场经济的发展提供源源不断的持久动力。最后，消费行为还是人类文明进步的重要标志。马克思在《1857—1858 年经济学手稿》中曾就消费与人类文明进步的关系做过深刻描述。他认为，人类消费的初始阶段是为了生存而消费，涉及的主要关系是人与自然的同生共在；第二阶段为了社会而消费，伴随物质生产的进步，人类开始高度重视消费引发的社会结构变动，涉及到的主要是物化后的各种社会关系；第三阶段是为了自身价值的实现而消费，涉及到的是"人化"关系，人类更重视自身的文化消费和自由全面发展，社会越是文明进步，人类对文化消费的需求越是不断扩大。

（二）人类消费行为的道德规范

如上所述，人类的消费行为、消费结构、消费方式、消费者权益等因素，在不同的时空条件下具有不同的类型特征，它要受到特定的生产方式、消费者的生理心理需要、自然资源分布、社会文化环境等多重因素的影响。那么，从经济伦理学的角度看，在当代中国，人们的消费行为应当遵循哪些基本的道德规范呢？

1.适度消费。何谓适度消费？适度的标准如何确定？学术界对这一问题的回答歧义纷呈，有学者侧重从个人收入与支出的比例上谈适度标准，也有人从社会平均消费水平上谈适度标准。笔者认为，适度的标准应该包括以下三个方面：一是个人的消费要符合社会规范。由于每个人的消费偏好各不相同，如有人喜欢流行音乐，有人喜欢清静沉思。只要个人的消费行为不对他人利益造成损害，符合公众认可的普遍性社会伦理规则，这种消费就是适度消费。二是消费支出要同自身的经济收入相适应。在消费、收入和储蓄同步增长的同时，只有让收入大于消费，并存留一定剩余，从而形成储蓄的消费才是适度消费。三是消费要有助于人的综合平衡和全面发展，包括物质消费与精神消费的平衡、生存消费与发展消费的平衡、当前消费与长远消费的平衡等。总之，适度消费的标准具有综合性、历史性、开放性特征，不能单纯依靠收入与支出的经济标准来衡量。此外，与适度消费密切相关的现象还涉及奢侈、节俭、吝啬等个人消费品德问题。奢侈是指超出个人收入承受能力或过度消耗社会有限资源的消费行为；节俭是指个人消费支出略低于个人收入水平或较少占用社会有限资源的消费行为；吝啬是指个人财产充裕但对社会公益事业态度冷淡或对亲朋好友的困难较少乃至不予以帮助的经济行为。社会应该提倡节俭品德，反对奢侈和吝啬品德，因为只有节俭品德与适度消费的道德规范相一致。

2. 理性消费。由于每个人的消费行为都会受到社会习惯、文化观念、生理特征、心理需求等多重因素的影响，这些因素通常会以非理性的方式对人的消费决策产生影响，从而导致各种各样的盲目消费和随机消费。当然，一个人在日常生活的小型消费中产生盲目性和随机性是无法彻底避免的，但市场经济作为一种典型的理性经济形式，其合理计算成本投入与效益产出的特征不仅贯彻在生产、分配、交换过程中，同样也贯彻于人的消费行为上。它要求个人和家庭的重大消费行为必须是计划性的，而不能是盲目性和随机性的。一个人在作出重大消费计划前，必须要精确计算消费与储蓄的比例，全面评估消费内容的合理性，均匀平衡各种必需的消费支出。在日常生活中，非理性消费行为的表现形式多种多样，最常见的有炫耀性消费和陋习性消费两种。前者由凡勃伦在《有闲阶级论》中提出，它主要是指社会上的有闲阶级成员通过豪华富丽的衣食住行来显示自己的身份与地位，从而受到社会的尊重。它与奢侈性消费既有共同点，也有诸多相异之处。在现实生活中，除了贫困者外，几乎所有家庭都不同程度地存在炫耀性消费成分，因为家庭消费具有内外两重性，内部消费通常具有简单节省的隐蔽性特点，外部社交性消费多多少少具有摆阔花钱的因素，如热诚好客是为了赢得别人对自己的好感和尊重，这也是人之常情。所谓陋习性消费是指不符合现代社会理性要求的某些过时性滞后的消费形式，如大办红白事、斥巨资修坟造墓乃至为活人预修坟墓等，至于黄赌毒等不仅是非理性的，而且更是害人害己的非法消费。

3. 可持续消费。1994 年联合国环境规划署在《可持续消费的政策因素》

报告中，将可持续消费定义为："通过提供服务和相关产品以满足人类的基本需要，进而提高人类的生活质量，与此同时，使自然资源和有毒材料的使用尽可能减少，使服务和产品的生命周期中所产生的废物和污染物最小化，从而不危及后代的需求。"①不难看出，可持续消费本质上强调的是，今天的人类不应以牺牲今后几代人的幸福而满足自身的需要。罗尔斯在其《正义论》中将其称之为"代际公正"，亦即当代人既不可只为本代人的幸福生活而追求眼前的最大利益，过度开发和使用资源，乃至形成掠夺式浪费，也不能只为后代人着想，过度保护现有资源或提高储蓄水平，减少消费，致使经济发展严重放缓，而是要在前后代之间寻求代际权利与义务的公平分配。可持续消费要求必须把自然资本核算引进国民经济体系之中，提高自然资本利用率，减少自然资源消耗，把绿色环保产业做强做大，使之成为人类未来重要的经济支柱之一。

（三）消费伦理与人类生存方式的当代转型

要使上述消费伦理观念深入人心，就必须对人类有史以来的生存方式进行深刻反思。在自然经济时代，人类的生产水平极端低下，物质生活资料相对匮乏，对神灵的崇拜占据人类精神生活的中心位置。这一社会现状反映在消费伦理层面，一方面，整个社会提倡一种安贫乐道型的消费观念，否定合理消费的宗教禁欲主义主导着广大信众的灵肉生活，勤俭节约、安于现状成为普通群众的基本生存方式；另一方面，人们将大量剩余财富无偿奉献给神灵世界，受神灵世界护佑的上层统治阶级却过着奢侈糜烂的腐朽生活。近现代文艺复兴和启蒙运动之后，人类的生存方式开始发生翻转，上帝及各种神灵逐步从人类生活世界淡出或隐遁，人类自身成为主宰世界的上帝，人的肉身需求和感性欲望获得了正当合法性生活形态，在高档消费中展现自我价值，"大量生产——大量消费——大量抛弃"成为人类基本的生产和生活模式。但近一个世纪以来，资源枯竭、生态失衡、环境恶化日益成为困扰人类的巨大难题，人们开始质疑和反思这种生存方式的道德合理性和现实合法

---

① 参见黄云明：《经济伦理问题研究》，中国社会科学出版社 2009 年版，第 231 页。

性。经过近几十年的反复争论，人们已经逐步意识到，人类只有彻底摆脱消费主义、拜金主义、享乐主义的价值束缚，一方面在适度消费、合理消费和可持续消费思想指导下，尽情享受生活本身的快乐，另一方面也要敬畏自然规律，关注终极信仰，唯其有效实现肉体消费与心灵安宁的动态平衡，人类才能洗心革面并脱胎换骨，进而在现实世界中走向真正意义的永生。

第三节　宏观经济制度伦理与资本运营的社会环境

要有效规范资本运营中存在的各种问题，既需要建构完备的微观经济制度伦理，也需要强化宏观经济政策的伦理约束力。在深入探讨了微观经济制度中企业家道德和生产、分配、交换、消费领域的伦理问题后，进一步探讨宏观经济制度伦理也就成为题中应有之义。国内外宏观经济学通常把与市场经济中商业周期现象密切相关的充分就业、维持物价基本稳定、促进经济增长、建构正义性世界经济新秩序列为最为重要的四大宏观经济政策目标，本节以商业周期现象的伦理评估为切入点，主要围绕这几大宏观经济政策目标的伦理指向展开讨论。

一、市场博弈中经济危机现象的伦理评估

在资本主义市场经济的博弈场上，资本在追逐利润的过程中为了满足自身的欲望，总是会拼命提高竞争力，排除各种障碍，但其终极命运必定像电子游戏中的"贪吃蛇"一样，随着躯体的无限膨胀，在弯多路窄、险象环生的迷宫中撞墙而亡，接着迎来下一轮游戏的重新开始。这就是资本主义市场经济中商业周期现象的真实写照。自 1825 年英国爆发世界上第一次普遍性经济危机开始，到 2008 年端起于华尔街并在全球蔓延的国际金融危机，世界经济在繁荣与萧条中交替运行了近 200 年。如何从经济伦理学的视角，对围绕经济危机现象形成的理论分歧、经济危机现象所发挥的社会作用进行伦理评估，进而指明当代中国应对经济危机措施的道德支点，构成了本节探讨的首要内容。

（一）对多重面相的经济危机理论的道德评判

自从市场经济制度诞生以来，在有关人类经济问题的各种研究成果中，涉及经济危机的论著占有极大比重，下面首先依据相关论著立场、观点和方法的不同，将其分为两大类别，然后再对其进行道德评判。

一是马克思主义的经济危机理论。马克思在《资本论》和《剩余价值论》等著作中，对资本主义经济危机的根源、特点、运行机制和物质基础进行了深刻研究和精辟论述，他从一般商品经济内在矛盾演化以及资本主义生产方式出发，认为市场经济的发展使得商品内部的使用价值和价值的矛盾外化为商品和货币的矛盾，进而使得商品生产所包含的私人劳动和社会劳动的矛盾转化为生产的社会化和生产资料私人占有之间的矛盾。在现实生活中具体表现为：一是个别企业内部生产的有组织性和整个社会生产的无政府状态之间的矛盾；二是社会生产无限扩展的趋势和劳动人民支付能力相对缩小之间的矛盾。马克思认为，资本主义的经济危机呈现出周期性波动的特点，包括危机、萧条、复苏和高涨四个阶段。在经济高涨时期，较低的贷款利率强化了生产扩张能力，加剧了资本的竞争和积聚，促进了工业狂奔，同时也加速了供求矛盾的尖锐化，特别是伴随工资上涨和后备军队伍的缩小，剩余价值受到挤压，使得短期内资本的利润率突然下降，从而爆发经济危机。其间，固定资本的更新既为暂时摆脱危机提供了物质基础，同时也为下次危机创造了客观条件。经济危机现象的交替运行，充分暴露出资本主义经济制度的历史局限性和最终被社会主义经济制度代替的客观必然性。

二是西方经济学家的经济危机理论。西方经济学家均承认经济危机的事实，但通常使用"商业周期"概念刻意回避"危机"一词，并用扩张、波峰、萧条、波谷四阶段来描述经济危机现象的周期性特征。综观西方商业周期理论发展史，有外因论、内因论、多因论等多种主张，但较具代表性的理论派别包括：（1）古典周期理论。在市场经济早期阶段，由于商业周期现象尚未充分暴露出来，因此，斯密、李嘉图、穆勒、萨伊等人均认为，市场能够自行实现供需均衡，即使出现波动，也主要由各种外在偶然因素引起，如自然灾害、战争、瘟疫、投机等，它们通常被归为经济周期外因论。（2）凯恩斯周期理论。凯恩斯认为，国民收入由消费和投资两部分组成。其中，消费的数值取决于消费倾向；投资的数量取决于资本边际效率和利息率，而资本边际效率又取决于预期收益和重置资本的供给价格，利息率则由货币数量和流动性偏好决定。在这些变量中，消费倾向、预期收益、供给价格和流动性偏好四大变量受三大心理规律作用（边际消费倾向递减规律、资本边际收益递减规律和流动性偏好规律），国家政策很难控制，只有货币数量能由国家的货币政策控制。因此，凯恩斯主张国家必须直接进行投资来扩大就业数量，从而有效解决经济危机中由失业引发的各种问题。(3)熊彼特的创新与技术决定论。熊彼特认为，企业家将技术新发明运用到经济生产活动中，产生出更多的就业机会，导致收入和产出增加，投资和信用不断扩展，经济步入高涨。之后，大量模仿者涌现出来，开始降低利润，减少投资机会，使资源从衰退行业转移，信用收缩，引发经济衰退。他还根据创新引发经济波动的长度，建立起自己的经济周期模型。(4)哈耶克和弗里德曼的货币供给决定论。货币主义经济学家坚决拥护自由放任的微观经济政策，认为市场本身具有强大的自我矫正机制，有能力实现自我均衡，社会总需求主要受货币供应量的影响，最佳的货币政策应是货币供给以固定的速率（每年3%—5%）增长，在任何经济形势下都应维持这一速率。[①]相反，凯恩斯相机抉择的货币政策和财政政策是引发通货膨胀和周期性经济波动的罪魁祸首。(5)经济周期的长度划分。围绕经济危机的深层原因、基本特征和解决之道，西方经济学家纷争不断，形成了各种各样的理论派别，其中对商业周期长度的研究呈现出几种不同的看法，较具代表性的主张有：俄国经济学家康德拉季耶夫提出的长度约为48—60年的长波周期理论；美国经济学家库兹涅茨提出的15—20年的中长波周期理论；法国经济学家朱拉格提出的9—10年的繁荣、危机、清算和萧条周期理论；美国经济学家基钦提出的3—4年的存货调整周期论等。

---

① 保罗·萨缪尔森、威廉·诺德豪斯：《宏观经济学》，萧琛主译，人民邮电出版社2008年版，第312页。

318

如何从经济伦理学的视角对上述两类经济危机理论作出道德评判，一直是伦理学界关注的焦点问题之一。本书认为，首先，要对资本主义市场经济模式的历史地位进行道德检审。马克思主义经济危机理论从唯物史观和无产阶级立场出发，认为资本主义市场经济是人类特定历史阶段存在的暂时现象，其所孕育出的周而复始的经济危机现象反映出资本主义生产方式存在着不可调和的根本矛盾，其非道德表现是社会财富分配的严重不公，即"劫贫济富"的经济分配制度导致贫富差距过大，造成有效需求不足，从而引发经济危机。而所有资产阶级经济学家则把资本主义市场经济当成一种永恒存在的理想制度，并像凯恩斯所公开宣称的那样，"站在有教养的资产阶级一边"，并把工人工资的提高（黏性变动）和利润率的降低说成是经济危机的重要原因，使得危机的受害者变成了危机的责任者，这种倒果为因的说法缺乏基本的道德合理性。其次，要对经济危机的解决之道进行伦理辨析。马克思主义的经济危机理论从生产过程中的经济关系出发引申出分配、交换和消费关系，认为前者是动力机制，后者是传导机制，强调通过创立新型的社会主义经济制度来实现供给与需求的动态平衡。而所有资产阶级经济学家都将经济危机的焦点放到流通领域，从商品、资本和劳动市场关系的失衡来探讨经济危机的求解路径。无论是凯恩斯的政府干预理论，还是货币供给学派的自由市场论，都强调通过市场机制的调整，而不是通过经济制度更新来化解经济危机，并且都把刺激消费作为提振经济的重要手段，进而导致现代消费主义伦理观的广泛流行。超前消费、借贷消费、过度消费乃至大量浪费成为当代资本主义市场经济的重要特征，这是引发人类社会资源枯竭、生态失衡和环境污染的根本原因，无疑是一种违背人类环境伦理要求的典型的缺德型经济危机求解之道。

（二）经济危机社会作用的伦理二重性

人们谈及经济危机造成的社会后果时，普遍认为它有百害而无一利，乃至经常为此焕发出无限的道德激情。然而，当我们客观冷静地面对它时，会惊奇地发现在资本主义市场经济条件下，经济危机现象所发挥的社会伦理作用具有两面性。

1.经济危机社会作用的非伦理成分。国内外经济学家对经济危机现象予以批判和指责的主要理由包括:(1)经济危机破坏了供需平衡。通过供给和需求力量的相互作用,产生均衡的价格和均衡的数量,亦即实现市场均衡,使需求者和供给者同时得到满足,这既是经济学研究的核心问题,也是人类市场经济追求的至高境界。但周而复始的经济危机现象恰恰打破了社会总产品不同组成部分之间的生产供给与市场需求的均衡,使社会生产资料的供求关系、社会消费资料的供求关系以及社会生产与消费两大部类的供求关系全部处于非平衡性的剧烈动荡之中。这说明资本主义市场经济违背了社会再生产的基本规律,存在着根本性的伦理冲突。(2)经济危机使社会财富遭受巨大浪费。每次经济危机都会使社会经济机器受到严重破坏,包括企业资本周转困难、开工不足、设备利用率大幅下降,乃至生产急剧下滑、企业纷纷倒闭、资本输出停顿、银行信用系统瘫痪、金融市场混乱等。如在20世纪30年代的世界经济大萧条期间,美国垄断资本家为了摆脱农业经济危机,采取了有组织的大规模销毁农产品的措施,致使500万头生猪被焚毁,并严格控制新生猪的繁殖。[①](3)经济危机使普通民众的生活更加艰辛。在每次经济危机中,受到打击最为严重的是普通民众,在20世纪30年代的世界经济大萧条期间,整个资本主义世界失业人数高达3500万。其中,美国失业1320万人,占劳动人数的四分之一;德国失业人口700万,占全国工人的半数;英法失业人数均在300万以上,失业工人饥寒交迫,流离失所。(4)经济危机使资本主义国家之间政治和军事矛盾不断加深。在经济危机过程中,资本主义各国为了争夺市场,纷纷高筑关税壁垒,促使本国货币贬值,造成世界市场更加狭小,由之,使各国政治和军事矛盾不断加深。第二次世界大战的发生直接根源于德、意、日为了规避经济危机而走上法西斯道路。

2.经济危机社会作用的伦理因子。资本主义周而复始的经济危机除了发挥上述非道德性破坏作用外,在资本主义制度允许的范围内,它还会产生一定程度的积极性社会伦理作用。(1)通过更新设备不断淘汰落后产能。在资

---

① 赵刚等:《大变局》,电子工业出版社2010年版,第20页。

本主义的再生产过程中，固定资本具有物质补偿一次性和价值补偿多次性的特点。通常情况下，伴随社会生产力水平的不断提高，一方面固定资本越来越经久耐用，另一方面，当生产资料变革不断加快时，价值磨损也在加快，致使固定资本更新也会不断加快。但在购销两旺的经济繁荣时期，资本家很难下决心淘汰旧设备或跳槽到技术含量高的行业。只有到了经济萧条时期，资本家才会有空闲谋划资本重置，要么进行大规模技术改造重新购置新设备，要么转向附加值更高的行业，这就为新一轮经济增长准备了条件。（2）通过不断的技术创新走出企业破产的阴影。如前所述，与凯恩斯、弗里德曼重视投资和货币供给对经济的影响不同，熊彼特把技术创新视为经济危机产生的原因，同时也是摆脱经济危机的有效途径。在资本主义市场经济中，企业之间的激烈竞争是确保技术创新的主要动力。当竞争优胜者获得荣誉和财富，落后者走向破产时，企业就会受到刺激去改造他们的产品性能和技术工艺。正是这种激烈的竞争压力不仅要求确保对现有先进技术的需求，而且要求不断推动技术可能性边界外移。在美国20世纪30年代大萧条的洗牌声中，杜邦公司的新轮胎、克莱斯勒公司的新汽车、宝洁公司的新品牌，都是在绝望中找到了希望。有学者甚至认为，永不枯竭的技术创新活动与自由市场和开放社会相结合，是资本主义永葆青春活力的真正秘籍。（3）通过强化企业伦理建设不断焕发企业活力。在经济繁荣时期，受资本逐利本性的驱使，企业家拼命追求高额利润，各种管理漏洞和风险较少为人关注，但到了经济萧条时期，从前被遮蔽的各种问题暴露无遗，这将迫使企业家不断总结经验，提高管理水平。如2008年金融危机爆发前，华尔街的各大投资银行为了追逐高额利润，不惜动用蒙蔽乃至欺骗的手段向投资者推销次级住房抵押贷款，将风险转移给他人。当危机爆发后，人们逐步意识到金融企业的价值取向应该是为客户和社会经济发展服务，应当遵循公平、公正、公开原则，加强信息披露管理，销售金融产品时不能隐瞒风险，误导投资者。正是经济危机的惨痛教训迫使华尔街逐步走向金融管理伦理的新时代。

（三）中国应对全球金融危机措施的道德支点

自从2008年美国次贷危机演变并扩散为全球金融危机以来，全球经济普遍遭受重创。然而，与美欧发达经济体相比，在这次百年一遇的经济危机中，中国经济发展所受到的负面影响相对较小，并一直保持着7%以上的经济增长速度，其中的原因多种多样，但从经济伦理学的视角看，这与中国应对全球经济危机措施的道德支点密切相关。

1.牢固树立社会主义市场经济的基本理念，充分发挥公有制经济在供需平衡中的主导性作用。自改革开放以来，中国共产党人放弃了把社会主义与市场经济对立起来的观点，认为计划经济与市场经济都是经济发展手段，并不是社会主义与资本主义的本质区别，逐步树立起社会主义市场经济的基本理念，把日渐完善的社会主义基本制度与市场机制在资源配置中的基础作用相结合，以便实现迅猛增加经济财富，减少或降低经济危机影响，实现共同富裕三大经济伦理目标。其中，充分发挥公有制经济主体在供需平衡中的宏观调控作用，成为社会主义市场经济的关键与核心要素。在这次全球金融危机中，西方许多私有制巨型金融机构濒临破产边缘，与此形成鲜明对比的是我国的金融机构经营状况相对良好，经营业绩大幅增长，究其根源是因为我国金融体系是以公有制为主体，以国家信用为道德支撑，与现代金融高度的公共性和社会性的伦理要求相吻合，充分体现出社会主义制度的公平正义性和市场经济体制高效运转相结合的双重优势，有效克服了资本主义市场经济中资本贪婪与市场失灵的重大缺陷，很大程度上消除了资本主义固有的生产社会化与生产资料私人占有之间的根本性矛盾。

2.深刻体认经济全球化状态下中国市场与世界市场的紧密相关性，大力降低经济危机的破坏程度，逐步强化社会主义市场经济体制的伦理合法性。近年来中国经济增长的对外贸易依存度一直保持70%的高位水平，这就使得中国市场与世界市场的互动频率大大提高。市场经济体制固有的周期性危机现象已对中国产生了深刻影响。据统计，自1979年改革开放以来，中国经济先后经历过4次通货膨胀和1次通货紧缩，呈现出明显的周期性特征。①

---

① 吴易风主编：《马克思主义经济学与西方经济学比较研究》（第三卷），中国人民大学出版社2009年版，第1583页。

如果说资本主义制度起着加剧市场经济体制弱点的作用，那么社会主义制度则起着缓和市场经济弱点的作用。但必须指出的是，由于我国尚处在社会主义市场经济的初级阶段，一方面，传统计划经济体制下长期形成的各种体制后遗症仍在发挥作用，如在生产领域重投资轻消费的"投资依赖症"和再分配领域重国家与集体轻个人与居民的"分配偏好"加剧了供需失衡现象的发生；另一方面，生产相对过剩的市场经济的"先天性体制病灶"不可避免地存在于刚刚建立的社会主义市场经济体制中。如何充分发挥前面提到的社会主义市场经济体制所固有的双重优势，减少其初级阶段存在的双重劣势，尽可能降低经济危机的危害程度，将对社会主义市场经济体制的伦理合法性产生深远影响。

3. 充分吸收西方商业周期理论的合理因素，在危中求机，苦练内功，积蓄能量，为中国经济的持续增长创造条件。与马克思主义经济危机理论相比，西方经济学的各种商业周期理论皆是在不触动资本主义基本经济制度的前提下，通过各种改革措施对资本主义经济运行机制进行各种形式的调整和改良。如何吸收西方经济学的各种合理成分，使中国经济在危中求机并不断走向辉煌，将是当前我国应对国际经济危机面临的重大挑战。仅以凯恩斯和熊彼特的商业周期理论为例作出说明，就凯恩斯而言，他主张通过政府干预方式加大国家的投资力度，改良收入分配制度，刺激居民消费，从而平抑经济的周期性波动。他的这一主张对当代中国经济的发展有着值得深入借鉴的积极意义。长期以来，投资、消费、出口这三驾马车是拉动中国经济发展的主要力量。在出口大幅缩减的背景下，如何通过大范围的基础设施建设和城镇化建设改变中国的城乡二元结构，将是中国未来投资的重点；同时通过城乡社会保障建设、安居工程建设等手段，推动城乡居民消费水平的提高，将是未来20年中国经济持续增长的根本着力点。就熊彼特而言，他主张通过科技创新调整产业结构，不断推动经济走出危机，迈向繁荣，这对当代中国经济质量的提高有着更为直接的借鉴价值。众所周知，中国工业总体技术水平与发达国家存在一定差距，这次全球经济危机对中国劳动密集型和低附加值产业造成巨大冲击。如何通过技术更新和产品的升级换代来调整专业分工和产业结构，加大高附加值和节能环保型项目建设，大力发展第三产业和现代服务业，将会成为中国经济质量迈上新台阶的重大机遇。

4.不断提高中国公民的全球责任伦理意识，逐步承担起各种国际经济义务，在扩大中国道路影响力的同时，开辟人类经济发展的新方向。在这次全球性经济危机中，各种风险超越了地域、民族、国家、社会制度和意识形态的差异，成为各个民族国家共同面临的重大问题，特别是伴随中国综合实力的不断增强和经济领域"风景这边独好"局面的出现，要求我国的国民心态必须进行及时调整，逐步消除暴发户鄙视一切的行为态度。在世界各种经济组织中，一方面要不断争取发言权和各种应得席位；另一方面也要强化世界公民意识，树立起拯世济民的博大胸怀，根据自身经济实力的增长程度，量力而行地承担起帮助其他发展中国家经济增长以及推动建立正义性国际经济新秩序的各种国际伦理责任，以便有效扩大中国特色社会主义市场经济体制的影响力，为当代人类探索出一条不同于资本主义市场经济制度的更加完善的经济发展道路。

二、政府扩大就业政策的道德考量

无论是在资本主义市场经济中，还是在社会主义市场经济中，与周而复始的商业周期同生共在的另一经济问题是失业现象的普遍存在。失业意味着愿意工作并且有能力工作的人没有被用于生产，它是人力资源的巨大浪费。由此，失业率（失业人口占劳动力人口的比例）成为衡量一个国家宏观经济运行状况的重要指标。这就决定了要深入把握市场经济制度伦理，就必须对失业问题以及与之相关的各种理论进行道德探究，这种研究无疑将有助于为中国政府的扩大就业政策提供伦理支撑。

（一）失业的四种类型及其道德评判

在市场经济中当存在大量工作需要完成的时候，却会有成千上万的人渴望工作但又被迫闲在家中，出现众多非自愿失业者。围绕失业的具体类别及其所引发的社会道德后果，西方经济学家们的看法歧义纷呈，但他们通常把失业现象划分为四种类型：（1）季节性失业。凡是由于气候原因或季节变换引发的失业现象统称为季节性失业，如旅游业和建筑业会随着季节的变换而发生规律性变化。（2）摩擦性失业。在动态的市场经济中，人们在各地区或行业间转换工作而产生的失业被称为摩擦性失业，包括在生命周期特定阶段发生的失业，如大学毕业后寻找工作或父母生育孩子后重归劳动队伍等。（3）结构性失业。指由于经济结构变化而产生的失业，包括因产业兴衰而引发的职业间或地区间的结构性失衡，如当建筑工人存在失业的同时，却存在着计算机程序员的空缺。（4）周期性失业。指随着经济活动水平升降而引发的失业，如经济衰退时失业率明显上升，经济繁荣时失业率迅速下降。在以上四种失业现象中，前三种在劳动力供给和需求基于平衡时也会存在，而第四种类型的失业只有在经济危机发生时才会出现，它是经济学家判断劳动力市场状况好坏的重要标尺。

从经济伦理学的视角看，无论何种形式的失业都会引发诸多社会道德问题，常见的负面作用有：（1）失业会给个人的经济生活和道德心理产生一系列消极影响。在社会保障制度尚未建立之前，一个人失业的代价是巨大的，由于失去了收入，必然会挨饿受冻，导致健康状况急剧恶化。现代社会虽然建立了失业救济制度，但失业对失业者造成的精神损失无法用金钱来计算，许多曾经很成功的专业人士、管理人员面对失业的打击会对自身的价值产生怀疑。心理学家的研究表明，长期解雇所造成的创伤不亚于亲友去世或学业失败。（2）对社会而言，一方面高失业减少了消费品和资本品的产量，就相当于把那些本该由失业工人生产和消费的汽车、房屋、服装和其他商品倒进了大海；另一方面，高失业率使得失业者的工作经验无法得到积累，甚至使已有的经验也被荒疏，造成了生产技能的巨大浪费。（3）高失业会使整个社会的道德水平急剧下降。包括犯罪行为猖獗、恐怖袭击泛滥、自杀率上升、社会安全感下降、失业家庭的内外伦理关系恶化等。

当然，面对市场经济中长期存在的失业现象，也有不少经济学家对其社会伦理作用予以正面评述：（1）一定的失业量是保证市场经济正常运转的前提条件。因为在市场博弈条件下，企业的诞生和死亡是随机的，这种微观经济主体的生死方式就要求社会必须保持一定数量的产业后备军，而一定数量的失业率是保证产业后备军存在的前提条件。（2）一定数量的失业现象是激发社会经济活力的重要条件。如果社会失业救济制度高度完备，人们就会丧失掉任何职业危机感，进而养成贪图享受、无忧无虑、不思进取和慵懒不堪的非道德性生活习气，从而使社会缺乏活力和竞争力，久而久之，社会终将难以承受高福利的沉重负担。2008 年以来的欧债危机在西方世界引发的一系列社会伦理冲突就是明证，因为让习惯了奢侈生活的人去过财政紧缩的日子需要漫长的生理和心理适应过程。

（二）对失业理论不同研究范式的价值评析

围绕失业产生的原因、失业发生作用的机理、长期失业的决定性因素以及失业的周期性波动等问题，马克思主义经济学和各种西方经济学都做过深入探究。对失业理论的不同研究范式作出价值评析，无疑构成了经济伦理学的重要研究任务之一。

马克思主义经济学认为，失业现象是人类特定历史阶段的产物，是人类在机器大工业基础上生成的资本主义生产方式的特定产物，其根本原因是生产者与生产资料的分离。在资本主义制度下，失业发生作用的机制是在资本积累的过程中，由于资本有机构成的变化，导致经济中对资本投资的不断扩大，而劳动消费却不断缩小，这样不断产生出相对过剩人口，从而造成失业现象。失业的周期性波动源于资本积累的波动，而资本积累的波动又源于技术进步所导致的投资扩张和收缩，资本的扩张和收缩以失业人口的存在为前提，而失业人口的规模也将随着资本的扩张和收缩而增加或减少。消除失业的根本途径是改变资本主义生产方式，让劳动者与生产资料结合起来，建立劳动者当家作主的社会主义公有制。不难看出，马克思研究失业问题的根本目的是通过揭示资本主义制度不可克服的内在矛盾，彰显出它的非道德性特征，以此证明资本主义生产关系如何与其不断发展的生产力不相容，从而为摧毁这个不合理的旧世界提供依据。站在今天的立场看，马克思失业理论的道德立脚点是正确的，在经济伦理领域仍然具有不可磨灭的历史意义和现实价值。但需要指出的是，自 20 世纪下半叶以来，由于科技发展带来了资本主义生产力的极大提高，加上工会力量的作用，工人阶级的经济收入水平有了快速增长，特别是各种福利措施的出台，极大地缓解了财富分配不均的程度。当然，工人阶级财富积累的比率仍然无法和资本家阶级相提并论，资本主义经济制度的非正义本质没有发生根本性改变。

与马克思主义经济学的失业理论不同，当代西方经济学出现了多种多样的失业分析范式。如新古典主义分析范式认为，在市场运行过程中，由于各种摩擦和结构性因素的作用，导致劳动市场上价格机制调整的困难，从而引发失业。而劳动力价格的生成与企业的内部管理过程和市场运行过程中的种种因素相关，诸如：效率工资、内部人与外部人同雇主工资谈判过程中的力量不平等、劳动者与工作的匹配中存在各种摩擦等，要消除失业就必须对相关变量进行管理，包括对市场组织中工会的管理、对垄断企业的管理、对劳动者流动的管理、提供劳动力供求信息平台等。凯恩斯主义的分析范式则认为，资本主义社会广泛存在的边际消费倾向和资本边际效率递减造成总需求长期低于充分就业条件下的总需求，从而使得资本主义社会的失业长期存在，提出采用货币和财政政策通过扩大或者收缩总需求来调节宏观经济，以便缓解失业压力。不难看出，所有西方经济学家的失业分析范式皆是在承认资本主义经济制度道德合理性的前提下，努力为资本主义治病，找出解决失业问题的有效方法，以便使这种经济被治理得更好。应该说，他们在劳动力市场运行机制方面深入细致的分析，能够帮助人们更清楚地理解失业与就业的发展和运行状况，对制定治理对策、促进全面就业、缓解社会矛盾具有重要的经济伦理价值。

（三）就业的伦理意义与中国就业政策的道德指向

无论是对失业现象引发的社会问题进行道德评判，还是对不同范式的失业理论进行价值分析，目的都在于明晰就业的伦理意义，并指明中国就业政策的道德指向。众所周知，社会主义道德的根本宗旨是为人民服务，反映在政府的就业政策上就是在经济的高速增长中努力实现劳动力的充分就业。首先，让有劳动能力并愿意就业的人获得劳动报酬是确保人的全面发展的前提条件。人只有成为特定职业的劳动者，通过自己的技能和勤劳获得了应得的薪水，他自身的价值才能得以彰显，进而赢得同事和朋友的尊重，从而在内心中产生出自我满足的成就感和幸福感。其次，只有让每一个有劳动能力的人进入就业状态，才能最大限度地激发出人们工作和生活的积极性，进而提高社会生产水平，创造出更多的资本品和消费品，从而充分满足人们物质文化生活的需要。再者，人们只有参与到职业劳动中，才能养成特定的秩序感、纪律感和社会责任感，培育出高尚的职业道德，进而成为一个合格的公民。

当前中国社会就业面临的压力主要来自于三个方面：一是农村劳动力的转移就业。对一切发展中国家来说，现代化的标志之一就是农业劳动力在全部劳动力中的比重不断下降。伴随社会主义市场经济的逐步发展和城镇化步伐的不断加快，从农村中释放出大量富余的劳动力。如何为这些劳动力创造就业机会将是现代化进程中的头等大事。二是城市新增青年就业。当前在城镇中达到就业年龄但一直没有找到工作的人占有一定比例，特别是各类大中专院校不断地扩大招生，一方面极大地提高了部分国民受教育的水平，另一方面也使大学生就业难成为中国社会面临的重大挑战。三是体制转轨就业。在市场竞争中，因企业减产、停产、转产或破产而离开企业失去工作的人以及虽未离开企业但又无法领到工资的人，在失业人口中占有一定比例。这些下岗职工的再就业将是中国相当长时期内经济社会发展面临的难题之一。

要有效缓解目前在就业问题上面临的上述三大压力，既要制定出与社会经济发展相适应的就业政策，同时还要使这些政策与充分利用劳动力资源、提高人民生活水平和构建和谐社会的道德指向相一致。从经济伦理学的视角看，这些政策措施包括：（1）努力使经济增长成为连续就业的过程。通常情况下，要增加就业就必须有经济增长做基础，但经济增长未必带来充分就业。因为经济增长率和就业人口增长率之间存在一个就业弹性系数（就业弹性系数＝就业人口增长率÷经济增长率），这一弹性系数在不同国家或同一国家不同发展阶段存在差异。"高经济增长、高资本投入、低就业增长"现象在世界各国普遍存在。中国经济发展的道德支点应当是在保持较高经济增长率和资本投资率的前提下，创造更多的就业机会，有效控制和降低失业率。唯其如此，才符合中国政府为人民服务和以人为本的道德宗旨。(2) 为非公有制中小企业发展创造公平正义的经济伦理环境。从国内外企业发展的历史规律看，涉及国家安全和国民经济命脉的大中型国有企业通常具有较高的技术装备水平，属于资本密集型企业，而非公有制中小企业劳动力人均占有资本较少，属于劳动密集型企业。一个国家中小企业越多，吸纳劳动力就越多。因此，只有让非公有制中小企业依法平等地适用各种生产要素，享受法律保护，才能最大限度地促进就业。(3) 加快经济结构调整，大力发展第三产业。第三产业包含的行业非常复杂，如计算机服务、医疗卫生服务、家政服务、文化娱乐服务等，劳动力在第三产业就业人口在发达国家高达70%—80%，在我国仅占 30%—40%。[①] 在第三产业通过调整工时，增加培训和闲暇时间，一方面可以创造更多就业机会；另一方面也有利于提高劳动者的综合素质和生活质量，使其德智体美获得全面发展。(4) 大力发展教育事业，提升人力资本水平。政府加大教育投入不仅能够提高劳动者素质，使其掌握更多的就业技能，促进经济结构优化，而且在一定时期内能够推迟就业年龄，缩小劳动力供给规模。特别是强化农民工的职业培训教育，将是强化农业人力资源水平和提高城镇化质量的有效途径。同时，也将极大地提升广大农民阶层的权利意识和公民道德水平。(5) 完善职业介绍服务制度。政府要积极培育劳动力市场，并通过法律和道德手段对其予以有效规范，建立劳动力需求信息网络，减少工作搜寻时间，提高工作匹配率，降低信息不对称程度。(6) 转变就业观念。向社会公众大力传播市场经济意识和现代职业价值理念，鼓励大学生及下岗职工自我创业、家庭就业、非政府部门就业，并简化经营手续，降低个人所得税，严禁对相关就业企业乱收费、乱摊派。(7) 不断完善社会保障制度和失业保险制度。扩大社会保障面和提高失业人员的保险比例，尽可能改善他们的生活处境，使其免受贫困之苦。与此同时，也要努力避免发达国家的福利陷阱现象，即在完善社会保障制度和提高失业者寻找工作积极性之间求得一种理想的伦理平衡状态。

---

① 许光建、陈璋等编著：《应用经济学》，中国人民大学出版社 2007 年版，第 317 页。

三、政府抑制通货膨胀措施的伦理抉择

通货膨胀现象伴随市场经济的生成而诞生，它同失业现象一起构成了宏观经济制度领域争议最多的两个问题，同时也构成了世界上所有国家在经济发展过程中遇到的两个重大难题。然而，正如德国思想家西美尔在其《货币哲学》中所昭示的那样，通货膨胀从表面上看是一个纸币贬值的经济过程，但从实质上看是一个社会财富重新分配的过程，它最终涉及到货币背后的劳动价值、信用价值及其文明社会的道德伦理观念。因此，本节试图站在经济伦理学的视角，对与通货膨胀现象密切相关的以下三个问题予以仔细剖析。

（一）通货膨胀经济作用的道德风险

要对通货膨胀的经济伦理作用进行深入剖析，就必须对通货膨胀的一般理论有所了解。通货膨胀，通常是指一般物价水平在比较长的时期内以较高幅度持续上涨的一种经济现象。测算通货膨胀程度的指标是通货膨胀率。经济界人士通常用消费价格指数（同一组消费品和劳务在某年的价格总水平同它在基年的价格总水平相除所得的比率，简称 CPI，即 Consumption Price Index）来说明通货膨胀率的高低。人们一般根据通货膨胀率的高低将通货膨胀划分为温和型、奔腾型、超速型（恶性）等，也有学者根据预料程度分为未预期到的通货膨胀和预期到的通货膨胀。引发通货膨胀的原因很多，其中需求拉动和成本推动是两种最重要的因素。

恶性通货膨胀会彻底摧毁自由、平等、法治等社会秩序，使整个经济陷入混乱不堪和困顿不前的境地。从经济伦理学的视角看，其道德风险集中表现为以下三个方面：（1）不可预期的通货膨胀会把人们的收入和资产搅和在一起，随机而非公平地在全体居民中进行重新分配，使人们手中财富的实际价值发生重大变化。一般而言，当价格水平上涨时，伴随货币的贬值和购买力的下降，债权人的财富收益会减少，债务人的财富收益会相对增加。其中，受损害最大者是放贷者、退休者和现钞持有者，反之则相反。（2）通货膨胀会降低经济效率和减缓经济增长。因为经济的繁荣和发展归根到底取决于各个市场主体能够按照市场发出的价格信号来实现资源配置的最优化，一

旦价格信号紊乱，企业将无法进行正确的投资决策，劳动力将无法实现优化配置，消费者将无法正常消费。由之，将极大地扰动社会经济秩序，提高交易成本，加剧经济结构失衡，使经济增长无法持续。(3)通货膨胀会极大地扭曲税收的道德本质，使其丧失所应有的公正性质。一般而言，各国的税制规定只是对名义利率征税，不考虑真实税率问题。在通货膨胀状态下，企业的名义利润和居民的名义工资上涨了，但其中都有一部分用于抵消价格上涨的影响，但税收却是按照名义收入征缴的，由之，会使企业和个人的税收负担无形中被增加，特别是在累进税制下，收入每提高一个档次，税收会相应提高一个档次，从而极大地增加企业和个人的经济负担。

"恶性通货膨胀有害"已成为人们的共识。因此，绝大多数国家都希望经济高速增长、就业充分和价格稳定，但"价格稳定"是否意味着通货膨胀率为零？许多宏观经济学家对此持有异议，认为零通货膨胀率只存在于理想的经济体中，而在现实的经济生活中无法做到，因为实际的经济生活充满了摩擦和矛盾。例如：要使整个社会的工资水平保持稳定的话，个别企业和个人的工资就必然有升有降，但人们只希望工资不断上升而不希望下降，这就意味着一定程度的通货膨胀是无法避免的。经济学家们普遍认为，一个可以预期的缓慢上升的价格水平能够为经济的健康发展提供最好的环境。

（二）西方经济学家治理通货膨胀理论的道德价值

西方经济学家有关治理通货膨胀的理论异彩纷呈，在此仅选择最具影响力的凯恩斯、菲利普斯和弗里德曼为代表，先对其通货膨胀理论择要阐述，然后，再对其道德价值予以客观分析。

凯恩斯认为，在资本主义市场经济中，伴随国家发行的货币数量的增加，必然导致利率的下降，进而引发有效需求的增加，而有效需求的增加又会迅速促进就业量和产量的提高，最终引发价格上涨。其间，货币数量对物价的影响要以充分就业为中介，在未达到充分就业临界点时，如果政府增加货币量以便有效增加社会需求，那么，虽然物价会有轻度上扬，但却同时增加了就业量和产量，这就使得产业资本家和工人得到益处，食利者阶层遭受损失。因此，只要实行适度通货贬值政策，就会很好地解决经济危机中的失业问题。① 而新西兰人菲利普斯通过研究英国 1862—1957 年间通货膨胀和失业之间的相关性发现，二者之间存在着一种此消彼长或此起彼落的关系，这一关系被称为菲利普斯曲线。这一曲线为政府决策者提供了一个可供选择的便捷菜单，即当政府认为通货膨胀已经成为经济不稳定的主要因素时，可以用提高失业率来降低通货膨胀；反之，当政府认为失业率已成为经济不稳定的主要因素时，可以用提高通货膨胀的办法来降低失业率。但是由于通货膨胀率和失业率之间并非直接的因果关系，因此在很多时候，菲利普斯曲线会发生各种形式的变化。如 20 世纪 70 年代欧美国家出现了高通货膨胀率和高失业率并存的"滞胀"现象，而到了 90 年代，美国又出现了高经济增长与低通货膨胀和低失业率的"一高两低"现象。与凯恩斯和菲利普斯的主张不同，现代货币主义代表人物弗里德曼认为，"通货膨胀是而且也只能是由于货币数量的增长速度快于产出的增长速度而造成的，正是在这个意义上，通货膨胀在任何地方都永远只是一种货币现象。"② 因此，他坚决反对凯恩斯主义相机抉择的财政政策和货币政策，主张必须使货币供给量的增长率与经济增长率相一致，并建议货币供给以每年 3%—5% 的固定比率增长，认为只有实行完全自由的市场经济才能确保资源的最佳配置，同时各国实行浮动汇率制度比实行固定汇率制度能更好地缓解通货膨胀带来的国际冲击。此外，弗里德曼还主张实行收入指数化政策，即把工资、利息、政府债券收入和其他收入同物价指数紧密结合起来，使之随物价指数的变动而调整，从而有效降低通货膨胀所带来的收入不平等现象。

不难看出，西方经济学家所提出的抑制通货膨胀的政策措施各不相同，但从经济伦理学的视角看，他们的理论主张均具有重要的道德伦理价值。首先，他们的抑制通货膨胀措施有助于维持好不同经济主体之间公平正义的市场信用关系。恰如凯恩斯所言："债务人和债权人之间持久稳定的关系是资

---

① 参见凯恩斯：《就业、利息和货币通论》，高鸿业译，商务印书馆 1999 年版，第五编相关论述。

② 保罗·萨缪尔森、威廉·诺德豪斯：《宏观经济学》，萧琛主译，人民邮电出版社 2008 年版，第 308 页。

本主义制度存在的主要基础，而通货膨胀的不断进行使通货的实际价值波动剧烈，从而使这种信用关系完全被打乱，结果是获取财富的整个过程堕落为全凭时运的赌博行为。"[①]由之，必然彻底颠覆文明社会所倡导的诚信、节俭、勤劳等道德观，助推投机、欺诈、挥霍等非道德行为。其次，他们的抑制通货膨胀措施有助于培养人类经济发展过程中的节制德性。早在古希腊时代，节制就被人们当作一种重要的经济、政治和社会美德而得到提倡，但自从资产阶级发明市场经济制度以来，与周期性的经济危机相伴而生的通货膨胀现象表明，现代市场经济已经成为一个躁狂抑郁病患者，他会周期性无节制地狂欢作乐，然后，陷入抑郁性昏醉之中。而上述经济学家的政策主张就是在经济发展酒兴正酣之际，将餐桌上的美酒统统撤掉。再者，他们提出的抑制通货膨胀措施有助于强化政府的责任伦理意识。周期性的通货膨胀现象充分说明，纯粹的自由市场经济是存在先天缺陷的，为了克服这种缺陷，保持市场的平稳有序运行，除了市场主体自觉守法和道德自律外，作为"守夜人"的政府必须通过制定各种规则，督促市场主体依规而行。2008年华尔街金融机构制造的泡沫经济及其引发的通货膨胀现象充分证明，只有政府真正担当起对金融机构的监管责任，才能有效降低通货膨胀的危害性。

（三）中国政府抑制通货膨胀政策的伦理抉择

改革开放前中国实行的是计划经济体制，虽然不存在公开的通货膨胀，但却存在着有钱买不到东西的隐蔽性通货膨胀。改革开放后，经济在不断增长的过程中先后经历了多次通货膨胀，尽管每次通货膨胀的成因和抑制措施各不相同，但政府从中也逐步摸索到了某些规律性的内容，从经济伦理学的视角看，政府抑制通货膨胀政策的总体性伦理指向呈现出以下特点。

1.逐步建构公正合理的经济结构比例。长期以来中国工业增长速度远远大于农业增长速度，致使农业无法为工业特别是加工工业提供足够的原料，从而引发农产品价格不断上涨，而这种上涨带来的利润多半由流通领域占有，农民本身并未得到实惠；在工业内部，重工业增长速度远远超过轻工

---

① 凯恩斯：《预言与劝说》，江苏人民出版社1997年版，第62页。

业，而重工业内部大规模的固定资产投资，又带来基础工业和原材料产品价格上涨，从而引发其他产品价格上涨。如何优化产业结构比例，坚持工业反哺农业，加大强农惠农政策力度，更多依靠现代服务业和战略性新兴产业以及依靠科技进步来推动经济发展，将是以后中国经济增长面临的重大挑战。这一挑战背后所蕴含的价值取向是必须高度重视实体经济的作用，避免泡沫经济的发生，而实体经济发展所赖以奠基的道德价值观是提倡勤劳与节俭，反对欺诈与投机。

2.逐步完善公平正义的财政税收制度。政府财政通常以银行借款和发行国债的方式弥补赤字。巨额财政赤字是倒逼银行扩大货币投入，进而推动通货膨胀的重大隐患。一方面，通过降低政府不必要的财政支出，可以减少政府需求和政府向银行的透支，从而控制总需求和货币供给量，降低通货膨胀；另一方面，建立公平合理的税负制度，通过增加税收的方式，减少居民和企业不合理的开支内容，从而降低通货膨胀率。当然，在采取紧缩性财政税收政策的同时，必须保证国防、教育、重点工程、社会保障等领域的财政支出项目。因为政府的财税政策不仅是一项经济措施，同时也是一种价值指向，政府财政支出的内容差别和税负种类的轻重缓急在向整个社会预示着其所倡导和贬抑的价值信号。

3.适时实施松紧适度的货币供应政策。通货膨胀说到底是货币数量问题，减少货币供给量使利率上升是降低通货膨胀的有效对策之一，特别是利率上升会抑制企业向银行贷款的愿望，但要实现这一目标就必须深化金融体制改革，加强中央银行货币政策的独立性，改革商业银行体系，发展多层次的资本市场和民营金融机构，提高银行、证券、保险等行业的竞争力，完善金融监管。特别是在经济转轨期，要充分考虑紧缩性货币政策的负面效应，即在对某些行业（如高耗能产业、豪华房地产业等）实施紧缩性货币政策的同时，对重点项目、社会保障项目、高科技产业、新型环保产业等给予特别贷款优惠，以促进产业结构向合理方向调整。其间，金融机构必须清醒地认识到：一方面，货币奠定了人类现代商业文化的基础，释放出人们对财富的渴望与追求；另一方面，它也加剧了人类拜金主义的盛行和生命的世俗化倾向。如何通过科学合理的货币政策来充分利用货币的积极因素，减缓其消极影响，将是我国金融业在未来改革发展过程中必须担当的重大经济伦理责任。

除了上述措施外，要有效抑制通货膨胀，还包括制定合理的收入分配政策、强化企业内部管理、实施辅助性直接物价控制政策、推行创新驱动战略等。其间，要求各级政府必须对经济增长与经济稳定之间的关系形成科学辩证的认识，真正做到准确把握形势，审慎灵活地运用各种宏观调控手段。同时，还要对宏观调控背后的经济伦理指向形成清晰明确的科学认知，不是让拜金主义浮嚣尘上，贪婪之风广泛流行，信仰追求彻底丧失。相反，要让经济发展朝着良心、尊严、公正、法治的轨道前行。

四、转变国家经济增长方式的道德意义

经济增长和道德进步之间的关系问题，既是当前经济伦理学界争执的焦点问题之一，又是古今人类广泛关注的重大实践性难题。乐观主义者认为，伴随人类经济发展水平的不断提高，社会道德水准也会逐步进化至更高的层面；悲观主义者则认为，经济增长和道德进步之间是一种悖论性关系，经济越是发展，道德滑坡会愈发严重。要正确判断二者孰是孰非，需要对经济增长的类型与方法、道德进步的内涵与标准进行深入剖析。然而，必须指出的是，在中外经济发展史上存在一个不争的事实，即不同的经济增长方式对公民的道德品性会产生截然相反的社会效果。由之，笔者试图从经济增长与道德进步的深度复杂性关联入手，对转变经济增长方式的道德意义作出理论辨析。

（一）经济增长与道德进步的良性循环

在人类经济伦理思想史上，绝大多数思想家都认为经济增长和道德进步之间存在着一种良性循环关系。一方面，经济的增长有助于促进道德的进步；另一方面，道德的不断进步会反过来助推经济的持续增长。

经济增长之所以会促进道德进步是因为：（1）任何时代的经济增长都以科学技术的发展为直接动力，正是科技的发展将人类由蒙昧无知推向文明理

性。以医学发展为例，在古代社会，像天花、肺结核、疱疹等疾病被视为不治之症，人们更多的是从驱魔辟邪的迷信视角展开治疗，而盘尼西林、青霉素等现代药物的发明已将致使千百万人死亡的疾病得到控制，甚至被消灭。当今时代天体物理学和地质科学的不断发展，彻底改写了中世纪宗教神学的天堂地狱理论。正是诸如此类的知识进步使人类逐渐摆脱了外在神律的精神枷锁，走向了道德自律的主体世界。(2) 经济增长过程与自然资源的广泛利用、生产资本的迅速积聚相伴而生。其间，将自然资源和生产资本相结合的关键因素是劳动力，正是在家庭、学校和社会培训基础上掌握了各种生产技能的劳动力极大地提高了人类对自然资源的利用效率。同时，劳动力在改造自然的过程中，也在不断地提升自身的道德素质。例如：人类在种植农作物的过程中需要相当长的一段时间去耕作、培育、浇灌，最终才能获得收成，由之养成了农民阶层的勤劳、忍耐、节俭等道德品性，而在众多工人聚集的工厂车间内劳动，养成了工人阶层的守时、纪律、互助等伦理特质。(3) 人类在经历由狩猎游牧、农业耕作到商业交换的经济进化过程中，不同形式的经济活动产生了不同的社会合作需要，使管理社会的经济、政治、法律体制不断复杂化，从而使人类社会的政治伦理水平逐渐从低级迈向高级。例如：从事商品交换的民族比从事自给自足的小农经济的民族需要更加复杂的经济、政治和法治体制，包括标准化的度量衡、固定的货币和公平合理的契约制度等。总之，人类经济生产率越高，生活聚集程度就越高，其政治与社会关系就越加复杂，进而推动人类政治伦理水平日渐丰富和缜密。

当然，经济增长在推动人类道德进步的同时，人类的道德伦理并不是被动地被创造或转变，其自身具有主观能动性，进而对经济增长发挥出巨大的反作用。这种反作用集中表现在两个方面，即落后的道德伦理观念会阻碍经济的增长，而先进的道德伦理观念则会极大地促进经济的持续增长。马克斯·韦伯在其《新教伦理与资本主义精神》中对该问题的深入诠释被学界视为经典，在该书中他通过比较他所处时代天主教和新教的经济伦理观，认为传统的天主教经济伦理观受中世纪经院哲学影响较深，在经济伦理层面具有禁欲、弃财、轻利的价值特征，致使天主教徒的子女侧重选择人文科学、政治科学等专业去学习，毕业后多从事人文科学研究和政府管理工作。而新教徒的子女更注重商业经营、理工技能方面的学习，毕业后多从事工商业领域的工作。基于此种认知，韦伯深入阐释了新教徒的经济理性主义、神圣天职观、新型禁欲观等思想，认为正是马丁·路德、加尔文的上述新教伦理主张为早期资产阶级的原始资本积累和扩大再生产提供了强大的精神动力。恰如韦伯所描述的那样：按照上帝满意的方式生活的唯一方式不是以修道院式的禁欲主义来超越世俗的道德，而必须是完成他在世界上的位置所赋予的义务，即通过改善人类的福利而获得财富乃是上帝对人的根本召唤。质言之，实现经济繁荣是人类荣耀上帝的最好剧场和舞台。① 之后，韦伯又写过《儒教与道教》等著作，论证东亚国家经济落后的宗教伦理根源。尽管目前学界有不少人用 20 世纪 60 年代以后"亚洲四小龙"的经济繁荣来反驳韦伯的观点，但必须指出的是，英美等国近现代的经济发展史一定程度上印证了韦伯观点的科学合理性。

（二）经济增长与道德滑坡的恶性循环

在经济伦理思想史上，虽然绝大多数思想家承认经济增长与道德伦理之间存在良性循环关系，但也有个别思想家主张经济增长与道德进步之间是一种悖论性关系。如法国思想家卢梭，他崇尚古代人类自然状态下的亲情、质朴、虔诚等美德，认为科学的发展及其所推动的经济进步最终生发了人的自利之心，导致了家庭亲情的割裂、矫饰奢华的流行和道德信仰的丧失。与卢梭不同，马克思则认为在人类经济发展史上，不同的生产方式会孵化出不同的道德伦理观念，特别是资本主义的私有制生产方式。一方面在极短的时间内创造了惊人的经济奇迹；另一方面也异化出工人阶级的巨大贫困和整个社会的道德滑坡。在资本主义生产方式中，科技教育越是发展，资本有机构成越是提高，社会两极分化会更加严重，资产阶级的贪婪奢靡和无产阶级的身心伤害会形成愈加鲜明的对照，只有用暴力革命推翻资产阶级的经济政治体

---

① 参见弗里德曼：《经济增长的道德意义》，李天有译，中国人民大学出版社 2008 年版，第 37 页。

系，才能最终实现无产阶级和全人类的彻底解放以及社会道德伦理水平的真正进步。如果说卢梭和马克思的论断深刻揭示了早期资本主义社会经济增长和道德滑坡之间的深层关联，那么部分当代学者则集中从以下三个层面更进一步地剖析了经济增长对道德伦理产生的负面影响。

1.经济增长与生态环境的剧烈冲突表明人类的生态伦理水平亟待提高。从历史的视角看，自从人类转向定居，开始毁林造田和饲养家畜之际，就已经向自然环境发出了挑战。然而，人类真正意识到自身的生产生活行为对生态系统的破坏却是工业革命以后的事情，特别是自20世纪70年代之后，伴随《寂静的春天》《沙乡年鉴》《增长的极限》等畅销书出版之后，人们对生态环境的忧虑之情日渐浓重，包括对煤炭、石油、天然气等生产生活资源枯竭的恐惧，对大规模二氧化碳排放引发的地球温室效应的担心，对森林面积锐减致使生物多样性消失的焦虑，对生产生活废弃物生成的公共外部性问题的警觉等。为有效应对上述环境问题，1983年联合国安理会建立了环境与发展世界委员会。之后，该委员会促使世界各国逐步制定了一系列旨在保护人类生态环境的法律、法规和框架协议，如《联合国海洋法》《关于濒危物种的国际贸易公约》《京都议定书》等。尽管如此，人类在经济增长与生态环境恶化的诸多具体问题上至今并未达成真正的共识。无论是发达国家还是发展中国家，为了保障自身经济增长和生活水平的不断提高，依然冒天下之大不韪而各行其是，致使环境责任及其治理问题成为今天围绕风险全球化激烈争论的一个重要方面。所有这些现象表明，人类要实现经济的可持续发展，必须大力提高自身的生态伦理水平。

2.经济增长与政治参与的不平衡要求人类不断提高自身的政治伦理水平。从人类纵深的长时段的历史发展过程看，经济增长会不断地促使人类的政治伦理水平迈上新台阶。如前所述，农业经济需要的政治伦理水平要高于游牧狩猎时代，工业经济需要的政治伦理水平要高于小农经济时代。但从特定的短期性历史过程看，经济的快速增长也可能引发剧烈的社会动荡与冲突。正如亨廷顿所指出的那样，如果说经济的发展取决于投资和消费之间的关系，那么政治秩序的稳定则取决于政治制度的发达程度和各种新兴政治势力被动员起来参与政治的程度。① 质言之，伴随一个社会经济的高速发展，各种利益集团会迅猛崛起，他们的政治参与热情会日新月异。此时，如果政治制度的变化步履蹒跚，必然导致社会参与的大爆炸，进而引发社会动荡或暴力的频繁发生。亨廷顿还举例指出，欧美国家的现代化进程延续了几个世纪，每次只解决和对付一个危机现象，而发展中国家在现代化的进程中，在压缩时空中要处理同时发生的经济发展、中央集权、民族融合、政治参与、社会福利等，这就要求任何一个社会势力中的个人在通过该社会的政治制度获得权力的过程中，都必须在价值观念和处世态度方面不断抛弃所属种族集团的特定规则，逐步在各种利益集团博弈的复杂社会中建立起互惠互利和公正和谐的全新性政治伦理准则。②

3. 经济增长还可能引发拜金主义、享乐主义和消费主义盛行，致使社会陷入道德虚无主义的泥潭。经济增长不仅会影响人类赖以栖身的生态环境和政治制度，更会深刻地波及人类的文化生活，尤其会诱使人类的内在精神生活和道德品格逐步由神圣崇高走向世俗平凡。西美尔认为，现代社会的经济增长离不开货币交换的广泛流行，货币成为一切价值的公分母，它将所有不可计算的价值和特性化作可计算的量，它使人与人之间内在的情感维系转换为人与金钱之间的物化关系，从而使人与钱的关系不断亲近，人与人的关系日渐疏远，金钱由人生的手段与方法攀升至人生的目的与价值的高度，无论是聚敛钱财的吝啬还是挥霍无度的奢侈，无不彰显出金钱文化对人类生存意义的吞噬。③ 桑巴特在《性爱、奢侈与资本主义》中则认为，资本主义经济的高速增长助推了享乐主义奢侈风尚的流行，凡能使视、听、嗅、味、触觉陶醉的，都在日常用品中以日益精致的方式对象化了，特别是最隐秘的性爱行为同宗教超尘世的神圣秩序的分离，使其不再是神圣婚姻的补充，而是变

---

① 参见亨廷顿：《变化社会中的政治秩序》，王冠华等译，上海世纪出版集团 2008 年版，英文版前言。

② 参见亨廷顿：《变化社会中的政治秩序》，王冠华等译，上海世纪出版集团 2008 年版，第 9 页。

③ 参见西美尔：《货币哲学》，陈戎女等译，华夏出版社 2002 年版，第 33 页。

成了感官快乐的源泉。而凯恩斯在其《通论》中认为，古代社会是生产决定消费，现代社会与之相反，是消费决定生产，因此，只有通过刺激消费甚或浪费才能提高社会就业水平并促进经济繁荣。在上述拜金主义、享乐主义和消费主义思潮的影响下，传统意义上的节俭、禁欲等美德已荡然无存，道德虚无主义成为困扰人类生活的精神魔咒。

（三）在转变经济增长方式中提升人类社会的道德水准

既然经济增长和人类的道德伦理之间存在着正反两方面的相关性，那么如何实现经济增长和道德进步的良性循环？避免经济增长和道德滑坡的恶性循环？出路只有一条，这就是转变经济增长方式，唯其如此，才能不断提升人类社会的道德水准。

1. 在创新经济增长模式中实现人类生态伦理的不断进步。西方经济学家普遍认为，一个国家在经历从农业经济向工业经济转变的过程中，在最初工业取代农业成为经济增长的主导因素时，生态恶化是无法避免的，但随着收入提高和人们生活水平的改善，其生态恶化现象会逐步减少，即生态恶化程度与经济增长之间呈现出一个"倒 U 型"库兹涅斯曲线。当然，这种升降规律不是自发生成的，它与经济活动的构成变化和公共政策的干预密切相关。首先，经济结构布局由重工业向服务业和战略性新兴产业的转移会有效减少污染；其次，以现代信息产业、生物基因工程等为代表的高新技术产业的迅猛崛起，使经济增长由粗放型向集约型发展，从而极大地降低资源能耗；再者，政府对企业的负外部性问题通过直接控制、强化监管或市场办法（可交易排污证）加以有效制约也会减缓生态恶化的趋势。所有上述行为都会使社会公民逐步树立起人与自然和谐共存的环境保护意识和生态伦理观念。

2. 在包容性经济增长中推动政治伦理的逐步创新。亨廷顿所讲的参与爆炸之所以能够在处于经济增长过程中的发展中国家发生，其重要原因在于工业化、城镇化、信息化将在农业生产中分散的居民集中到了工厂和城镇，极大地刺激了人们追求财富、地位、尊严的欲望，特别是他们借助现代通讯技术通过社会比较，对国内外的高收入生活方式产生羡慕之情，进而生发出强烈的生存权利意识和政治参与冲动。要有效避免参与爆炸的发生，必须大力推动社会政治伦理的逐步更新，其核心内容包括：一是通过经济政策选择实现包容性经济增长，让全社会公平合理地分享经济增长成果，涉及通过创新财政体制和分配机制推动公民收入分配向公平正义方向迈进，实现基本公共服务均等化，大力推进集中连片贫困地区脱贫致富步伐等。二是加速完成社会政治体制的转型与更新，涉及创新社会管理机制；畅通和规范普通公民的诉求表达、利益协调和权益保障渠道；建设职能科学、结构优化、高效廉洁的服务型政府；提高执政党的科学化水平，永葆其先进性和纯洁性；推进决策权、执行权、监督权相互制约协调的宪政制度建设等。

3. 在经济利益和终极信念多元并举中寻求公民道德规则的重叠共识。自从人类社会由农业经济转向工业经济之后，一方面，市场经济中长期的利益博弈导致了社会阶层的高度分化，不同阶层之间的经济利益诉求呈现出巨大差别；另一方面，伴随全球化浪潮的汹涌澎湃，使人们深刻体悟到不同国家或同一国家内部不同民族之间因历史文化背景的巨大差异而形成的终极信念（包括宗教信仰、深层价值观等）无法彻底沟通，在这种形下利益和形上信念多元并举状态下，如何保证不同公民之间自由与平等、民主与法治、个人权利与共同体要求、个人行为与社会稳定之间的辩证统一，无疑构成了困扰当代人类的巨大思想难题。要化解这一难题，必须摆脱非此即彼、厚此薄彼或中心边缘的思维定式，通过亦此亦彼的对话交流、相互镜见而求同存异，除了充分吸收中国传统文化中"和而不同""殊途同归"的思想精华外，也要正确借鉴现代西方文化中的合理因子。如罗尔斯在其《政治自由主义》中所申言的不同个人或族群在保持自身终极信念前提下，在公共生活中达成重叠共识、形成公共理性、提倡公民首要善、建构正义制度等一系列现代规范伦理主张，无疑也为解决当代中国社会多元经济文化背景下的道德悖论和伦理冲突，实现社会不同阶层之间的和谐共存，提供了一种可资借鉴并具有较强操作性的思想文化资源。

五、逐步建构正义性世界经济新秩序

宏观经济学通常把建构正义性世界经济新秩序视作重要的经济政策目标之一，但要达致这一目标就必须对国际贸易的现状、国际金融体系的运行机制、全球化状态下世界经济格局的变迁轨迹予以深刻把握，基于此种认知，下面从经济伦理学的视角就上述三个问题进行理论辨析。

（一）国际贸易的道德合理性及其制约条件

在人类历史上不同国家和民族之间之所以需要贸易往来，其根本原因在于国际贸易本身具有天然的道德合理性，即它能够提高不同国家之间的劳动生产率，进而使各国人民的生活水平不断改善。之所以如此，是因为：（1）不同国家的自然资源条件各不相同，有的国家拥有丰富的矿藏，有的国家具备肥沃的土地，这种自然要素禀赋上存在的巨大差异导致了生产可能性的多样化和国家间贸易往来的必然性。（2）各国国民在衣食住行及文化娱乐方面的偏好存在巨大差异，国与国之间的贸易可以有效满足不同民族的偏好和兴趣，使双方或多方在贸易中共同获利。（3）不同国家在不同的产业领域具有各自的先发优势，其所形成的规模经济能够比其他国家占有成本和技术优势，这比各国之间都来自己动手去制造所需产品更加便宜，由之决定了不同产业的国际分工格局，进而促进国际贸易不断深化。英国经济学家大卫·李嘉图用"比较优势原则"概括了上述国际贸易现象，即在自由贸易条件下，各国将其生产转向自己具有比较优势的领域会使各国都从国际贸易中获利。

当然，比较优势理论的前提条件是国际经济在一种平稳运行的自由竞争中展开，但这一假定面临两大挑战：一是虽然从总体上讲在国际贸易中各国都可获利，但这并不意味着每个人、每个企业或部门都能获得同等利益；二是当经济面临衰退、非自愿失业增加、市场价格体系运转不灵时，各国获利的多少会出现天壤之别。这两大因素会迫使各国根据本国经济发展需要来设置贸易壁垒或进行贸易保护，包括对某类进口商品征收高额关税或对许多进口商品的配额进行数量限制等。上述做法虽然可以增加政府收入，但其价格的提高，一方面会导致消费者对征税商品的购买量低于有效率的水平，另一

方面会鼓励无效率的国内生产。当然，各国为了本国"幼稚产业"的生存，避免国际市场"大腕"的挤压而采取有条件的关税保护措施，这其中有其正当性的一面。因为一项关税如果使得消费者在后来的收益远远大于在保护期内价格上升所承受的损失，那么这项关税就具有道德合理性。正是为了有效促进世界范围内的经济繁荣，1995 年国际社会成立了世界贸易组织（WTO），成立该组织重要的经济伦理目的在于，通过降低关税、减少贸易壁垒以及消除国际贸易歧视来促进自由平等的国际贸易往来和扩大区域性市场，从而有效提高各国人民的生活水平。

（二）国际金融体系的伦理职责

在现代市场经济运行过程中，各种国际贸易的开展离不开各类货币的流转，而国际金融体系在其中发挥着润滑剂的作用，它在不断促成着各种商品贸易和货币品种的兑换，使外汇、债券、股票等金融资本进行大规模跨国界的持续流动。然而，自 20 世纪 90 年代始爆发了一系列国际金融危机，包括1991—1992 年的欧洲汇率体制危机、1998 年的亚洲金融危机、2008 年由美国次贷危机引发的世界经济危机等。上述金融危机生成的原因也许各不相同且极其复杂，但每次危机背后都呈现出相应金融价值理念的错位和国际金融体系道德规则的失范。因此如何科学定位国际金融体系的伦理职责就成为现代国际贸易关注的焦点问题之一。

1.强化国际金融市场诚实守信的职业道德要求和金融企业的社会责任意识是保障其健康发展的客观要求。现代国际贸易的核心是金融中介通过信用关系将资金提供者和资金需求者连接在一起，但在金融从业人员的职业生涯中，存在着金融职员之间、金融职员与客户之间、金融职员同金融机构之间、金融机构与客户之间、金融机构相互之间复杂的个人与个人、个人与集体、集体与集体之间的利益冲突。其间要求利益相关方必须在公开、公平和公正的三公市场竞争环境下坚守诚实守信的职业道德规则。然而，从世界各国的历次金融危机看，通常是银行和客户为了自身利益不顾贷款方的还贷能力胡乱放贷。以国际化程度最高的美国金融业为例，端起于 2008 年华尔街的次贷危机就是房贷公司帮助房屋贷款人进行信息作假，金融企业由于急功近利而纵容和默许上述失信行为，最终将风险转嫁给世界范围内的广大投资者。不仅如此，以穆迪、标准普尔、惠誉等为代表的信用评级机构同样违背三公和诚信原则，为了获得高额的评级费用，完全辜负投资者的信任，未能客观及时地对相关金融机构和客户进行正确评定，乃至对本来风险极高的次级抵押证券作出了光鲜照人的3A评价。所有上述问题皆是在唯利是图的"股东利益至上"理念指导下发生的，金融企业未能考虑到客户、合作伙伴、社区、政府、经济共同体等各方相关者的利益。如何强化金融企业的社会公共责任，实现企业与社会的和谐共赢，将是未来国际金融市场面临的重大问题。

2. 坚守金融创新伦理原则，努力降低社会风险，尽可能减少国际金融大灾难的发生。自从熊彼特在其《经济发展理论》（1912年）中提出产品创新、工艺创新、市场创新、原料创新、管理创新理论以来，创新行为成为企业、社会、国家经济发展的巨大推动力。然而，创新是把双刃剑，对社会发展有利也有弊：一方面，金融企业通过创新金融体制和增加新的金融工具，可以获取巨大的潜在利润，进而加速资金流动，活跃金融市场，扩大人们投资和融资的选择空间。从一定意义上讲，世界金融业的发展史就是一部金融技术、金融产品、金融工具、金融市场和金融管理的创新史；另一方面，全球金融市场一体化、金融产品交易速度的快速化和金融衍生工具的复杂化，也为世界性金融灾难的发生埋下了巨大的隐患。2008年全球金融危机的根源在于，美国的大批放贷机构在金融中介机构协助下，把数量众多的次级住房贷款转换成证券在国际金融市场上发售，各类投资机构再利用精湛的金融创新技术将购得的证券打包、分割、组合变成新的金融创新产品，出售给对冲基金和保险公司，致使金融衍生品越来越复杂，金融交易链条越来越长，金融市场的透明度越来越差，乃至连精明的金融投资专家也难以读懂这些五花八门的金融证券，最后无人再关心这些金融产品真正的基础是什么，致使风险日益积聚和蔓延，最终演化为一场轰然坍塌的全球金融大灾难。如何使金融创新行为遵循客观公正、可持续发展和不伤害客户的伦理规则，防止金融创新成为脱缰的野马，已成为国际金融业面临的巨大挑战。

3. 努力避免金融监管机构的监管失范，大力提高金融监管者的社会道德责任。近年来伴随世界金融业金融创新工具的不断涌现，银行、证券、保险、信托等行业的经营界限越来越模糊，传统的金融监管模式逐步失去效率，其防范金融风险的能力亟待提高。以金融创新活动最为活跃的美国为例，它在长期的金融市场发展过程中，逐步形成了由联邦和州两级负责的金融管理机构，受自由平等和分权制衡思想的影响，美国还建立了分业监管的体制，对银行、证券、期货、保险、信托等金融领域实施分类监管。这种"双线多头"的金融监管体制一直被视为国际金融监管的成功典范，在金融工具比较单一且容易掌握的时代，它为美国乃至国际金融业的繁荣发展和风险防范作出了巨大贡献。但在全球金融一体化程度不断提高、金融创新日新月异和金融业务相互渗透的今天，混业经营导致各类金融机构多种业务交叉，而各类监管机构无法协调配合，造成监管错位和滞后，出现大量监管真空地带，致使风险极高的金融衍生品成为漏网之鱼，与之相关的投机活动肆无忌惮，完全摆脱了金融监管机构的监管视野。这再次向世人敲响了警钟，即任何一个国家的金融监管体系必须与金融发展的程度相适应，在促进金融产品合理创新和保障金融市场活力的同时，必须对其实施有效管理，包括建立完善的信息披露机制和贷款制度、建构金融预警和监管体系、重用德才兼备的金融企业高管等，真正使金融监管承担起维护国内外金融稳定，促进金融回报社会的道德责任。

（三）全球化时代实现经济正义的路径分析

前已备述，保证自由平等的国际贸易往来是世界经济繁荣的前提和基础，而建构能够担当经济伦理职责的国际金融体系则是保障国际贸易顺利展开的核心和关键，但要实现这两大经济目标，需要人们对经济全球化面临的挑战和达致全球经济正义的根本途径获得清醒的认识。

1. 正确认识经济全球化的积极意义及其所面临的巨大挑战。人们对经济全球化的定义歧义纷呈，实际上，经济全球化主要是指商品、资本、服务等各种经济资源在全球范围内自由流动，使各国经济相互融合，导致大量跨国公司、全球公司的出现，从而形成世界性统一的大市场。在经济全球化的过程中，资本主义生产方式起了主导性作用，其中，资本冲破各种限制在全球范围内的自由流动是经济全球化的内在逻辑。它的积极意义在于加速全球资源在更广的范围内频繁流动，使各种生产要素在世界范围内实现高效配置，从而极大地推动了人类的信息交流、科技进步、分工细化和产业调整，使人类的整体经济水平和现代化程度获得大幅度提升。与此同时，资本主义生产方式所固有的内在矛盾也开始在全球范围内扩展，即资本主义市场经济优胜劣汰的价值规律导致全球范围内贫富分化的不断加剧。首先是机会不平等。由于发达资本主义国家和发展中国家在进入世界市场前的资源禀赋存在巨大差异，从而使各经济竞争主体之间存在着机会不平等，发展中国家因资金短缺、技术落后和管理能力低下，在全球竞争中处于极为不利的地位。其次是规则不平等。经济全球化的规则和制度安排是由各国力量对比决定的，包括世界银行、国际货币基金组织和世界贸易组织在内的各种国际经济组织的游戏规则全部由发达国家制定，发展中国家处于无权被动的被操控地位。再者是南北差距的不断拉大。据联合国统计，1999—2000 年占世界人口 17% 的 24 个发达国家占了全球 GDP 的 80%，最富国人均 GDP 与最穷国人均 GDP 之比是 300∶1，如美国是 30600 美元，而埃塞俄比亚是 100 美元，前者一天的收入相当于后者一年的收入。贫困、失业和社会分裂成为落后国家的基本表征。[①]

2. 达致全球经济正义的路径选择。经济全球化作为一把双刃剑，既是机遇又是陷阱，正因如此，世界范围内支持和反对经济全球化的争论持续不断。从经济伦理学的视角看，论争的实质是效率与公平孰先孰后以及二者能否辩证统一。质言之，人类是走向贫富分化还是平等、互惠与共赢？答案无疑是后者。但要真正建构起正义性世界经济新秩序，尚需国际社会在以下三个层面作出长期性艰苦努力：一是通过对话、沟通与归纳逐步达致全球经济正义的价值共识。经济全球化尽管不依各国的意志为转移，具有无可抗拒的必然性，但由于各国经济状况、政治制度、文化传统殊为差异，因此对全球

---

① 参见何建华：《经济正义论》，上海人民出版社 2004 年版，第 418 页。

经济正义的理解和态度也会有天壤之别。在这种背景下只有秉承"天下为公"的价值理念，遵循自由、平等、宽容的伦理原则，建立起世界各国广泛参与的对话和沟通机制，以人类的共同利益为基础，求同存异，逐步达成底线性全球经济正义的价值共识。二是以联合国和各种世界经济组织为核心，充分发挥各类区域性国际经济组织的作用，逐步建立起保障世界经济正义的规则和制度体系。联合国自1945年成立以来，除了在政治、军事、文化等领域发挥了重要影响外，在世界经济发展方面也起到了不可替代的突出作用。在经济全球化面临巨大挑战的今天，它应该充分利用世界银行、国际货币基金组织、世界贸易组织以及各类区域性合作组织的功能优势，为建立正义性世界经济新秩序作出应有的贡献。以国际货币基金组织为例，从理论上讲，它应该而且必须承担起监督管理国际成员国金融行为的职责，公平公正地对待每位成员国，保证国际金融市场的平稳发展。然而，依照其现有规则，它的重要提案需获得85%的投票数才能通过，而美国一家因其参股基金庞大，拥有15%的投票权，其他184个成员国没有一个超过6%。这就为美国把自己的利益强加于其他成员国创造了条件。在2008年以来的国际金融危机中，美国不顾道德风险设计出次贷产品引发全球金融危机，然后又大发美元，通过美元贬值来应对危机，让全世界为其买单。国际货币基金组织却对其束手无策，以至于人们把其戏称为美国财政部的"国际部"。如何提高发展中国家在国际金融组织中的代表性和发言权，使其组织规则逐步适应金融全球化的需要，让包括美国在内的各个发达国家真正接受监管，则需要对现有国际金融制度乃至整个国际经济秩序作出重大改革。三是世界各国必须共同努力才能确保正义性世界经济新秩序的最终建立。经济全球化已把整个世界密不可分地联结在一起，任何国家都无法置身事外。这就要求世界各国必须齐心协力地应对经济全球化浪潮的冲击，将其负面影响降至最低限度。尽管以美国为首的发达国家为改善南北关系和促进世界共同富裕作出过艰苦努力，但其国家性质决定了它无法制约本国资本集团以损害别国为代价使自己捞取好处，这就要求发展中国家必须放弃幻想，自力更生，主动参与到经济全球化和全球治理中来，通过自身的不懈努力，逐步改变当代世界各种不合理的旧有经济规则与制度，以便更好地维护自身的生存权和发展权。

第四节　经济伦理学视域中的城乡资本流动

依照现代经济学的木桶理论，构成木桶的最短板块将最终决定木桶的盛水总量。中国社会在迈向现代市场经济的进程中，农村、农民、农业就是中国经济木桶上的最短板块。没有农村、农民、农业的平等参与现代化进程，共享现代化成果，就无法真正建立起中国特色的社会主义市场经济体制。由之，如何缩小城乡差距，破解城乡二元结构，促进城乡共同繁荣，实现工业化和城镇化的良性互动，城镇化和农业现代化的共同协调，就成为研究中国市场经济制度伦理与规范资本运营问题的题中应有之义。本节试图就农村人力资本、农民土地资本、农业产业资本在城市化进程中面临的巨大挑战，从经济伦理学的视角予以理论剖析。

一、农村人力资本的逐步累积与公平迁移

萨缪尔森将人力资本界定为："人们在其接受教育和培训的过程中积累起来的有用的和有价值的技术和知识。"[1] 依此推理，农村人力资本无疑是指农民所具有的有用的或有价值的技术和知识。要对当代中国农村人力资本的积累与迁移问题展开深入研究，首先需要对中国农民的整体状况作出评估。据统计，我国现有农村户籍人口 9 亿左右，其中劳动力人口近 5 亿，从事种植业的劳动力约 2 亿，在农村乡镇企业及相关产业的劳动力约 1.5 亿，另有1.5 亿的农村富余劳动力在大中城市中进行着跨地区跨行业的流动。随着科技的进步和农业产业化的深入发展，中国种植业农民有 1 亿左右就足够了。目前农业劳动力中尚有 1 亿人走不出农村，原因是年龄偏大（40—50 岁左右）和技能低下，在农村算是劳动力，在城市中无活可干，但他们的子女上完小

---

① 保罗·萨缪尔森、威廉·诺德豪斯：《微观经济学》，萧琛主译，人民邮电出版社2008年版，第218页。

学和中学后还会加入到外出打工的行列。中国农村劳动力的总体素质不高，接受过职业培训的不足10%，所掌握的科学文化知识和生产技能无法适应市场经济的需要，数量上的供大于求和素质上的供不应求同时并存，构成了中国农村人力资本的基本现状。① 西部地区人力资本状况更差，大量农村青少年在完成九年制义务教育或之前就可能弃学回家务农，这严重影响了西部地区的经济活动效率和经济发展速度。

如何将丰富的人力资源转化为人力资本，关键在于强化人力资本投资。美国著名人力资本专家舒尔茨认为，不发达国家的经济之所以落后，主要就在于他们重视物质资本投资，忽视人力资本投资。一个国家可以购买先进的通信设备、计算机、发电装置，但这些物质资本只有通过那些有技术和经过培训的劳工才能使用并充分发挥其作用。因此，提高劳工的知识水平、健康程度和纪律意识是提高劳动生产率水平的关键。舒尔茨指出："离开大量的人力投资，要取得现代农业的成果和达到现代工业的富足程度是完全不可能的。"② 国务院发展研究中心和中国农村劳动力资源开发研究会的研究报告认为，要提高中国农村人力资本水平，必须在以下三个方面下大力气开展工作：（1）在普及九年制义务教育的基础上，以农村初、高中毕业生为主要对象发展职业教育，包括以政府投入为主和社会各方参与，建立市县职业教育中心，以培养中高级技术工人为主要目标，根据市场需要对未升入专科和本科的初高中毕业生免费进行半年到一年的短期职业教育。（2）建立农村劳动力转移培训制度。在政府主导、官民并举、多部门配合、多种手段并用的前提下，按市场需要进行招标培训，使培训与就业相结合。如近年来正在实施的培训项目有：农业部、财政部等六部门联合实施的"农村劳动力转移培训阳光工程"，国务院扶贫办启动的"雨露计划"；劳动与社会保障部实行的"农村劳动力技能就业计划"，全国农业广播电视学校和农业中等职业学校开展的"百万中专生计划"等。（3）建立企业对农民工进行职业技能培训的制度。

---

① 参见邓鸿勋等主编：《走出二元结构》，中国发展出版社2006年版，第25页。

② 西奥多·舒尔茨：《论人力资本投资》，北京经济学院出版社1990年版，第16页。

政府相关部门监督企业按规定提取和使用培训经费，有计划地进行在岗职业培训，使职工达到国家规定的职业技能标准。①

伴随农村人力资本水平的逐步提升，如何把农村大量闲置的人力资本向社会急需的非农产业转移，成为发展中国家普遍面临的重大社会问题。发达国家的经验表明，出路只有一条，即工业化、城市化和农业现代化。在我国自从1978年农村实施联产承包责任制开始，农村人力资本的自主权利不断扩大，向城市转移的潮流一浪高过一浪，东部发达地区的人口密集化趋势日益加快，人口城市化趋势已不可逆转。据预测分析，未来40年中国人口城市化发展将以年均0.85%的速度增长，到2050年城市化率将超出80%，城市人口增量主要来自农村。② 与之相比，现有城乡社会管理体制不仅严重滞后，而且带有极不公平的歧视性非道德色彩。众所周知，目前农民工已成为制造业、建筑业、运输业的主体力量，更是家政、餐饮、修理、环卫、保安等服务业的基本队伍，许多人已举家在城里工作十几年乃至二十几年，他们有稳定的工作和固定的居所，其生活方式和思想观念已发生很大变化，除非万不得已不会再回到农村，但他们却无法享受市民待遇，尤其是他们的子女在城市长大，已没有任何农村劳动技能，不愿回到农村老家的"广阔天地"去创业和生活，只能在拥挤不堪和设施不足的"城中村"隔板房里长期蜗居，期盼着就业资源和机会。以浙江义乌为例，本地人口约60万，外来人口却有70多万，有许多"城中村"人口大多超过本地人口的二到三倍，类似情况在北京、上海、广州、深圳等全国各类大中城市普遍存在，而且外来农民工和当地居民的矛盾在不断加剧，且生发出经济、政治、文化、治安等一系列复杂性社会问题。如何让具有稳定工作和生活来源，具有合法固定住所（包括租借房屋）且对城市长期纳税的农民工准予落户城市，并依法享有当地居民应有的权利，承担起应尽的义务，已成为城市化进程中亟待解决的具有深远历史意义和重大现实意义的社会问题，这需要目前的二元户籍管理

---

① 参见邓鸿勋等主编：《走出二元结构》，中国发展出版社2006年版，第137页。

② 参见陆学艺主编：《当代中国社会结构》，社会科学文献出版社2010年版，第60页。

制度、进城农民工的公共服务和社会保障、农村原有宅基地和承包地的确权与依法自愿的有偿转让等一系列综合性改革配套措施的出台。

要统筹城乡发展，实现以城带乡和以工促农。除了鼓励和支持农村人力资本进入大中城市就业和跨地区流动外，转移农村富余人力资本的另一条途径就是大力扶持和引导乡镇企业的发展，特别是繁荣壮大县域经济，让各类非公有制民营经济成为支撑地方经济发展的主力军。在全国2000多个县中，凡是放手发动民营经济的地方，县乡财政的增长点就高，农民负担就轻，干群关系就好，凡是乡镇企业不发达，县乡财政就盯着种地农民不放，干群矛盾就加剧。卢永军、党国英等人认为，发展县域乡镇企业和扩大农民就地转移的主要途径包括：(1) 充分利用农村人力资本中的内生力量，催生农村能人自主创业和外出务工者回乡创业。(2) 扶持现有规模企业，促进其不断膨胀规模，裂变出各种新企业，延长其产业链条。(3) 向农业的广度和深度开发，通过发展规模化的种养业和农产品加工业，扩大农民的就地转移。(4) 通过兴办各类专业市场，拉动农村服务业的发展。[1] 此外，还有不少学者主张，人口密集化比分散花更有利于节省资源能源、降低成本、创造机会、提高效率，而城市经济、科技、文化中心的形成会产生巨大的空间积聚效应，有利于扩大第三产业和吸纳大量的剩余劳动力。因此，国家在科学规划城市群的规模和布局时，在控制特大城市发展规模的同时，要加快中小城市的发展，特别是要大力扩张县城规模，重新奠定"郡县治，天下安"的城邦基础。与其花大力气广泛投资星星点点的村镇建设，不如集中精力加快县城集约式发展，使农村富余人力资本向县城汇聚。[2] 其间，要特别注意城市化与产业化的同步推进，人口集中不是简单地圈地造房，没有大量的乡镇企业、县域产业、基础设施和公共服务做支撑，人口集中后就没有足够的就业岗位，那么扩张后的城市就会变成一座缺乏活力的"死城"和"睡城"。

---

① 参见邓鸿勋等主编：《走出二元结构》，中国发展出版社2006年版，第220页。
② 参见陆学艺主编：《当代中国社会结构》，社会科学文献出版社2010年版，第79页。

二、农民土地资本的权利保障与有效流转

正如新中国的成立根源于农村土地制度的革命，改革开放后中国的繁荣富强同样起始于 1978 年的农村土地制度改革，今天伴随工业化、城市化、现代化建设步伐的加快，新一轮的农村地权制度改革再次成为中华民族崛起过程中的难题之一。然而，在城乡一体化的大背景下，围绕如何进一步推进农村土地制度的改革创新，社会各界却歧义纷呈。有学者主张，中国作为一个农业大国，农民的宅基地和承包地是其赖以维生的基础，正是存在这一基本的社会保障，农民才敢于流动，做到进退有据。因此，为预防城市资本或其他商业资本侵害农民利益，进而导致"流民"出现和社会不稳，必须对农民宅基地和承包地的流转作出严格限制。也有学者认为，土地既具有经济、社会和自然属性，又具有资源、资产和融资等资本功能，城市居民可以在土地市场上自由购买自己的房产，可以一户多宅，农村居民的宅基地和承包地却不能自由流转，且只能一户一宅，这是极不公平的歧视性法律规定。因此，只有激活农村的土地市场，建立起农村自由流转的地权制度，才能进一步推进中国工业化、城市化、现代化的步伐。二者争执的焦点是不同地权形态之间的冲突以及地权变动和土地管制之间的矛盾，只有遵循效率与公平辩证统一的经济伦理原则，才能有效化解农村土地制度改革面临的困境。

要进一步推进地权制度的改革，就必须对农民土地资本的现状获致清晰明确的科学认知。从整体上看，目前农民的土地资本面临以下四大挑战：（1）空心村和抛荒地越来越多。多方面的调查表明，全国农户住房空置率在 30% 左右，特别是在经济快速发展地区，许多农民已经脱离农村，大量宅基地空闲出来。以北京为例，北京近郊农村的宅基地空置率约为 30%—40%，边缘山区也达 10%，全市平均为 20%。[①] 如果说城市近郊的闲置房还可以通过私下交易给农民工居住，而远离城市的农村闲置房则不仅意味着资

---

① 中国社会科学院农村发展研究所宏观经济研究室编：《农村土地制度改革：国际比较研究》，社会科学文献出版社 2009 年版，第 160 页。

源的巨大浪费，也意味着农民实际福利水平遭受伤害。此外，由于务农效益低下，即使国家加大了扶持补贴的力度，仍难改变种地亏损的局面，致使农村中抛荒耕地、二季改一季或三季改二季、种够口粮就不种的现象广泛存在。相当数量的农民宁愿举家外出打工，也不愿在家种地，对土地的感情日渐淡漠。(2) 农村土地零碎化严重阻碍了农业机械化的普及和应用。据黄贤金等学者的调查显示，农民家庭经营的平均面积为 8.4 亩，但通常包含在9.7 个地块上，块均土地面积仅为 0.87 亩。[①] 党的十八大报告明确指出："发展多种形式的规模经营，构建集约化、专业化、组织化、社会化相结合的新型农业经营体系。"对于粮食生产而言，要提高生产的集约化水平，就必须扩大耕作面积，因为不增加面积，土地资本投入的边际效益就会大幅下降，导致亏损。尽管中国农村完成小农或小兼业农向现代专业农户转变尚需时日，但发展适度规模经营的大方向是不可逆转的。(3) 农民宅基地和承包地的社会保障功能有余，资本增值功能不足。一方面，中国农村的宅基地和承包地为农民的生活和生产提供着基本的社会保障功能，另一方面，作为生产要素之一，它又具有通过抵押、证券化和快速流转等方式产生土地融资和提高利用率的价值显化和资本增值功能。然而，伴随市场经济的深入发展和农村社会保障体系的逐步完善，宅基地和承包地已由改革开放初期的保障生存和解决吃饭转向增产增收和提高经济效益，这就要求它必须逐步完成由平均分配、定期调整、限制交易向产权稳定、规模经营、流转顺畅的转型，亦即由注重政治上的公平转向注重经济上的效率。(4) 农村集体土地的非市场化为地方政府追求土地利益最大化提供了条件，致使政府与农民围绕土地利益的矛盾日益激化。按照现有法律规定，任何集体以外的人需要使用农村集体土地从事建设活动，都不能直接向集体购买土地使用权，而只能首先通过国家将土地征用，然后再从国家手中获得土地使用权。中共十七届三中全会出台《关于推进农村改革发展若干重大问题的决定》以后，允许农民集体参与开发经过批准的经营性项目，承认了农村土地的间接入市。但长期以来地方

---

① 黄贤金等：《中国农村土地市场运行机理分析》，《江海学刊》2001 年第 2 期。

政府一手以低价从农民集体那里征地，一手以"招、拍、挂"方式将土地独家市场化出让，从中获取巨大的利益，致使土地财政成为地方政府重要的经济来源。不仅如此，征地范围没有严格限制，补偿标准缺乏市场参照，补偿分配极不规范，从而引发大量群体性事件，成为影响社会稳定的重要原因之一。从本质上讲，农民对土地财产权的呼唤是对土地市场改革的呼唤。

搞清了农村地权制度的现状就为解决农民土地资本增值问题奠定了理论基础。学界普遍认为，要有效应对农村现有地权制度改革面临的挑战，实现农民土地资本的保值增值，必须从以下三个方面入手：

一是通过土地权利的初始登记制度，明晰土地产权，确保农民拥有相对完整的土地财产权。产权明晰是市场交换的前提条件。因此，只有健全完善的土地权利登记制度才能变土地为资本，进而建立起完备的土地市场。李凤章认为，所谓土地权利的初始登记制度是指国家登记部门对权利人拥有的土地权利，在经过公告审查之后确定权利归属，并颁发土地权利证书的权利人制度。只有通过登记才能确保土地使用权信息的充分披露，使土地拥有者免受各种外部因素的妨害和干扰，同时保障集体土地出让出租的收益依法用于村民的社会保障和公共事业。[①] 当然，要实现这一目标需要一揽子改革措施来克服现有土地管理制度上存在的各种法理缺陷。

二是建立城乡统一的土地要素交易市场，逐步形成公平合理的土地要素价格机制。随着城市化和工业化步伐的加快，农村宅基地、承包地和集体建设用地的资产性质日渐凸显，尤其是在经济发达地区，以出让、转让、出租、抵押等形式自发流转的农村建设用地大量发生。与此同时，按照现有国家土地政策和法规要求，农村土地只有被政府征购变为国有后才能实现农转非，这使得行政划拨土地现象泛滥，直接侵犯了农民自身和集体经济利益。如何建设城乡统一的土地市场和交易平台，打通城乡土地资本双向流通的渠道，为农村宅基地、承包地和集体建设用地建构流转条件、流转方式、流转

---

① 中国社会科学院农村发展研究所宏观经济研究室编：《农村土地制度改革：国际比较研究》，社会科学文献出版社 2009 年版，第 279 页。

收益分配办法和产权管理办法，使之与国有土地享有平等权益，已成为农民地权改革迫在眉睫的问题。目前全国许多地方探索出了多种形式的土地流转办法，如某些地区将土地化作农民股权，由农民集资建设标准厂房、铺面，再出租给企业，扣除租金中的公积金、公益金后再按股分红，这既降低了企业购地成本，又构建起农民增收的长效机制，还增加了政府税收，有效避免了政府压低地价招商引资，将农民排斥在土地资本增值之外的现象。此外，即使政府收购农村集体建设用地，在土地的区位和条件相当，土地使用权和用途相同的情况下，对农民和农村集体的补偿也要与国有土地一样，实行同地、同权、同价，防止对农民土地资本的新一轮剥夺。

三是转变政府土地管理职能，确保土地交易程序规范化，使土地要素的公共品属性得到合理利用，避免政府在土地交易中与民争利。征地制度形成于计划经济时期，当时用地主体主要是单一的政府和国企。在市场经济的今天，用地主体已转化为多元的政府、国企、民企、个人等，这就要求必须加快政府土地管理职能的转变，包括转变和强化农村土地的登记管理、规划管理、市场管理、价格管理、纠纷管理等。以规划管理为例，如果政府打着公共利益的招牌，将征用来的土地用于非公共利益，就必然造成对农民土地权益的侵害。再以国企用地为例，在计划经济时代，国企的利润全额上缴，但今天企业改制后，许多国企已经股份化，企业用地已非为了公共利益，而是追求自身利益最大化。特别是价格管理更为重要，它在土地配置中发挥着基础性作用，要通过区片定价、分级定价和价格听证，合理确定农村土地的质量、等级、价格，为农村土地的公平交易提供参考，进而建立健全农村土地的市场信息、市场统计、市场监测机制，使其逐步走向规范化和制度化。

三、农业产业资本的现代运营与多元发展

如果说在农村经济发展中，人力资本是其前提和基础，土地资本是其手段和支柱，那么农业产业资本则是将二者结合起来的桥梁和纽带。中国农村经济经过30多年的发展，对农业产业资本的经营逐步形成了以家庭承包经营为基础、统分结合的双层经营体制，这种经营体制曾经极大地促进了中国

农村经济的发展。但是随着社会主义市场经济体制在广大农村的确立和发展，农村集体经济中"统"的功能不仅十分薄弱，而且在经营目标、经营体制和经营方式上已无法适应市场经济的需要。与此同时，过于分散的家庭经营同样暴露出种种弊端，朱启臻、杨汇泉将这些弊端概括为：因家庭生产太小，无法形成规模效益；因农户单一分散无法适应千变万化的市场需要；因市场信息不足，难以避免经营活动的盲目性；因技术水平参差不齐，无法提高农作物产量；因组织化程度低，难以维持自身权益等。①

如何在保持农户分散经营传统优势的同时，有效避免其上述各种缺陷，强化双层经营中"统"的职能，已成为社会各界广泛关注的重点。主流媒体通常用"农业现代化"来凸显"统"在双层经营中的作用，包括用现代工业经营理念来谋划农业，用现代科技手段装备农业，用现代产业体系提升农业，从而大力推进传统农业向现代农业的转变。农业产业资本的现代运营至少应该包括以下几方面的内容：（1）发展导向的市场化。在今天的市场经济大背景下，农民从事各种农产品生产的主要目的不是为了自给自足，而是要通过向市场提供商品实现利润最大化。各种农业生产要素和农产品要通过市场来进行交易，市场主体主要不再是小农户，而是产权所有社会化、产品交易市场化、企业法人治理结构化的现代股份责任有限公司或独资制、合伙制的经济组织和行业组织。中国加入WTO后，培育联结国内外农产品市场，能与渗透力极强的跨国公司进行竞争的龙头企业和具有创新能力的企业家更显得尤为迫切。（2）生产要素的集约化。在将各种农业生产要素集约化的基础上，形成高投入、高产出和高回报的新兴产业，实现由农业粗放型增长向集约型增长的跨越，包括发展养殖管理规范化、标准化程度高的粮食、果品、蔬菜、花卉等农产品基地；培育以特色农产品精加工和深加工为主导的产业，并使相关产业布局集中化；逐步形成集特色和品牌农产品生产、加工、储存、运销、中介等于一体的农村产业带。（3）产业装备的科技化。要

---

① 中国社会科学院农村发展研究所宏观经济研究室编：《农村土地制度改革：国际比较研究》，社会科学文献出版社2009年版，第178页。

以科技进步为动力，大力促进特色农产品的开发和优势农业增长方式的转变，特别是加速将现代生物技术、信息技术、材料技术、工程管理技术向特色农产品的生产、加工、保鲜、储藏、运销等产业转移、扩散和渗透，依靠高科技培育优质、高产、安全的农作物新品种和健康、专用的动物新品种，提高农业资源利用效率，降低生产成本和提高质量效益。（4）经营主体的多元化。为了满足农户多层次、多方面的需要，农业的经营主体应该在坚持家庭承包经营为基础的前提下，创新发展出多元化的经营体系，包括为农户进行技术推广和农产品销售的各种农民专业合作社；为农户及时传递市场信息并帮助其生产布局的"公司加农户模式"；通过土地流转承包较多土地的家庭农场；将土地和资产作股量化并配股分红的股份合作公司等。（5）农业服务的现代化。为发展现代农业，提高农民收益，需要逐步建立起一系列为农业生产经营主体提供各种周到细致服务的社会化组织体系，包括农业科技服务体系、农业生产服务体系、农业信息服务体系、农业保险服务体系等。

在实现农业现代化，提高农业产业资本运营水平的过程中，必须注意以下三个方面的问题：一是集约化规模经营要因地制宜，不可千篇一律。由于农业生产对耕地、淡水、劳动力、气候等自然条件有着极强的依赖性，而不同地区的区位地理和资源禀赋存在巨大差异，其集约化规模经营必然呈现出差别性、多样化的特点。在东北、西北、华北平原的某些地区可能适合大规模集约化土地耕作，而在西南、东南、中南地区，乡村的地形地貌极其复杂，很难推行大规模机械化的农场作业，这里更适合家庭经营式的精耕细作和节点式管理。正因地域性和季节性的优势和缺点各异，不同地区对农业现代化概念和内涵的理解应当彰显出自己的特色。二是中国农业集约化规模经营的重点不应该放在生产环节，而应放在市场交易和流通环节。即在充分鼓励农民开展家庭经营式精耕细作和努力提高土地出产率的同时，可以对生产资料的采购、农产品的加工和销售进行集约化规模经营，借助市场交易把社会需求信息和先进技术传导给农民，让其按照市场质量和数量要求，将标准化的产品生产出来，再通过流通企业输入到市场中去，从而将市场风险降至最低程度，确保农民收入持续较快的增长。三是集约化规模经营不等于土地兼并。就中国历史而言，土地兼并是引发农村不稳、流民四起、社会动荡的根源。中国目前有9亿农村户籍人口，约2.5亿个农村家庭，即使未来城市化率达到70%—80%，仍有4亿左右人留在农村，特别是在进城农民工就业不稳和社会保障不健全，无法顺利转化为市民的情况下，花费大量人力的家庭承包制经营模式仍然是重要的就业渠道。就世界经验而言，发展中国家巴西之所以在各大城市周围出现大量私搭乱建的简陋贫民窟，成为城市犯罪窝点，关键是全国大部分良田都被农业资本家和大庄园主并购，农村中小农户失去土地后持续向城市流动，而城市又无法为众多失地农民提供足够的就业机会和社会保障，最终形成了巴西极其严重的社会不公和持续不断的社会动荡。至于像美国那种地多人少，农业人口只占全国人口3%（600万），因而通过土地大集中、资本大投入、装备高科技、服务社会化的方式来实现农业现代化的国家少之又少。

总之，中国城市化进程的艰巨性、漫长性决定了农业产业资本规模经营的复杂性和多样性，任何不从中国农村实际情况出发，一味固守自给自足小农经营模式或食洋不化照搬美国经验的做法都是形而上学的思维模式在作祟。特别是个别地区为了迎合商业资本利润或政府土地财政需要，逼迫农民上楼或硬性驱赶农民离开土地的做法，早晚会引发一系列重大社会问题，乃至危及党和政府的执政合法性，必须引起全社会的高度重视并及时予以制止。

第七章

公民社团制度伦理与保障劳动权益

　　在权力、资本、劳动三大阶层的利益博弈过程中，劳动阶层的利益诉求渠道狭窄，自我维权技能较差，参与决策的机会较少，社会组织化水平最低，利益受损的可能性最大。要充分保障劳动阶层的合法权益，固然需要权力阶层按照群众路线的要求，从群众中来到群众中去，真正做到权为民所用，情为民所系，利为民所谋，也需要资本阶层主动承担起社会道德责任，并按照企业伦理的要求，实现资方与劳方之间利益关系的良性互动。但仅有这些措施还远远不够，因为单独的劳动个体面对强大的权力阶层和资本阶层时，永远处在弱势地位。劳动阶层只有放弃一味等待强势阶层良心发现，或只是依赖强势阶层施舍与恩赐的幻想，相信"世上没有什么救世主，一切全靠我们自己"，将自身有效组织起来，参与到社会不同阶层的利益博弈中来，有效制衡公共权力和规范资本运营，与二者形成合作共赢和动态平衡的良性机制，唯其如此，才能最终得到自己的正当利益。而现代政治学、经济学、社会学等社会科学的研究表明，公民社团无疑是劳动阶层有效组合并参与竞争的理想途径，这里的公民社团是指与政治社会（国家系统）、经济社会（市场系统）相对应的民间组织系统，是介于政府和企业之间的第三部门，它包括各种非政府组织和非企业组织，如公民的维权组织、社区组织、互助组织、公益组织、行业协会以及各种非营利机构等。基于上述认知，本章试图从政治伦理学的视角，就西方公民社团制度伦理的生成脉络、中国公民社团制度伦理的本真面相、建构中国公民社团制度伦理的路径选择、中国公民社团制度伦理与党的群众路线的内在关联这四个问题展开理论辨析。

第一节　俯瞰西方公民社团制度伦理的整体景观

公民社团概念及其与之相关的全部理论资源完全来自西方，这就要求我国学者无论是力图建构自己的公民社团理论，还是谋划解决中国的公民社团问题，都必须对源自西方的纷繁复杂的公民社团理论进行深入分析，并对其所涉及的西方乃至世界范围内的公民社团实践进行科学概括和总结。唯其如此，才能借他山之石攻我山之玉，从而真正解决好我们自己在公民社团建设中遇到的各种难题。

一、西方公民社团制度伦理的遗传优势

要探讨西方公民社团制度伦理，首先要对西方社会的公民身份理论觅赜索隐。早在古希腊时代，在雅典、斯巴达等地就形成了完善的公民身份理论。公民身份是一个人有资格参与政治活动或参加公共事务的某种最低限度的权利。亚里士多德在《政治学》中对古希腊的公民资格问题进行了深入分析，当时的奴隶阶级、妇女儿童、过境商人等均没有公民资格，只有具备一定经济条件，父辈是公民且达到 20 岁的男性才具有公民资格。一旦具备了公民资格，就有权参加定期举行的公民大会，并有机会成为各级行政执行机构和陪审法院的公务人员。当时的雅典崇尚一种自由民主和自我管理的观念，在这种观念指导下，全体城邦公民聚集一处讨论和制订法律，公民大会鼓励人们自由思考和广泛讨论，努力让不同背景的公民通过激烈论辩来表达和交流他们对城邦事务的多元理解。在此基础上，形成了系统完整的古希腊公民教育理论，苏格拉底、柏拉图、亚里士多德就是从事公民教育活动的杰出代表。他们高度重视公民美德的培育，形成了以公民内在的道德品性和外在道德行为的形成、发展与完善为主要内容，以实现公民幸福和城邦繁荣为

基本目标和评价尺度的一整套价值观念体系，诸如：公正、智慧、勇敢、节制四美德等。

古罗马的公民社团制度伦理构成了西方公民社团制度伦理的第二个组成部分。但由于古罗马先后经历了王政时代（公元前753—前510年）、共和时代（公元前510—前27年）和帝国时代（公元前27—公元476年），因此，其公民社团制度也就超越古希腊小范围的城邦，在庞大疆域内呈现出与古希腊完全不同的时代和地域差别性。从总体上看，古罗马公民行动的最大特点是，不再像古希腊时期主要依靠道德来约束，而是诉诸法律。根据罗马法律规定，自由民作为权利义务主体，需要具有三大人格权：（1）自由权，即自由身份，它是自由民不可缺少的权利；（2）公民权，即公民享有的特权，包括选举、担任官职、荣誉、婚姻、财产和遗嘱能力等；（3）家庭权，即家长的权利。只有依法享有上述三种权利的人，才享有完整的公民权利并承担公民相应的义务。[1] 在王政时代和共和时代，习惯法和市民法是统治罗马公民的基本法律，其核心内容反映了普通平民和贵族之间的权利之争，每次斗争的结果都通过法律的形式固定下来，但这些法律的适用范围仅限于罗马公民。到了帝国时代，伴随罗马版图的扩张，罗马人与外邦人之间诉讼案件不断增多，在各种司法活动中，逐步形成了万民法。为了增加帝国的财政收入，使更多的人承担起公民应当承担的纳税义务，罗马帝国将对公民的资格限制逐步放宽，公民权不再是特权，到帝国时代后期，罗马境内的所有自由民都获得了罗马公民的身份。不仅如此，由于古罗马时代各种城镇纷纷涌现，在城镇内的公共生活非常发达，逐步产生了各行各业工匠组成的法人社团，这些工匠社团首先是一个个私人团体，统治阶级为了管理的便利，渐渐将某些公共管理职能授予这些社团。久而久之，这些社团就变成了公共生活的正式机构，它们不断借助政府的权威确立自身的地位，并发挥出群体内的自治管理职能。[2] 此外，古罗马时代的公民社团概念，除了指代上述政治和

---

① 参见丛日云：《西方政治文化传统》，吉林出版集团有限公司2007年版，第243页。

② 参见E.涂尔干：《职业伦理与公民道德》，渠东等译，上海人民出版社2001年版，第20页。

法律意义上的共同体外，还指称一种文明社会的人类生活状态，即依靠法制和礼仪调整公民合作、城市工商活动以及日常生活行为的优良、典雅、庄重的生活情调。由之，和罗马帝国以外的野蛮社会区别开来，如当时阿尔卑斯山以北地区日耳曼氏族部落原始而朴拙的生活方式。

如果说古罗马工匠法人社团的出现预示了西方公民社团制度伦理的萌芽，那么基督教教会的出现则真正奠定了近现代西方公民社团制度伦理生成的基础性背景条件。我们知道，在基督教兴起的初始阶段，教徒们多次受到罗马帝国的残酷迫害。因此，早期教会的基督徒极端仇视罗马帝国，自认为自己是"新人类"的代表，总是力图将自己的精神世界从现世的国家生活中超拔出来，转向遥远的天国。奥古斯丁的《上帝之城》就集中反映了基督徒对"上帝之城"的向往，强烈表达了对"人间之城"的悲观、厌恶、冷漠和疏离的情绪。这种"双城论"反映在中世纪的现实政治生活中，就是神圣教权与世俗王权二元对立型社会治理模式的长期存在。二者受到权力本能的驱使，不断地进行着激烈的斗争，在很长一段时间教皇和教廷凭借其强大的经济和政治实力，成了欧洲政治生活的中心，迫使世俗王权接受教会和教皇的精神指导。在这种政治伦理理论和实践的双重影响下，基督徒逐步形成了一种极端消极的世俗国家观，认为世俗国家是人性恶的产物，国家官员皆是"无赖之徒"，政府机构是上帝用来以恶治恶的工具，上帝设立世俗国家的根本目的就是要有效遏制人的罪性，帮助人类获得救赎，从而达到理想的彼岸世界。西方近现代的公民社团理论从本质上继承了基督教的教会与国家关系理论，只是赋予其全新的内容，即将上帝约束国家君王的使命转换为民意和代表民意的社会契约和法律规则来约束国家，将教会对国家的外部监督转换为现代公民社团对政府的监督，进而发展出国家内部权力的分割、制约和均衡理论。从中不难看出，正是中世纪基督教二元对立的政治伦理观奠基并造就了近现代西方公民社团与国家政府对立统一的权力制约理念。

二、西方公民社团制度伦理的近代转型

如果说古希腊的公民社团制度伦理为西方人撒下的是道德理性的种子，

那么古罗马的公民社团制度伦理撒下的则是法治规则的种子，而基督教会则在人们的内心世界植入了公民社团制度伦理神圣信仰的基因。到了西方近代社会，伴随以工商业主为代表的资产阶级登上历史舞台，他们在市场经济的哺育下，将西方古代和中世纪简朴无华的公民社团制度伦理发扬光大，逐步培育出一棵与国家政治制度相对应的近现代公民社团的参天大树。当然，这一大树的成长经历了一个由胚胎到发芽、由弱小到强壮的漫长而曲折的历史演化过程。依照历史发展和逻辑演绎辩证统一的原则，西方公民社团制度伦理在近现代的逻辑发展进路可划分为以下三个基本阶段。

一是社会契约论阶段。西方近代思想的开拓者们，如霍布斯、卢梭、洛克、孟德斯鸠等人，均假设人类社会曾经经历了一个所谓的"自然状态"，在这种状态下，人人天生自由平等，没有政治国家，但当彼此之间发生侵权或纠纷时，由于没有公众认可的裁判者，于是便进入了霍布斯所讲的"一切人对一切人的战争状态"。久而久之，大家开始自愿让渡一部分权力，订立契约，同意成立政府机构和司法机关，让其裁决和保护所有人的权利、财产和自由，由之，人类开始从"自然状态"过渡到了"公民社团"。但上述思想家们对公民社团性质的认识却存在巨大分歧。如霍布斯在《利维坦》中认为，人一旦将自己的权利让渡给国家就无权再收回，国家像《圣经》中的怪物"利维坦"一样，可能会吞噬掉人类的一切。洛克在《政府论》中认为，既然在国家政权出现之前，人类就依据上帝颁布的天然法则形成了社会共同体，只是出于个人安全需要才将部分权利委托给国家政权，一旦国家政权发生异化变质，人们有权解除这种委托关系，通过革命行动将其推翻在地，重新建立新政府。而孟德斯鸠在《论法的精神》中则强调要通过立法、行政、司法的三权分立，来有效制衡国家的专制权力，以保障人们在自然状态下所享有过的各种社会权利。这些思想家们有关社会先于国家，社会权利必须与国家权力处于均衡状态的根深蒂固的思想观念，为西方近代国家与社会二分法的提出奠定了理论基础。

二是社会二分法阶段。到了18世纪末，资产阶级政治革命的成果初步确立，建立在契约关系基础之上的市场经济模式已具雏形，人们对进一步发展独立于国家政治的市场经济充满期待。此时，亚当·斯密《国富论》(1776年)的发表，进一步将市场经济视作依靠自身规律（看不见的手）加以自我调整的独立性社会领域，它的运作规则完全不同于政治领域，具有极大的自主性。这一观念的确立，彻底奠定了经济自由主义抑或政府干预主义思考经济问题的理论出发点，同时也为经济与政治二分法确立了思想前提，这一思想在其他政治经济学家如李嘉图、穆勒、萨伊等人那里，被进一步得到广泛诠释和发挥。到19世纪初叶，黑格尔全面吸收了上述政治经济学研究成果，在其《法哲学原理》中提出了"市民社会"的概念，认为它是介于自然社会（家庭）和政治社会（国家）之间的一个伦理发展环节。正是在这个意义上，人们通常将黑格尔视为将"市民社会"（civil society）与"国家"从概念上作出明确划分的第一人。黑格尔将市民社会区分为三个基本环节：需求的体系——市场经济；司法——保障基本民权；警察和同业公会——自我规范的社会组织。黑格尔认为，市民社会是社会成员作为独立的个人的联合，"因而也就是在形式普遍性中的联合，这种联合是通过成员的需要，通过保障人身和财产的法律制度，和通过维护他们特殊利益和公共利益的外部秩序而建立起来的"[1]。"在市民社会中个人在照顾自身的同时，也在为别人工作。但是这种不自觉的必然性是不够的，只有在同业公会中，这种必然性才达到了自觉的和能思考的伦理"。[2] 质言之，一个自私自利的人只有通过参加同业公会才能被公众精神所熏染，进而转变为能够思考公共利益的自在自为的具有高尚情操的职业公民。马克思继承了黑格尔"市民社会"的概念，但又对它进行了深入批判和改造。一方面，马克思抓住了黑格尔市民社会的经济意义，对其进行了收窄化理解。他认为市民社会说到底就是生产力和生产关系的总和。在《德意志意识形态》中指出："在过去一切历史阶段上受生产力制约同时又制约生产力的交往形式，就是市民社会。"[3] 另一方面，马克思又对黑格尔国家至上的观念进行深入批判。认为国家并非如黑格尔说的只追求

---

① 黑格尔：《法哲学原理》，范扬、张企泰译，商务印书馆 1961 年版，第 174 页。
② 黑格尔：《法哲学原理》，范扬、张企泰译，商务印书馆 1961 年版，第 251 页。
③ 《马克思恩格斯选集》第一卷，人民出版社 1995 年版，第 87 页。

不偏不倚的公利，它是由代表着特殊利益的具体阶级构成的，它的本性只能从市民社会中得到理解，亦即经济基础决定上层建筑，而非相反。"市民社会这一名称始终标志着直接从生产和交往中发展起来的社会组织，这种社会组织在一切时代都构成国家的基础以及任何其他观念的上层建筑的基础。"[①]在成熟时期的马克思经典著作中，马克思进一步认为，从人类社会长期发展趋势看，国家的政治权力和资本家的作用将日益弱化，而公民社团的作用将日益增大，在其所憧憬的共产主义理想社会中，存在的是"自由人的联合体"，人类政治过程的重心开始由国家政府的单向性强制管理走向公民的自我管理，国家将最终走向消亡，从而达至人的自由而全面发展的终极目标。

三是社会三分法阶段。如果说斯密、黑格尔和马克思站在社会二分法的立场，主要从经济学意义上去理解公民社团的本质内涵，那么当代西方学者则更多地从社会三分法的视角去透视公民社团的含义。其中，意大利共产党领导人和理论家安东尼·葛兰西的影响尤为卓著，作为马克思主义者，葛兰西受马克思的基本理论影响很深，但他对马克思的理论进行了重大修正。我们知道，马克思在其《政治经济学批判序言》中，明确地将社会基本结构区分为经济基础和上层建筑两个层次，在上层建筑领域又区分为政治法律的上层建筑和意识形态的上层建筑，其中经济基础也就是马克思讲的"市民社会"，但葛兰西将经济基础和政治法律上层建筑分作两个独立的领域，而把意识形态上层建筑称为"市民社会"。他在其《狱中札记》中指出："我们现在能做的是确定上层建筑的两个层次：一层可以叫做'市民社会'，亦即人们通常冠之以'私'的那部分机体，另一层是所谓的'政治社会'或'国家'。这两个层次分别对应于统治集团在社会中实施'驭权'和通过国家实施的'直接支配权'"。[②] 这样一来，马克思的"市民社会——国家"两分法就变成了葛兰西的"经济基础——市民社会——国家"三分法。统治阶级不仅会凭借国家暴力宰制社会，还会利用"市民社会"来实施意识形态和文化的驾驭

---

① 《马克思恩格斯选集》第一卷，人民出版社 1995 年版，第 130 页。

② 葛兰西：《狱中札记》，曹雷雨译，中国社会科学出版社 2009 年版，第 7 页。

权，无产阶级必须与资产阶级争夺市民社会的领导权，以之批判资产阶级的意识形态体系，传播无产阶级的思想文化体系。另一位现代西方马克思主义者德国思想家尤根·哈贝马斯在其《公共领域的结构转型》中将公民社团理解为两种类型：一是马克思意义上的经济基础或市场体系，二是私人领域，诸如教会、文化团体、俱乐部、沙龙、公民协会等。但在其后期著作中，他开始用"生活世界"和"话语伦理"概念诠释"公民社团"，并将其与市场体系区别开来，使"公民社团"成为与政治体系、经济体系相独立的重要领域，其中政治体系遵循的是权力逻辑，经济体系遵循的是金钱逻辑，而公民社团追求的是话语伦理逻辑，即以沟通、理解为目的的交往逻辑，由之，对权力逻辑和金钱逻辑构成了一个商讨、辩驳和批判的社会文化领域。他说："旨在讨论并解决公众普遍关切之问题的那些商谈，需要在有组织公共领域的框架中加以建制化，而实现这种建制化的那些联合体，构成了市民社会的核心。"①

三、西方公民社团制度伦理的当代发展

如果说公民社团概念经过社会契约论、社会二分法和社会三分法的逻辑演绎，其核心内涵逐步由模糊走向明朗，那么到了当代社会它在西方世界乃至发展中国家所具有的实践功用已得到了充分彰显。由之，探讨其发挥作用的生成机理和具体表征就成为本课题研究的应有之义。

公民社团的功用与价值之所以能在 20 世纪末和本世纪初被广泛凸现且声誉日隆，究其根源则是它真切地反映了当代社会的深刻变革。（1）现代福利国家的广泛危机为公民社团的发展提供了契机。1929 年整个资本主义世界爆发了有史以来最严重的经济危机，股市崩盘，投资萎缩，工业生产和出口贸易下降，失业人数剧增。这时，凯恩斯的《就业、利息和货币通论》发表，该书正确解释了危机发生的原因，提出了国家要用适当的货币政策和财政政策去调控商业周期，以稳定经济增长，由此开启了国家宏观调控经济的

---

① 哈贝马斯：《在实施与规范之间》，童世骏译，三联书店 2003 年版，第 454 页。

新时代,特别是在此起彼伏的工人运动影响下,西方社会开始借助宏观调控、社会保障、收入再分配、创办政府事业等措施迈向福利国家,国家权力不断扩张,其控制的触角伸向社会的各个领域,对私人资助领域的侵夺日渐严重,资本主义市场经济初期形成的公民社团与国家之间的明确界限变得越来越模糊。但到了60—70年代,凯恩斯的国家干预政策遇到了严重挫折,西方国家开始出现经济停滞和通货膨胀并发症,各种社会福利政策因财政危机而难以为继,近代公民社团理论中的自由主义呼声再次高涨,人们开始强调通过自由市场机制来自我调节而无须国家干预。反映在社会政策层面,就是要求重新为国家与市场划界,反对国家干预私人生活,以保证公民社团中的个人自由不受侵害,从而使人们能够在自主基础上去有效地监督国家权力的运行。(2)人们对资本扩张造就的商业主义和消费主义的反思,激发了对"生活政治"的兴趣,从而为公民社团的发展注入了思想动力。在资本主义市场经济中诞生的各类企业,历经科技革命和管理革命的改造,已经逐步发育成一个以严密等级制、精细分工制为特征的自律体系,其全部活动遵循"效益至上"的原则,最大目标是获取利润,在这个日趋非人化的经济体系中,人的丰满个性被压榨成单薄无情的职业分工角色,作为对这一现象的补偿,资本主义经济体系在为人们提供就业选择和流动自由的同时,还宽宏无度地给人们提供超前消费、分期付款的许愿,从而将人们由清教徒式"先劳后享"的生活引向及时行乐的享乐主义。传统社会的宗教信仰、道德学说逐步分崩裂解,以往确立的强调人类思想观念统一性、秩序性、总体性、永恒性的普遍而完备的宗教和道德理论开始让位给多元化的宗教道德理论,人们开始以多元性、异质性废弃整体性、同质性,以具体的、特殊的、专门的观点反对抽象性、一般性和普遍性的观点,从而为类别多样、个性张扬的社团组织的出现提供了思想基础。(3)苏联和东欧剧变,为人们重新审视国家与社会的关系创造了条件。这些国家曾在斯大林模式影响下,主要采取高度统一的计划经济模式,但伴随国家性质的深刻转型,它们纷纷采取市场化改革措施,国家对社会生活的控制不断放松,释放出诸多广泛自由的社会空间,带来了社会生活的空前活跃,这使得众多学者开始思考国家政治与公民社团之间良性互动的重要性，从而使公民社团问题成为这些国家乃至国际社会高度关注的热点问题，逐步形成了一股全球性公民社团研究热潮。恰如邓正来指出的那样，驱动市民社会理念于当下复兴的一个较为深久的原因，"主要是 19 世纪与 20 世纪之交初显，并于 20 世纪中叶炽盛的形形色色的'国家主义'，这在现实世界中表征为国家以不同的方式、从不同的角度对市民社会的渗透和侵吞，为对此种猖獗的'国家主义'作出回应，人们开始诉诸市民社会理念，试图对国家与社会间极度的紧张作出检讨、批判和调整。"[①]

在上述诸种因素的综合作用下，公民社团运动在西方发达国家和各个发展中国家蓬勃兴起。以美国为例，它本来就是一个"先社会后政府"和"大社会小政府"的国度，这在托克维尔的《论美国的民主》中已有深入细致的刻画，但二战之后美国的公民社团获得了更大的成长空间，进入一个空前繁荣的阶段。美国的公民社团组织包括教会、慈善团体、社区组织、社交俱乐部、民权游说集团、家长教师协会、工会、贸易商会、运动团体、读书会等。据美国公民社团研究的权威专家萨拉蒙对美国 16 个社区非营利性人类服务组织的一项调查显示，其中 65% 的组织是 20 世纪 60 年代创立的。[②]特别是与教会有关的团体是美国数量最多的社会团体。从某种意义上讲，美国就是一个宗教自由市场，经过长时间的发展，各类教会已成为美国最重要的公民社团团体，千百万隶属于各种团体的美国人，不论其社会经济背景如何，在参加宗教组织的活动过程中，其道德价值、社会联系、人际间的相互信任与合作、社团之间的交往与帮助、移民文化的传承与创新等均得到实现。[③]在法国私人社团的数量同样获得迅猛发展，单是 1987 年一年内就有54000 个组织成立；在英国慈善团体不下 275000 个；将近有 4600 个西方的志愿性组织活跃在发展中国家的各个领域。[④]许多公民社团组织由于其规模小、灵活性大、与公民联系密切、对公众活动的激发性强，受到国家和市场

① 邓正来：《国家与社会》，北京大学出版社 2008 年版，第 136 页。
② 何增科主编：《公民社会与第三部门》，社会科学文献出版社 2000 年版，第 245 页。
③ 朱世达主编：《美国市民社会研究》，中国社会科学出版社 2005 年版，第 50 页。
④ 何增科主编：《公民社会与第三部门》，社会科学文献出版社 2000 年版，第 245 页。

双方的高度重视。据笔者多次去法国的切身体会，法国的许多公民社团组织成立速度很快，解散速度也很快，如社区居民可以因一件与自己利益相关的小事申请成立一个临时性社团，参与到听证、辩论和决策过程中，一旦完成预定的目标或任务就立即解散。公民社团已成为普通公民与公共权力机构或强势资本集团抗衡、展开合作或交流沟通的基本手段。[①]

不仅如此，伴随经济全球化步伐的不断加快和信息网络化时代的悄然来临，与全球范围内的民主化浪潮相适应，全球公民社团概念在 20 世纪末也开始广泛流行开来。何增科认为，所谓"全球公民社团"，是指在主权国家和国际资本之外，公民们为了某种目的而进行的跨国结社或活动的领域，它包括各种国际非政府组织和非政府组织联盟、全球公民网络、跨国社会运动、全球公共领域等。为大家所熟知的有国际红十字会、透明国际、全球政策论坛、绿色和平运动、女权运动等。[②] 刘贞晔将全球公民社团的活动内容概括为五个方面：(1) 从事信息咨询，宣传自己的观点和政策主张；(2) 游说各国政府和国际组织，影响各国政府和国际组织的决策；(3) 促进国际性立场、公约的达成，并对政府和国际组织的行为进行监督和评价；(4) 通过举办国际性论坛和各种平行峰会，为国际事务确定议事日程；(5) 参与国际发展援助及国际协调和救助活动。[③] 如果说在主权国家和国际政治中盛行的是以权力、安全、国家利益的考量为根本原则的思维和行为模式，那么在国际公民社团中则倡导以伦理价值约束为核心内容和思想灵魂的全球意识和普世价值，它推动全球治理从以政府为中心的、等级制的、命令式的统治方式向多中心、多层次、自主性、合作式善治方式转移，使国际政治朝着全球一体化和民主化方向发展，它通过创造大众参与渠道、大众协商模式、大众公开讨论来有效弥补主权国家和全球治理过程中存在的民主赤字。当然，在全

---

① 参见靳凤林：《制度伦理与官员道德》，人民出版社 2011 年版，第 334 页。

② 邓正来、杰佛里·亚历山大主编：《国家与市民社会》，上海人民出版社 2006 年版，第 512 页。

③ 邓正来、杰佛里·亚历山大主编：《国家与市民社会》，上海人民出版社 2006 年版，第 565 页。

球公民社团和主权国家之间存在着一种二元张力结构。一方面，全球公民社团的发展对主权国家和国际组织构成的挑战和压力，既是现实的，更具潜在性和可能性；另一方面，主权国家和各种正式性国际组织主导并规约着全球公民社团的前进方向，并为其提供合法性、安全性、制度性和资源性生存空间。

四、西方公民社团制度伦理的三维检审

通过以上三方面的论述可以看出，古希腊、古罗马和中世纪的公民社团制度伦理奠定了西方公民社团制度伦理的遗传优势，近现代西方公民社团制度伦理的深刻转型则为之后西方公民社团制度伦理的发展提供了丰厚的理论资源，而当代西方公民社团制度伦理的全面发展则为人类提供了一幅国家、市场与社会良性互动的多彩画卷。这不仅促使我们去深入思考和检审西方公民社团制度的价值原则是什么？西方公民社团制度伦理背后所指涉的实质问题是什么？如何评价西方公民社团制度本身的善恶是非？

西方公民社团制度所遵循的价值原则至少包括以下四个方面：（1）个人主义。"个人权利神圣不可侵犯"是西方公民社团制度的奠基石和根本原则。它假定个人是社会生活的基本构成要素，人们之所以要进行结社活动和参与国家政治，其根本目的就是要保护和增进个人的各种权利和利益，包括个人的生命权、自由权、财产权、幸福权等。西方公民社团制度的发展史就是上述"天赋人权"由"应然"向"实然"不断实现的历史。（2）多元主义。由于每个公民的个人成长经历不同，在接受教育过程中形成的知识结构存在巨大差别，每个人之间生成的价值观无法完全通约，这就必然导致个人的生活方式呈现出多样化形态。公民社团制度强调多元异质型社团组织的存在，有利于人们从不同的角度观察和思考问题，有利于不同个性的公民之间平等交流和相互理解，有利于抵制和反对国家同质化和教条化思想的扩张，从而形成一个充满创造活力并各领风骚的多元社会群落。当然，这种多元化社会局面的出现依赖于宽容、折中、妥协的政治文化的生成。（3）法治主义。这里的法治主义包括两层含义，一是法律对国家权力的限制；二是公民社团活动

必须遵循各种法律规则。质言之，国家权力机关（政府、立法、司法机构）和各种公民社团在从事各项社会活动时，必须在形式和实质上遵循通过民主程序制定的各项法律，并使其行为者符合宪政精神，任何国家机构和民间法人社团的违法行为都可以通过司法救济、司法调查、司法审判途径予以合理纠正。(4) 诚信合作原则。诚信合作原则要求公民社团中的每个成员面对各种矛盾和挑战时，要学会尽快弥合彼此之间的价值隔膜，树立起不同团体内部及其彼此之间相互理解、相互信任和相互合作的现代理念，积极寻找冲突根源，努力化解冲突因素，认识到普遍合作比任何冲突更能增进自身利益的最大化。

在上述价值原则指导下，西方世界建构起了千姿百态的公民社团制度。那么，在不同类型的公民社团制度背后其所蕴藏和指涉的实质问题是什么呢？这就是社会与国家的关系问题。西方公民社团研究领域的知名学者对这一问题从不同的角度作出过不同的回答。如查尔斯·泰勒在其《市民社会的模式》一文中，以市民社会为切入点，分别就洛克、孟德斯鸠、黑格尔的"市民社会模式"问题进行了仔细剖析。[①] 而约翰·吉恩在其《市民社会与国家权力形态》一文中，则主要以国家形态为切入点，集中探讨了安全国家、立宪国家、最小限度国家、普遍国家和民主国家的特征。[②] 从总体上看，西方学者对公民社团与国家关系的探讨基本上遵循了两条路径：一是洛克式路径。强调社会先于国家存在，国家是建立在社会契约之上，社会高于国家并制约国家。二是黑格尔式路径。主张社会由原子式个人构成，是一切人反对一切人的私利的战场，只有国家才是公共利益的代表，国家的道德优于社会。因此，只能是由国家监督社会和控制社会，而不是相反。这两种路径分别成为社会与国家关系两极性思维模式的代表。中国学者何增科总结西方学者的各种看法，将公民社团与国家的关系比较全面地概括为以下五种模式：(1) 公民社团制衡国家；(2) 公民社团对抗国家；(3) 公民社团与国家共生

---

① 邓正来、杰佛里·亚历山大主编：《国家与市民社会》，上海人民出版社 2006 年版，第 25 页。

② 邓正来：《国家与社会》，北京大学出版社 2008 年版，第 235 页。

共强；(4) 公民社团参与国家；(5) 公民社团与国家合作共赢。① 无论将公民社团与国家的关系概括为何种模式，无不折射出公民社团制度的本质问题就是如何在社会与国家的良性互动中充分保障公民个人利益的最大化，每种模式只是对复杂现实的抽象概括，仅包含相对真理，都无法穷尽二者关系的全部内容。在真正的现实生活中，不同国家和地区的不同历史阶段，因双方力量对比的变化情况千差万别，各种模式之间并非彼此排斥，很可能同时并存。

不仅如此，在西方世界人们对公民社团制度自身的道德评价也歧义纷呈。凡是对公民社团制度作出正面评价的人通常认为，每个公民在人性深处都具有理性、冷静、积极主动、自我节制、合乎情理和心智健全的特点。因此，他们在公民社团中总会以开放、坦诚、相信良知、充满廉耻感的态度对待他人，在公民社团制度建设上，强调规则调整、依法办事、包容他人。凡是对公民社团制度作出负面评价的人通常认为，每个公民的人性深处充满了非理性、情绪化、消极被动、歇斯底里和疯癫幻想的成分。因此，他们在公民社团中会以多疑、贪婪、阴谋、算计、秘密、欺骗的方式对待他人，在公民社团建设领域，主张个人的权势专断、实施排他性等级规则、效忠某一派别等措施。不难看出，由于对人性的判断存在天壤之别，导致人们对公民社团制度内的人际关系和规则结构形成截然相反的评价，但在西方国家现实存在的公民社团制度中，上述两种评价可能各有其理并呈现出交叉并存的状态。

第二节　透析中国公民社团制度伦理的本真面相

之所以要全面检审西方公民社团制度伦理的整体景观，其目的有二：一是自觉承担起丰富和促进人们有关西方公民社团制度伦理知识增长的学术使命；二是为研究当代中国公民社团制度伦理寻找到一个西方世界的参照目

---

① 何增科主编：《公民社会与第三部门》，社会科学文献出版社 2000 年版，第 6 页。

标。在完成上述任务之后，就有必要进一步对中国公民社团制度伦理的本真面相进行全面透析。为此，从以下四个层面展开叙述。

一、中国公民社团制度伦理的流变历程

围绕晚清以降中国是否存在公民社团？学者们的认识歧义纷呈，如杨叶中、洪振挺等学者认为，中国的社会传统是家国合一，由家庭组成族群，由族群组成社会，家族宗法制是中国民间组织形成过程中无法摆脱的路径依赖，当国家强大时会吞噬社会生活的各个领域，当国家衰弱时就会出现游民结社式的封建帮会。鸦片战争之后，清朝的社会控制能力江河日下，致使官匪勾结、沆瀣一气，社会上开始出现大量封建性质的帮、会、道、门，其中帮以师徒宗法关系为纽带，会以兄弟结义关系为纽带，帮会内的成员没有独立人格，而以封建的宗法道德为帮规戒律，等级制度森严，组织制度严密，联络暗号神秘，在帮会内互助互爱，在帮会外烧杀抢掠，具有极大的血缘性、地缘性和封闭性特征，与西方近代公民社团强调的公开性、平等性、独立性相比，不可同日而语。因此，否认近代中国存在公民社团的可能性。[①]但也有学者认为，近代以来中国已经具备公民社团的雏形，如朱英通过对晚清商会的研究表明，当时武汉、上海等地的商会已开始按照契约规则进行内部运作，具有明显的自愿自治特征，在与官府的关系上，一方面受到其扶植、保护和倡导，另一方面又对固有封建统治秩序构成冲击，不时受到限制和打压。[②]从客观意义上讲，上述两种看法都有其道理，但由于中国近代的民间组织纷繁复杂，要根据民间组织的性质和特点进行具体问题具体分析。人们通常认为，1895年9月康有为在北京发起成立的改良派团体——强学会，应该是中国近现代历史上第一个现代意义上的公民社团组织，尽管它5个月后就被取缔，但却引发了之后中国第一波结社热潮。据台湾学者张玉清研究，1899—1909年间，中国先后有733个社团，包括85个改良社团，65

---

① 杨叶中、洪振挺等：《从近代史上帮会兴衰看中国市民社会何以难产？》，《理论前沿》2008年第18期。

② 朱英：《转型时期的国家与社会》，华中师范大学出版社1997年版，第124页。

个革命性社团，265 个商业社团，103 个教育社团，50 个外交社团，17 个文化社团和 83 个其他类型的社团。1911 年清王朝被推翻，中华民国建立，中国先后出现了 700 多个政治组织和 1242 家商会。1919 年五四运动之后，成百上千个青年团体、学会、文学俱乐部和互助合作社在各个大城市出现，到 20 世纪 20 年代中期，国共合作共同反对地方军阀时，中国先后建立了 700 个工会，拥有 200 万会员，2200 个农会，拥有 9153093 个会员。[①]

1949 年新中国成立之后，由于社团事务不是由某个政府部门统一管理，几乎所有党政机关都参与社团管理，每个部门都负责与自己业务相关的社团，社团无须集中登记，直到 1989 年之前的 30 多年里，政府缺乏对社团的系统统计。其中较有代表性的人民团体包括中国共产主义青年团、中华全国总工会、中华全国妇女联合会、中华全国工商业联合会、中华全国归国华侨联合会、中国科学技术协会、中华全国台湾同胞联谊会。此外，还有中国文学艺术界联合会及作家协会、戏剧家协会、美术家协会、外交学会、法学会、体育总会、残联、红十字总会、欧美同学会等。这些组织从成立、改组、复建之日起，就肩负着中国共产党和各界人民群众的桥梁和纽带的重任，负责执行党和国家的方针、政策，同时收集群众意见和诉求，反馈到党和政府的决策中。从某种意义上讲，这些组织是国家机器的组成部分，并没有政治上的相对独立性，是国家对社会实施控制的辅助力量。

改革开放后，伴随中国社会阶层的深度分化，造就了一大批脱离单位体制的自由职业者、私营企业家和各类从业人员，他们才真正构成了当代中国初步意义上的民间社会。根据统计，仅 1978—1989 年，全国性社团猛增至 1600 个，地方性社团达到 20 多万个。1989 年北京政治风波后，国务院颁布《社会团体登记管理条例》，开始委托民政部门作为唯一的登记注册机关，实施业务主管部门和登记机关双重管理体制，在短期内社团数量稍有减少。但最近 20 多年来民间组织数量却呈现出直线上升趋势，据民政部最新统计，到 2008 年 6 月，全国各类民间组织为 38.64 万个，其中社会团体 21.1 万个，

---

① 转引自王绍光：《安邦之道》，三联书店 2007 年版，第 443 页。

民办非企业单位 17.4 万个，基金会 1392 个。然而，学者们的估计大大超过这个数量，有人估计高达 800 万个，官方统计与民间估计之间之所以出现如此大的差距，一是因为官方未把工会、共青团、妇联等组织算入民间组织，二是中国有大量民间组织并没有按照政府规定去民政部门审批和登记注册。[①] 在中国民间社团组织中最为值得关注的一个现象是网络社团的迅速普及，据统计，到 2012 年底，网民有近 6 亿人，手机网民有 4.6 亿人，微博用户达 3 亿多人，互联网通过电子邮件、聊天室、虚拟俱乐部、微信等方式为人们提供了一个超越物理空间的平台，利用网络平台人们可以组织各种形式的非正式社团，如互联网、BBS 就属于一种为用户提供聚集和互动的论坛形式，它极大地拓宽了中国人的结社空间，其对于中国公民社团的价值和意义正在和不断发挥出无限的潜能。[②]

二、中国公民社团制度伦理的突出特征

通过对中国公民社团制度伦理的历史与现状的分析可以看出，当代中国已经初步建立起自身的公民社团制度，之所以作出如此判断，是因为当代中国民间组织的发展状况与国际社会所指称的公民社团具有基本相同的特征：市场经济引发利益分化，利益分化导致民主政治诉求高涨，不同于国家政治和市场经济的独立性运行规律，其主体是独立于国家和政府的非营利性民间组织等。然而，将中国公民社团发展的现实经验与西方公民社团的整体景观相比照，我们会明显看到，中国公民社团制度又呈现出清晰的地方性和国别化特征。

1. 对政党和政府的高度依赖性。与西方公民社团的独立自主性相比，中国的公民社团是典型的党和政府主导型公民社团，之所以如此是由多种原因造成的。首先，从历史上看，像工会、共青团、妇联等组织是中国共产党在革命战争年代创立并不断引导发展壮大起来的组织，它是中国共产党联系和

---

① 参见高丙中、袁瑞军主编：《中国公民社会发展蓝皮书》，北京大学出版社 2008 年版，第 18—19 页。

② 王绍光：《安邦之道》，三联书店 2007 年版，第 458 页。

发动群众的桥梁和纽带，中国共产党夺取全国政权后，它们自然成为法定的由国家定编并给予财政支持的全额事业单位，在与党和政府的关系上，它们必然具有明显的国家取向，缺乏基本的独立性、自治性和志愿性。在实行市场经济的今天，它们的功能导向和立场导向开始发生某种程度的冲突，亟待完成理论创新、组织改革和形象再造。其次，从管理措施上看，有关民间组织登记和管理条例明确要求，任何民间组织登记注册，必须挂靠在某一国家核定的正式党政机关作为其主管部门，这就导致其领导人常常由官方任命或充满官方背景，即使进行会员选举，也常常由上级主管部门提名，许多从领导岗位上退下来或由机构改革分流出来的官员热衷于到各种民间组织担任职务。再者，在中国目前的制度环境中，法律明确要求各种民间社团必须接受党和政府的领导和指导，在具备条件时必须建立党组织。据民政部门统计，单是 2007 年登记注册的 386916 个民间社团中，已建立党组织 162520 个，占总数的 42%。[①]

2.经费来源的非自主性。要使公民社团在民主建设领域发挥作用，就必须使其具有独立自主性，但独立自主的前提是财务独立，因为资金是组织的生命线，如果资金不足，这些民间组织就无法开展有价值的工作，甚至会走向自我毁灭。中国公民社团组织的资金来源呈现出明显的两极化特征。一方面，凡是由政府核定编制的民间组织，如前面提及的工会、共青团、妇联等组织以及政府创办的各种专业协会、行业协会和商会，其经费完全由政府划拨，个别非常重要的民间组织也能部分享受到政府资助，这就使其必须接受党和政府的指导。[②]另一方面，许多得不到政府资金支持的民间组织都面临严重的财务危机，有些甚至等米下锅、难以为继。王绍光的研究表明，中国社团组织收入来源中政府补贴占一半以上，会费和营业收入占三分之一，个人和企业捐款占十分之一，国外捐款仅占百分之二，且社团组织规模很小，其支出规模占国内生产总值的比例极低，仅为 0.46%，远远低于发达国家和

---

① 陆学艺主编：《当代中国社会结构》，社会科学文献出版社 2010 年版，第 367 页。

② 高丙中、袁瑞军主编：《中国公民社会发展蓝皮书》，北京大学出版社 2008 年版，第 24 页。

其他发展中国家，如何解决民间组织发展的资金瓶颈将直接关乎其作用的发挥。①

3.组织结构和活动内容的过渡性。在国家—市场—社会三分治理的格局中，公民社团是最为薄弱的区域，与国家领域长袖善舞的政治家和市场领域精于营利的企业家相比，公民社团领域的社会事业家远远未被社会各界广泛认同。绝大多数民间组织都是在20世纪80年代中期以后成长起来的，许多社团领导人来源于国家体制内的精英人物，少量来自于成功的企业家。他们的个人素质、社会资源、思维方式、管理方法不同程度上带有行政管理和企业经营的色彩。但从西方非常成熟的民间组织状况来看，由社会实业家引领的公民社团组织是以其对社会使命的不懈追求和强烈的伦理整合性来促进社会价值的最大化，他们本质上不同于政治家和企业家。特别是在我国由经济增长单维度战略向各领域和谐发展战略转移的过程中，对民间组织的创始人和从业者来说，必须从理念层面主动顺应社会发展的需要，正确认识自己对社会事业的职业选择，然后再去努力改造和创设民间组织发展的外部和内部制度环境，倾力整合包括资金、政策、人际关系在内的各种资源，尽快走出公民社团组织结构、活动内容、评价体系等各方面的过渡期，使之不断走向成熟发展阶段。

4.地区和行业发展的不平衡性。由于市场经济的发展是公民社团生成的前提和基础，因此，市场经济发展程度越高，社会组织发展至少在数量上也会越快。从我国民政部门历年发布的报告看，由于东部地区经济发展远快于西部地区，致使东部地区的公民社团组织的数量也相应高于中西部地区，加之东部地区人口密度大，这也客观上决定了东部地区公民社团的发展规模大于西部地区。此外，由于不同民间组织的政治、经济地位和占有资源存在巨大差别，导致不同行业的民间组织发展呈现出明显的不平衡性，如在基层农村和街道，由于国家《宪法》《村民委员会组织法》《居民委员会组织法》对村委会和居委会的法律地位和性质都有专门规定，因此其发展规模就远远超

---

① 王绍光：《安邦之道》，三联书店2007年版，第473页。

过不享有上述法律地位的其他民间社会组织。特别是国家对于不同社会组织的选择性支持，也会使某类社会组织发展加快，如农村的经济技术合作组织、民间性扶贫组织、慈善救济组织、环境保护组织、社区文娱活动组织和志愿服务组织等在各级政府支持下，这些年获得了长足的发展。[①]

5. 与国际公民社团组织的彼此互动性。在全球化进程中传统主权国家领域内的事务日益具有跨越边界的特征，许多问题如果不纳入全球化视野就得不到有效解决，中国公民社团的发展正是如此。不仅中国公民社团理论的生成和发展直接受到西方发达国家的广泛影响，而且中国公民社团实践活动的蓬勃开展同样与国际社会的深入参与密不可分。例如：1995 年 30 万人参加了北京世界妇女大会的非政府论坛，有 3000 个国际非政府组织参加了正式会议。据统计，仅在 2004 年就有 2000 多家外国非营利组织的代表机构在中国的相关部门登记，还有大批未登记的国际非政府组织在中国开展活动。[②]不仅如此，众多国际机构（如世界银行、亚洲开发银行、联合国发展计划署等）和发达国家的对外援助机构在中国开展援助开发活动时，也要求中国相关民间组织参与其中，并为之提供资源，从而成为促进中国民间组织发展的一支重要力量。

三、对待中国公民社团制度的两极评判

中国作为一个正在经历从计划经济向市场经济深刻转型的现代化国家，其传统的强势型政治结构和弱势型社会结构，面临着在社会主义市场经济基础上重新获致合法性的严峻挑战。这一挑战具体表现为两种形式：一方面要加快和强化社会体制改革，逐步积聚和形成对全能型强势政治结构的外部制衡力量；另一方面又要避免原有政治权威在转型过程中过度流失，从而丧失掉社会动员能力，使国家陷入秩序失范状态。面对这种两难困境，近 30 多年来政治和社会改革一直处在"一放就乱，一乱就统，一统就死"的怪圈之

---

① 高丙中、袁瑞军主编：《中国公民社会发展蓝皮书》，北京大学出版社 2008 年版，第 25 页。

② 周俊：《全球公民社会引论》，浙江大学出版社 2010 年版，第 7 页。

中，如何走出这一怪圈，建立起新型的社会结构与政治结构良性互动的有效机制，在国内学术界和各级党政官员中，逐步形成了两种路径各异但目标一致的改革主张。依照他们对待公民社团的评判态度，综合学术界的共同看法，可将其归纳为民主先导论和新权威主义。

民主先导论者主要集中在学术界，也有少量政府官员与其抱有共同看法，他们对公民社团的理论研究和实践活动具有浓厚的热情，举办了众多与之相关的会议、讲座和论坛，出版了大量论文和著作，并逐步建立起规模不等的研究机构。从总体上看，他们对公民社团的作用均给予正面性积极评价，其主要观点包括：(1) 从总体倾向上认为，中国传统文化和社会条件的特殊性预示了中国公民社团道路的曲折艰难，但并不意味着中国不能建构具有自身特色的公民社团，伴随中国市场经济的不断发展和工业化、城镇化的加速，私人自主的空间会不断拓展，公民社团的壮大具有其历史必然性。(2) 建构公民社团有助于大力推进社会主义民主政治制度不断走向自我完善和成熟，社会主义民主政治的本质在于人民当家作主或主权在民，但单个人的和分散的公民无力与强大的国家相抗衡，他只有参加到各种民间社团当中，在这一自主和自治的社会空间内，他将自己的各种要求和主张积聚起来，并利用这一组织来对抗其他组织的侵害，进而向政治国家表达自己的诉求，而政治国家也通过公民社团将其对政府的要求、建议、批评集中起来加以落实和完善，并对公民的行为进行有效引导，从而实现公民权利与国家权力的恰当安排，建立起公民社团与政治国家有效平衡的民主宪政体制。(3) 建构公民社团有助于实现社会各阶层的利益平衡与和谐相处。在社会主义市场经济条件下，权力、资本、劳动等各个社会阶层的利益冲突呈现出多元并存的局面，而这些利益矛盾很多情况下是通过各种合法的或非法的、紧密的或松散的、长久的或临时的民间组织表现出来，要实现各阶层的和谐相处，弥合社会差距，有效保障社会稳定，就离不开各类民间社团之间的相互沟通与合作，以及彼此之间的诚信与友善。(4) 建构公民社团有助于提高党和政府的执政能力和执政水平。伴随市场经济的深入发展，必然带来公民日益增加的各种需求，党和政府要想在不增加执政成本的前提下提高管理效率，就必须将自己的部分管理权力分流给民间组织，使其通过竞争性的分包或独自承担方式，去获得某些公共服务项目的管理权，有效提高公共服务质量，政府只负责监督和指导工作。如近年来我国民间组织在社会公益事业领域作出了突出成绩，在赈灾救灾、扶贫济困等方面发挥了极大的作用。因为民间组织深深扎根于民众之中，他们是民众自我规范和自我管理的主体，党和政府只有充分利用这一桥梁和纽带，让民众广泛参与到各种社会管理事务中来，才能真正实现重塑自身形象、缓解干群矛盾、增强公民对党和政府的认同感，并达至去繁就简、无为而治的管理佳境。（5）建构公民社团有助于打牢反腐倡廉制度的群众基础。中国共产党很早就认识到人民群众在制约腐败中的重要作用，延安时期黄炎培向毛泽东提出"共产党如何跳出历史周期率"时，毛泽东的回答是让人民起来监督政府，新中国成立后，共产党就是按照毛泽东的这一思路通过一次次发动群众运动来开展反腐败活动。今天看来，虽有成效，但运动反腐存在着成本过高、内耗严重等致命缺陷，在中国社会发生深刻转型的今天，如何将人民群众通过公民社团的方式有效组织起来，通过合法有序的途径参与到反腐倡廉工作中来，是我国党和政府面临的一项重大课题，从近年来一系列网络社团的成功反腐案例看，充分发挥公民社团在反腐倡廉中的重要作用已成为社会各界广泛关注的焦点问题之一。（6）建构公民社团有助于改善公民习性、培育公民精神、积聚民族振兴的道德资本。从词源学意义上讲，"公民社团"一词本身就包含着"文明社会"的含义，由之与"野蛮社会"和"蒙昧社会"相区别，在当代中国大力推进公民社团建设，将有助于培育我国公民与人交往共事的技能，在公民的社团组织中养成互信、互惠、温和、妥协、谅解、宽容的品性，从狭隘的自我封闭中超拔出来，逐步形成一种妥协折中、不走极端的合作习惯和公共精神，逐渐为中华民族的伟大复兴累积起雄厚的社会道德资本。（7）按照中国共产党所信奉的马克思主义基本理论看，如果说未来的共产主义社会是国家消亡后自由人的联合体，那么当代公民社团的各种结社活动，恰恰是马克思的"自由人联合体"这一思想在现代社会的映现。

与上述民主先导论者的看法不同，新权威主义者对当代中国和世界范围内公民社团的发展普遍持较为消极的看法，许多党政官员和少量学者对公民社团的理论研究和实践活动表现出疏离和冷淡的态度，其主要理论观点包括：（1）公民社团理论完全是西方文化和社会条件下生成的一种特殊话语体系，中国根本不具备生成公民社团的文化传统和社会条件，一味用西方独特文化和社会条件下形成的社会发展模式来分析和描述中国社会的现状和未来，纯粹是一种削足适履的理论幻想和错误主张。（2）公民社团和政治国家之间存在着深刻的矛盾冲突，没有强大国家的存在，一个不受规制的强势型公民社团可能将普通公民推入悲惨的生活境地。因为国家、市场与公民社团之间存在着一种微妙的平衡结构，一旦国家权力被削弱和引退，不受节制的资本势力就会乘虚而入，由资本势力主导的不同民间社团为了扩张自己的势力范围，会将经济不平等扩展到社会的各个层面，从而引发不同阶层和社团之间的残酷角斗，而要有效节制资本阶层的私有财产权，规范市场调节机制，缩小经济社会差距，除了依靠被剥削受压迫的劳动阶层进行反抗斗争外，必须有强势国家的大力干预。（3）公民社团是滋生政治反对派的沃土，是侵蚀现有执政党和政府合法性的潜在力量，必须对其严密监视和打压，将其消灭于萌芽状态。从国内外政治发展的历史经验看，所有政治反对派最初都是打着公民社团和民间组织的旗号积蓄力量、制造舆论乃至造谣抹黑现有国家政权，最终推翻其统治，取而代之，苏联、东欧、中西亚和北非的"颜色革命"和"茉莉花革命"皆不例外。（4）国际非政府组织不断壮大，并在个别发达国家政治经济势力的支持下，越来越多地卷入国际政治事务中，对发展中国家和落后弱小国家的主权起到约束、侵蚀和抵消作用。目前许多国际非政府组织，如宗教团体、体育机构、工会组织等受到大的国际资本财团或跨国公司的经济支持，对其他国家的政治结构、经济政策、文化发展等进行深度干预，从而主宰某些国家和民族的前途命运，甚至或明或暗地支持各国内部反叛势力，对执政当局进行强有力的批判和挑战，从而引发无政府主义理论思潮和实践运动的广泛流行。（5）从公民社团自身的状况看，良莠难分，好的公民社团导致好的民主政治固然有史可证，但坏的公民社团导致坏的社会后果更应引起人们的高度警惕。如在西方二战前后许多公民社团最终演变为纳粹和法西斯运动的骨干力量，成为极端民族主义和流氓资本主义的坚定拥护者。在当代中国的民间组织中合法的与非法的并存，与政府合作与抵抗的并存，营利的与非营利的并存，如法轮功组织、新疆和西藏的民族分裂组织等就是典型的负面例证。（6）鉴于公民社团中存在的上述诸多乱象，我国的新权威主义者普遍赞同亨廷顿在《变化社会中的政治秩序》中的主张，即要让公民社团的发展状况与国家的经济社会发展水平相一致。因为经济的发展、集团的分化、利益的冲突、价值观的转变以及民众参与期望的提高，完全可能超过现有政治体制的承受能力，引发公民参与大爆炸，导致社会进入混乱无序状态。要避免这种不利后果的发生，后发的现代化国家就不能以西方发达国家为榜样，让民主呼声任意高涨，让政治参与跑到政治制度变革的前面，相反，必须建立起强大的国家政府，舍此无他路可走，而建构强大的政府必须依靠强大的政党，其间，政党强大与否不在于政党数目多少和党员人数多少，而在于政党自身的质量与力量。当然，一个强大的政党与政府是否稳定，全凭它能否在完善其政治制度化的速度与扩大广大群众参与水平二者之间求得最佳值，只有适时适度地调频这二者之间的相互共振，才能奏出一部和谐完美的政治乐章。①

四、中国公民社团制度伦理的三重转向

通过对中国公民社团制度历史与现状的考察、突出特征的诠释和两极化评判态度的分析，笔者认为，要建构当代中国特色的公民社团制度，就必须在理论和实践两重维度完成以下三个层面的重大转向。

1. 从传统草根组织到现代公民社团的转向。公民社团的概念、理论、实践均端起于西方世界，但由于它适应了现代社会人们对自由、平等、博爱、法治、公正的呼求，因此在近二三百年内开始在全球范围内广泛蔓延开来。前已备述，中国受其影响其公民社团的生成与发展同样呈现出一派繁荣的景

---

① 参见亨廷顿：《变化社会中的政治秩序》，王冠华等译，上海世纪出版集团 2008 年版，第一章相关论述。

象，特别是改革开放三十多年来，更是彰显出一种锐不可当的态势。但由于中国是一个具有超大型人口规模、超广阔疆域国土、超悠久历史传统、超深厚文化积淀的"四超型"国家，并且具有自己独特的语言、政治、经济体系，这就决定了中华文明的发展不可能照搬西方模式，它一定会沿着自己特有的轨迹和逻辑去演变，其间它既会大力汲取其他文明的一切长处而不失自我，又会对世界文明作出原创性贡献并将之广泛辐射。① 就公民社团制度而言，它主要呈现两种态势：一是在城市化过程中，原属于国家党政机关和企事业单位的人们，充分借鉴现代西方公民社团的思想理念、制度框架和组织形式，建立起了各种类别的行业组织、学会、基金会等具有现代特征的公民社团。二是传统民间社会的各种草根组织，诸如家族宗法组织、民俗庙会、同乡会、红白事理事会等，同样借助现代西方的公民社团资源在完成着自身的深刻转型。高丙中和马强对河北省赵县范庄"龙牌会"的一项案例研究，详细揭示了我国传统民间草根组织向现代公民社团转型的曲折历程。范庄每年农历二月二日前后都要举行龙牌巡游和过会仪式，"龙牌爷"本来被认为是范庄的保护神，建村以来就受到村民的广泛信仰，但在"文革"时期被当作封建迷信批判后，开始转入地下秘密活动状态。改革开放后，范庄龙牌会的会头们在诸多民俗学者的指点下，将村民的保护神同中华民族的龙图腾结合起来，通过和当地党政部门的良性互动，最终建立起了"中国赵州龙文化博物馆"，但当地百姓把博物馆当成龙祖殿，里面供奉着龙祖爷，每天进香拜龙牌的香客络绎不绝，在盛大的庙会期间还要举行民间文化、科技教育、社会公德等政府倡导的各类文化娱乐活动，一个庙会演变成了一个复杂的公共文化空间，过去的秘密会头们变成了今天公开的龙牌理事会的顾问、会长、理事等。② 笔者相信经济学的"木桶理论"，即构成木桶的最短板块将最终决定木桶的盛水量，我国广大农村的草根组织是中国最深层的隐性社会根基，只有真正完成了中国农村传统草根组织向现代公民社团的全面而深刻

① 张维为：《中国震撼》，上海世纪出版集团 2011 年版，第 63 页。

② 高丙中、袁瑞军主编：《中国公民社会发展蓝皮书》，北京大学出版社 2008 年版，第25 页。

的转型过程，才能最终建立起发达成熟的中国特色的公民社团制度。

2.从自上而下的政治改革到上下结合的社会重塑的转向。笔者诠释中国公民社团的突出特征时已明确指出，由于我国在历史上是一个中央集权的高度专制的封建国家，中国共产党建立新中国后长期实行计划经济模式，在传统与现代这双重因素交互作用下，国家无所不包地制驭了一切社会生活领域，特别是通过单位制、行政制、身份制等措施，把个人的全部生活纳入到了党政框架之中。致使我国独立性社会力量的发展一直受到全面性钳制和扼杀，同时也使人们形成了一种巨大的惰性思维习惯，即中国政治、经济乃至一切领域的改革，只有做好顶层设计，遵循自上而下的路径，才能最终取得成功。但经过改革开放30多年的发展，特别是社会主义市场经济日渐发达，人们已逐步意识到没有市场经济中以多元利益为基础的广大公众参与作为其结构性安排之一，亦即没有高度发达的公民社团作为基石，民主政治体制决无建立之可能。质言之，国家在完成自上而下的政治经济改革，在加速政府职能转变，主动退出不应干预的经济社会领域的同时，广大国家公民则要充分利用改革开放的有利条件和良好契机，积极地、理性地、有意识地推动自下而上的公民社团建设，在上下结合的良性互动中，参与和影响国家的决策，从而形成公民社团与国家政治的动态平衡机制。①

3.从视公民社团为上手工具到为国家进步积蓄社会资本的转向。通过笔者对公民社团制度两极化评判的分析可以看出，无论是民主先导论者还是新权威主义者，皆把公民社团视为一种用以参与国家政治或制衡国家政权的强有力的上手工具，很少把公民社团本身当作目的来看待。法国社会学家布迪厄通过对资本形态理论的深入剖析，提出了"社会资本"的概念，所谓社会资本是指一个人或组织所拥有的持久而稳定的人际或团际关系网络，这一网络构成了一个人或社团实际的或潜在的重要资源，它同实物资本、金融资本、文化资本相结合，成为一个人、社团或国家重要的资本力量。笔者认为对公民社团的研究，既要看到它与国家政治的对立统一关系，更要把它当成

---

① 参见邓正来：《国家与社会》，北京大学出版社2008年版，第5页。

一种个人、社团或国家拥有的社会资本，质言之，一个人、社团或国家只要拥有了雄厚的社会资本，才能有更多的机会实现人生出彩、社团繁荣、国家振兴的梦想。正如普特南《使民主运转起来》一书中所揭示的那样，一个拥有丰富社会资本的国家，不仅可以在经济、政治等各种交往中降低交易成本，使各种资本要素得以增值，而且还能够将个体成员组织起来，提高团体的凝聚力，创造和谐社会，更能够提高政府管理效率，使民主真正运转起来。在此，我们以美国最重要的社会资本——宗教社团为例，90% 的美国人相信上帝，美国有 30 万个教会和 2000 多个教派组织，参加宗教活动的人超过了参加美国社会其他任何组织活动的人。就一个地区而言，教会是社区的中心，是获取社会资源的最佳途径，人们通过参加宗教活动学会了发表演讲、组织会议、处理分歧和承担责任，懂得了人际交往的规则和技巧，以此为基础，进一步扩展了参加非宗教的世俗的组织和活动的机会，从而获得了更广泛的社会资本。[1] 从中不难看出，发达的公民社团是一个国家培育公民习性、社会心理和集体价值的重要场所，只有将发展公民社团提升至为国家进步和民族振兴积蓄社会资本的高度，才能从更为广阔的视野中，明晰公民社团真实的价值、意义和作用。

第三节　建构中国公民社团制度伦理的路径选择

在国家、市场、社会三大组织结构中，经过改革开放 30 多年的发展，尽管国家组织在不断地经历着简政放权的过程，但今天其所拥有的管理权力仍然处于极其强势的地位。与此同时，经过企业承包制、股份制、抓大放小等一系列经济体制改革，已经催生出一个运行状态相对良好的市场组织体系。相比之下，我国的社会管理体制改革明显滞后，而且由于国家组织和市场组织之间存在着密切合作的利益交换关系，从而对社会组织的发展形成一种抑制性影响，特别是旨在维护劳动阶层利益的各种维权组织受到权力阶层

---

① 朱世达主编:《美国市民社会研究》，中国社会科学出版社 2005 年版，第 82 页。

与资本阶层的双重挤压，尤其是在个别地区、行业和部门出现国家与市场由良性合作走向权钱交易和赢者通吃的局面时，劳动阶层的权利保障状况更是堪忧。因此，如何通过建构强大的公民社团制度，使之与国家和市场之间形成一种动态平衡机制，已成为当前我国社会管理体制改革面临的重大挑战。如果说 20 世纪 70 年代开始的农村联产承包责任制和国企改制是政府财政生存危机倒逼的结果；90 年代的改革是 1989 年政治风波之后，我们为了融入国际社会求得生存和发展的被迫选择，那么今天的社会改革则是国家经济发展之后，冲破利益垄断与固化樊篱，主动追求公平正义的必然选择。然而，围绕建构我国公民社团制度的具体路径，学界的认识歧义纷呈，有人提出"公民社团建构二阶段论""滚动式驱动理论"等。① 笔者综合学界的看法并根据本论题的需要，试图就我国公民社团制度建设的经济基础、政策措施、文化环境、疑难重点这四个问题展开分析与讨论。

一、逐步夯实公民社团制度的经济基础

按照黑格尔和马克思的社会二分法理论，市民社会本身就是指以商品交换关系为核心的社会组织，它是财产私有者在社会分工基础上进行平等交换的社会。到了葛兰西和哈贝马斯的社会三分法理论中，市民社会从经济组织中分离出来，变成了与国家组织和市场组织相对应的独立部门，但无论是将社会进行二分或三分，私人的财产所有权则是市民社会得以成立的前提条件，因为没有私人的财产所有权就无法形成社会分工和市场交换，也就没有所谓的"市民社会"，从这种意义上讲，私人财产所有权是一个人成为市民社会成员的先决条件。之所以如此，是因为市民社会的成员是在市场分工基础上从事商品交换的个体，而交换的产生以独立人格的存在为前提，而独立人格的本质在于既认识到自己同他人的普遍联系，又能将自己从这种普遍联系中超拔出来，亦即尊敬他人为人，并把自己视为人，人格的高贵之处就在于能够保持二者之间的辩证统一。正如黑格尔所言："在市民社会中，每个

---

① 邓正来：《国家与社会》，北京大学出版社 2008 年版，第 122 页。

人都以自身为目的，其他一切在他看来都是虚无。但是，如果他不同别人发生关系，它就不能达到他的全部目的，因此，其他人便成为特殊的人达到目的的手段。但是特殊目的通过同他人的关系就取得了普遍性的形式，并且在满足他人福利的同时满足自己。"① 然而，问题是独立人格只有在现实生活中表现为占有某种外在事物，才能由纯粹的主观性变为现实的客观性，而对某种外在事物的占有就具体表现为私人的财产所有权。从这种意义上讲，没有私人的财产所有权，就没有现实意义上的独立人格，也就没有公民社团成员之间的自由交换和彼此平等的契约关系，这也是为什么在计划经济占主导地位的时代不可能出现公民社团的根本原因。就我国目前的状况而言，尽管经过改革开放 30 多年的发展，私营经济和外资企业在我国市场经济中的比重在不断增大，但对个人财产所有权的保护措施仍然有待完善，自 2007 年我国颁布《物权法》以来，国家不仅承认了私人财产所有权，而且开始以法律的形式进行保护，但法律上的承认并不等于在理论和现实中得到了彻底解决。因此，只有大力发展市场经济，在充分保障私人财产权的前提下，真正实现人们物质生活的无忧无虑和现实意义上独立人格的存在，才有可能使绝大多数公民拥有积极参与公共活动的充沛时间和精力。反之，对于一个整天为衣食住行而奔波劳碌，在贫困线上进行生存挣扎，没有丝毫财富支撑的独立人格的人而言，把原本用于谋取生活资源的时间和精力转向没有实利价值的公共活动，不仅不现实，而且无丝毫可能性。正是从这种意义上讲，在我国没有一个庞大的中等收入群体——中产阶级的出现，就不可能建成具有现代特征的公民社团。

如果说大力发展市场经济，用雄厚的私人财产支撑起公民的独立人格，是我国公民社团制度赖以生成的基础和前提，那么实现我国从农业经济向工业经济的转变则是建构我国公民社团的必要条件。首先，工业经济是一个依赖高度精细化行业分工的社会，而且日益复杂的社会分工需要一批受到过专业教育和拥有专业技能的劳动力，这些劳动力主要依靠个人的勤奋努力、专

---

① 黑格尔：《法哲学原理》，范扬、张企泰译，商务印书馆 1961 年版，第 197 页。

业才干等获致性因素成为社会的骨干力量，完全不同于依靠家庭出身、遗产继承等先赋性原则获得社会地位的传统贵族。其次，工业经济的社会分层体系基于这样一种信念：最有能力的人就应该获得最多的经济报酬、最高的社会地位和最大的政治权力，而没有能力的人只能居于最低的社会位置，从而使社会阶层呈现出明显的开放性、流动性、透明性特征，完全不同于农业经济时代依靠土地经营和家庭世袭身份获得经济地位、社会声望和政治权力的人，后者具有极大的等级性、封闭性和固化性特征。正是由于工业经济造就的这种机会均等、自由流动、自由竞争、能力本位等理念，为现代公民社团的生成提供了强大的动力来源。在工业经济的促动下，拥有私人财产所有权的公民对各种经济活动具有越来越大的自主选择性，这就必然导致利益主体多元化、利益趋向多极化、利益差别显性化，进而促使不同利益主体通过宪法规定的结社形式，自愿加入到各种各样的维权组织、互助组织、兴趣组织和行业协会中来，因为结社是个人利益正当化的重要途径和实现形式，个人的利益诉求和价值追求要么在社团内实现，要么通过社团在大社会中实现，可见，正是公民的结社活动最终带来公民社团的繁荣发达。

如果说市场经济和建基其上的私人财产权是公民社团赖以生成的前提和基础，工业化为公民社团的萌动提供了必要条件，那么市场经济和工业化造就的现代性城市生存方式则为公民社团的最终出场提供了重要的活动舞台。首先，以工业化大生产为主的市场经济不断地把人口聚集起来，使得劳动密集化的大、中、小型城市如雨后春笋般涌现出来，城市与乡村存在重大差别，乡村通常由一个或几个宗法家族构成，宗族成员世世代代居住在一起，人与人之间有着十分紧密的血缘姻亲关系，以此为基础形成了辈分等级、权力等级、财产等级等。而工业化的大城市把无数进城农民改塑成城镇市民，这些远离自然和生活直接性的城市市民涌入企业、机关、公共服务组织，结成了各种各样的新型社会联盟，摆脱了血缘、权力、土地等各种束缚，获得了充分的自由，他们的行为态度、精神气质和心理结构均发生了根本性变化，并且形成了与乡村伦理截然相反的城市伦理，乡村伦理主要依靠以宗法血缘关系为基础的传统社会意义上的德性情感、良知决断和神圣信念来维系，而城市伦理则主要依靠彼此算计、金钱货币、规章制度和法律条文来维系。其次，建立在市场经济基础上的现代性工业化城市和古代社会的封建城堡和政治城市存在重大区别。古代城堡或政治城市往往以城为主，以市为辅，既是带有城堡防御设施的聚集点，也是重要的政治中心，甚至具有严格的行政级别，这一特征到了新中国实现计划经济时代，得到了进一步继承和延续，如我国现代的城市有省部级、地厅级和县处级等区别，级别越高享受的政策优惠和发展空间越大。但真正意义上以市场发展为基础的现代城市，"城"的特征会日渐淡化，"市"的本性却更加凸显，在这里人员高度流动，资本进出、物流运输也因人员的频繁流动而更加开放，只要你有能力或一技之长，只要你有机会或运气，就可以在城市谋求幸福生活，自由选择自己喜欢的生活方式，享受及时妥帖的多样化服务。在很多现代化开放性城市里没有严格的户籍限制，外地人和本地人没有实质性区别，甚至外地人比本地人还多，其公共服务的数量多少和质量好坏，主要体现在住房价格上，公共服务好住房价格就上涨，公共服务不好住房价格就下降，在这样的生活空间中，公民个人及其自愿结成的各种社团，真正获得了制度上的自由和思想上的解放。再者，城市和城乡间现代运输网络的高速发展极大地改变了人们的时空观念和生存方式，为公民社团的生成提供了充足的物质条件。现代社会发达的道路、水路、航路和通讯网络，带来人流、物流、资金流和信息流的快速移动，以人流为例，我国每年重大节日有数以亿计的人口游走在全国流动的道路、水路和航路上，人们在从一个城市流入另一个城市、从一个市场圈流入另一个市场圈的相互流动中，在马路边、公车上、餐馆里等各种公共空间内，接触到不同身份类别、不同思维方式、不同行为特点的人，此前的地域文化和偏见以及遥远距离和漫长行程所形塑的东西部、南北方概念将逐渐淡化，不同地区人们的相互理解日渐增多，人们更易接受和容忍异质文化，逐步养成了礼貌待人、宽容忍让、彼此同情、相互尊重的社会公德、公民精神乃至世界公民意识。特别需要指出的是，在当今虚拟的网络社会，经过长期的精心引导，同样会培育出上述公民社团所需的价值理念、思维方式和心理定式。总之，正是现代性城市化生存方式为公民社团提供了广阔的活动舞台和充足的成长空间，在当代中国如果没有城市化的充分发展，公民社团的生成就会受到巨大的理念阻碍和条件限制。

二、不断完善公民社团建设的政策措施

公民社团固然扎根于市场经济制度、个人财产所有权、工业化与城市化等经济基础之上，但除此之外，它的繁荣壮大还需要国家权力机构为其创设宽松的生长环境和提供一系列正确的政策措施。

1. 国家权力机构要在政治意识形态层面确立起现代性和科学性的社会治理理念。由于在资本主义公民社团发展史上，公民社团经常以压力团体的方式显现自身存在的合理性和重要性，致使我国各级党政管理机构对其抱有十分强烈的抵触情绪和戒备心，经常将其视为"麻烦制造者"，进而成为国家管控的主要对象，这种观念不仅极大地妨碍了国家政治体制改革的步伐和政府职能转变的速度，而且也不利于市场经济的健康发展。我们只有清醒地意识到自 20 世纪下半叶开始，伴随资本主义代议制民主危机的出现，公众参与和协商民主已经成为崭新的公共治理形式，并对西方政治发生深刻影响，人们逐步把公民社团视为一种重要的社会资本纳入公共管理主体范围，乃至将其与政府的地位平等看待，我国许多改革措施之所以出现失误，其根本原因是缺乏合法、有序、有效的公民参与。在三十多年的改革开放过程中，我国政府在经济生活中通过不断地简政放权培育出了一个市场经济主体，但政府却把企业改革卸下的沉重社会包袱放到了自己肩上，致使其管理负担日益加重，这就要求政府必须深刻地意识到，市场经济在把一切商品化的过程中，并不能满足人们多元文化造就的社会需要，如人们在社会交往中的归属感需要在各种各样的联谊性群体、职业性团体、宗教性团体、学术性团体等民间组织中获得，政府和市场均无法提供，即使政府和市场能够提供的服务，也由于现代社会开放性和多元性私人需求的复杂性和特殊性，政府和市场都不可能包罗万象、及时灵活地一一作出回应，因此，它必须由多样化的民间组织来予以有效补充。只有广大的民间组织以合法有序的方式参与到党政机构的各类决策和规划中，充分表达各阶层的利益诉求，在沟通、理解、

协商、妥协中实现公平正义，减少社会冲突，避免重大失误，以便有效预防政府失灵和市场失灵现象的发生。为此，有不少学者主张，各级党政机构应该像积极培育市场经济那样来培育公民社团，在经济、政治、文化、社会、生态五位一体的建设格局中，将社会建设设置于经济建设之后，使其成为第二位的重要工作，唯其如此，才能最终实现科学发展和社会和谐的中国梦。①

2.通过深化事业单位体制改革实现政社分开，让公共资源在各类社会组织中公平分配。在利益主体日益分化并呈现出多元化特征的当今社会，各类官方主办的社会组织已不能完全代表或协调所有社会群体纷繁复杂的利益诉求，尽快改革各类官办社会组织高度垄断相关社会资源的制度安排已成为社会关注的焦点。因为我国众多的事业单位在社会公共服务领域占有支配性地位，如同政府从非战略性、竞争性的经济领域撤退为民营经济发展让出空间，从而培育出良好的市场经济体制一样，只有通过事业单位的民营化或让民营组织参与公共服务制度化，才能为公民社团的发展创造出理想的政治空间。改革开放以来，我国国企的就业比重在不断下降，行政机构缩编的趋势也已非常明显，然而，各类全额财政拨款、差额财政拨款和自收自支的事业单位职工人数却在逐年递增，致使事业单位改革已成为我国公共机构改革的最大障碍。② 如何有选择地将挂靠在党政机构下的各类事业单位的职能转交给民营组织或使其民营化，是中国公民社团能否顺利发展并不断壮大的关键因素，如：在行业管理领域应该将决策咨询、标准制定、资质考核、统计调查、展览展销等职能移交给各类民办行业协会；在人力资源领域应该将职业培训、从业标准、职称评审、道德惩戒交给相关从业组织；在学术研究领域应该将成果鉴定、项目评审、研究规划、学术评价等移交给学术组织。与此同时，在公共资源的配置上要大力引进市场竞争机制，政府可以严格按照招投标准则向各类社会组织购买或外包不同的服务项目，根据其服务质量以契约化的方式合理有效地配置经费和其他公共资源，也可以对从事公益事业并

---

① 参见陆学艺：《当代中国的社会结构与社会建设》，《学习时报》2010年8月30日。

② 高丙中、袁瑞军主编：《中国公民社会发展蓝皮书》，北京大学出版社2008年版，第85页。

具有良好信誉的民间组织予以直接性资助，或通过各种普惠性减免税政策鼓励企业或个人向各类公益性民间社会组织捐款，从而拓宽民间组织的资金来源，使其能够获得必要的经费支持。如果让各类社会组织仅仅依靠会费、收费和商业活动去生存，人们有理由相信它们和市场中的企业组织的行为界限将日益模糊。

3. 大力改善政府对公民社团的管理体制，逐步健全相关法律法规，为公民社团发展创设良好的制度环境。按照当前阶段的政策规定，成立任何社会组织，首先要找到政府相关部门或事业单位进行挂靠管理，然后才能到民政部门注册，而许多政府或事业单位由于担心政治经济风险的存在，不愿为挂靠组织负责，这就造成大量致力于社会公正、人权维护、公共政策研究的社会组织无法被注册为正式社团，加之，民政部门对成立社会组织还做了资金数量、办公场所、年度审核等多种限制，致使许多社会组织放弃登记，甘愿以"法外生存"的方式去自行活动。如何改革社会组织注册登记管理制度，通过试点逐步建立起"备案登记、法人登记、公益法人登记"的新型登记注册管理制度，消解社会组织的"注册困境"，已成为社会各界广泛关注的焦点之一。此外，要将市场经济中的竞争机制引入社会组织之中，使那些不能有效参与社会治理，不能为社会公益和组织成员带来共同利益的社会组织在同类组织的竞争中自我淘汰，让那些品质优良的社会组织在社会竞争中不断得到提升和完善。要实现上述目的，有必要从法律层面对目前我国社会组织发展的政策、规章、法规进行有效整合，出台一部《社会组织法》，像《政府组织法》和《企业组织法》一样，形成国家、市场与社会的三足鼎立的法治格局。从目前社会组织发展态势看，已经初步具备了开展立法调研、起草议案和征询意见的条件，理由有二：一是我们党在一系列重要会议上已经确立了"党委领导，政府负责，社会协同，公众参与"的社会管理指导思想，有必要尽快将党的意志转化为人民意志，以法律形式表现出来；二是近年来各类社会组织迅猛发展，呈现出良莠不分的状态，有必要奔着"急用先立"的原则，加快奠定新型社会组织发展的法制基础，以便依法对其进行有效引导、监督和管理，尽快消除政出多门、重复规定和管理效率低下的现象。常言道："明渠不开必暗道丛生"，任凭公民被压抑的结社需求在法律框架外释放，必然引发社会秩序的紊乱与社会规范的缺失。

4. 通过完善各种社会保障机制，吸引更多优秀人才进入民间组织，逐步培养出一批杰出的社会事业家。美国社会组织专家萨拉蒙 1995 年对 22 个国家非营利部门的科学研究表明，这些部门提供的就业平均率占非农产业就业的 5%，它们的支出总额占国内生产总值的比重平均达到 4.6%，而我国 2007 年在民政部门登记注册的 38.7 万个社会组织，平均职工约 11.8 人，总计 456.9 万人，占当年全国非农产业就业人数的 1%，支出占国内总产值仅为 0.12%，如果我国非营利部门就业平均率达到 22 国平均水平的话，其所提供的就业岗位将达到 2300 万个。[①] 我国社会组织发展之所以遭遇人力资源困境，其根本原因是专职人员工资待遇低，无法得到正常的社会保障和医疗保险，特别是在编制管理、聘用合同、职称评定、住房福利等实质性问题上，亟待出台鼓励性政策，以便逐步消除"一流人才去政府，二流人才去企业，三流人才到 NGO"的社会发展滞后现象，如果社会组织能够提供合适的工作待遇和发展前景，将会吸引大批有技术专长和专业知识的大学生加入进来，以有效解决目前毕业生就业难的问题。面对我国社会结构的深刻变动和社会公众多元化需求的增长，如何消除制度障碍，使整个社会像政治家和企业家一样去仰慕社会事业家，为社会事业家搭建出理想的多姿多彩的创业平台，已成为制约我国社会发展的重要因素。

5. 以自律为发展之道，以诚信为立身之本，建立健全公民社团内部治理结构和社会监督机制，提升各类民间组织的社会形象和社会公信力。自律和诚信是一个法治国家平等的民事法律主体必须具备的两种基本素质，但当前有不少投机者欺世盗名，打着非营利组织和非政府组织的旗号，专事偷逃国家税负的营利活动，乃至从事各种诈骗敛财活动和违法犯罪活动。要改变这种局面，一方面，要建立健全民间组织的内部治理结构。包括完善组织章程，以章程为依据，健全组织机构，充分发挥全体人员代表大会、理事会、

---

① 陆学艺主编：《当代中国社会结构》，社会科学文献出版社 2010 年版，第 365 页。

常务理事会、监事会的作用，以民主协商、公平正义方式处理内部事务，将重大活动情况、财务会计报告、注册会计师审计报告、接受捐赠、资助财务等活动的情况及人员薪酬和机构变动情况及时在网站和报刊上公布。另一方面，要建立社会监督体系，包括强化从业人员的资格认证、制定行业标准、设立信用评级机构、进行第三方评估等，对优秀者奖励，对存在问题者整顿，对不合格者撤销。让各类民间组织在自我完善中解决好自身存在的行为失范问题，通过严格的自律和他律，逐步树立起社会公信度。

三、持续孕育和发展中国特色公民文化

如果说市场经济制度、个人财产所有权、工业化和城镇化是公民社团赖以生成的经济基础，实现政社分开、改善社会管理体制、健全社会保障制度、强化民间社团内部治理是公民社团健康发展的政策前提，那么，持续孕育中国特色的社会主义公民文化则是中国公民社团走向繁荣稳定的精神支柱。何谓公民文化？学界的认识歧义纷呈，但绝大多数学者对阿尔蒙德和维巴在《公民文化——五国的政治态度和民主制》一书中所定义的"公民文化"存在一定程度的价值认同。作者在是书中将政治文化区分为地域型村民文化、依附型臣民文化和参与型公民文化，在他们看来，真正现代意义上的公民文化是一种复合型政治文化，其中的参与型公民角色是对非政治性村民角色和消极性臣民角色的叠加，三者在沟通、协商、妥协中形成一种多元性政治文化张力结构，其间，既允许变革又节制变革，既允许多元并存又凝聚一致共识，从而形成一整套平衡折中的政治文化运行机制。就世界各国的政治文化样态而言，上述三种成分所占比重各不相同，地域型村民文化在政治发展滞后的地区和国家广泛存在，依附型臣民文化在专制型政治体制中表现突出，参与型公民文化则存在于高度发达的民主政治社会。① 基于阿尔蒙德和维巴所提供的上述分析框架，笔者试图就我国社会转型期公民社团建设所面对的公民文化国别特征、公民文化发展的曲折历程、公民教育的主要任务

---

① 阿尔蒙德、维巴：《公民文化》，徐湘林译，东方出版社 2008 年版，第 422 页。

和公民文化的践履路径四个问题予以简要剖析。

1.就我国政治文化的国别特征而言，与西方发达国家相比，存在着村民文化、臣民文化丰富有余和公民文化发展不足的特点。中国历史文化的根本特征是农耕文明的高度发达，农业的优越性促使从事此种谋生手段的部落迅猛发展，夏商时代的民族融合、西周的封建制度、春秋战国时代的诸侯争霸和秦朝的耕战政策，皆围绕着农用土地的侵夺而展开，农耕经济的根本特征是以家庭血缘关系为中心向外扩张，全部关系是家庭关系的延伸和扩大，经过多次分家后产生的许多家庭由一个共同的祖宗联系起来而成为一个家族，最终形成费孝通在《乡土中国》中所指称的"熟人社会"和"圈子意识"。这种宗法家族制度扩展至国家政治制度层面，形成了中国独具特色的"家国同构型"封建政治制度，其中，家是国的原型和缩影，国是家的放大和展开，族长即家族之君王，皇帝即国家之族长，家族与国家处于有机的连接和同构之中，故而中国儒家历来把个人私德看作是社会伦理的本源，强调个人、家庭、宗族、国家之间的差等之爱，依次扩充出修身、齐家、治国、平天下的社会伦理。[①] 与之相比，端起于希腊时代的西方文化虽然也由氏族制度蜕变而来，但在希腊城邦内的部落家族之间存在着一种内部平等和城邦公有的观念，每个家庭代表以公民身份代表自己家庭或家族参与城邦管理，公民权便意味着参政权，公民把城邦的公共事务视为公民生活最本质性的组成部分，把培育城邦的社会公德视作公民最重要的政治任务之一，各种政治主张主要通过公民大会和陪审法庭上的激烈辩论而产生，政治辩论要说服的对象不是封建君王，而是公民集体或公民同伴，辩论的焦点是如何平衡公民内部不同群体之间的利益关系。而中国儒家政治学说的核心是君主家政学，是要说服君主在弱肉强食的诸侯竞争中，如何处理好君臣关系，如何"使民""御民"和"得民"，在实现政治目标的途径和手段上，古希腊乃至整个西方政治史都高度关注不同政体的作用，如君主制、贵族制、民主制等，而中国历代帝

---

① 靳风林：《制度伦理与官员道德》，人民出版社 2011 年版，第 116 页。

王和士人关注的是德制、礼治和法、术、势等权谋策略。①

在中国社会的整个封建时代，政治生活居于全部社会生活的中心，它涵盖一切、支配一切、渗透一切，一切围绕政治旋转，封建君王和各级官吏不仅是政治权力的代表而且还是完美道德的化身，由他们通过三纲五常来完成牧民和育民的政治任务，儒释道等各种政治理论和宗教理论都要为维护皇权的专制统治服务，否则，就会受到排挤和打压，儒士、僧人、道士只有得到皇权的庇护，才能赢得现实的生存空间。但在西方漫长的中世纪，社会结构呈现出二元或多元并存的特征，以基督教的灵肉区分为依据，在政治理论中出现了上帝之城和世俗之城的对立，在现实世界形成了教权与王权的激烈斗争，基督教把世俗国家当成人性恶的产物，视作上帝以恶制恶的工具，把世俗国王和各级官吏皆当作无赖之徒。这种极端消极的国家观到了近现代政治自由主义者那里，被赋予全新的内容：他们将上帝约束国家的使命转换为民意和民意代表的法律约束国家，将教会对国家的外部监督转换为公民社团对政府的监督，进而发展出国家权力的分割、制约和均衡理论。不难看出，与中国几千年的君权神授、皇权至上的政治文化相比，西方政治文化从古希腊到中世纪自始至终游荡着与世俗性君权相抗衡的公民社团的幽灵，特别是基督教会的长期存在为近现代西方公民文化的当代发展奠定了深厚的历史根基。

2. 为改变我国公民文化严重缺失的现状，近现代以来的众多仁人志士作出了长期不懈的艰苦努力，使得我国的公民文化在艰难曲折中不断向前推进。对于有着几千年封建专制传统的中国而言，公民文化的培育如同公民概念一样，皆是一种舶来品，最早提出对国民素质进行彻底改造的人当属戊戌变法时期的严复，他在鼓吹"自强保种"的进化论过程中，提出了"鼓民力，开民智，新民德"的"新民"思想。戊戌变法失败后，梁启超在流亡日本期间，将严复的"新民"思想发扬光大，创办了《新民丛报》，认为一个国家的强

---

① 丛日云曾将古希腊的公民政治思维模式与中国先秦思想家的政治思维方式进行过仔细对比。参见丛日云：《西方政治文化传统》，吉林出版社 2007 年版，第 108 页。

弱不仅仅在于政府制度，国民素质同样重要，因此，他开始集中精力研究国民性问题，他认为中国国民性格中存在的主要缺点是：爱国心之薄弱、独立心之柔脆、公共心之缺失、自治力之欠缺，还有奴性、虚伪、无动等，提出通过破除封建朝廷意识、树立近代国民观念；破除奴隶劣根性，树立独立人格；破除轻权利乏义务思想，培养全面的权利义务观等主张。到了辛亥革命时期，以孙中山为代表的资产阶级革命派，把严复、梁启超等人的新民思想推倒一个更高的梯度，他以国民意识的培养为基础，提出了民权主义、民族主义、民生主义理论，并将之付诸实践，推翻了在中国绵延数千年的封建王朝。在短暂的国民党统治时期，由于抗日战争的发生，国民教育的重点开始发生倾斜，民族国家共同体意识逐步形成并得以强化，为了完成中华民族的抗日总动员，国共两党提出了"地不分南北，人不分老幼，枪不分党派"的共同抗日主张，从而为深化和拓展普遍主义的中华民族共同体意识作出了重大贡献。

中国共产党执政前后使用最多的政治范畴是"人民群众"，人民群众是一个集合名词，一个人不能构成人民群众，只能属于人民群众，但即使最平凡之人只要属于人民群众就具有了革命的神圣性和正当性，因为在革命性意识形态中，国民被分为不同的阶级，只有革命性的阶级才被称为"人民群众"，反之就被称为"阶级敌人"，人民群众的身份象征着先进、正确和可信赖，阶级敌人的身份则象征着落后、错误和反动，他们的权利、尊严可以视形势需要随时被剥夺，当阶级斗争精神被推至极致时，并无任何私人恩怨的夫妻、父子、亲戚、邻居关系都可能一夜之间因"人民群众"与"阶级敌人"的划分而变成你死我活的残酷性斗争对象，是敌人就意味着被历史唾弃、被批斗枪杀，这种现象的存在作为中国现代化进程中特定阶段的产物，也许有其历史必然性和必要性，但却使建国后中国社会付出了沉重的代价。直到改革开放后，伴随我国经济市场化的步伐不断加快，整个社会开始由阶级分析走向阶层分析，由阶级斗争转向阶层合作，"公民"概念逐步取代"人民"概念，公民文化开始跨越革命文化成为社会主流文化，礼貌待人、非暴力、宽容同情、相互尊重、共同体意识等公民精神成为党和政府倡导的主流精神，提高公民综合素质、加快公民道德建设、培育现代公民文化再次成为整个社会关注的焦点问题之一。

3. 在当代中国只有深入持续地开展公民教育活动，不断提高社会各阶层的公民意识，才能最终孕育出中国特色的公民文化。前已备述，在西方社会如何培育好公民？亦即公民教育问题，如同公民生成史一样久远，如古希腊的柏拉图认为，公民教育要从一个人童年接受美德教育开始，亚里士多德主张要按政体的精神教育公民，唯其如此，才能确保城邦的长治久安。与西方人重视城邦和公共领域的问题不同，中国传统文化极其重视私人身份和家庭人伦关系，致使公民资格意识十分淡薄。即使到了新中国成立60多年后的今天，我国的公民教育仍然面临重重困难，很多情况下是用意识形态宣传和思想政治教育取代公民教育，在个体的多重身份认知过程中，家庭成员身份、政治党派身份、职业身份占据更加重要的位置，公民身份认同的自觉性非常薄弱。按照现代著名社会思想家马歇尔在其《公民资格与社会阶级》一书中的说法，现代社会的公民资格包含权利与义务双层身份，其中公民权利包括公民的基本人权、政治权利和社会权利，如公民的生命权、财产权、思想拥有权、信仰自由权、集会和结社权、选举权、参政权、受教育权、社会保障权等；公民义务则包括道德义务和法律义务，其中的道德义务通常不以权利为前提条件，而法律义务是与享有权利相统一的条件性义务，如纳税义务、服兵役义务、守法义务等，此外，现代公民资格理论还包含了公民间的平等、公正、自治等诸多内涵。与私人身份相比，公民资格的要义在于"公共性"，它是政治共同体成员共享的一种身份，主要存在于公共领域，如参与、商谈、辩论、监督国家权力和社会公共事务，当代不同国家的法律对公民资格的获取和剥夺都有一系列严格规定，就获取而言，涉及财产规定、性别规定、宗教规定、国籍规定等，就剥夺而言，包括公民的自然死亡、加入外籍、犯罪处罚等。

公民资格意识的养成主要依靠公民教育来完成，当前我国公民教育面临的主要任务包括：（1）科学界定和明晰我国公民教育的基本内容。世界发达国家对公民教育的具体内容皆有清晰界定，如美国是世界公民教育理论研究的策源地，并形成了众多的学派和实践模式，其《公民与社会》《美国公民读本》等教材在美国 40 多个州通行使用，涉及美国公民生活、美国公民角色与作用、美国宪法体现的价值原则、美国的政治和政府、美国与世界各国的关系等。结合我国社会实际和学界的相关研究成果，笔者认为，当前我国公民教育的基本内容应涵括：公民价值观，如自由与平等、民主与法治、功利与公正、人权与主权、追求真理、天人和谐等；公民知识，如我国的国家制度、政府体制、政党制度、司法公正、社会公共生活、公民权利与义务等；公民道德，如爱国、仁爱、宽容、感恩、诚信、友善、合作、尊严等；公民技能，如与人沟通、演讲、讨论、参与选举、维护权益、处理纠纷的能力等。[①] (2) 大力加强学校教育中有关公民教育的内容。长期以来我国教育部颁布的《小学德育大纲》《中学德育大纲》《九年义务教育全日制小学社会教学大纲》等教科书，虽经反复修订，但从总体上看，公民资格教育的内容相对缺乏，公民教育的研究机构和理论成果更是为数不多，在我国大中小学等各类教育中，除了开展传统型社会主义、集体主义、爱国主义、培养共产主义接班人等意识形态宣传和思想政治教育外，必须大力增强公民价值观、公民品德、公民知识与公民技能方面的教育内容，唯其如此，才能逐步改变我国公民资格意识淡薄的现状。(3) 在成人教育，特别是在各类党校、行政学院的干部教育中要注入更多的公民教育的内容。改革开放以来，虽然我国各级官员的学历层次不断提高，但他们在学校期间所学课程主要是专业课、外语课、政治课，很少接受公民教育的相关内容，一般而言，无权无势的普通民众虽然缺乏系统性公民教育，但他们为了维护自身权益，对公民意识具有天然亲和力。与之相反，各级官员由于受传统专制政治的影响，更容易接受威权主义的牧民思维和专政思维，极易将普通民众视之为草民、子民、臣民、庶民、顺民或刁民、暴民等，特别是手中握有重权之后更易头脑膨胀，作出种种侵害公民权利和违反宪法规定的蠢事。近年来广为人知的贵州彭水诗案、辽宁西丰抓记者案、河南灵宝赴沪抓王帅案、郑州规划局副局长"替

---

① 参见丁东:《官员也应重点接受公民意识教育》,《炎黄春秋》2010 年第 3 期。

党说话还是替百姓说话"等，均暴露出我国各级官员公民权利意识的极端淡薄，至于"文革"时期国家主席刘少奇被打倒整死，不仅反映出我国法治意识的缺乏和公民权惨遭践踏，同时也警示人们，在一个公民意识和法治意识荡然无存的社会，即使位高权重的各级官员同样会遭受始料不及的非法和无情打击。从这种意义上讲，在一个具有浓厚的"以吏为师"的传统中国社会，大力强化广大官员的公民意识教育有着极端重要的现实紧迫性和极其深远的民族文化改良价值。

4.在形式多样的社会实践活动中提高我国公民的综合素质是我国公民文化走向繁荣昌盛的根本途径。优良的公民教育固然有助于提高受教育者的公民资格意识，但要想使公民教育真正取得成效，还必须通过丰富多彩的公民实践活动来训练和提高每位公民的社会公德认知方式和公共活动参与模式，造就出与现代社会要求相适应的德才兼备的高素质公民队伍。如通过举办北京奥运会、上海世博会、国庆阅兵式等活动，提高公民的民族自豪感和爱国主义精神，通过成人仪式使青年学生确立起明晰的权利与责任相统一的公民身份理念，通过设立重大灾难哀悼日培养公民之间休戚与共的生命神圣感，通过组织公民参加改善环境、帮助老人、支持慈善的活动强化公民的志愿服务意识，通过参与各种社团活动和公共事务听证会增强公民表达诉求、协调沟通、评估判断、民主协商、参与决策的能力以及听、说、辩、写等能力。

在此，笔者仅以在社会实践活动中培养公民的德才素质为例做一简要剖析。就公民道德的培养而言，不同时代不同国家的公民道德标准各不相同，如西方古希腊时代倡导自我责任型公民，近代以来重视社会参与型公民，当代社会则彰显公平正义型公民的重要性。与西方社会不同，我国的公民道德建设实施纲要把职业道德、社会公德、家庭美德视为社会主义公民道德建设的三个重要领域，这三者之间相互作用，彼此互动。其中，高尚的社会公德为职业道德、家庭美德建设提供了良好的社会环境，同时后者也会对社会公德产生巨大影响，因为一个具有良好家庭美德素质的人，一般在社会上也是一个遵守社会公德的好公民，而不同行业形成良好的职业道德之后，也会极大地丰富社会公德的内容。正因如此，近年来我国评选和树立起一系列道德楷模，其中涵括了职业道德、社会公德和家庭美德等不同领域的代表人物，从这些先进公民的感人事迹中释放出巨大的社会正能量，从而有效促进了我国公民道德水平的缓慢提升。

就公民才能的培养而言，中外学者对公民才能具体内涵的认识歧义纷呈，但普遍认为以下才能应当为公民所必需：获得和使用政治资讯的能力；主动参与公共事务的能力；评估、判断、决定公共事务的能力；与人沟通、协调、合作的能力；增进共同利益的能力等。当然，公民上述才能的获得除了公民教育外，更多的是从干中学，从事上磨炼。笔者认为，在当代中国公民能力培养上，美国将军罗伯特创立的公民议事规则理论非常值得我们认真研究，并结合中国实际予以大力推广。在罗伯特看来，公民在各类社团或社区中讨论任何公共事务时，都必须熟练掌握以下程序和方法：(1)明确主题。无论是讨论交流会还是决议性会议，都要明确具体主题内容，确定可操作性方案，不能把公民会议当成亲友聚会和茶馆闲聊。(2)主持人要恪守中立原则。即主持人的职责不是使自己意见成为多数意见，而是通过维持会议秩序和流程使各成员在充分知情的基础上自由产生多数意见，其间要确保机会均等，严格按照程序裁决具体事务，不能终结他人发言或发表个人意见，如主持人发言时必须授权他人主持。(3)制定发言规则。即明确发言顺序、时间和次数，严格禁止权威人士打断他人发言，避免争执和恶斗。(4)不准质疑发言者动机。由于动机无法证实且会激化矛盾，这就要求审议任何事情只对事不对人，允许参会者带着不同动机去表达个人看法和诉求。(5)辩论规则。参会人有权辩论，但只能对着主持人发言，不能对着参会者直接辩论，严格禁止人身攻击和侮辱性语言，让意见相左的双方和多方都获得发言机会。(6)尊重提问和裁判规则。提问先要争得主持人同意，一次只能提一个问题，可由主持人回答或主持人让知情者回答，主持人带头遵守规则，并要及时打断违反规则发言的人，被打断者必须立即停止发言。(7)修正案的提出。由于参会者的世界观、价值观、知识结构和专业才能存在重大差别，应允许参会者对动议的问题提出妥协、折中或包容性修正案，并通过表决方式决定是否采纳修正案。(8)以赞成票过半通过表决。在约定发言次数用尽，经过辩论后无人发言时投票表决，无论表决结果是你支持的或反对的，都必须服从照办。应该说罗伯特的上述公民议事规则为提高我国公民议事能力所急需，只有让每位公民真正掌握了上述公平正义的议事规则并养成习惯，才能在日常公共生活中按规矩办事，进而确保我国公民社团制度伦理建设在曲折中前行，因为公民文化本质上也是一种公民生活方式，只有具备了较高素质和教养的公民群体才能建设和发展出一个理想的公民社团。①

四、建构我国公民社团制度的疑难重点

要建构中国特色的公民社团制度伦理，除了逐步夯实经济基础、不断完善政策措施和持续孕育公民文化外，更需要深刻明晰在当代中国建构公民社团制度伦理的疑难重点。因为在西方近现代公民社团制度伦理发展史上，在不同的历史时期建设重点存在重大差别。依据马歇尔对西方公民社团发展史的考察，在西方资本主义制度形成初期，与公民身份相关的生命权、财产权、自由权等一般公民权最先受到社会的广泛关注，新兴资产阶级正是高举自由、平等、博爱等与保障一般公民权利密切相关的政治口号和理论，大张旗鼓地拉开了与封建贵族激烈斗争的序幕。到了资本主义制度日渐巩固之后的 18、19 世纪，公民的集会与结社权、选举权、参政权等政治权力日益引起社会各界的广泛关注，因为此时资本主义国家的各种管理权力被集中到了大资产阶级手中，他们将国家管理权变现为支持垄断经营的政策制定权，从而引发中小资产阶级的强烈不满，逼迫他们通过结社运动和倡导普选制来达到表达诉求、参政议政的目的。进入 19 世纪末和 20 世纪中叶，伴随资本主义贫富差距的不断拉大，此起彼伏的国际共产主义运动蓬勃兴起，民族解放运动的风起云涌，特别是二战前后大量社会主义国家的出现，使资本主义制度面临严重危机，迫使资产阶级通过加大对资本家的征税力度，改善社会二次分配制度，来逐步完善全体公民的教育权、就业权、医疗保障权、住房权

---

① 笔者以上所述只是对罗伯特公民议事规则的一个简要概述，详细内容见亨利·罗伯特：《罗伯特议事规则》，袁天鹏等译，上海人民出版社 2008 年版。

等社会权力，以此实现资产阶级统治的合法性和资本主义制度的稳定性，由之形成了以保障公民社团权利为核心内容的福利资本主义出现。[1] 不难看出，资本主义公民社团制度伦理建设过程与其公民权利不断完善的历史密不可分，二者之间彼此互动，如影随形。

有鉴于此，笔者认为当代中国公民社团制度伦理建设的疑难重点同样是公民权利的不断丰富和日渐完善，特别是建立中国公民权利重大不平等的矫正机制，尽快实现全体公民权利的基本平等。王晓光根据国家统计局提供的数据研究表明，当前中国公民权利不平等集中体现在城乡之间、城镇居民之间、农村居民之间，虽然中国目前收入不平等仍然低于绝大多数拉丁美洲国家和撒哈拉以南非洲国家，但已经超过东欧转型国家和西欧高收入国家以及一些亚洲邻国，失业、住房、子女教育、医疗、养老等社会问题，已经成为大量人群中忧心忡忡的共同话题。[2] 尤其是城乡二元结构导致的城乡公民权利不平等为世界所瞩目，在我国社会财富二次分配过程中，无论是救济性再分配、补偿性再分配，还是保险性再分配，着眼点主要集中在城市公民身上，基本上忽略了农村公民，至今 2 亿多农民工因为没有城市户口，成为社会再分配的死角，其子女入学、看病求医和生活贫困得不到重视，无法享受与城市公民一样的公民一般权利、政治权利和社会权利，沦落为同一民族的二等公民。这种经济、政治上的巨大不平等渗透到国民的心理状态层面，就是城市人总是以傲视和怜悯的态度看待乡下人，而乡下人则以表面上的卑微和顺从掩盖内心的愤懑和不满，并不时以暴戾和反社会的行为方式发泄其被压抑的本能冲动。

要真正改变我国公民权利重大不平等现象，最重要的渠道包括以下两个方面：（1）允许劳动阶层中的农民、农民工及城市弱势群体建立起自己的维权组织，如农会、农民工协会等，使其以合法、有序的组织化形式充分表达自己的利益诉求，因为在现行人大、政协、工青妇等民意表达机构中，权力

---

① 参见布来恩·特纳编：《公民身份与社会理论》，郭忠华等译，吉林出版集团有限责任公司 2007 年版，第 22 页。

② 王绍光：《安邦之道》，三联书店 2007 年版，第 190 页。

精英、工商精英、知识精英占据绝大多数，真正意义上的农民和工人代表数量有限，致使他们的利益诉求无法在国家民意整合机制中发挥主导作用。在西方普选制国家各个政党在选举过程中都会通过丰富和发展公民的政治权利、社会权利来笼络选民，这种形式的民主驱使当选的政党通过扩大财政支出中公民福利的份额来团结选民，进而保住其执政地位。同理在一党执政非普选制的当代中国，只有改变"少数人选干部，少数人在少数人中选干部"的干部管理模式，加大广大人民群众在干部进退留转、政绩考核中所提意见的分量，才能迫使各级领导干部转变作风，问政于民，问需于民，问计于民，真正做到"从群众中来，到群众中去"，从而有效避免"从领导中来到领导中去，从会议中来到会议中去，从文件中来到文件中去。"

第四节　公民社团制度伦理与党的群众路线传统

围绕公民社团与群众路线的关系问题，学术理论界和从事党政管理工作的领导干部存在不同程度的认识分歧，学界一大批知识精英认为，公民社团尽管起源于西方社会，但作为现代政治文明的重要成果具有普世性推广价值，由之，近年来在众多高校和研究机构成立了一大批公民社团研究中心，并出版了为数不菲的高质量研究成果，但必须指出的是，不少学者只是驻足于公民社团及其与之相关的现代公众参与模式的研究，对我党群众路线这份丰厚的政治财富日渐淡忘，乃至不屑一顾。与之相反，大量从事党政管理工作的领导干部和从事党史党建研究的少数专家，对公民社团研究保持谨慎的戒备态度，甚至于将其视为西方世界和平演变的重要手段和工具，作为应对措施之一，他们大力提倡我党群众路线传统，认为它作为我党三大优良作风之一，在改革开放后的中国当代社会，仍然具有极其重要的理论研究意义和实践关怀价值。从一定意义上讲，上述两种看法皆有其科学合理性，但又同时存在着某种程度的偏颇，为了澄清人们在公民社团与群众路线关系问题上存在的各种模糊认识，笔者在本节中试图从以下四个层面对之展开剖析，以期收获抛砖引玉之功效。

一、公民社团和群众路线价值取向的异曲同工

前已备述，公民社团在西方经历了漫长的发展历程之后，直到近现代才逐步形成了与国家权力、市场资本三分治理的格局。中国近现代以来经过 100 多年的发展，公民社团在跌宕起伏中缓慢成长，特别是经过改革开放 30 多年的深刻变革，在社会主义市场经济不断发展基础上生成的公民社团已经初具规模。从中外公民社团发展的历史过程看，其本质内涵包括三个方面：（1）公民社团以公民身份为核心，强调公民权利与义务的辩证统一，任何公民在伸张自己一般权利、政治权利和社会权利的同时，必须主动承担起与之相应的责任和义务，如公民在获得各种社会保障权利的同时，必须担负起依法纳税的义务。（2）公民权利的争取以形式多样的社团为手段，无论是维权社团、兴趣组织、行业协会，还是各类非营利组织，都要遵循依法自治原则，通过严格的自律和他律赢得社会的广泛信任。（3）公民正是依靠宪法授予的结社权利，同国家权力、市场资本形成对立统一的关系，其中既有对抗、制衡、零和博弈的一面，也有参与、合作、共生共强的一面，其具体状态视不同国家的历史状况、国内阶层力量对比等复杂因素而定。群众路线则是中国共产党在革命、建设和改革开放过程中形成的重要政治传统，据众多党史专家考证，它最早在 1943 年 6 月 1 日毛泽东为中共中央所写的决定《关于领导方法的若干问题》一文中作了系统阐述，1945 年刘少奇在中共七大上作关于修改党章的报告时，将群众路线归结为"群众观点"和"群众路线的工作方法"，直到 1981 年 6 月中共中央所作的《关于建国以来党的若干问题的决议》，正式将群众路线概括为"一切为了群众，一切依靠群众，从群众中来，到群众中去"。透过我党不同历史阶段有关群众路线的话语体系，其主要内涵可归纳为三点：一是作为唯物史观和认识论层面的群众路线。它强调人民群众是历史的真正创造者，他们的实践活动是我党一切认识的直接来源。二是作为工作方法的群众路线。即在领导干部的决策过程中，首先要把群众中分散的无系统的呼声、吁求、意见和建议，经过去粗存精、化伪见真的方式，集中为系统意见，再依据这些意见作出决策，然后将形成的决策

在群众中广泛宣传，转化为群众的实际行动。三是作为工作作风的群众路线。即与人民群众同甘共苦，建立起深厚的感情，形成鱼水或血肉般亲密关系。①

通过对公民社团与群众路线生成历史和本质内涵的考察可以看出：（1）二者在政治逻辑层面存在重大区别。公民社团以成熟化、理性化的公民的普遍存在为前提条件，认为伴随市场经济的深入发展，建基其上的政治文明会不断进步，其社会问题——公民的主体意识、权利意识、参与意识会持续增强，他们会自动站起来以积极主动的态度来捍卫和争取自身应得的权利，特别是他们当中不同阶层会以自我结社的方式来表达自己和本阶层的意见建议和利益诉求。而群众路线是以作为先锋队的中国共产党和普通人民群众的划分为前提，即群众被划分为不同阶级，阶级由政党来领导，政党由领袖班子来主持工作，掌握了真理的领袖人物组织无产阶级先锋队（政党）通过群众路线的方式，发动革命、从事建设和进行改革开放事业。（2）二者在价值取向上完全一致。无论是公民社团的倡导者，还是群众路线的执行者，其终极目的都是要不断满足广大公民或人民群众的利益诉求，使其物质生活和精神生活不断迈上新台阶，最终实现每位公民人生出彩的伟大梦想。因为公民从来不是为了结社而结社，其结社的根本目的是为了在社团生活中实现自身价值，并通过社团在更广阔的社会生活中实现自己社团内更多人的理想追求。而群众路线的出发点和落脚点同样是为人民服务，以人民满意与否作为衡量一切政策好坏的标准，亦即权为民所用，情为民所系，利为民所谋，以人民过上幸福生活为终极目的。

二、公民社团与群众路线珠联璧合的制度要求

需要指出的是，由于公民社团的生成类型复杂多变，内部治理参差不齐，追求目标彼此冲突，如果没有强有力的国家政治制度的规制和约束，就很有可能将社会带入杂乱无章的角斗境地。同样，群众路线的执行者如果违

---

① 参见张晓峰、张璐露：《群众路线的政治逻辑及当代路径》，《理论视野》2013年第8期。

背党的实事求是的思想路线，不去深入细致地开展调查研究工作，领导艺术和决策能力低下，官僚主义、主观主义、形式主义作风严重，就会在执行群众路线的名义和幌子下，发生重大决策失误，极大地损害广大人民群众的切身利益。要有效避免上述两种现象的发生，就必须站在推进我国政治现代化进程的高度，将发展公民社团和贯彻群众路线紧密结合，并使之提高到制度化建设层面来最大限度地发挥出二者的正能量。

首先，要通过民主政治制度建设确保公民社团与群众路线的相互结合。伴随我国市场经济的深入发展，社会阶层的分化无可避免，多元利益格局的形成和利益矛盾的增多渐趋日常化，为了更好地满足各类群体和阶层的利益诉求，就需要通过建立发达的公民参与网络，畅通参与渠道，来为公民参与公共事务创造更多机会，并逐步提高公民参与公共事务的意识和能力，大力促进公民社团制度的发育和成长，如果堵塞公民个人或社团政治参与的渠道，形成公民参与的堰塞湖，就有可能逼迫其冲破现有社会秩序，诱发巨大的社会动荡。在这种新的历史条件和时代形势下，一方面要求党的各级干部要牢固树立宗旨意识，发挥主观能动性，弘扬群众路线的优良传统和作风，通过深入细致的调查研究，问政于民和问计于民，切实做到为民务实清廉；另一方面，如果领导干部本身的素质、能力、态度和作风不足于使其很好地理解和贯彻群众路线，那么就需要与时俱进地将群众路线进行创造性地转换，即通过加强民主政治制度建设来促进各级干部真正做到群众路线所要求的"从群众中来，到群众中去"，诸如：加大干部选拔任用过程中群众评议的分量；通过民主财政确保政府支出向人民群众切身需求倾斜；通过公共辩论和听证制度来让各种公民社团参与到政府决策中来。唯其如此，才能实现公民社团的"自下而上"与群众路线的"自上而下"的有机结合。

其次，要强化以依宪执政为核心的法治制度建设来实现公民社团与群众路线的相互沟通。我国宪法明确规定人民代表大会和协商民主制度是我国最为重要的政治制度，其中人民代表大会制度是保证人民当家作主的根本政治制度，多党合作和政治协商制度是发挥民主党派和各界人士参政议政、建言献策的重要渠道。这两种根本性政治制度是广泛、全面、深入地反映人民群众或公民社团意见和要求的主阵地，也是党密切联系群众的重要桥梁和纽带，党的各种政策意图和决策建议通过这两大机构作出决议，就能够转化为国家意志和增强党和政府的执政合法性。然而，有不少的基层党政领导时常不自觉地高于或游离于法律之外，官僚主义作风严重，与群众路线要求相去甚远，只是把人大看成履行程序的"橡皮图章"，把政协视为名流雅士的"清谈茶社"，并不认真听取人大代表和政协委员的意见和建议，视人大和政协的监督如儿戏，从而导致决策失误，用人失察，极大地败坏了党在人民群众的形象。如果切实增加劳动阶层在这两大机构中比例构成，全面完善人大代表和政协委员的联系群众制度，真正发挥好人大对一府两院的监督作用和政协在党政决策中的民主协商作用，将宪法规定的两大政治制度落到实处，无疑将有助于充分实现公民社团与群众路线的相互沟通和完美结合。

三、公民社团与群众路线良性互动的运作机理

公民社团和群众路线之间存在着一种"输入"和"产出"之间的复杂性互动关系，公民社团输入的是公民的政策偏好和政策方案，群众路线产出的是领导干部制定的法律法规和政策措施，要使二者之间形成一种自我推动性的循环，从而能动地推动系统离开原有状态，自动地、加速度地走向新的更高的状态，就必须明晰二者之间相互作用的运作机理。笔者在此借鉴王绍光公众参与机制的分析框架，[①] 将公民社团与群众路线的良性互动的操作流程概括为以下三点：

首先，信息公开是公民社团与执行群众路线的党政机构良性互动的前提条件。一方面，任何一个公民社团要想影响党政机关的重大决策活动，在党政机关的决策部门提供自己的政策偏好和政策方案时，本社团的重大活动情况、内部治理结构要通过网站、报刊等传媒手段，向公众公开展示，以增强党政机构和其他公民社团组织以及广大公民对该社团的公信度。另一方面，各类制定政策的公共机构，包括立法机关、政府部门、国有企业等，要向民

---

① 参见王绍光：《祛魅与超越》，中信出版社 2010 年版，第 191 页。

众公布与之相关的各种信息，包括主动向公众公布统计数据、预决算年度报告、政策推介材料以及公众要求查阅的非机密性档案材料、文献资料等信息。这种公民社团与政府信息的双向公开，既是政府了解和掌握公民社团真实情况的需要，也是政府向公民负责和尊重公民知情权的体现，由之，为科学决策提供重要依据。

其次，公民社团的积极游说与党政机构认真听取和吸纳民意。一方面，公民社团中的所有成员不能以游说公共决策机构耗费时间和精力为借口消极观望和等待，或以"搭便车"心态去对待自己应当行使的各种权利和责任，而是应以积极的态度通过合法有序的理性方式充分表达自己的利益诉求，让参与决策的公共机构清晰了解公众的真实想法。另一方面，党政机构的决策者要抱着对人民群众福祉高度负责的伦理态度，深入了解与决策相关的复杂信息，通过建构利益相关者的交流平台，如听证会、辩论会等，与民众进行广泛对话，让各类利益相关方充分理解政府所订政策的根本目标和主要手段，其间，为了防止公共政策被专家学者、民间智库和利益集团等所谓"政策精英"所劫持，政府必须充分借助网络咨询、问卷调查等手段听取普通民众的真实想法，使其在政策优先排序、化解政策冲突、比较和挑选政策选项时真正发挥作用。

最后，让公民社团和执行群众路线的党政机构共同成为公共政策的终极决断者。按照群众路线的一般要求，公民社团在决策过程中发挥作用的主要环节是决策过程的起始阶段，即让决策者获知公民的真实意图和政策建议。但在多元利益激烈冲突的市场经济条件下，许多决策涉及盘根错节、极其复杂的利益相关方，这就要求党政机关在制定公共政策的整个过程中，都应允许民众共同参与，让公民社团成为与党政机构平起平坐的合作伙伴，包括设置政策议程、提出政策选项、控制政策流程、作出最后抉择。唯其如此，才能确保制定出妥协折中的综合性利益平衡方案，真正做到以绝大多数人民群众满意与否作为政府全部政策的出发点和落脚点，切实体现党的群众路线的执政理念。

四、公民社团与群众路线相得益彰的实践探索

众所周知，中国自周秦以来就是一个以农业社会结构为主的国家，直到1978年，农民仍占国家人口的82.1%，但经过30多年的改革开放，中国城镇人口已占国家人口的近60%，中国真正由农业社会步入到工业社会，由乡村社会步入到城市社会。然而，时至今日，中国基层的社会管理工作却严重滞后，以县级城市和大中城市郊区的社会管理为例，虽然许多县城人口已达几万、几十万，大中城市的城乡结合部也已聚集大批流动人口，但我国许多地方仍在沿用计划经济时代的农村式城关镇或城市郊区管理模式，国家一强调加强社会管理，上级组织就增加十多名乃至几十名干部到基层街道或社区大包大揽地开展工作，很少想到如何发挥基层公民社团的自治作用，虽然我党早在十六届四中全会就提出了"党委领导，政府负责，社会协同，公众参与，法治保障"的社会治理指导思想，但在"社会协同和公众参与"这两个环节至今未找到理想的善治途径。基于此种认知，笔者试图以深圳市宝安区西乡街道"桃源居社区"为例，就公民社团与群众路线相结合的过程予以深入剖析，以求找到二者相得益彰的实践路径。

自1997年桃源居社区一期项目竣工后业主入住开始，社区公共服务就面临一系列问题，由于公建配套设施滞后，时常出现缺水、缺电、道路损坏、垃圾污染严重等现象，社区居民三番五次找相关政府部门，因涉及多个机构的配套合作，一直难以解决。开发商李爱君经反复思考，决定放弃"政府敲捶卖地，开发商赚钱走人"的开发模式，主动留下来参与社区建设。她经过对国外社区管理经验的深入考察，制定了社区长远发展规划，2006年7月经深圳市民政局批准，成立了桃源居社区公益事业发展中心，她的集团公司捐资1亿元成立了桃源居公益事业发展基金会，在政府支持下建设了近6万平米的公建设施，进而建立起各种配套措施，公益中心下设老年人协会、妇女邻里中心、支援服务中心、体育俱乐部、儿童教育中心、图书馆、邮政代办中心七个非营利性社团，每个社团的成立都有背后的故事，以老年协会为例，由于新建社区居民来自全国各地的各行各业，有不少农村老人被在深

圳创业的子女接来长期居住,这些人农村生活习惯难改,又闲来无事,他们就在自家阳台或楼下空地养鸡种菜,每天鸡叫吵得邻居不得安宁,引发各种邻里冲突,面对此情此景,李爱君想到的不是围堵,而是疏导,她在社区边缘空地上开设了"开心农场",把空地分割成几平米的方块,收取少量租用费供老人们种菜解闷,还针对不同性格和职业习惯的老人开办手工课、园艺课、木兰操,受到了社区老人的热烈欢迎。经过十多年的精心培育,居民参与公益活动的积极性十分高涨,十多年来这里再没有发生过邻里纠纷,无一业主参与黄、赌、毒等违法犯罪活动,来自五湖四海的社区居民和谐相处,该社区目前已被中央十几个部委授予荣誉称号,如皮囊社区、教育示范社区、和谐社区等。[①]

桃源居社区的建设经验证明:(1)开发商应当具备强烈的企业社会责任感,在开发社区的过程中应当"扶上马送一程",善于为社区建设积累公益资产,培育社会组织,增强其自我造血功能。(2)社区各种公益组织要精心培育居民的权利责任意识和彼此合作精神,通过树立"我为人人,人人为我"的公民道德观,增强其为社区提供志愿服务的积极性。(3)政府要积极主动地为开发商、社区居民创造良性互动平台,建立起紧密的政企合作、政社合作、企社合作关系。总之,只要社区公民社团组织积极开展工作,政府部门真心实意地贯彻群众路线要求,资本阶层切实树立起社会责任感,就一定会形成一个三方互动的良性机制,实现每位公民幸福生活的人生梦想和社会安定团结的国家愿景。

---

① 参见吴俊、李芮:《深圳桃源居:社区善治梦实现的地方》,新华社《内参选编》2013年第 38 期。

结　语
中国道路的伦理指向——公平正义

本课题从权力、资本、劳动三大阶层的划分，推导出当代中国社会的三大根本矛盾，又从三大社会根本矛盾，衍生出当代中国三大领域的正义制度建设，之所以如此，是因为本书的落脚点指向对中国道路和中国梦终极性伦理目标的思考。在笔者看来，中国道路和中国梦的终极性伦理目标应当是——公平正义。正如罗尔斯所言："正义是社会制度的首要价值，正像真理是思想体系的首要价值一样。"[①]只有将公平正义的伦理原则视作中国政治、经济、社会改革的根本原则，并把其贯穿于社会生活的方方面面，才能使中国特色的社会主义道路获得坚实的价值根基。因为公平正义提供了一种合理调节人际间利益或个人与集体利益的根本标准和价值尺度，它外化为权利平等、机会均等、程序正义、分配公平、制度公正等一系列具体内容，只有将这些内容落实到社会三大阶层的权责一致、公平流动以及国家、市场、社会的动态平衡之中，中国道路才能越走越顺畅，并沿着这条光明大道最终实现国家富强、民族振兴和人民幸福的中国梦。

---

① 罗尔斯：《正义论》，何怀宏、何包钢、廖申白译，中国社会科学出版社 1988 年版，第 1 页。

第一节　社会各阶层的权责一致

权利与责任是一枚硬币的两面，任何类型的权利主体在依法享有各种权利的同时，必须承担起相应的社会责任，无论是只享受权利不承担责任，还是只承担责任不享受权利，都与现代政治伦理的公平正义原则相抵牾。要将权责一致的基本伦理规则落实到当代中国权力、资本、劳动三大社会阶层身上，就要求我们必须正视以下三大问题。

一、科学看待社会阶层差别的合理性

任何人只有归属于特定的社会阶层，才能成为一个真正从事具体社会实践活动的人，否则，他（她）就是一个抽象意义的人。正如黑格尔所指出的那样："人必须成为某种人物，这句话的意思就是说，他应隶属于某一特定等级，因为这里所说的某种人物，就是某种实体性的东西。不属于任何等级的人是一个单纯的私人，他不处于现实的普遍性中。"[①] 而社会之所以区分为不同的社会阶层，就是因为各阶层在经济、政治、文化、技能、声望等各种资源的占有上存在重大差别，由此，必然形成各阶层之间的不平等。问题是，如何看待社会阶层之间的平等或不平等，从政治伦理学的视角看，近现代以来存在着以下几种较具代表性的理论主张：

（1）马克思主义的平等观。马克思认为，不同的时空条件下存在着不同的平等观，不能只在分配领域谈论平等问题，因为分配关系是生产关系的产物，只有消灭了资本主义产生不平等的生产关系——生产资料私有制，才能最终实现真正意义上的平等，到了共产主义社会实行的是"各尽所能，按需分配"。这种思想加上中国古代"等贵贱，均贫富"的小农意识，对毛泽东晚期绝对平均主义的政治、经济、社会等主张产生了深远影响，即使带头打破"铁饭碗""大锅饭""让一部分人先富起来"的邓小平，同样把消灭剥削、

---

① 黑格尔：《法哲学原理》，范扬、张启泰译，商务印书馆 1961 年版，第 216 页。

消除两极分化、实现共同富裕看作社会主义的本质特征。(2) 功利主义的平等观。以边沁、穆勒为代表的英国功利主义学派认为，人的幸福和痛苦只能用效用来衡量，不同人之间幸福与痛苦的指数只能由个人的感觉来决定，但就整个社会而言，只要能给最大多数人带来最大程度的幸福，那么，这种政策措施就是效用最好或最平等的政策措施。这种主张带来两种后果，一是在强调整体利益的借口下，牺牲少数群体的利益；二是在促进总体经济增长的幌子下，忽略社会分配中的公平正义问题。(3) 自由放任主义的平等观。哈耶克和诺齐克是自由放任主义的代表人物，他们主张平等的主体只能从个人的视角予以解释，坚决反对从群体视角研究所谓"社会正义"问题。哈耶克认为，在人类的自由市场中本来可以出现"自生自发的秩序"，但中央集权体制通过所谓的"分配正义"强行干涉自由市场，妨碍了自生自发的平等秩序，对此必须予以坚决反对。与哈耶克一样，诺齐克也竭尽全力为自由放任的市场资本主义辩护。他认为，人作为一个独立个体，对最初财产的占有权是平等的前提条件，只要两厢情愿，任何转让都是公平的，由之产生的收入和财富分配都是正义的；反之，国家通过增加税收和转移支付来干预市场，去追求社会平等则是完全错误的。(4) 罗尔斯的平等观。哈佛大学的罗尔斯教授依据自己的信念，提出了著名的正义两原则理论，一是自由的平等原则，即每个人都平等地享有一系列广泛的基本权利与自由，如财产自由，思想、言论、结社自由，选举和被选举自由等。二是社会和经济的不平等应满足两个条件：即机会均等原则和差别原则，前者指在机会公平条件下，所有地位和职务对所有人开放；后者指社会不平等的程度必须控制在有利于最弱势群体发展的范围之内。

在上述平等观中，无论是绝对平均主义的主张，还是功利主义和自由主义的主张，都不同程度地存在着重大的理论和实践缺陷。如：绝对平均主义主张会极大地挫伤具有先赋或天然优势的社会阶层的积极性，最终导致整个社会停滞不前；功利主义的主张只注重整体效用最大化，忽视了个别群体的平等权利和尊严；自由放任主义的主张只注重个人的财产私有权，对社会严重不平等视而不见，具有严重的社会达尔文主义倾向。相比之下，罗尔斯相对平等主义的主张具有更多的现实合理性，因为只有坚持自由的平等原则，才能使社会各阶层出现一定程度的不平等，从而有效激发起社会不同阶层的创造活力；而机会平等原则将个人的天赋视作社会共同财富，排除了个人偶然因素的影响；特别是其著名的差异原则，以改善最少受惠者的处境为参照系来衡量一个社会的平等程度，能够有效避免因贫富悬殊和极端不平等导致的社会动荡。

二、先赋因素与获致因素的此消彼长

要正确看待社会阶层不平等的合理性，就必须进一步探讨导致社会差别的主要因素是什么以及各种因素之间所起作用的大小。社会学中的功能主义学派认为，社会阶层的分化很大程度上依赖于先赋性因素，即非个人所能决定的、先天的或因社会结构和社会制度及社会环境的作用而导致的，并对个人的生活境遇产生影响的一些因素，比如性别、民族、种族、父辈的财富以及其他家庭背景等。与先赋性因素相对应的是获致性因素，即靠个人后天的努力而获得的因素，比如学历水平、专业技能等。通常情况下，如果人们社会地位的获得主要取决于先赋性因素，那么这种社会不平等的程度就会越来越大，并最终促成阶层之间的剧烈冲突和各种类型的集体反抗行动。相反，如果人们社会地位的获得主要取决于获致性因素，那么这样的社会就比较公平，且能够保持长期性稳定状态。

就人类社会的总体发展而言，先赋性因素的影响正在逐步降低，获致性因素的作用则在不断扩大。如在我国古代封闭性社会中，社会阶层之间界限分明、等级森严、难以逾越，有所谓"士之子常为士，农之子常为农，工之子常为工，商之子常为商"之说。到了现代开放性工业社会，伴随科技不断进步，社会化大生产迅猛拓展，产业结构快速演进，创造出大量新的职业岗位，需要越来越多的劳动力和技术人才去充实到新的职业岗位上去。这种不断变化的社会现实极大地调动起中低层社会成员的积极性，使他们对未来生活充满了希望，通过自己获致性的后天努力，逐步实现上升到更高社会阶层的愿望。恰如马克思所言："现代工业通过机器、化学过程和其他方法，使工人的职能和劳动过程的社会结合不断地随着生产的技术基础发生变革。这样，它也同样不断地使社会内部的分工发生革命，不断地把大量资本和大批工人从一个生产部门投放到另一个生产部门，因此，大工业的本性决定了劳动的变换、职能的更动和工人的全面流动性。"① 就当代中国社会阶层变化的动因而言，计划经济时代导致的先赋性因素正在逐步降低，而市场经济引发的获致性因素正在逐步增强。如在计划经济时代，各种制度和政策壁垒把几亿农民与城市隔离开来，导致了城乡之间巨大的机会和身份不平等，因家庭出身、经济成分等政治因素造成的巨大社会鸿沟，使无数优秀青年在社会上抬不起头来。实行市场经济之后，特别是 1977 年恢复高考之后，进入某种职业和跨入某一社会阶层的资格要求被标准化、普遍化，人们不再依靠先赋性家庭出身，而是更多地通过获得文凭、提高技能或在市场上摸爬滚打来改变自己的人生轨迹和社会地位，从而使获致性因素的作用日益凸显。

三、阶层合作与社会各阶层权责一致

自新中国成立到改革开放前这段时间，无论是在理论宣传过程中，还是在实际社会生活中，都在反复强调人民群众利益的高度统一性和一致性，试图以此消融和代替社会现实中实际存在的各阶层的特殊利益。但伴随社会主义市场经济的逐步确立和深入发展，这种视阶层差别于不顾的做法已经难以为继，因为不同阶层之间的利益矛盾、利益冲突和利益博弈，已成为当代中国不争的社会现实。其中最为著名的贵州瓮安事件、云南孟连事件、广东乌坎事件等一系列群团性抗争事件，充分折射出由阶层、行业、地区收入差距引发的当代中国权力与资本、权力与劳动、资本与劳动三大阶层之间深刻的利益冲突。究竟如何判断这些由隐至显的重大社会矛盾的基本性质，学界及社会各方歧见纷呈。但从总体上看，当前我国社会的这些矛盾主要是经济利益不协调导致的非对抗性矛盾，绝大多数矛盾没有直接的政治指向。因为在推进现代化和实现中国梦这一点上，各阶层的利益和愿望是一致的，渴望阶

① 《马克思恩格斯全集》第 23 卷，人民出版社 1972 年版，第 534 页。

层团结与阶层合作仍然是中国社会的主流倾向。通过全方位、深层次的改革，逐步打破实施市场经济 20 多年来业已形成的社会阶层之间的利益藩篱，建构起兼顾各阶层利益的政治、经济、社会协调机制，渐已成为整个社会的普遍共识。

要建立有效平衡社会各阶层利益的协调机制，固然需要作出正义性制度和机制安排，但更为重要的是社会各阶层必须牢固树立权责一致的伦理理念，特别是社会中的强势阶层在享受各种改革开放成果的同时，应当大力强化自身的社会责任意识。在我国社会中之所以广泛弥漫着"仇官""仇富"心态，这与权力阶层、资本阶层中的众多成员缺乏基本的社会责任感密不可分。如有不少贪官污吏彻底丧失了共产党人为人民服务的宗旨意识，动辄动用警力耀武扬威，骑在广大群众头上作威作福，内心深处充满了权力傲慢和鄙视百姓的封建官僚阶级的"官本位"思想；而不少资本阶层成员更是生活糜烂，不惜通过各种各样的炫富手段彰显自己飞扬跋扈的暴发户心态。西方国家同样存在为数不少的官员和富可敌国的资本家，但普通公民较少存在"仇官""仇富"心态，这与西方国家对官僚阶层完备强大的监督机制和西方资本家大力承担社会责任的奉献精神密不可分。我们必须清醒地看到，改革开放 30 多年来，不同阶层对社会改革付出的代价存在巨大差别，其所享有的权利和应负的责任之间存在着严重不一致。只有不断推进权力、资本、劳动三方的利益均衡，各个阶层之间通过共享而非偏惠的方式形成一种互惠互利的关系，才能保证彼此之间的长期合作而非对抗冲突，其间，各个阶层得到的回报必须恰如其分，尤其是经济、政治的不平等必须有利于最少受惠的劳动阶层。

第二节　社会各阶层的公平流动

社会流动主要指个人或群体在社会分层结构和地理空间结构中位置的变化。社会学界通常将社会流动区分为复制式流动和替代式流动。前者可用"龙生龙，凤生凤，老鼠儿子会打洞"加以比喻；后者可用"富不过三代"

的家族盛衰循环定律来概括。改革开放 30 多年来，中国社会的复制式流动逐步减速，替代式流动明显加快，正是这种"流水不腐"的社会现实，为每个人提供了通过知识学习、技能培养、机会选择等获致性手段来改变自己生命轨迹和实现个人梦想的机会。

一、逐步建构正义性阶层流动机制

要真正让中国社会既保持充足的生命创新活力，又能和谐稳定地不断前行，就必须逐步建构起具有长效作用的正义性阶层流动机制。这一机制主要包括以下几方面的内容：

（1）社会各阶层的观念更新与思想自由。中国社会曾流行着一个广为人知的故事：一名记者采访一个传统牧区的牧童，"你为什么放羊？""挣钱！""挣钱干什么？""娶媳妇。""娶媳妇干什么？""生娃。""生娃干什么？""放羊。"这一故事充分折射出社会阶层结构变迁中劳动阶层思想观念的落后保守性。英国新制度经济学的鼻祖、诺贝尔经济学奖获得者罗纳德·哈里·科斯，通过对当代中国 30 多年的深入研判，认为中国社会今天所取得的一切成就源自于改革开放初期的思想解放，中国的未来同样取决于"解放思想"，只要中国逐步建构起高度活跃的思想观念性自由市场，实现了学术观点、理论主张、个体信仰的表达自由，让各种思想观念在生产、传播、实践中平等竞争，最终实现优胜劣汰，那么中华民族必定会在科学技术、制度机制、社会管理等各个领域迸发出巨大的创新活力，为人类创造出更大的奇迹。[①] 笔者赞同科斯的主张，并坚信只要中国社会各阶层不断地冲破前述"牧童思维模式"，永不停顿地进行思想创新和观念再造，那么社会各阶层就必然会在频繁互动中大踏步前行。

（2）社会制度和机制的深度改革和不断完善。思想观念的自由创新必然带来社会制度和机制的发展变革。其中促发中国社会各阶层公平流动的根本性制度包括：通过发展民主政治制度制衡公共权力；通过完善市场经济制度

---

① 参见罗纳德·哈里·科斯、王宁：《变革中国》，中信出版社 2013 年版，第 260 页。

规范资本运营；通过建构发达的人权制度保障公民的基本权利等。上述根本性制度建设内容必须通过各种具体性政策机制来落实。影响当代中国社会各阶层公平流动的政策机制有很多，但目前最为重要的内容是：破除城乡二元体制和建构基本性社会保障机制。前者是导致中国社会结构变化缓慢的根本原因，只有中国人口中占绝大多数的农民实现了流动自由，充分激发起他们劳动生产和社会活动的积极性，才能最大程度地迸发出中华民族的创新活力。而建构基本的社会保障机制是确保中国社会和谐稳定的前提条件，因为只要允许阶层流动和平等竞争，就必然出现弱势群体被淘汰的社会格局，只有建构起城乡居民基本的住房、医疗、养老等社会保障机制，才能为社会弱势群体提供起码的安全感，为其中的优秀成员及其后代提供东山再起的机会，并帮助他们树立前途光明的信念，从而有效避免因其宿命主义人生观而走向破罐子破摔的悲惨境地，或因其集体反抗而出现社会动荡。

（3）教育资源的合理分配是保证社会各阶层公平流动的重要支点。国内外的研究表明，家庭教育、学校教育、社会教育在社会阶层再生产中起着关键作用，尤其是大、中、小学教育资源的公平分配直接决定着社会个体的人生轨迹。因为教育再生产出的产品不仅决定着受教育者心智结构的特点，也决定着受教育者在社会阶层结构中的地位，特别是现代社会为教育系统提供了许多可以把学校优势转换为社会优势的机会，学生在学校里所受的教育及其在学校等级体系中的地位，决定了他在社会等级中的地位以及他所形成的阶层惯习和他所能够掌握的文化和社会资本。因此，如何实现教育资源的公平分配，将越来越成为影响社会阶层公平流动的关键因素。

二、中国橄榄形社会结构前景展望

在中国漫长的封建社会，社会阶层结构一直是一个金字塔形结构，上层很小，中下层很大，科举考试虽然为士人阶层提供了重要的上升渠道，但由于参与科举考试的人数所占人口比例极小，约占千分之一，个别地区甚至占万分之一，而普通劳动阶层的比例和数量十分巨大，每当社会矛盾激发到沸点时，处于社会底层的劳动阶层就成为引发社会动荡、推动朝代更替的主要力量。自秦朝末年陈胜、吴广起义到新中国成立，中国历史上大大小小的劳动阶层造反活动不下数百次。王朝兴衰更替的周期率一直是中国历史的一个重要规律，中国共产党人如何跳出这一周期率？自民主人士黄炎培在延安向毛泽东提出这一问题至今，中国共产党人为了破解这一难题，一直在制度建设层面和理论研究层面进行着艰苦的探索。

西方发达国家的现代化历史为我们提供了可资借鉴的参考坐标，这就是改变社会的阶层结构，使其由传统的金字塔形结构转变为橄榄形结构。因为在传统的金字塔形结构中，由于中间层规模很小，而占人口比例极少的上层占据了绝大部分社会资源，占人口多数的下层则处于贫困状态，出现严重的两极分化，最终导致剧烈的社会动荡。相反，在橄榄形社会结构中，社会最富的人群和最穷的人群所占人口比例较小，中间层社会规模巨大，大多数社会成员能在经济发展中从事体面的职业，能够获得比较丰厚的经济收入，生活相对稳定，社会资源配置也比较合理，特别是中间层的价值观和生活方式主导着整个社会的价值取向和消费结构，他们能有效缓解社会阶层变迁中的利益冲突，这样的社会阶层结构最为稳定，具有巨大的可持续发展潜力。经过改革开放30多年的发展，在经济制度、政治制度、社会制度不断变革的作用下，在工业化、市场化、城市化的大力推动下，传统的金字塔形社会结构正在被逐步改变，东部个别较为发达的地区已经具备橄榄形社会结构的雏形，但从全国整体性社会结构看，金字塔形结构仍然占据主导地位，要使其向橄榄形结构转变，还需要做大量长期性艰苦细致的工作。其中尤其要解决好两个根本性问题：一是城市化必须与工业化、市场化相配套，农民进城后没有建基于工业化之上的职业保障，无法适应市场化所必需的生存方式，最终会沦落为城市贫民，无法流动到社会中产阶层，无助于改变中国的社会阶层结构。二是在现代化市场经济中，必须大力废除"官本位"的传统价值理念，不宜提倡劳动阶层向权力阶层的转变，而是要大力倡导让更多的劳动阶层成员通过后天努力获得知识资本、文化资本、技能资本、金融资本、社会资本等，逐步转变为资本阶层的一员，唯其如此，才能最终完成中国社会阶层结构由传统金字塔形向现代橄榄形的转变。

三、阶层封闭与固化的社会危害性

前已备述，中国传统社会之所以动乱绵延，究其根源在于社会阶层之间的流动频率偏低，传统的科举制虽然确保了贫寒子弟流入上层社会，但这类人所占人口比例十分有限，而建立在封建地主经济基础之上的世袭贵族等级制却具有强大的社会势力，它极大地阻止了其他社会阶层的广泛流动，使整个社会周而复始地出现阶层封闭与固化现象。吴忠民认为，与传统社会不同，在一个现代化程度较高的社会，各个阶层内部的水平分化程度越高，其所带来的经济效率也就越高，其所导致的社会交往和社会整合程度也就会不断提升。当然，除了同一阶层内部的水平分化外，还存在不同阶层之间在机会、财富、教育、自尊等方面的垂直分化，这种垂直分化一旦超越社会平衡所要求的正常值，必然引发社会的不平等。[①] 而李普赛特认为："严重的经济不平等和社会不平等通常与社会地位的不平等连接在一起，而这种社会地位的不平等鼓励地位更低的人们将自己看作下等人，也鼓励别人将他们看作下等人。"[②] 为避免上述不平等现象的发生，必须加速社会阶层结构的分化、解组和重新整合，因为只有加快社会阶层之间的流动频率，每一社会个体和阶层整体的才能才会得到充分发挥，社会资源的配置才会更加充满活力，同时也才能有效化解社会紧张和社会冲突。

问题是经过改革开放 30 多年的发展，整个社会已经逐步形成了既有制度框架下的运行规则和利益群体，随着改革的深化和利益格局的进一步调整，既有政策的受惠者中有一些人由于担心失去既得利益，转而反对改革的进一步深化，希望按照既有制度和规则继续扩大自己的利益。加之，在教育产业化背景下，激烈竞争的就业环境使得"拼爹"替代了品学兼优成为青年人就业过程中让人无奈且悲凉的"硬件"，与"拼爹"相伴的"官二代""富二代"现象背后，折射出权力和资本对现代阶层流动的深度介入，它极大地

---

① 吴忠民：《社会公正论》，山东人民出版社 2004 年版，第 258 页。

② 李普赛特：《一致与冲突》，张华青译，上海人民出版社 1995 年版，第 23 页。

加剧了特权对公平正义的侵蚀，使得当代中国的阶层流动出现了一定程度的"封闭"和"固化"现象。如何在改革开放30多年后，抱着强烈的历史使命感，以公平正义的伦理原则为指导，最大限度地调动一切积极因素，以敢啃硬骨头和敢于涉险滩的精神，冲破思想观念的束缚，突破利益固化的樊篱，进一步掀起深化改革的新浪潮，通过推进城乡统筹的有序深化、完善所有制结构和分配制度、实现教育资源均等化、扩展就业渠道并对人才和劳动力市场违背公平原则的竞争予以强力监督等一系列措施，实现阶层之间的趋中性流动，最终完成由金字塔形社会结构向橄榄形社会结构的转变，将会成为下一个30年的重大社会发展目标。

第三节　国家、市场、社会的动态平衡

权力、资本、劳动三大阶层分别是国家政府、市场经济、公民社团的人格化代表，通过推进民主政治制度伦理制衡公共权力，通过完善市场经济制度伦理规范资本运营，通过强化公民社团制度伦理保障劳动权益，最终实现国家、市场、社会三者之间的相辅相成和有机统一，使中国社会进入一个三方动态平衡的良性运行状态。

一、国家与市场的荣辱与共

要正确处理当代中国国家与市场之间的关系，就必须充分借鉴和吸取西方发达国家处理二者关系的经验与教训。从历史大纵深的视角看，西方发达国家在处理国家与市场关系的过程中，先后经历过四个基本阶段：一是英国重商主义时期市场关系萌芽并依附于国家权力阶段；二是18世纪启蒙运动之后完全自由市场阶段；三是20世纪30年代经济大萧条之后以凯恩斯宏观调控和罗斯福新政为代表的政府干预抬头阶段；四是20世纪70年代之后政府与市场相对均衡阶段。从当代西方各发达国家具体情况看，2008年金融危机之后，各国处理国家与市场关系的手段呈现出各有千秋的特征。美国通过政府货币宽松政策的强刺激来大力救市，英国则靠政府借债释放市场活

力，德国通过保障实体经济来激活市场，法国通过国家参股来稳定金融业。近年来西方发达国家的总体状况是，市场主导时间长了就用政府干预去纠正市场失灵现象，政府过于严格了就用刺激市场活力来解决政府失灵问题。

改革开放 30 多年来，我国国家与市场之间的关系比较特殊，先后经历了三个基本阶段：先是政府从外部把市场强力引入到计划经济体系中，之后转变为政府主导市场经济的深入发展，最后是政府在微观层面搞活市场和宏观层面调控市场。总结国内外处理国家与市场关系的经验教训可知，认为要实现国家与市场关系的荣辱与共，必须牢固树立以下规则伦理理念：一是世界上没有普遍适用于各国不同时期的国家与市场关系准则，各国只能根据本国发展的实际需要，探索出符合本国国情的国家与市场关系准则。二是必须放弃静止不变地看待国家与市场关系的观点，要从动态平衡的视角，依照不同社会阶段发展的实际需要来调整二者的关系，只要能够保持长期的平衡，在特定阶段上出现小幅震荡不足为怪。三是必须以建立精干高效的政府和繁荣发达的市场为目标，在大力推动以"精简机构和提高效率"为核心的党和国家政治体制改革和政府体制改革的同时，努力激活蕴藏在广大百姓、大中小企业等市场主体身上的各种经济活力，让每一个市场主体都能够"甩开膀子，奔好日子"，进而在适度调频中长期保持国家政府与市场经济的荣辱与共。

二、国家与社会的强弱平衡

在欧美国家的历史上，由于自古希腊和古罗马开始，就形成了浓厚的公民美德和公民权责意识。因此，国家与社会区隔和互动的历史有着较为清晰的线索，特别是到了中世纪，逐步形成了以世俗国王为核心的各种政府和以神圣教皇为核心的基督教会，二者长期的对立冲突从根本上奠定了欧洲范围内国家政府与公民社团之间关系的历史基础。到了近现代，在霍布斯、洛克、卢梭、孟德斯鸠等一大批主张社会契约论的思想家的鼓吹下，以多党制度、权力制衡、法律至上为核心的现代性国家政府逐步形成。与此同时，西方近现代的公民社团理论则继承了基督教的教会与国家关系理论，将上帝约束国家君王的使命转换为民意或代表民意的法律规则来约束国家，将教会对国家的外部监督转换为形形色色的公民社团组织对政府的监督。当然，由于欧洲各国的经济基础、阶级状况、政治文化传统存在重大差异，致使各国在处理国家政府与公民社团关系时，呈现出不同的民族和国别特征。综合当代欧美各国的实际状况，最为常见的类型主要有以下几种：（1）国家政府与公民社团彼此制衡；（2）国家政府与公民社团相互对抗；（3）国家政府与公民社团共生共强；（4）国家政府与公民社团合作共赢。

与西方国家不同，在漫长的封建社会，不仅中华民族关于宇宙与社会的观念完全是整体主义的，而且社会的基本结构也是政教合一，以皇权为代表的国家是这个整体的中枢神经系统，政治权威支配一切、规范一切、统摄一切，各种家族宗法组织、行会组织、宗教组织等，不仅独立性很差，组织化程度极低，且只有蜷曲于强大的皇权之下才能求得生存。到了民国时期，虽然各种社会组织一度十分发达，但都或明或暗地受到国民政府的支配和监控。中华人民共和国成立之后，与高度统一的计划经济相一致，国家通过单位制、身份制、户籍制等一系列政策措施，将各类社会组织囊括在党和政府的肱股之下，使其丧失了基本的自主性，激发社会活力成为无稽之谈。改革开放后，我国各种公民社团组织如雨后春笋般遍地发芽和层出不穷，但受到传统观念和旧有势力的影响，其共同特征是高度依赖国家、缺乏经费自主、地区和行业发展极不平衡、社会各界对其性质与功能的认识分歧巨大。要改变目前强势国家和弱势社会极不平衡的局面，使其适应现代社会发展的需要，从而真正激发起蕴藏在广大人民群众之中巨大的社会活力，就必须在逐步夯实我国公民社团经济基础的同时，不断完善各种政策措施，持续孕育中国特色的公民文化。唯其如此，才能最终建构起中国现代化发展所必需的国家与社会界限分明、功能互补、共生共强、合作共赢的强弱平衡结构。

三、市场与社会的同生共在

在国家与市场、国家与社会、市场与社会这三重关系中，市场与社会的关系尤为复杂。从现代性市场与社会发育较早的西方发达国家来看，他们在处理二者关系时都涉及以下两个问题：（1）正确看待市场经济对公民社团的双重影响。一方面，市场经济的深入发展必然为公民社团的生成提供强大的经济动力，因为每一个市场主体都时刻面临着各种市场要素的频繁流动和不确定性因素的作用，为了保证每个市场主体在公平正义环境下开展贸易往来，就必须通过制定各种各样的法律规范、行业规则、道德戒律，把本地区和本行业的人，乃至全球范围内同一行业的人联结到一起，这就为各种行业协会、维权组织、民间社团等公民社团组织的产生提供了重要条件。另一方面，如果某一企业或利益集团过于强大，它就会为了获得垄断性利益而大力资助或深度干预某类公民社团组织的具体活动，使其按照他们的意图制定行业规则或变相为其造势，最终使各种公民社团组织背离其公平正义的根本宗旨，沦落成只为个别资本利益集团说话的工具。（2）科学分析公民社团对市场经济的正反作用。一方面，公民社团组织一旦生成，就会形成自己独特的法人人格、价值理念和精神追求，不为某一市场主体的私利所诱惑，而是为保障市场经济的整体化良性运行提供优质服务，为有效规范个别市场主体的违法和缺德行为提供强大的约束力。另一方面，各种公民社团组织在其运转过程中，会受到组织内部和外部各种不良因素的影响，如组织自律缺失、无法抵御诱惑等，此时，它就会由市场经济运行的良性因子变成恶性肿瘤，极大地阻碍市场经济的高效运转。如何实现市场经济和公民社团之间的良性循环，有效避免其恶性循环，至今仍是西方发达国家面临的重大课题。

我国在处理市场经济与公民社团之间关系的过程中，具有不同于西方发达国家的个性特征。一方面，我国的市场经济是国家主导型市场经济，市场主体的发育存在着各种缺陷与不足，无法为公民社团的发展提供强力有效的支持；另一方面，公民社团的发展十分缓慢，其良莠不齐的现实状况广受诟病，因同样受到国家政府的各种制约，致使其无法为市场经济的发展提供优质必需的服务。要实现我国市场经济与公民社团之间的功能互补，就必须下大力气做好以下三方面的工作：（1）大力提倡市场主体勇担社会责任，为公民社团的发展提供各种支持，如为各种行业协会的发展提供人力和物力支持、为社会慈善组织的壮大注入资金、为各种志愿服务组织提供力所能及的帮助等。（2）强化各种公民社团组织的自我规范，推动其对市场主体的逐利行为予以有效引导和规范。打铁还需自身硬，公民社团组织只有不断加强行业自律，才能赢得市场主体和国家政府的充分信任，同时，也才有资格为市场主体提供高效服务，并有力引导市场主体良性运行，合理规范其不良和违法行为。（3）在市场主体和公民社团发生价值矛盾和利益冲突时，国家政府必须以第三方的面目出现，及时为双方提供对话平台，本着公平正义的政治伦理原则，正确协调和处理双方的意见分歧。其任何偏袒行为都有可能把市场与社会矛盾转化为市场与国家或社会与国家的矛盾，从而损害代表全体人民公共利益的国家形象，乃至对整体性公共利益造成巨大伤害。

综上所述，如果把国家比喻为鸟之躯体，那么市场和社会就是鸟之两翼，未来中国，决不是一只行动缓慢、笨拙无比的土鸭，在臃肿的国家躯体之上长着短小的市场和社会两翼，只能在地面之上或湖泊之中逼仄有限的空间里摇摆游荡。相反，它应该是庄子《逍遥游》中所描述的那只硕大无比的鲲鹏，既有精干强健的国家躯体，又有如垂天之云展翅高飞的市场和社会两翼，它扶摇直上九万里，翱翔于浩渺无际的蓝天之上和悠悠万古的苍穹之中。

主 要 参 考 文 献

一、马列主义原著类

1.《马克思恩格斯选集》第一卷，人民出版社 1995 年版。

2.《马克思恩格斯选集》第二卷，人民出版社 1995 年版。

3.《马克思恩格斯选集》第三卷，人民出版社 1995 年版。

4.《马克思恩格斯全集》第二卷，人民出版社 1972 年版。

5.《马克思恩格斯全集》第二十二卷，人民出版社 1974 年版。

6.《马克思恩格斯文集》第二卷，人民出版社 2009 年版。

7.《列宁选集》第四卷，人民出版社 1974 年版。

8.《列宁专题文集——论无产阶级政党》，人民出版社 2009 年版。

9.《毛泽东著作选读》上册，人民出版社 1986 年版。

10.《毛泽东著作选读》下册，人民出版社 1986 年版。

11.《邓小平文选》第一卷，人民出版社 1994 年版。

12.《邓小平文选》第二卷，人民出版社 1994 年版。

13.《邓小平文选》第三卷，人民出版社 1993 年版。

14.《江泽民论有中国特色的社会主义》，中央文献出版社 2002 年版。

15.《建国以来重要文献选编》第二册，中央文献出版社 1992 年版。

16.《中共中央关于全面深化改革若干重大问题的决定》，人民出版社 2013 年版。

17.《中国共产党第十七次全国代表大会文件汇编》，人民出版社 2007 年版。

二、中文著作类

1. 周振甫：《周易译注》，中华书局 1991 年版。

2. 陈鼓应：《老子译注及评介》，中华书局 1984 年版。

3. 杨伯峻：《论语译注》，中华书局 1980 年版。

4.《孙中山选集》上卷，人民出版社 1956 年版。

5.《孙中山选集》下卷，人民出版社 1956 年版。

6. 费孝通：《乡土中国》，三联书店 1985 年版。

7. 王亚南：《中国官僚政治研究》，中国社会科学出版社 1981 年版。

8. 陆学艺主编：《当代中国社会阶层研究报告》，社会科学文献出版社 2002 年版。

9. 陆学艺主编：《当代中国社会结构》，社会科学文献出版社 2010 年版。

10. 万俊人著：《义利之间》，团结出版社 2003 年版。

11. 邓正来：《国家与社会》，北京大学出版社 2008 年版。

12. 邓正来、杰佛里·亚历山大主编：《国家与市民社会》，上海人民出版社 2006 年版。

13. 徐大同主编：《当代西方政治思潮》，天津人民出版社 2001 年版。

14. 俞可平：《民主是个好东西》，社会科学文献出版社 2006 年版。

15. 俞可平：《治理与善治》，社会科学文献出版社 2000 年版。

16. 王绍光：《祛魅与超越》，中信出版社 2010 年版。

17. 王绍光：《安邦之道》，三联书店 2007 年版。

18. 靳凤林：《制度伦理与官员道德》，人民出版社 2011 年版。

19. 靳凤林主编：《领导干部伦理课十三讲》，中共中央党校出版社 2011 年版。

20. 张康之：《公共行政中的哲学与伦理》，中国人民大学出版社 2004 年版。

21. 张康之：《行政伦理的观念与 69 视野》，中国人民大学出版社 2008 年版。

22. 李春玲、吕鹏：《社会分层理论》，中国社会科学出版社 2008 年版。

23. 李强：《社会分层十讲》，社会科学文献出版社 2005 年版。

24. 李培林、李强、孙立平等：《中国社会分层》，社会科学文献出版社 2004 年版。

25. 杨继绳：《当代中国社会各阶层分析》，甘肃人民出版社 2006 年版。

26. 周天勇、王长江主编：《攻坚：十七大后中国政治体制改革研究报告》，新疆生产建设兵团出版社 2008 年版。

27. 彭劲松：《当代中国利益关系分析》，人民出版社 2007 年版。

28. 魏杰主编：《社会主义市场经济：理论·制度·体制》，高等教育出版社 1994 年版。

29. 丁煌：《西方公共行政管理理论精要》，中国人民大学出版社 2005 年版。

30.任学安主编：《公司的力量》，山西教育出版社 2010 年版。

31.刘永佶：《中国官文化批判》，中国经济出版社 2004 年版。

32.文建东：《公共选择学派》，武汉出版社 1996 年版。

33.刘彦昌：《聚焦中国既得利益集团》，中共中央党校出版社 2007 年版。

34.李培林、张翼等：《社会冲突与阶级意识》，社会科学文献出版社 2005 年版。

35.于建嵘：《抗争性政治》，人民出版社 2010 年版。

36.吴帆：《集体理性下的个体社会行为模式分析》，经济科学出版社 2007 年版。

37.常凯主编：《劳动关系学》，中国劳动社会保障出版社 2005 年版。

38.杨正喜：《中国珠三角劳资冲突问题研究》，西北大学出版社 2008 年版。

39.程延园：《集体谈判制度研究》，中国人民大学出版社 2004 年版。

40.郑永年：《保卫社会》，浙江人民出版社 2011 年版。

41.康芒斯：《制度经济学》（上册），商务印书馆 1983 年版。

42.谭泓：《劳动关系：社会和谐发展的风向标》，人民出版社 2011 年版。

43.曹刚：《法律的道德批判》，江西人民出版社 2001 年版。

44.丛日云：《西方政治文化传统》，吉林出版集团有限公司 2007 年版。

45.杨光斌：《政治变迁中的国家与制度》，中央编译出版社 2011 年版。

46.钱乘旦：《走向现代国家之路》，四川人民出版社 1987 年版。

47.张维为：《中国震撼》，上海人民出版社 2011 年版。

48.张晋藩主编：《中华人民共和国国史》，黑龙江人民出版社 1992 年版。

49.陶富源、王平：《中国特色协商民主》，安徽师范大学出版社 2011 年版。

50.陈家刚主编：《协商民主》，上海三联书店 2004 年版。

51.何包钢：《协商民主：理论、方法和实践》，中国社会科学出版社 2008 年版。

52.吴忠民：《社会公正论》，山东人民出版社 2004 年版。

53.彭文贤：《行政生态学》，台北三民书局 1988 年版。

54.张凤阳：《政治哲学关键词》，江苏人民出版社 2006 年版。

55.宋惠昌：《权力的哲学》，中共中央党校出版社 2014 年版。

56.王善迈主编：《市场经济中的政府和市场》，北京师范大学出版社 2002 年版。

57.张维迎：《市场的逻辑》，上海人民出版社 2010 年版。

58.郭志鹏：《公平与效率新论》，解放军出版社 2001 年版。

59.张伯里主编：《新的发展阶段中效率与公平问题研究》，中共中央党校出版社 2008 年版。

60.国务院法制办编：《新编中华人民共和国法律法规全书》，中国法制出版社 1999 年版。

61.黄云明：《经济伦理问题研究》，中国社会科学出版社 2009 年版。

62.赵刚等：《大变局》，电子工业出版社 2010 年版。

63.吴易风主编：《马克思主义经济学与西方经济学比较研究》（第三卷），中国人民大学出版社 2009 年版。

64. 许光建、陈璋等编著:《应用经济学》，中国人民大学出版社 2007 年版。

65. 何建华:《经济正义论》，上海人民出版社 2004 年版。

66. 邓鸿勋等主编:《走出二元结构》，中国发展出版社 2006 年版。

67. 中国社会科学院农村发展研究所宏观经济研究室编:《农村土地制度改革:国际比较研究》，社会科学文献出版社 2009 年版。

68. 何增科主编:《公民社会与第三部门》，社会科学文献出版社 2000 年版。

69. 朱世达主编:《美国市民社会研究》，中国社会科学出版社 2005 年版。

70. 朱英:《转型时期的国家与社会》，华中师范大学出版社 1997 年版。

71. 高丙中、袁瑞军主编:《中国公民社会发展蓝皮书》，北京大学出版社 2008 年版。

72. 周俊:《全球公民社会引论》，浙江大学出版社 2010 年版。

73. 朱世达主编:《美国市民社会研究》，中国社会科学出版社 2005 年版。

三、外文译著类

1. 霍布斯:《利维坦》，黎思复等译，商务印书馆 1985 年版。

2. 洛克:《政府论》下卷，叶启芳、瞿菊农译，商务印书馆 1964 年版。

3. 亚当·斯密:《国民财富的性质和原因的研究》下卷，郭大力、王亚南译，商务印书馆 2005 年版。

4. 潘恩:《潘恩选集》，马清槐译，商务印书馆 1981 年版。

5. 黑格尔:《哲学史讲演录》第一卷，贺麟、王太庆译，商务印书馆 1997 年版。

6. 黑格尔:《历史哲学》，王造时译，上海世纪出版集团 2006 年版。

7. 马克斯·韦伯:《经济与社会》上卷，林荣远译，商务印书馆 1998 年版。

8. 马克斯·韦伯:《经济与社会》下卷，林荣远译，商务印书馆 1998 年版。

9.《韦伯作品集:学术与政治卷》，钱永祥译，广西师范大学出版社 2004 年版。

10. 涂尔干:《社会劳动分工论》，王力译，商务印书馆 1934 年版。

11. 涂尔干:《职业伦理与公民道德》，渠东等译，上海人民出版社 2001 年版。

12. 丹尼尔·贝尔:《资本主义文化矛盾》，赵一凡等译，三联书店 1989 年版。

13. 哈贝马斯:《公共领域的结构转型》，曹卫东等译，学林出版社 1999 年版。

14. 哈贝马斯:《在事实与规范之间》，童世骏译，三联书店 2003 年版。

15. 哈贝马斯:《后民族结构》，曹卫东译，上海人民出版社 2002 年版。

16. 哈耶克:《自由秩序原理》上卷，邓正来译，三联书店 1997 年版。

17. 哈耶克:《自由秩序原理》下卷，邓正来译，三联书店 1997 年版。

18. 麦金太尔:《德性之后》，龚群译，中国社会科学出版社 1995 年版。

19. 罗尔斯:《正义论》，何怀宏、何包钢、廖申白译，中国社会科学出版社

1988 年版。

20. 阿尔蒙德：《比较政治学：体系、过程和政策》，曹沛霖译，上海译文出版社 1987 年版。

21. 曼瑟尔·奥尔森：《权力与繁荣》，苏长和、嵇飞译，上海世纪出版集团 2005 年版。

22. 曼瑟尔·奥尔森：《集体行动的逻辑》，陈郁等译，上海三联书店 1995 年版。

23. 约翰·S. 戈登：《伟大的博弈》，祁斌译，中信出版社 2005 年版。

24. 亨廷顿：《变化社会中的政治秩序》，王冠华等译，上海世纪出版集团 2008 年版。

25. 维尔纳·桑巴特：《奢侈与资本主义》，王燕平等译，上海人民出版社 2000 年版。

26. 斯科特：《公司经营与资本家阶级》，张峰译，重庆出版社 2002 年版。

27. 阿塞莫格鲁、罗滨逊：《政治发展的经济分析》，马春文译，上海财经大学出版社 2008 年版。

28. 巴林顿·摩尔：《民主与专制的起源》，拓夫等译，华夏出版社 1987 年版。

29. 阿尔蒙德、维巴：《公民文化》，徐湘林译，东方出版社 2008 年版。

30. 乔治·萨拜因：《政治学说史》上卷，邓正来译，上海人民出版社 2008 年版。

31. 约·埃尔斯特主编：《协商民主：挑战与反思》，周艳辉译，中央编译出版社 2009 年版。

32. 古德诺：《政治与行政》，王元译，华夏出版社 1987 年版。

33. 特里·L. 库珀：《行政伦理学：实现行政责任的途径》，张秀琴译，中国人民大学出版社 2001 年版。

34. 科斯洛夫斯基：《资本主义伦理学》，王彤译，中国社会科学出版社 1996 年版。

35. 梅里亚姆：《美国政治学说史》，朱曾汶译，商务印书馆 1988 年版。

36. 亨利·罗伯特：《罗伯特议事规则》，袁天鹏、孙涤等译，格致出版社、上海人民出版社 2008 年版。

37. 保罗·萨缪尔森、威廉·诺德豪斯：《宏观经济学》，萧琛主译，人民邮电出版社 2008 年版。

38. 阿马蒂亚·森：《伦理学与经济学》，王宇等译，商务印书馆 2000 年版。

39. 约翰·穆勒：《政治经济学原理》，胡企林等译，商务印书馆 1991 年版。

40. 布坎南：《自由、市场与国家》，平新乔译，上海三联书店 1989 年版。

41. 奥尔森：《权力与繁荣》，苏长和等译，上海世纪出版集团 2005 年版。

42. 阿瑟·奥肯：《平等与效率——重大的抉择》，王奔洲译，华夏出版社 1987 年版。

43. R. 科斯等：《财产权利与制度变迁》，刘守英等译，上海人民出版社 1994

年版。

44.凯恩斯:《就业、利息和货币通论》,高鸿业译,商务印书馆1999年版。

45.凯恩斯:《预言与劝说》,赵波等译,江苏人民出版社1997年版。

46.弗里德曼:《经济增长的道德意义》,李天有译,中国人民大学出版社2008年版。

47.西美尔:《货币哲学》,陈戎女等译,华夏出版社2002年版。

48.西奥多·舒尔茨:《论人力资本投资》,吴珠华译,北京经济学院出版社1990年版。

49.布来恩·特纳编:《公民身份与社会理论》,郭忠华等译,吉林出版集团有限责任公司2007年版。

50.罗纳德·哈里·科斯、王宁:《变革中国》,徐尧等译,中信出版社2013年版。

51.李普赛特:《一致与冲突》,张华青译,上海人民出版社1995年版。

四、英文著作类

1.Michel Foucault: *The History of Sexuality*, Volume 1: An Introdution. Vintage Books, 1980.

2.H.G. Frederickson: *New Public Administration*, The University of Alabama Press, 1980.

3.D.J.Farmer: *The Language of Public Administration: Bureaycracy, Modernity, and Postmodernity*, University of Alabama Press, 1995.

五、报刊杂志类

1.习近平:《毫不动摇坚持和完善人民代表大会制度》,《人民日报》2014年9月6日。

2.贾高建:《阶级分析与阶层分析:两种不同方法的比较》,《新视野》2005年第1期。

3.王长江:《深化改革的关键要进一步理顺党政关系》,《理论动态》2013年11月30日。

4.陆学艺:《当代中国的社会结构与社会建设》,《学习时报》2010年8月30日。

5.吴忠民:《从阶级分析到阶层分析》,《学术界》2004年第1期。

6.杨文伟:《当前中国社会阶层研究动向》,《学习时报》2014年3月31日。

7.靳凤林:《政治伦理学视域中的意大利社会治理模式》,李建华主编:《伦理学与公共事务》,湖南人民出版社2008年版。

8. 韩康：《中国市场经济模式探讨》，《理论动态》2008 年 10 月 20 日。

9.《家乐福在华财富路线图》，新华社《内参选编》20011 年 6 月 22 日第 24 期。

10. 李江涛、樊继达：《地方政府投资冲动的三大诱因》，《学习时报》2006 年 10 月 30 日。

11. 张峰：《为何农村区域易发暴力型群体性事件》，《学习时报》2013 年 4 月 15 日。

12. 石秀印：《劳企商谈会：一种新型劳动关系治理机制》，《中国党政干部论坛》2013 年第 4 期。

13. 房宁：《建设现代治理体系，保证全面建成小康社会》，《理论视野》2014 年第 1 期。

14. 程小白：《党政关系的发展历程及改革方向》，李晓兵主编：《哲学与社会》，人民出版社 2013 年版。

15. 姜明安：《执政党行使公权力如何监督》，《南方周末》2013 年 11 月 27 日。

16. 郑行、王伟东等：《现代西方政府改革趋势》，《山东经济战略研究》1999 年第 7 期。

17. 郑志学：《认清"宪政"的本质》，《党建》2013 年 5 月 30 日。

18. 杨晓青：《宪政与人民民主制度之比较研究》，《红旗文稿》2013 年第 3 期。

19. 杨光斌：《建设以人大代表大会为平台的法治民主》，《学习时报》2011 年 8 月 22 日。

20. 张维迎：《理解和捍卫市场经济》，《学习时报》2007 年 12 月 17 日。

21. 韩康：《中国市场经济发展模式探讨》，《理论动态》2008 年 10 月 20 日。

22. 黄贤金等：《中国农村土地市场运行机理分析》，《江海学刊》2001 年第 2 期。

23. 杨叶中、洪振挺等：《从近代史上帮会兴衰看中国市民社会何以难产?》，《理论前沿》2008 年第 18 期。

24. 丁东：《官员也应重点接受公民意识教育》，《炎黄春秋》2010 年第 3 期。

25. 张晓峰、张璐露：《群众路线的政治逻辑及当代路径》，《理论视野》2013 年第 8 期。

26. 吴俊、李芮：《深圳桃源居：社区善治梦实现的地方》，新华社《内参选编》2013 年第 38 期。

27. 威尔逊：《行政学研究》，《国外政治学》1987 年第 6 期。

后 记

政治伦理学作为应用伦理学的一门分支学科，是近年来我国伦理学界广泛关注的一个热点学科，从目前的研究状况看，学界主要围绕三个领域的问题展开：一是政治伦理学基础理论研究。涉及政治伦理学的研究对象、内容、方法等问题，比如：有人主张政治伦理学就是伦理学基本理论在政治学中的具体运用，因此，应以政治学研究的主要内容为依据，来深入分析政治学各个领域的伦理问题；也有人主张政治伦理学作为政治学和伦理学的边缘性交叉学科，它应当把政治生活中的各类道德冲突或伦理悖论作为自己的研究对象；再比如：围绕政治伦理学的基本问题是什么？有人主张权力和权利的关系问题是贯穿全部政治伦理学的核心问题，也有人将个体与群体何者本位视为政治伦理学的基本问题。二是中西政治伦理思想史的研究。在该领域，既有围绕中西政治伦理史上著名思想家经典文本的研究，也有各类断代政治伦理史的研究，该领域的研究成果占据了政治伦理学研究的绝大多数内容。三是对国内外政治伦理重大现实问题的研究。包括当代中国政治伦理的核心价值观研究、政党伦理和政府伦理研究、德治与法治关系研究、制度伦理与官员道德、建构现代国家治理体系的伦理路径、国际政治伦理问题等，学界近年来对上述政治伦理学诸领域的研究，均取得了一系列优秀成果。面对政治伦理学异彩纷呈的研究内容，笔者何以选择"权力、资本、劳动的制度伦理考量"作为自己的研究重点呢？回顾十多年来本人由生死伦理研究转向政治伦理研究之后所走过的心路历程，其原因有二：

一是我在中央党校的干部教学工作使然。中央党校每一期的省部级、地厅级干部来党校学习之前，都会按照中组部和中央党校的教学要求准备两个重大问题，即"你所在部门或地区群众最为关心的热点问题和你来党校学习最想解决的理论问题"，党校教员将其称之为"两带来"，每个学员入学后的第一项工作就是在所属党支部交流自己的"两带来"，同时也获得了彼此之间相互了解和熟悉的机会。在长期的教学实践中，我不断总结和归纳广大学员的"两带来"问题，其中，每期学员几乎都会不同程度地提及当前我国权力腐败的蔓延、资本逻辑的盛行、劳资关系的紧张、贫富差距的拉大等问题，而在这些现象背后所涉及的本质问题是政商关系、干群关系、劳资关系问题，如何在党校课堂上科学解答广大群众和我党高中级干部高度关注的这些重大现实问题，也就成了我开展此课题研究的现实动因。

二是我个人的研究兴趣所致。我在拙著《制度伦理与官员道德——当代中国政治伦理结构性转型研究》的后记中曾指出，我在带领我的硕士和博士研究生，对中外政治伦理经典著作进行深入研读的过程中，围绕西方政治伦理中的圣俗之分、群己之辩、古今之争、德法之论展开了仔细剖析，尤其是近代德国康德和黑格尔政治伦理的重大差别、当代美国罗尔斯和麦金太尔围绕制度与德性的争论是我们研讨的重点内容之一，其中，康德的《实践理性批判》、黑格尔的《法哲学原理》和罗尔斯的《正义论》、麦金太尔的《追寻美德》，也是我着力最多、用功最勤的几本著作，受这几位近现代思想大师的影响，我将他们看重的政治价值理念、政治制度伦理、公民德才素质，视作我个人政治伦理研究的理论支点，而对上述问题的研究，只有与当代中国政治生活中的各种重大道德悖论和伦理冲突结合起来，才能使正在从事的研究产生实质性的理论创新价值和实践关怀意义，而对权力、资本、劳动彼此关系的研究恰恰就归属于这类问题。

为了使中央党校的教学要求、学员的理论需求和我个人的学术追求有机结合起来，在上述教学与科研两种因素的共同作用下，我选择了从制度伦理的视角，来深入探究广大学员高度关注的政商、干群、劳资关系问题，最终促使我走上了"权力、资本、劳动的制度伦理考量"的研究历程。经过近十年来的探赜索隐，我愈发坚信由权力、资本、劳动三大阶层利益博弈引发的伦理冲突，既是当代中国改革、发展、稳定所面临的巨大挑战之一，也是当今世界各国政治秩序重构中，必须应对的基因构序和伦理构境难题。从某种意义上讲，人类诸多政治问题的解决，皆有赖于对这三大阶层利益冲突的规制与消融，各种现代性政治理念的传播和积淀，各种制度伦理措施的设计与实施，乃至于国家公民德才素质的全面提升，只有与这一问题紧密结合才能真正落到实处。

然而，伴随对本课题研究的日渐深入，我逐步感到自身原有知识结构存在巨大缺陷，特别是在对权力资本化与资本权力化、资本阶层与劳动阶层的利益冲突、完善市场经济制度伦理与规范资本运营等问题，展开深入探究的过程中，深感自身经济学知识的欠缺。为了补齐这一知识短板，我花了近一年的时间深入研读中外经济思想领域的经典著作，包括李嘉图的《政治经济学和赋税原理》、斯密的《国富论》、马歇尔的《经济学原理》、凯恩斯的《就业、利息和货币通论》、萨缪尔森的《经济学》、马克思的《资本论》，以及吴敬琏、厉以宁、林毅夫、樊纲等我国当代著名经济学家的各种著作。此外，在深入阅读上述经济学著作的同时，我还极大地拓宽了自己政治学、社会学经典著作的阅读范围，致使本项研究课题延期一年之后才得以完成。每位知识分子都把读书当成一件快乐的事情，但就我个人读书的心路历程而言，阅读自己不熟悉的经典是一个极其痛苦而又十分艰辛的过程，当然，也有读懂之后所获得的与浅性阅读快餐式心灵鸡汤类著作完全不同的更加深沉而持久的快乐，正是在这种不被浮躁缠身的澄明心境中，既艰苦攻读又充满乐趣的深度静览过程，极大地增加了自己精神世界的敏感与惶恐。

如果说我的第一本政治伦理专著《制度伦理与官员道德——当代中国政治伦理结构性转型研究》，是我对中国政治伦理整体状况所做的一项宏观性俯瞰式研究，那么这本《追求阶层正义——权力、资本、劳动的制度伦理考量》则是我登堂入室之后，对当代中国社会转型期政治伦理核心难题所做的一次深度透析。接下来，我想以上述两项研究为基础，围绕"理念、制度与德性"这一主题，从中国政治伦理价值理念的现代创新、公民德性结构的逐步完善等视角，稳步而扎实地建构起我个人心目中的当代中国政治伦理学理论体系。身为一介书生，读书、写书、教书的三位一体生活，早已化作自己执教三十多年来须臾不离的职业追求，吾人虽愚，却也深悉庄子对"生也有涯，知也无涯"的精辟诠释，唯愿能够遵循王国维先生在《人间词话》中所揭橥的治学理路，在"昨夜西风凋碧树，独上高楼，望尽天涯路""衣带渐宽终不悔，为伊消得人憔悴"之后，能够达至"众里寻他千百度，蓦然回首，那人却在灯火阑珊处"的学术臻境。

需要指出的是，本书的大部分阶段性研究成果（30 余篇文章）都已先期陆续发表在国内外重要报刊杂志上，在此，我要特别感谢《人民日报》《光明日报》《哲学研究》《马克思主义与现实》《中共中央党校学报》《道德与文明》《伦理学研究》《新华文摘》《人大报刊复印资料》等报刊杂志多年来的厚爱，正是由于它们肯拿出宝贵版面发表我的浅陋之见，才不断鼓励我顺利完成该课题的研究工作。其中，在《哲学研究》2014 年第 12 期发表的《资本的道德二重性与资本权力化》，因被《新华文摘》等多个刊物转载，还获得了中央党校 2015 年度优秀科研成果奖。当然，也要感谢在我的研究成果鉴定过程中，不为我知的各位隐名评审专家公正而无私的帮助，正是他们所给予的高度评价，使得本项国家社科基金重点项目得以顺利结项，并获得"优秀"鉴定等级。他们在鉴定材料中所提出的诸多宝贵意见，也为本书的进一步修改完善起到了至关重要的作用。而人民出版社朱云河编辑的辛勤工作和辛广伟总编的大力支持，也将使我永远铭记在心。最后更要感谢中共中央党校哲学教研部、科研部有关领导和同事们，尤其是我的家人，长期以来对我教学与科研工作的理解、关心与支持！

2016 年 5 月 1 日

于中共中央党校颐北精舍

责任编辑：朱云河（zhuyunhe100@163.com）

封面设计：王欢欢

版式设计：周方亚

责任校对：吕　飞

图书在版编目（CIP）数据

追求阶层正义：权力、资本、劳动的制度伦理考量／靳凤林　著．—

　北京：人民出版社，2016.8

ISBN 978－7－01－016390－1

I.①追…　Ⅱ.①靳…　Ⅲ.①资本－研究　Ⅳ.① F014.39

中国版本图书馆 CIP 数据核字（2016）第 144181 号

追求阶层正义

ZHUIQIU JIECENG ZHENGYI

——权力、资本、劳动的制度伦理考量

靳凤林　著

人民出版社 出版发行

（100706　北京市东城区隆福寺街 99 号）

北京汇林印务有限公司印刷　新华书店经销

2016 年 8 月第 1 版　2016 年 8 月北京第 1 次印刷

开本：710 毫米 ×1000 毫米 1/16　印张：27.75

字数：408 千字　印数：0,001－3,000 册

ISBN 978－7－01－016390－1　定价：58.00 元

邮购地址 100706　北京市东城区隆福寺街 99 号

人民东方图书销售中心　电话：（010）65250042　65289539